厚德博學
經濟匡時

普通高等教育“十一五”国家级规划教材

上海市普通高校优秀教材

匡时 金融学系列

第7版（数字教材版）

保险公司经营管理

魏巧琴 编著

上海财经大学出版社
SHANGHAI UNIVERSITY OF FINANCE & ECONOMICS PRESS
上海学术·经济学出版中心

图书在版编目(CIP)数据

保险公司经营管理：数字教材版 / 魏巧琴编著.
7版. -- 上海：上海财经大学出版社, 2025.8.
(匡时). -- ISBN 978-7-5642-4752-2
Ⅰ. F840. 32
中国国家版本馆 CIP 数据核字第 2025JM0003 号

责任编辑：袁　敏
封面设计：张克瑶
版式设计：朱静怡

保险公司经营管理(第7版·数字教材版)

著 作 者：魏巧琴　编著
出版发行：上海财经大学出版社有限公司
地　　址：上海市中山北一路369号(邮编 200083)
网　　址：http://www.sufep.com
经　　销：全国新华书店
印刷装订：上海叶大印务发展有限公司
开　　本：787mm×1092mm　1/16
印　　张：18.75(插页:2)
字　　数：366千字
版　　次：2025年8月第7版
印　　次：2025年8月第1次印刷
印　　数：100 001—104 000
定　　价：52.00元

第7版前言

随着保险经营环境的变化、保险市场竞争的加剧和保险经营风险的日趋复杂，加强保险公司经营管理的科学化和规范化，成了保险监管机构和保险公司关注的重点。在经济全球化和金融混业经营的趋势下，我国保险公司只有转变经营理念、加强经营管理、提高经营技术、防控经营风险，才能在激烈的市场竞争中立于不败之地。此外，大数据、云计算、物联网、人工智能、区块链、基因诊疗等科技对保险业务流程的全面渗入，提升了保险业务经营效率，改变了保险产品形态，改进了保险服务方式，构建了新的保险生态。保险业要积极拥抱保险科技，以科技为根本驱动力，不断拓展保险保障职能，并以保险科技作为保险业转型发展的核心竞争力。

依据国家教材委员会办公室《关于做好党的二十大精神进教材工作的通知》(国教材办〔2022〕3号)的要求，推动党的二十大精神进教材、进课堂，同时为了体现教材的理论性、时代性和实务性的有机结合，笔者从数字化视角重新梳理了教材内容，对相关章节进行了调整和补充，删除和更新了各章节中不合适的内容，并对原教材中的一些语句与提法进行了修正。更新和补充的内容主要包括保险公司的经营环境、大数据与精准定价、保险科技在保险承保和理赔中的运用、保险投资风险的管理、保险公司财务报表、保险公司员工绩效考核等。教材坚持正确的价值引领，将价值塑造、知识传授、人才培养融为一体，将育人元素和思政元素嵌入教材中，帮助学生树立家国情怀，笃守自己的职业道德，培养勇于创新和探索的职业精神，以及诚实、守信、遵纪、守法的美德，提升学生的社会主义核心价值观。修订后的教材结构框架完整、内容简洁新颖，密切联系了国内外保险业发展的动态，避免了教材内容与实际现状的脱节。

为了方便教师的课堂教学，此次修订时为每一章后的“复习思考题”配备了参考答案，同时为本教材配备了多媒体教学课件、拓展资料、音频和视频，使用本教材的教师可以通过手机微信扫二维码来获取相关内容。

《保险公司经营管理》在2009年荣获中国大学出版社协会举办的华东地区第八届优秀教材一等奖，2010年荣获上海市普通高校优秀教材二等奖，2018年获得上海财经大学优秀教材一等奖。本教材曾为普通高等教育"十一五"国家级规划教材。

2023级博士生崔巍川参编了第三章第五节以及第六章第三节和第五节，笔者在保险公司工作的同学和学生为教材的修订提供了资料和建议，在此表示感谢。同时，感谢上海财经大学出版社对本教材出版事宜的一贯支持，尤其感谢袁敏老师的辛勤付出。限于笔者的理论水平和实践经验，疏漏和不当之处在所难免，敬请读者批评、指正。

编著者

2025年7月

目　录

第一章

课件

第一章　保险公司经营导论

保险经营是一种商品经营，它必须遵循商品经营的一般原则。保险商品是一种特殊的商品，它的经营受到外部环境和内部环境的制约，它要求保险经营必须遵循风险大量、风险选择和风险分散的原则，在业务经营中树立正确的经营理念，制定合理的经营目标，以保证保险公司经营的正常运作。

第一节　保险经营的商品属性

保险经营作为一种商品经营，这种商品是用来交换的经济保障劳务，是一种特殊形态的商品。保险商品与其他商品一样，具有使用价值和价值两种属性。我们可以从保险商品的使用价值、价值和价格方面的分析来看出保险商品的特性。

一、保险商品的使用价值

根据马克思的商品价值论，商品能够满足人们某种需要的属性是商品的使用价值。不同的商品，由于它们的自然属性不同，因而使用价值也不同。不同使用价值的商品，满足人们不同的需要。保险作为一种商品，有它自己的使用价值，这种使用价值表现在保险商品作为社会稳定器、经济助动器和社会管理器的功能上。

（一）社会稳定器

保险是指投保人根据保险合同的规定，向保险人支付保险费，保险人对于合同中约定的保险事故所造成的财产损失承担赔偿保险金的责任，或者当被保险人因死亡、伤残、疾病或达到合同约定的年龄、期限时承担给付保险金责任的商业保险行为。从保险的概念中可知：一方面，保险承保的风险来源于社会，如保险合同条款中订明的自然灾害和意外事故，这些风险事先随着保险合同的订立由被保险人转移给保险人，风险事故发生造成被保险人经济损失时，由保险人及时、准确、迅速、合理地进行赔付；另一方面，保险公司作为处理风险的专业机构，将成千上万的投保人所面临的共同风险集中起来，并将其合理地进行分散，将少部分被保险人可能遭受的巨大灾害损失分摊给所有的被保险人，达到风险共担、利益共享的经济保障目的。

总之，通过保险的经济补偿和风险分摊，使被破坏了的生产条件和生活环境得到重建与重置，保持社会再生产的稳定性和连续性。

（二）经济助动器

经济助动器功能是从社会稳定器功能中派生出来的，这是保险投资的结果。由于保险费收取与保险金赔付之间存在着“时间差”和“数量差”，为保险投资提供了可能。保险公司必须对保险资金进行投资运作并保证资金的保值与增值，才能保证将来保险金的赔付和增强保险公司的偿付能力。随着保险承保能力的日趋过剩、保险竞争的日益加剧以及资本市场的不断完善，保险投资不仅是推动保险业前进的车轮，也是弥补承保业务亏损、维持保险业继续生存和发展的生命线。现代保险企业已经由补偿性企业向既有补偿职能又有融资职能的综合性企业发展，承保业务和投资业务的并驾齐驱已成为保险业发展的一种潮流。在西方资本市场上，保险公司尤其是人寿保险公司既是中长期资金的主要供应者，又是重要的机构投资者，为稳定资本市场秩序和国家经济建设发挥了积极的作用。

（三）社会管理器

保险的社会管理职能不同于国家对社会的直接管理，它是通过保险内在的特性，促进经济社会的协调以及社会各领域的正常运转和有序发展。保险的社会管理职能是在保险业逐步发展成熟并在社会发展中的地位不断提高之后衍生出来的一项职能。保险的社会管理职能具体体现在社会保障管理、社会风险管理、社会关系管理、社会信用管理四个方面。

1. 社会保障管理

商业保险是社会保障体系的重要组成部分，在完善社会保障体系方面发挥着重要作用。商业保险一方面可以扩大社会保障的覆盖面，另一方面可以提高社会保障的水平、缓解政府在社会保障方面的压力，为维护社会稳定和保障人民生活做出积极贡献。

2. 社会风险管理

保险公司利用积累的风险损失资料和专业的风险管理技术，为全社会风险管理提供有力的支持。同时，保险公司还直接配合公安消防、交通安全、防汛防洪等部门，实现对风险的控制和管理。

3. 社会关系管理

在保险事故发生时，保险公司介入灾害事故处理的全过程，可以提高事故处理效率，减少当事人可能出现的各种纠纷，为维护政府、企业和个人之间正常有序的社会关系创造有利条件，减少社会摩擦、提高社会运行效率。

4. 社会信用管理

保险公司经营的产品实际上是一种以信用为基础、以法律为保障的承诺，在培养和增强社会的诚信意识方面具有潜移默化的作用。同时，保险公司经营过程中可以收集企业和个人的履约行为记录，为社会信用体系的建立和管理提供重要的信息资料，实现社会信用资源的共享。

二、保险商品的价值

保险商品的价值从量上考察，是凝聚在保险商品上的社会必要劳动时间。社会必要劳动时间是在现有的社会正常的经营条件下，在社会平均的劳动熟练程度和劳动强度下经营某一经济保障劳务所需要的劳动时间。保险商品价值量的大小取决于经营经济保障劳务所耗费的劳动时间的多少。经营保险商品所需要的社会必要劳动时间会随保险公司经营条件和经营技术的改善而变化。保险公司经营管理水平越高、经营管理技术越先进，凝结在保险商品中的劳动量就越小，单位保险商品的价值量也就越小；反之，保险公司的经营管理水平越低，凝结在保险商品中的劳动量就越多，单位保险商品的价值量也就越高。因此，保险商品的价值量与体现在保险商品中的劳动量成正比，与这一劳动的经营水平和经营条件成反比。

《保险经营管理学》编写组编写的《保险经营管理学》（西南财经大学出版社 1993 年版），对保险商品的价值量作了下述的剖析：

如果用 L 表示用于补偿经济损失的那部分价值，用 R 表示用于将来赔付或其他用途的各项准备金，用 C 表示保险经营过程中所占用的固定资产转移的价值、各项利息和费用支出，用 V 表示为提供经济保障劳务所耗费的一切活动价值，用 M 表示保险公司的利润，也就是保险公司职工的剩余劳动所形成的价值，这样，保险商品的价值可以用 $L+R+C+V+M$ 表示。

如果用劳动形式来表示，则保险商品的价值为物化劳动（$L+R+C$）和活劳动（$V+M$）两部分。

如果用资金形式表示，则保险商品的价值为损失赔付金（L）＋责任准备金、任意准备金（R）＋固定资金和流动资金（C）＋工人的工资（V）＋税金、公积金、公益金以及奖励基金（M）。

如果用保险费形式表示，则保险商品的价值为纯保费（$R+L$）＋附加保费（$C+V+M$）。

值得一提的是，纯保费是用于保险公司保险金赔付的部分，它是由精算师依据过去大量的损失统计资料测算出来的未来损失发生的概率厘定的。附加保费是用于保险公司的业务开支部分，它与保险公司业务费用支出有关。由于保险经营是一种商品经营，既然是商品经营，就必须讲求经济核算，因此我们有必要划分保险商品的价值，这对降低经营成本、提高经济效益具有重要意义。

三、保险商品的特性

保险与旅游、通信、技术服务、医疗保健、教育、娱乐等行业所提供的劳务形态的商品一样，是一种特殊形态的软商品。这种特殊形态的商品具有以下几个特性。

（一）保险商品是一种无形的商品

保险公司经营的是一种看不见、摸不着的风险，生产出的商品不能以某种物理属性直接满足人们生活和生产的需要，它不像一般物质形态的商品可以让人立即感受到使用价值和价值。保险商品对保险消费者来说是一纸承诺，是一种无形的极富观念性的东西，只有在约定的保险事故发生或约定的保险期满时，这种承诺才得以履行，才能让人真正感受到保险的存在。

（二）保险商品是一种“非渴求商品”

所谓非渴求商品，是指消费者不会主动去购买的商品。由于保险商品给予消费者的是一种风险事故发生后的经济补偿，风险虽然是客观存在的，但是风险是否发生，何时发生，发生的方式、状态，以及造成损失的严重程度都是不确定的，因此很多人在风险事故发生前往往存有侥幸心理，一般不会主动去购买保险，除非法律有强制性的规定。因此，保险商品与其他金融商品相比，不是一种顾客明显需要的商品，只有充分发掘了潜在的保险需求后，保险商品才开始作为一种商品而产生，而其商品的功能却始于约定的保险事故发生之后。

（三）保险商品的消费是一种隐性消费

保险消费者购买保险商品并交付了保险费后得到的是一纸保单，在消费保险商品的过程中，没有像其他有形物质商品那样具有直观感觉。只有当风险事故发生造成经济损失获得补偿时，才会真正体会到保险商品的存在。

正因为保险商品是一种无形商品、一种非渴求的商品，所以保险公司只有依靠富于想象力和创造力的推销方法以及行之有效的广告宣传才能吸引保险消费者。由此可见，保险营销对保险业务经营是非常重要的。

四、保险商品的价格

保险商品的价格即保险费率，是保险人按单位保险金额向投保人收取保险费的标准，也是被保险人为获得每一单位保险金额的保险保障应缴纳的保险费的比率。保险费率是由不同种类保险标的的损失概率的大小、损失程度的高低以及保险人的费用率大小决定的，通常用千分率（‰）或百分率（%）表示。保险费率是保险人向投保人收取保险费的依据，也是保险人承担赔偿和给付责任的费用代价。

（一）保险费率的种类

保险费率可分为理论费率、实际费率和监管费率三种。

理论费率是保险精算人员依据不同风险单位和保险公司的业务费用支出而厘定的费率。理论费率由纯费率和附加费率两部分组成。在财产保险中，纯费率是一定时期内保险赔款总额与保险金额总和的比率，是一定时期内保险人的保险金额损失率情况的综合反映。在人身保险中，纯费率是依据预定的死亡率和预定的利息率由精算师精算出来的，依据纯费率筹集的纯保费是保证用于将来保险金赔付的。从技术上讲，纯费率的厘定有两种方法：一种是按每个风险单位精确计算其价格，以反映这个风险单位的价值；另一种是对所有风险单位收取一个平均价格，以充分补偿所有业务的平均成本。在实践中，由于影响风险事故发生的因素很多，估计的损失也不完全准确，建立精确的理论保费模型是不可能的，因此纯费率一般介于上述两种方法厘定的结果之间。如果对纯费率作进一步剖析的话，纯费率包括用于未来赔付的预期值以及考虑到预期损失与实际损失可能偏差的安全加成。附加费率通常是依照保险合同的业务费用支出与保险金额来确定的，附加费率中除行政管理费用外，还包括作为提供保险服务的保险公司承担风险责任的一定报酬，表现为风险费率，由其决定的风险值就是保险公司应获取的利润。依据附加费率筹集的附加保费用于弥补保险公司经营保险业务所耗费的各项费用，随着保险公司经营规模的扩大和经营管理水平的提高，附加费率一般可保持在较低水平。

保险公司厘定的费率是否合理、准确，必须接受保险市场的检验，以反映保险市场中的供求关系和竞争状况，因此，保险实际费率是保险理论费率的市场化，但是保险实际费率并不是完全市场化的费率，即使在保险业发达的国家，保险实际费率也是政府宏观监管下的费率。

监管费率是为了保护被保险人的利益，由保险监管机构代表政府对保险实际费率做出的最低要求。

理论费率、实际费率和监管费率既相互联系、相互制约，又相互冲突、相互矛盾。相互联系和相互制约表现在，理论费率是实际费率的基础，实际费率在保险监管机构规定的监管费率的限度内，按照市场的供求关系和保险市场主体之间的竞争，总是围绕理论费率上下波动，但波动的幅度受到监管费率的约束，一般不允许超出监管费率的界限。在完全垄断的市场模式中，监管费率往往高于理论费率，而实际费率在很大程度上反映了监管费率；在垄断竞争型的市场模式中，监管费率往往低于理论费率，但能保证保险公司的赔付,而实际费率往往介于监管费率和理论费率之间。[①] 相互冲突和相互矛盾表现为:理论费率是从技术上反映保险公司承保单位的成本,一般对保险双方均是有利的,既能激发投保人的保险需求,又能保证保险公司对风险事故造成损失的赔付责任;监管费率是为了避免保险公司之间为谋求短期盈利而牺牲被保险人的利益进行的恶性费率竞争;实际费率无论怎样波动都代表了保险公司自身的利益。显然在垄断竞争型的保险市场上要协调实际费率和监管费率之间的冲突,并非市场本身所能解决,往往需要通过保险行业的中观自律和保险监管机构的宏观监管来协调解决。

保险费率通常是由保险监管机构委托保险行业自律组织厘定的,一般是对保险费率设定一个弹性范围,由保险公司根据保险市场的供求和自身的实际情况上下浮动。随着各国保险监管机构对保险费率监管的放松,保险费率在很大程度上取决于保险市场的供给和需求。

(二)财产保险费率的厘定

财产保险费率厘定的基本方法有判断法、分类法和增减法三种。

判断法是对每个保险标的分别评价,判断其损失概率和损失程度,制定出符合特定情况的个别保险费率。由于费率在很大程度上取决于承保人的判断,因此很难保证费率厘定的科学性。判断法通常是在损失风险形式多样且多变,不能使用分类法时或不能取得可信的损失统计资料时才采用。海上运输保险和一些内陆运输保险中广泛使用判断法,因为各种船舶、港口、货物和危险水域的情况错综复杂且各不相同。

分类法是现代保险经营中确定费率的主要方法,它把具有类似特征的损失风险置入同一承保类别,收取相同费率,收取的费率反映该类别的平均损失经验数据。分类法的主要优点是便于应用,同类保险标的的保险费率只要在保险手册上就能很快查到。但是使用分类法制定的费率不能保证与单个保险标的实际损失率完全吻合,所以在使用分类法厘定保险费率时应尽可能分类恰当,以提高分类费率的精确度。保险实务中,分类法在机动车辆保险、火灾保险等业务中得到了广泛的应用。

增减法是在分类法确定的基本费率的基础上,根据承保标的的风险进行增减变动来确定保险费率的方法。采用增减法,实际上是对分类法中的较大的分类,根据实际情况再进行较细的分类。因此,现在的一般趋势是在采用分类法时,如果分类较少,为了确保费率的合理,则可以根据实际情况采用增减法对费率进行补充修正。因此,增减法既具有判断法的灵活性,又可以针对特种风险单独计费,符合不同保险标的的实际风险情况,较分类法更为科学,费率厘定也更公平合理。

财产保险费率多采用分类法和增减法来厘定。不管采用哪种方法厘定保险费率,

---

① 卓志:市场经济条件下保险费率分析,《保险研究》,1995 年第 1 期。

都必须首先确定各个承保类别或险种的基础保险费率。财产保险的基础保险费率又称毛费率，它由纯费率和附加费率两部分构成。由于基础保险费率是由某一承保险别总的保险金额损失率和费用率来确定的，因而对于单个投保标的保险费率的确定，必须根据投保标的的实际风险状况，对基础保险费率进行调整。调整后的费率就是我们通常所说的保险级差费率。

1. 纯费率

财产保险费率的厘定是以保额损失率为基础的，通过对保额损失率和均方差的计算，求出纯费率，然后再计算附加费率，最后将纯费率和附加费率相加得出营业费率。

依照费率厘定的原则，纯费率是一定时期内保险赔款总额与保险金额总和的比率，是一定时期内保险人的保险金额损失率情况的综合反映。纯费率的确定，一方面要研究有效索赔的概率，即保额损失概率，另一方面要研究有效索赔的金额。通常，保险人根据以往若干年（一般为 5 年）保险赔款额和保险金额的统计资料计算出单位保额的平均损失率，然后，估计未来单位保额的有效索赔额，进而确定纯费率。

从数量上看，保险金额损失率与承保的保险标的数量 N、承保标的的保额 I、标的发生风险的次数 L、受损毁的数量 Q、受损标的的保险金额 S、受损标的的赔付额 P 有关。

保险金额损失率（P/I）等于每个保险标的发生灾害事故的频率（L/N）、每次事故中受损标的的数量即损毁率（Q/L）、单位受损标的的保险金额中所需赔付的金额即损毁程度（P/S），以及受损标的的平均保险金额与承保标的的平均保险金额的比例即风险比例（$S/Q:I/N$）的乘积。

为了使平均保额损失率能够比较精确地描述未来损失，必须选择适当的历年保额损失率。在选择历年保额损失率时应当注意以下几点：(1)必须有足够年份的保额损失率，至少需要有保险事故发生比较正常的连续 5 年的保额损失率；(2)每年的保额损失率必须是基于大量统计资料计算出来的；(3)保额损失率必须是比较稳定的；(4)要动态地考虑保额损失率的逐年变化规律。

此外，为了防止各年度实际保险金额损失率偏离保险金额损失率的期望值，保险人通常采用在平均保额损失率上附加均方差的方法来确定其纯费率，使保险纯费率与保险人的实际保险金额损失率更加接近，以应付异常的损失赔付，保证保险公司财务的稳定。但是根据费率厘定的原则，附加均方差的次数必须适当，否则会加重投保人的保费负担。因此一般认为，所附加均方差与平均保额损失率之比在 10%～20%较为合适。

2. 附加费率的厘定

附加费率主要是根据保险公司的营业费用确定的。财产保险公司的营业费用主要包括：按保险费的一定比例支付的业务费、企业管理费、代理手续费和缴纳的税金，以及支付的职工工资及附加费用等。因此，附加费率的计算公式是：

$$附加费率=\frac{营业费用总额}{保险金额}\times 100\%$$

当然，附加费率也可以用纯费率的一定比例来表示，如规定附加费率为纯费率的20%等。

财产保险的营业费率是由纯保险费率和附加保险费率相加构成的。其计算公式为：

$$营业费率=纯保险费率+附加保险费率$$

（三）人寿保险费率厘定

人寿保险的费率厘定与财产保险完全不同，由于人寿保险承保的风险是死亡或生存，死亡或生存发生的概率随被保险人年龄的变化而变化，再加上人寿保险期限长，一般采用均衡保费方式，需要考虑利率因素，所以人寿保险纯费率计算要依据生命表和利率，形成了一套人寿保险专用的计算技术——寿险精算。

人寿保险费率厘定要考虑以下三个基本要素：

1. 死亡率或生存率

由于人寿保险是以被保险人的生命作为保险标的，保险事故是被保险人的生存或死亡。因此，保险费率计算时必须依据被保险人的生存率和死亡率。

生存率与死亡率来自生命表。生命表是根据一定时期、一定国家或地区、一定的人口群体为统计基础，计算出某一人群各种年龄的人的生存和死亡概率，并将其汇编而成的一种表格。在人寿保险中，不管是以生存作为给付条件的年金保险，还是以死亡作为给付条件的定期寿险，都与生命表中的生存率和死亡率密切相关，因此生命表中所记载的生存率和死亡率是人寿保险费率厘定的重要依据。

为了保证费率计算的合理性和准确性，保险公司必须根据业务性质选择合适的生命表。例如，经营人寿保险业务应选用经验生命表而不是国民生命表，因为国民生命表是没有经过保险公司的风险选择，它的死亡率要高于经验生命表的死亡率。又如，年金保险的生命表应有别于死亡保险的生命表，因为年金保险与死亡保险的死差损益（即预期死亡率与实际死亡率之间的差异产生的损益）正好相反，年金保险费率计算时采用年金生命表，年金生命表的死亡率要比死亡保险使用的生命表的死亡率低。因此，在人寿保险费率厘定选用生命表时应遵循三个基本原则：一是当前承保的被保险人的生命状况应与生命表所反映群体的生命规律尽量接近。因为生命表是群体统计规律的概括，表中反映的生死概率并非一个人真实发生的生死概率，只有使实际生死概率与生命表所反映的偏差非常小，才能保证费率厘定的准确。二是承保的被保险人足够多，满足大样本的要求。因为生命表是建立在大样本的基础上的，只有选择的被保险人足够多，才能充分体现生命表所固有的应用性，减少实际生死概率与预期生死概率的偏差。三是根据科技的进步、医疗保健水平的提高、人的平均寿命的延长，定期对生命表进行修正，以减少误差。

2. 利率

由于人寿保险的长期性，保费的收取和保险金的给付之间存在着很长的时间差，这个时间差少则十年二十年，多则三十年五十年，甚至到被保险人终身，因此在寿险费率厘定时还要考虑利率因素。虽然不同险种、不同给付方式和不同缴费方式使寿险费率不能按统一的费率表来计算，但是不同寿险险种费率厘定的基本原则是相同的，即投保人所交纯保费的收入现值等于将来保险金给付的现值，这个折现率就是保单的预定利率。因此，预定利率是决定保单价格的主要因素，预定利率越高，折成现值的纯保费就越低，保单也越便宜；反之，预定利率越低，折成现值的纯保费就越高，保单也越昂贵。

由于大部分寿险保单都是长期性的险种，保险合同一旦成立，假定的预定利率就成了保险公司对投保人的一种长期利率保证，在保险事故发生或保险期满时保险人必须按预定利率水平以复利的方式进行保险金的给付。因此，寿险经营从一开始就引入了利率因素，而且这一因素一直贯穿于寿险经营的全过程。

由于市场利率是不断变化的，市场利率与预定利率的偏差不仅会影响投保人的投保行为和保单维持行为，也会影响寿险公司资产、负债和损益。因此，如何准确地确定保单的预定利率就成了精算师的一大难题，尤其是利率完全市场化后，使寿险费率的厘定更加困难。为避免利率风险和通胀风险，寿险公司大量开发了分红保险、投资连结保险、万能保险。

寿险公司纯费率厘定要考虑预定的死亡率或生存率及预定利率，然后根据精算意义上的收支平衡原则确定纯保费，用于将来保险金的给付。

3. 营业费用率

由于寿险公司业务经营过程中的各项费用开支都由被保险人来负担，因此在附加费率计算时就要考虑营业费用率。其实，不论是财产保险还是人寿保险，附加保费的估计应适度、公平，既能抵补保险公司未来的实际费用支出，又能兼顾保险经营与被保险人的实际利益以及不同业务的差异。附加费用过高或者过低，都不利于保险公司业务的发展。

一般情况下，附加费率的确定需要精算师的评估和财会人员的配合，先由公司的成本会计人员分析保险公司所发生的费用以及未来业务费用，决定费用额；然后将费用在保险合同各风险单位之间分配；最后将分配后的费用与保险金额挂钩决定附加费率水平。

人寿保险中附加费率的计算是以人寿保险公司的各项费用支出、税款和预期利润为基础，可以采用比例法、固定法、混合法确定附加费率。比例法是不论人寿保险的种类和投保人的年龄，都按纯费率的一定比例作为附加费率。固定法是按保险金额的一定比例作为附加费率。而混合法是将附加费率分成两部分：一部分按保险金额的一定比例来确定；另一部分按纯费率的一定比例来确定。我国人寿保险的附加费率采用比例法计算。

在人寿保险费率厘定时，为确保费率厘定的准确、合理，除了要考虑死亡率或生存率、利率、营业费用率这三个基本要素外，还要考虑其他因素，如保单退保率、分红率、残废率以及保单中嵌入的各种选择权被保单持有人行使的概率。

(1)退保率。退保是指投保人因各种原因不能继续缴纳保费而导致人寿保险合同失效。退保率会影响保险公司的经营效率。因为个人寿险采用佣金制方式销售保单，首年度支付的成本很高，且首年的费用成本要靠以后几年的续期保费逐渐摊回，一旦保单因不再缴费而失效时，不但寿险公司的有效保单不能增加，而且首年度垫付的费用也无法摊回，再加上寿险保单具有现金价值，被保险人在退保时可以取得退保金。这一系列行为不仅影响了寿险公司的资金运用，使寿险公司遭受经济上的损失，还将影响寿险产品的定价，退保率高，会动摇寿险费率厘定的可靠性，因此在寿险费率厘定时，必须考虑到保单的退保率。

(2)分红率。分红保单的红利来源于死差、费差、利差这三差收益。三差收益来源于保单对预定死亡率、预定营业费用率、预定利率的保守估算。从寿险公司的稳健经营出发，保单分红应事先予以考虑，并依据经验或其他因素，确定死差、费差、利差的分红率。这样，寿险公司费率厘定时，对死亡率、营业费用率、利率的选择与确定只有与分红率相匹配，才能保证实现保单的分红。因此，寿险费率厘定时必须考虑分红率因素。

(3)残废率。残废率是指健康人在保险期限内发生残废的概率。过去，寿险只注重被保险人的生存率和死亡率，随着寿险业的发展和寿险市场竞争的加剧，许多寿险公司都开发了一些综合性的寿险险种，除了传统的死亡、生存给付外，还附上了残废给付或残废优惠。保险责任的扩大，相应要求寿险公司在费率厘定时必须考虑残废率，以确保保险费率厘定的准确和保险双方权利与义务的对等。

(4)保单中嵌入的各种选择权被保单持有人行使的概率。为了增加寿险保单的灵活性和市场竞争力，满足保单持有人多层次的保险需求，保险公司为保单持有人提供了多种选择权，如保险金给付选择权、保单质押贷款选择权、退保选择权、超额储蓄选择权等，这些嵌入选择权是以保险公司的利益牺牲作为代价让保单持有人受益，保险公司在设计寿险合同和厘定费率时必须考虑这些选择权将来被保单持有人行使的可能性的大小，否则会影响保险费率厘定的准确性。

不管是财产保险还是人身保险，保险人在厘定费率时一定要贯彻权利和义务对等的原则，即厘定保险费率必须遵循充分、公平、合理、稳定灵活和促进防损的基本原则。充分是指保险费的收取足以支付保险金的赔付以及合理的营业费用、税收和保险公司预期利润，核心是保证保险公司有足够的偿付能力。公平是指保费收入应与预期的赔付相对应，投保人所负担的保费应与被保险人所获得的保险权利相对应，风险性质不同的被保险人应承担有差别的保险费率。合理是指保险费率应尽可能合理，不可以因为保险费率过高而使保险人获得超额利润。稳定灵活是指保险费率在一定时期内应该保持稳定，同时也要随着风险、保险责任以及市场需求等因素的变化而调整，具有一定的灵活性。促进防损是指保险费率的制定有利于促进被保险人更好地加强防灾防损工作，对防灾防损工作做得好的被保险人，可以降低费率；对损失少或无损失的被保险人，实行优惠费率；对防灾防损工作做得差的被保险人，可以提高费率或加费续保。

第二节　保险公司的经营环境

保险经营环境是指与保险公司业务经营有关的各种内部因素和外部因素的总称。这些因素相互联系、相互影响和相互制约，使保险经营环境呈现出相关性和复杂性。分析和研究影响保险业务经营的内部环境和外部环境，对制定科学合理的经营策略、实现经营目标具有十分重要的意义。

一、保险公司经营的外部环境

保险公司经营的外部环境包括自然环境、人口环境、经济环境、政策环境、社会环境、文化环境和市场环境。这些环境因素对保险公司来说属于不可控的因素。

（一）自然环境

保险经营的自然环境包括保险公司经营过程中可以利用的各种自然资源和自然界的不规律变动而导致的自然风险两部分。与其他工商企业一样，土地、水、能源等自然资源会直接制约保险公司的经营活动。但更重要的是，保险公司作为经营风险的专业机构，由于自然界的不规律变动而导致的风险（如地震、洪水、海啸、飓风等），对保险公司的影响远远大于一般工商企业，它使保险业的经营经常处在一种不确定的自然环境之中。虽然保险业通过大量的观察和研究已经对自然灾害的发生掌握了一定的规律，但是灾害事故发生的随机性还是很大的，实力再雄厚的保险公司，一旦发生巨灾，也只能面临亏损和倒闭的境况。由于人口的快速增长、经济的密集型发展，再加上人类自身对自然环境的破坏，自然灾害给整个世界带来的危害日趋严重，已成为世界各国关注的焦点。

根据瑞士再保险公司出版的《西格玛》杂志对1970—1997年28年间的巨灾统计资料分析，从1989年起，巨灾风险的发生进入高峰期，巨灾发生的频率大幅度提高，在1970—1997年间发生的10次最大的巨灾损失中，有8次发生在1989年之后。巨灾损失越来越严重，1970—1988年间10亿美元的损失发生属于偶然事件，巨灾损失仅占世界GDP总值的0.02%，但是从1989年开始，几乎每年都有超过10亿美元的损失发生，还出现了几次超巨额的损失，巨灾损失上升为世界GDP总值的0.07%。以巨灾损失最为严重的1992年为例，保险损失占当年世界GDP总值的0.12%。从20世纪80年代后期开始，世界上巨灾风险频繁发生，使保险公司的赔款直线上升，严重威胁了保险业的财务稳定，不少保险公司因巨灾风险而倒闭，世界上最大的保险垄断组织之一的劳合社也出现了经营连年亏损，造成大量保险人退出的局面。进入21世纪，巨灾依然是保险公司和再保险公司面临的最大风险。表1—1是2010—2023年全球巨灾发生的次数、造成的经济损失和保险损失，以及每年巨灾损失占全球GDP的比例。

表1—1　　　　2010—2023年全球巨灾的情况

年份	经济损失(亿美元)	占全球GDP(%)	保险损失(亿美元)	巨灾事件(起)
2010	1 940	0.24%	400	304
2011	3 620	0.30%	1 100	325
2012	1 780	0.13%	710	318
2013	1 310	0.17%	370	308
2014	1 010	0.12%	280	336
2015	800	0.09%	280	353
2016	1 660	0.22%	460	327
2017	3 300	0.42%	1 360	301
2018	1 550	0.17%	760	304
2019	1 370	0.15%	520	317
2020	1 900	0.21%	810	274
2021	2 700	0.27%	1 110	306
2022	2 750	0.26%	1 250	285
2023	2 800	0.25%	1 080	332

资料来源：Swiss Re，《Sigma》。

（二）人口环境

人口环境是指人口密度、出生率、死亡率、人口的年龄结构、地理分布、婚姻状况、受教育程度，以及因人口的性别差异、文化差异、地域差异、种族差异和职业差异而导致的生活习惯和消费方式的差异。人口环境不仅决定了保险市场需求的潜在容量，还决定了保险市场的需求格局。

人口环境与人身保险经营的关系非常密切。从整个世界的人口环境来看，随着生活水平的提高、医疗技术的进步，一方面婴儿的出生率和死亡率降低，另一方面人的寿命不断延长，人口老龄化趋势加剧，使人们对养老、健康、护理的需求不断上升；家庭结构和功能的变化，削弱了传统的家庭互助和赡养功能，增加了人们对商业性人身保险的需求；城市化进程和全球性市场的形成，使人口的流动性增大，对保险产品和保险技术提出了新的挑战。

（三）经济环境

保险经营的经济环境包括经济周期和一个国家的经济发展水平。一国经济发展水平是指国民经济发展的总体状况，它包括各种产业结构和发展水平以及人们的消费结构和消费水平。保险业作为第三产业，是构成国民经济总体的最基本要素，国民经济形势作为宏观经济环境因素，直接制约着保险业的发展速度和发展规模。从经济周期来看，经济周期的不同阶段会对保险公司的供求和业务经营产生很大的影响。因为保险是通过集合全体投保人所缴纳的保险费建立保险基金来承担被保险人转移给保险人的风险，保险基金的大小在很大程度上取决于人们的缴费能力和保险需求，而缴费能力和保险需求在很大程度上取决于国民经济总水平和发展速度。在经济繁荣时期，社会生产力大幅度提高，国民生产总值大大增加，人们的收入水平不断提高，缴付保费的能力增强了，对生活质量的追求也更为强烈，从而激发了有效的保险需求，使保险公司的保费收入大幅上升，从而积聚起更多的保险基金，增强自身抵御风险的能力。在经济衰退时期，社会生产力遭受破坏，人们的生活水平日益降低，保费的缴付能力下降，保险的有效需求不足，从而削弱了保险公司的财务力量。从险种结构来看，财产保险业务大多为短期性业务，它受经济周期波动的影响较小。人寿保险大多为长期性、储蓄性的保险业务，受经济周期波动的影响较大，尤其是经济周期变动中的通货膨胀因素和利率变动因素，对寿险公司的偿付能力构成威胁。此外，人寿保险采用年缴保费的方式，对于一些新签发的保单，一旦经济步入衰退期，投保人因支付不起保费而退保，使寿险公司的保单继续率降低，保单继续率的高低将直接影响寿险公司的利润和财务的稳定。因此，经济环境因素对一国保险业的经营水平、发展速度、经营规模起着决定性的作用。

（四）政策环境

政策环境主要是指一个国家政策变化、经济发展策略和相关法律调整，特别是国家对保险公司政策的变化会直接影响保险公司的业务经营。作为保险公司来说，必须在国家既定的宏观政策和法令法规下运作，政策环境的宽松与否直接影响到保险业的经营。

1. 税收政策

税收政策是国家为了保证财政收入、调整与公司之间分配关系而实施的政策。国家税收政策的调整，对保险公司的纳税金额和结构都会产生影响。我国政府从 1998 年 1 月 1 日起，将保险业的所得税率从 55%统一下调到 33%。所得税率的下调，促进了保险业的公平竞争，使保险公司有更多的资金用于经营活动。此外，国家对人寿保险业采取的税收优惠政策也促使人寿保险业快速发展。例如，企业为了增强员工对企业的凝聚力、改善员工福利而给员工投保的各种团体保险，保费可以税前列支；企业和个人向企业年金计划缴费时免缴企业所得税和个人所得税；人身保险中规定指定受益人领取的保险金免交遗产税；分红保险中的红利返还免交个人所得税；2018 年在上海等地推出的个税递延型养老保险和个人养老金保险有税收递延功能；税优型健康保险有税收优惠作用。由此可见，这些免税、税延和税优的政策都从不同程度上刺激了人们的保险需求。

2. 利率政策

利率政策是国家调整宏观经济的杠杆，国家为了达到宏观调控的目的，频繁地运用利率杠杆来调节资金供求。由于寿险业务的长期性、返还性，预定利率是以当期银行利率为基础且长期不变，而银行利率是经常变动的。当银行利率上调时，虽然可以刺激保险需求，但会增加保险投资风险。当银行利率下调时，不仅会影响投保人的投保行为和保单持有人的保单维持行为，还会影响保险公司的资产、负债和利润。

3. 汇率政策

汇率政策是国家为了保障本国经济发展、稳定货币、改善国际收支而采取的政策。随着保险业的全球化，一国的汇率政策也会对保险业务尤其是出口信用保险、投资保险、海外的旅游保险等业务产生影响。

4. 国家对保险投资的限制

为了保证保险资金运用的安全，各国保险法都明确规定了保险投资的范围和比例。投资限制的宽松与否直接影响保险公司的利润和财务的稳定。

(五)社会环境

社会环境是人类在自然环境的基础上，经过长期有意识的社会活动所创造的人工环境，如政治环境、经济环境、文化教育环境、法治环境、道德风俗环境等。人们的社会实践活动总是在一定的社会环境条件下进行的，社会环境必然通过人们的生活观念、生活习惯、日常行为、态度等因素，影响保险公司经营的价值观和策略观。如果保险公司在业务经营中忽视了这些社会因素的影响，必然会对保险业务的开展产生消极作用，阻滞保险公司经营目标的实现。

保险公司在研究社会环境因素时，必须明确两点：一是社会环境具有较强的区域性。不同地区、不同民族的人们有着不同的风俗习惯，这些风俗习惯会影响人们对生活的态度、观念和行为准则，从而影响人们的价值观。不同的价值观对保险商品的需求必定会产生深刻的影响。例如，同样在我国的农村，东部沿海地区开放较早，人们的风险和保险意识比较先进，追求生活质量的态度比较明确，计划生育政策也贯彻得较好，很多人会通过购买保险（如新型农村养老保险、新型农村合作医疗保险、大病保险、小额人身保险等）来解决自己“老有所养、病有所医”问题，因此东部地区保险业比较发达，保险密度和保险深度都较高。而在西部地区和一些少数民族地区，“养儿防老”的思想根深蒂固，在很大程度上影响了保险业务的开展。因此，保险公司有必要深入细致地研究不同地区人群的生活习惯、行为、信念，了解他们的保险需求偏好，以开发适销对路的新险种和拓展新的保险经营领域。二是社会环境具有可变性。随着科学技术的发展、教育文化水平的提高，以及国与国之间经济、文化交往的日趋频繁，人们的生活信念、态度、风俗习惯和行为也会发生变化，这将为保险业的发展腾出更多的空间。

（六）文化环境

文化环境潜移默化地影响甚至决定着人们的价值观、生活方式和消费习惯。人们的风险意识和保险意识是保险经营中非常重要的文化环境。明确而积极的风险意识和保险意识，不仅为保险经营提供了良好的心理氛围，便于保险业务的营销，提高保险深度和密度，而且还有利于降低保户的心理风险，促进他们加强保险标的的风险管理，减少风险损失发生的概率，提高保险公司的经济效益和社会效益。明确积极的风险意识和保险意识有利于推动保险业的发展，因为投保人可以根据自身风险的特点和保险需求自行设计投保方案，保险公司根据保户的投保方案开发特种保险业务，为保险公司的险种开发提供各种信息，减少因信息不对称而导致的险种开发定位风险。明确积极的风险意识和保险意识，使投保人可以为保险经营提出各种建议，监督保险公司的经营活动，保护自己的合法权益，促进保险公司不断加强内部管理，提高经营管理水平。消费习惯也直接影响和制约着人们对保险的接受程度，例如，东方人注重储蓄，习惯于通过自我储蓄和家庭成员互助实现保障，对保险的接受需要一个过程；而西方人喜欢超前消费，乐于将风险通过财务处理的方式转嫁给保险公司。此外，人们受教育的程度也决定了一国国民对新生事物的接受程度。因此，保险公司必须利用各种机会，通过行之有效的保险宣传，教育、引导和培养人们的风险意识和保险意识，提高人们识别、评估、处理风险和利用保险手段管理风险的能力，为保险业的经营创造一个良好的保险文化环境。

（七）市场环境

保险经营的市场环境主要是指保险市场的发育和完善程度以及保险市场上的竞

争方式和竞争激烈程度。保险市场不完善，往往会导致不正当的保险市场竞争，恶性竞争会影响保险公司经营的稳定性。此外，保险市场的结构模式和市场的开放程度也会影响保险公司的业务经营。

二、保险公司经营的内部环境

保险公司经营的内部环境主要有劳动者、经营技术、资金、信息等。

（一）劳动者

劳动者历来是公司中起决定性作用的生产要素，保险公司的员工也不例外，他们是保险经营活动中最具创造力的经营资源，是保险公司活力的源泉。保险经营的任何一个环节，无论是展业、险种开发，还是承保、理赔和投资，都是靠公司的员工来完成的。难怪有人说，21 世纪保险业的竞争归根结底是人才的竞争，谁拥有一流的高素质、业务精的保险人才，谁就能在激烈的市场竞争中取胜。因此，保险公司在建立和完善展业、承保、理赔和投资方面的内控机制时，还要建立员工激励机制和干部任免机制，加强对员工的业务和思想道德教育，提高员工的精神境界，充分发挥其主观能动性，激发其工作热情，创造一个和谐的、催人奋进的公司环境，提高公司员工的凝聚力，使保险公司充满生机和活力。

（二）经营技术

保险经营技术是指保险经营活动中应用的各种技能、技巧、知识和方法。它是保险经营活动的科学基础，也是提高保险经济效益的根本保证。保险经营技术包括两大类：一类是自然科学技术，它是保险公司在经营活动中所需要的风险识别、衡量、控制技术，损失勘查和定损时所需的生化、医学、数学、逻辑推理等知识和方法，以及保险费率厘定和准备金提存中所运用的精算技术，等等。另一类是社会科学技术，主要指保险公司经营过程中的经营管理技术与能力。例如，保险经营的调查、预测和决策技术，保险营销的技巧和保险的宣传，保险公司各职能部门之间的协调艺术，保险公司的劳动人事组织与管理技术，保险财务及多元化的投资策略技术，保险公司的公关技术，等等。

在金融科技蓬勃发展的背景下，保险科技也成为保险业未来转型发展的核心竞争力。保险科技既包括大数据、云计算、物联网、人工智能、区块链等基础技术，也包括和保险行业应用场景结合相对更加紧密的车联网、无人驾驶、基因诊疗、可穿戴设备等应用技术。这些技术都已经在各个保险领域开展尝试：在产品设计端，多维大数据辅助保险精算更准确地度量风险实现产品创新和个性化定制；在销售端，人工智能的精准推荐和线上的客户服务不仅极大地降低了人力成本，而且优化了客户体验；在理赔端，5G 等图像识别技术实现了快速定损和反欺诈识别。保险科技对保险业务流程的全面渗入，提升了业务效率，改变了产品形态，改进了服务和交互方式，构建了新的保险生态。例如，保险业将人脸识别技术应用于保单变更服务，启动人工智能核保和理赔，运用智能机器人客服代替人工服务；又如，保险公司运用区块链的去中心化特点，重构信用体系，实现差别定价，并且运用区块链的分布式技术来帮助保险公司进行客户身份识别，防止保险欺诈事件的发生；再如，基因诊疗技术在人身保险领域的运用，有助于保险公司辨别发病风险，并依据风险的高低进行更准确的定价。

科技赋能保险，科技正在全方位影响保险业的未来。例如，总部设在美国纽约的保险科技初创公司 Lemonade，它利用聊天机器人完全取代人工客服，实现了从承保到理赔的全流程智能化服务。Lemonade 的客户最快可以在 90 秒内完成投保，3 分钟内取得理赔，这种高效、便捷的服务模式，为 Lemonade 赢得了大量用户的好评和市场的认可。又如，作为业内首款智能保险顾问，中国太平洋保险推出的"阿尔法保险"运用大数据和人工智能技术，为用户家庭资产配置提供保险保障建议。同时，"阿尔法保险"具备自然语言的理解能力，客户通过手机可以随时随地咨询保险，获得个性化的保险建议报告。

（三）资金

资金既是保险公司履行经济补偿职能的保证，也是保险公司经营实力的集中体现。由于保险经营的特殊性，保险资金具有以下几个特点：一是从保险资金来源来看，为了避免保险公司在开业之初的费用支出和早期保险费收入不足以赔付的情况，法律规定保险公司在成立时必须具备一定的资本金。国有保险公司的资本金来源于国家财政拨付，股份制保险公司的资本金来源于股东。除了资本金外，保险公司的资金主要来源于投保人依据保险合同缴纳的保险费。二是从保险资金核算来看，由于保险事故发生的随机性以及保险年度与会计年度的不相吻合，保险公司不能把当年的保费收入算作当年的利润，必须按各种保险业务性质提存未到期责任准备金，用于保证将来的赔付责任。三是从保险资金积累来看，保险公司的利润除了上缴国家利税外，还必须提存保险总准备金，以增强保险公司的偿付能力。四是从保险资金运用来看，由于保险公司运用的资金来源主要是各种责任准备金，责任准备金具有负债性，这要求保险公司投资时首先必须注意资金的安全，在保证资金安全的前提下实现收益性和流动性的平衡。因此，加强对保险公司的资金管理和增强保险公司的资金实力，将直接影响着保险公司经营的信誉、承保能力、竞争能力和保险公司持续稳定的发展。

（四）信息

信息是保险公司经营管理者了解公司内外经营环境、确定保险经营决策的依据。由于现代社会是信息社会，信息是保险公司的重要资源。保险公司信息掌握是否及时、准确、全面，对保险经营的预测、决策和经营控制起着非常重要的作用。保险信息包括一切与保险经营活动直接或间接相关的社会、经济、政治、人文、科技以及自然界的信息。例如，在保险公司开发新险种时，必须了解和收集市场上的各种信息，如市场占有率信息、潜在客户信息、竞争对手的营销策略等，否则保险公司开发的险种就会因信息不对称而不能满足市场需要，使保险公司在激烈的市场竞争中失去先机。又如，保险公司的投资管理者在作出投资策略时，必须充分了解资本市场、不动产市场的信息，了解国际投资市场的信息，否则会影响保险投资的安全性和收益性。由此可见，信息是保险公司经营活动的一个非常重要的内部环境，保险公司必须重视对保险信息的收集和管理。

第三节 保险公司的经营原则

保险公司的经营原则是保险公司从事保险经济活动的行为准则，是适应、协调和改善保险经营环境的客观要求，也是保险经营策略得以顺利实施和保险经营目标得以圆满实现的保证。由于保险经营是一种商品经营，它既有一般商品经营的共性，又有保险商品经营的特性。因此，保险公司经营原则也有一般性和特殊性之分。

一、保险公司经营的一般原则

经济核算原则、随行就市原则和薄利多销原则作为商品经营的一般原则，同样适用于保险公司经营。

(一)经济核算原则

经济核算是指利用价值形式，记录、计算、分析和比较生产经营活动中的劳动耗费和劳动成果，使公司以收抵支并取得盈利。经济核算原则是商品生产经营的基本原则，为什么保险商品的生产经营必须遵循经济核算原则，主要是由以下几方面的原因决定的。

1. 保险商品的生产经营要实行经济核算是由节约劳动时间规律所决定的

节约劳动时间是发展社会生产力的必要条件。在保险商品经营中，这种节约包括两个部分：一是保险商品生产消耗的节约，具体包括物化劳动和活劳动的节约；二是保险经营生产资料占用的节约，也就是物化劳动占用的节约。保险公司要持续发展保险商品的社会生产力，不断扩大保险商品社会再生产的规模，就必须实现这两部分的节约。为了节约时间，保险公司必须对保险商品生产经营过程中的劳动耗费和劳动成果进行记录、计算和分析，必须实行经济核算。

2. 保险商品生产经营要实行经济核算是由保险公司相对独立的经济利益决定的

在社会主义市场经济体制下，保险公司是自主经营、自负盈亏、自我约束和自我发展的法人实体和市场竞争主体。保险公司的这种地位决定了保险公司在经营过程中必须树立竞争观念、效益观念，必须考虑经营过程中所占用和消耗的物化劳动和活劳动，考虑收支相抵后能否取得良好的经济效益。显然，保险经营实行经济核算是非常必要的。

3. 保险商品的生产经营要实行经济核算是贯彻按劳分配原则的要求

为了贯彻按劳分配原则，保险公司在经营过程中必须核算公司的经营消耗和成果，核算每个劳动者的劳动消耗和贡献，这样才能为每个劳动者的成果分配提供客观依据，才能合理地确定保险公司和职工的经济利益，激发职工的主观能动性和主人翁精神，才能正确处理好国家、公司、个人三者之间的利益关系。

由此可见，保险公司在生产经营过程中必须实行经济核算。保险公司经济核算原则的贯彻，有助于保险公司权、责、利组合机制的完善，使保险公司在保证完成各项经营指标的前提下，有更多、更灵活的自主经营权。由于保险商品经营的特殊性，保险公司的经济核算主要围绕保险成本核算、保险资金核算、保险利润核算等内容展开，其核算形式也分为公司全面经济核算和分险种单独核算两种，核算方法有保险会计核算、保险统计核算和保险业务核算三种。

（二）随行就市原则

随行就市原则是市场观念的具体体现，它要求商品生产者必须以市场需求为导向，根据不断变化的市场行情，通过调整商品结构和调整商品价格水平，以适应市场需求的主动性行为。

保险经营必须遵循随行就市原则，因为保险市场上同样存在着保险供给和保险需求之间的种种矛盾，需要保险公司以市场需求为导向进行保险商品的经营，尤其是随着保险市场竞争的加剧，保险公司对市场的依赖程度越来越大，要想在激烈的市场竞争中立于不败之地，就必须摸准市场的脉搏，捕捉市场信息，根据市场行情的变化及时作出灵敏的反应，随行就市，不断调整保险商品结构和价格水平，促使保险商品供求平衡，以最终实现保险商品的价值。

调整保险商品的结构，保险公司要根据保险市场需求的变化以及自身经营能力和经营技术，适当调整老险种，组织开发新险种，完善保险服务的内容和形式，以适销对路的险种和优质的保险服务赢得客户，提高市场占有率。调整保险商品的价格水平，要求保险公司根据成本状况、市场需求、国家宏观经济政策和竞争对手的价格水平等因素，适当调整保险费率水平。但是切记保险费率主要是由保险灾害事故发生的概率决定的，如果保险费率水平低于纯费率水平就是所谓的“自杀性费率”，这将对保险公司的财务和业务稳定带来消极的影响。

因此，随行就市，不但要求保险经营要适应市场行情的变化，更重要的是保险公司要树立市场观念、竞争观念，全面、细致、深入地分析和研究影响保险市场行情的各种因素，准确地预测和判断市场发展变化的趋势和规律，只有这样，保险公司才能不失时机地抓住经营机会，降低经营成本、提高经营效益，在激烈的市场竞争中取胜。

（三）薄利多销原则

薄利多销原则是商品生产经营的重要原则，也是商品经营者迅速占领市场、提高市场竞争能力的有效手段。薄利多销是指商品生产者利用价格杠杆，针对消费者价格选择心理，以扩大销售量、保证盈利为目的的一种促销手段。

在保险市场中，薄利多销同样适用。因为在众多保险主体并存、各家保险公司提供的保险商品在投保条件、责任范围等方面相差无几的情况下，投保人往往会比较权衡保险商品的价格来决定自己的购买行为。其实在保险经营中，恰当地运用薄利多销手段是符合保险经营的一般原理的。因为保险公司在国家保险监管机关允许的范围内，在保证获得保险利润的前提下适当降低保险商品的价格水平，不仅可以打开销路、扩大市场份额、提高市场竞争力，还可以集中更多的风险单位，让大数法则发挥作用，保证保险公司财务和业务的稳定。

二、保险公司经营的特殊原则

保险公司在经营中，除了遵循商品经营的一般原则外，还必须遵循保险经营的特殊原则，即风险大量原则、风险选择原则和风险分散原则。

（一）风险大量原则

风险大量原则是指保险人在可保风险的范围内，根据自己的承保能力，努力承保尽可能多的风险和标的。虽然保险是对付风险尤其是对付损失发生频率低、损失程度大的风险的一种科学有效的方法，但是保险公司并不愿意承保所有的风险，保险公司仅承保可保风险。

风险大量原则是保险经营的首要原则。因为，第一，保险经营的过程实际上是风险的集中和分散的过程，由于风险发生具有不确定性，保险人只有承保尽可能多的风险和标的，才能聚集雄厚的保险基金，才能保证保险的分摊风险和经济补偿职能的履行。第二，保险经营是以大数法则为基础的，只有承保大量的风险和标的，才能使实际保险责任事故发生的概率接近于损失期望值，使业务经营趋于稳定。第三，扩大承保数量，实行规模经营是保险公司提高经济效益的一个重要途径。承保的标的越多，保险人的经营收入就越多，营业费用相对就越少。

因此，风险大量原则为保险人的经营活动提出了一个规模要求，合理的保险经营需要有一个最低限度的合同数量规模，然后不断扩大。风险大量原则，要求保险公司积极拓展保险新领域，扩大保险服务范围，在维持、巩固原有业务客户关系的基础上，不断发展新的客户关系，拓宽承保面，扩大承保数量，通过各种营销渠道实现保险业务的规模经营。

（二）风险选择原则

保险公司为了有效贯彻经济核算原则，保证保险经营的稳定，不仅需要集中大量的、以承保风险标的为内容的保险合同，还必须对所承保的风险加以科学的选择。

风险选择原则要求保险人充分认识、准确评价承保标的风险种类与风险程度以及保险金额的恰当与否，决定是否承保。风险选择原则强调保险人对保险标的与风险的主动性选择，否定保险人无条件地盲目承保。

风险选择包括事前选择和事后选择两种。事前选择是指在承保前，通过对"人"（即投保人或被保险人）和对"物"（即保险标的）的选择，决定是否接受承保。保险人在事前选择时要尽量选择同质风险的标的承保，使风险从量上得以测定，实现风险的平均分散。事后选择是对已经签订的保险合同作出淘汰性的选择。保险合同的淘汰通常有三种：一是保险期满后不再续保；二是按照保险合同规定的事项注销合同；三是发现投保人故意或以重大过失未履行告知义务，足以影响保险人决定是否同意承保或者提高保险费率的，保险人有权依据《保险法》第十六条规定解除保险合同。

风险大量原则是对保险人数量的要求，风险选择原则是对保险人质量的要求，科学的保险经营原则应该是风险大量和风险选择的有机统一。

（三）风险分散原则

风险分散原则是指由多个保险人或被保险人共同分担某一风险责任，使其承担的保险责任被控制在可承受的范围之内。事实证明，如果保险人承担的风险过于集中，一旦发生较大的风险事故，将导致保险公司偿付能力不足，不仅损害被保险人的利益，也威胁保险人自身的生存与发展，因此为了确保保险经营的稳定，保险人应将承担的风险尽可能地分散。

按业务处理程序，风险分散可分为核保时的分散和承保后的分散两种。核保时的风险分散主要体现在：一是保险人在核保时要运用一定的工程专业技术知识和手段，科学、合理地划分风险单位，按每个风险单位的最大可能损失确定保险金额，对超过自身承保能力以外的部分不予承保，使保险人所承担的风险责任控制在可接受的范围内；二是对承保的风险责任加以适当控制，通过控制保额、限制赔偿程度来减少被保险人或投保人的道德风险，通过明确保险责任范围、规定免赔率、共同保险、无赔款优待等措施来规避被保险人因保险而产生的心理风险。

承保后风险分散的传统做法就是运用再保险手段来分散风险，将保险人所承担的超出自身承受能力以外的风险转移给再保险人，以实现财务的稳定。但是原保险公司利用再保险分散风险受到再保险人自身偿付能力和经营效益的限制，因此保险风险证券化作为一种新型的风险分散方法应运而生，它突破了保险界长期以来传统意义上的风险管理和保险方式，将保险风险极大限度地分散于资本市场中，由资本市场上的投资者直接承担风险，这种方式比传统的保险保障更加稳定。

第四节 保险公司的经营目标

保险公司的经营活动由一系列相互联系、彼此制约的环节组成，包括营销、承保、合同维持、理赔、投资、计划与统计等。保险公司的经营活动是经营过程和管理过程的统一。保险公司经营管理是为实现保险经营的合理化和取得最佳经济效益而对保险经营各环节与要素进行计划、组织、指挥、协调和监督的过程。因此，保险公司经营目标的确定，直接关系到保险公司管理组织的合理建立与协调，关系到保险公司管理形式和管理内容的多样化以及管理手段的现代化。

一、保险经营理念

保险经营理念是保险公司从事经营活动、解决各种经营问题的指导思想。保险经营者的经营哲学、经营战略、经营目标、经营政策的依据等都受到经营理念的制约。科学的保险经营理念，有助于保险公司顺利实现经营目标，实施经营战略，取得最佳的经济效益。

由于保险经营是一种商品经营，保险公司经营过程既受宏观经济环境（如自然环境、经济周期与经济发展水平、市场竞争环境、国家对保险公司的政策等）的影响，还受到保险公司内部的微观环境（如劳动力、资金、经营技术水平、信息等）的制约，因此现代保险公司经营必须树立以下经营理念。

（一）市场理念

市场理念要求保险经营者在经营过程中要有强烈的市场意识，以市场需求为导向，按照保险市场的需求变化和市场经济规律来安排保险经营活动，实现资源的最佳配置，取得最佳的经济效益。

在保险市场上，保险经营者只有开发出符合市场需要的保险商品，才能实现保险商品的价值。因此，现代保险公司一定要强化保险经营的市场观念，改善保险服务质量，加强对保险市场的预测、调查和研究，把握市场运行的脉搏，按照保险市场的供需变化来安排组织保险经营活动。

（二）竞争理念

竞争理念是指保险经营者在经营过程中应该具有强烈的竞争意识，树立在竞争中求生存、求发展的经营理念，遵循优胜劣汰的市场竞争规则。

保险市场作为整个市场的不可或缺的一部分，不可能避免或排斥竞争。随着保险市场主体的不断增加、保险市场承保力量的日趋过剩，保险行业的内部竞争将会更加激烈。另外，银行保险业务的开展也加剧了保险业的竞争程度。因此，保险公司要想在竞争中立于不败之地，保险经营者必须在市场竞争机制的作用下，不断拓展市场，改善保险服务质量，提高对市场的灵敏度，合理配置公司内部的各种资源，凭借优质的保险服务和可靠的信誉赢得客户的信任，掌握市场竞争的主动权。

（三）效益理念

效益理念是指保险经营者在经营过程中必须树立效益观念，以追求经济效益最大化为自身经营的目标。

在市场经济体制下，检验公司经营成败的唯一标准就是公司的经济效益能否实现。追求经济效益是公司经营管理的出发点和归宿点，保险公司作为生产特殊商品的公司也不例外。保险公司的经济效益表现在以一定的劳动支出和劳动费用所能提供的保险保障上，表现在保险公司运用保险资金所取得的经济收益上。因此，保险公司要实现经营目标，就要树立效益理念，加强经济核算，用尽可能少的资金占用、劳动力占用和费用开支取得尽可能多的经营收益。

（四）信息理念

信息理念是指保险经营者必须具备的在经营过程中对市场各种信息的敏感性以及对保险公司内部各种信息进行收集、整理、存储、分析和利用的主动意识。现代社会是信息社会，市场竞争的重要方面就是信息的竞争。一个成功的公司经营者，必须具有控制信息来源并运用信息进行反馈的能力。由于保险经营与外部的经济环境、市场环境、文化环境、社会环境关系密切，保险经营管理者只有掌握了大量准确的保险市场信息和各种业务技术信息，才能提高经营决策的有效性和科学性，才能减少保险经营中的决策风险和市场竞争风险。

二、保险公司经营目标

保险公司经营目标是指保险公司在充分利用现有经营条件的基础上，经过公司自身的努力所要达到的经营目的和标准。保险经营目标不仅是保险公司经营决策的前提，也是保险公司业务经营的指南。保险经营目标是依据保险经营理念、社会经济发展需要以及保险公司客观的经营条件确定的。

保险公司经营的总目标是通过保险服务，充分发挥保险分摊和经济补偿的职能，保障社会再生产的持续进行，稳定社会秩序，安定人民生活，满足人们日益增长的物质和文化生活的需要。

以保险经营的总目标为中心，保险公司还可以根据不同时期、不同角度划分为多种经营目标。

（一）长期目标、中期目标和近期目标

从保险公司发展战略角度考虑，保险公司的经营目标可以分为长期目标、中期目标和近期目标。

1. 长期目标

长期目标是指保险公司从战略发展的高度出发所预期的公司未来发展规划。一般指 10 年或 10 年以上的远期规划目标。长期目标是保险公司经营总目标的粗线条蓝图，是保险经营者为保险公司发展方向、经营规模、主要经营指标可能达到的程度等确定的较长期的战略目标。长期目标具有纲领性和预见性等特点。

2. 中期目标

中期目标一般指 5 年经营活动的预期规划，它是长期目标的进一步分解和具体化，是保险经营总目标的次粗线条蓝图。保险经营中期目标设定 5 年为周期，目的是使保险经营中期目标与国民经济中期规划相衔接，保险业的发展水平与国民经济发展水平相适应，保险业的发展速度与国民经济的发展速度相协调。

3. 近期目标

近期目标一般指保险公司的年度、季度或月度目标，是中期目标的进一步分解和具体实施，是保险经营总目标的详细描述。近期目标具有效益性和实践性等特点。保险公司在经营过程中，通过及时调整和修改近期目标，合理组织保险公司的日常活动，使各个经营环节相互衔接和平衡，确保公司经济效益的实现。近期目标是中长期目标得以逐步落实的保证，因此，保险公司在制定近期目标时必须使近期目标与中期和长期目标相衔接。

（二）社会贡献目标、公司利益目标和个人利益目标

从保险经营人和不同利益者的利益角度考虑，保险经营目标分为社会贡献目标、公司利益目标和个人利益目标。

1. 社会贡献目标

社会贡献目标是指根据保险公司在国民经济中的地位和作用，为实现国民经济发展战略目标而制定的，具有良好社会效果的经营目标。简单地说，就是保险公司在实现自身经济效益的同时要兼顾社会效益目标。保险公司社会贡献目标内容十分丰富，主要包括：通过经济补偿，保证社会再生产的持续进行和人民生活的安定，为社会提供优质保险商品与服务，满足日益增长的社会需求；提高社会的风险管理意识，指导社会团体和个人进行风险管理，降低风险事故发生的频率和损失程度；积极开展防灾防损工作，提高整个社会和人类抵抗灾害的能力，不断开拓新险种，以应对经济和科技发展

过程的新风险;积极开展保险业务,为国家提供更多的建设资金和税金;促进国际经济交流,为国家创造更多的外汇收入等。由此可见,保险公司的社会贡献目标与保险的社会管理职能是一致的。

2. 公司利益目标

公司利益目标是保险公司生存和发展所必需的经济目标,是保险公司经营活动的直接内在的动力。公司利益目标不仅关系到保险公司职工的工作条件、生活条件和公司发展的后劲,而且关系到保险公司社会贡献目标的实现程度。

3. 个人利益目标

个人利益目标是指保险公司职工在经营活动中追求的物质利益和自我价值实现的目标。个人物质利益是保险公司职工从事保险经营活动的内在动力,也是保险经营目标的重要内容。自我价值实现目标是保险公司职工追求自身发展和完善的更高层次的需求,是公司职工工作积极性和创造性的前提条件。如果公司职工的自我实现目标一直得不到实现,则必将影响职工工作的主动性,使保险公司面临严重的危机,尤其是现代保险业的竞争归根结底是人才的竞争,保险公司应该努力为职工创造个人发展的良好环境,满足职工多层次的需要,帮助职工实现自我价值,使公司拥有一个稳定的高素质的劳动团体。值得一提的是,个人利益目标的实现,是以社会贡献利益目标和公司利益目标的实现为前提的。没有社会贡献目标的实现,就没有保险商品价值的实现,也就无法实现公司利益目标。公司若不能实现经济利益,就不能增强公司的偿付能力,也就不能保障保单持有人的利益,不能增强公司股东们的投资信心,在这种情况下,保险公司职工的个人利益也就无从谈起。

(三)财务稳定性目标、持续发展目标和盈利目标

从保险公司财务管理的角度考虑,保险经营的目标为财务稳定性目标、持续发展目标和盈利目标。

1. 财务稳定性目标

财务稳定性是保险公司资金运转和融通能力的主要保证,资金运转和融通能力就是保险公司的偿付能力。保险公司作为服务于社会的第三产业,作为履行补偿和给付职能的经济组织,作为社会的稳定器和经济的助动器,无论什么时候都要有赔偿和给付的款额,都能向保户兑现自己的承诺,履行保险合同中规定的义务。因此,对于一家保险公司来说,偿付能力风险是保险公司面临的最大、最可怕的风险,甚至是导致保险公司破产的灭顶之灾。保证保险公司有足够的偿付能力,至少具有与其业务规模相适应的最低偿付能力,是保险公司经营管理的最基本目标。

2. 持续发展目标

保险公司的停滞不前是其经营失败的前奏。保险公司生存的环境是市场,优胜劣

汰是市场机制的内在原动力。在激烈的保险市场竞争中，保险公司只有不断开发适销对路的新险种，不断增强风险管理能力、提高保险服务质量，才能在激烈的市场竞争中占据有利地位，保持业务持续发展，否则，必将被其他保险公司所排挤。保险公司的发展集中表现在保费收入的增长速度上。保险公司的发展速度包含了三层含义：一是规模速度，指保险公司所经营的保险业务总量的增长幅度，它适用于粗放式经营下的考核指标。二是结构速度，指保险公司在业务动态发展中，各险种结构在注重效益的基础上重新组合和变化，对不同险种发展的驱动和作用的幅度，这是保险公司注重经济效益，尤其是注重短期核算业务带来的利润的结果，是提高效益、增加利润的新起点。三是质量速度，指保险公司在较为健全的运行机制、约束机制和激励机制的相互作用下实现集约化管理，有效进行保险责任控制和成本控制的业务增长速度。质量速度可以克服规模速度和结构速度的不足，使发展速度与利润同步。因此，在追求持续发展目标时，必须以质量速度作为最终和唯一的选择。

3. 盈利目标

保险公司经营的目的是盈利，虽然还有财务稳定性目标和持续发展目标，但是增加盈利是保险公司最具综合能力的目标，它不仅体现了保险公司的出发点和归宿点，而且还可以概括其他目标的实现程度，并有助于其他目标的实现。

4. 三个目标之间的关系

在明确了保险公司经营管理目标的基础上，重要的是处理好它们之间的关系。

财务稳定性目标与盈利目标的关系：保险公司的利润主要来源于承保利润和投资收益。有的承保项目风险大、保费收入高，但保险公司承担的赔付责任也大，并且还可能面临应收保费坏账损失的风险，投资收益与投资风险成正比，风险越大，收益越高。虽然利润的增加可以增强保险公司的经济实力和偿付能力，提高保险公司的竞争力，但是如果保险公司一味追求高利润而忽视风险因素，那么保险公司在财务决策时就会优先选择高风险的项目，而项目一旦出现不利情况，保险公司将会陷入财务困境甚至破产。

财务稳定性目标与持续发展目标的关系：保险公司如果一味追求业务发展的高速度，必将导致盲目竞争，费率下降，忽视承保选择和承保控制，使保险公司面临更大的赔付责任；同时，利润的降低和一些巨灾风险、特殊风险的出现，将直接威胁保险公司的财务稳定。反过来，保险公司的财务稳定又会制约保险业务的发展速度。

盈利目标与持续发展目标的关系：不断发展保险业务，开拓保险市场，增加保险险种，提高服务质量，是提高保险公司经济效益、增加利润的前提条件。此外，保险公司以风险为经营对象，以大数法则为科学依据，也决定了保险公司只有发展业务、扩大承保面，才能有效降低经营风险、增加利润。但是如果保险公司盲目追求发展速度，追求保费收入，那么不仅会使保险经营管理和与利润直接有关的赔付率以及应收保费的监控失灵，而且会导致保费资源的浪费、业务结构的失衡，严重影响保险公司的经济效益。但是利润是保险公司发展的目标和保证，利润的增加可以增强保险公司的实力，促进保险业持续、稳定地发展。

因此，作为保险公司的经营管理部门，应当将财务稳定性目标、持续发展目标、盈利目标有机地结合起来，正确处理好三者的关系，在强调保证财务稳定性目标的基础上，对持续发展目标和盈利目标加以适当平衡；否则，利润和发展就成为无源之水、无本之木。

本章小结

保险经营是一种商品经营，但是保险商品是一种特殊形态的商品。保险商品的使用价值表现在保险商品作为社会稳定器和经济助动器以及社会管理器的功能上。保险商品的价值从量上考察，是凝聚在保险商品的社会必要劳动时间，这一社会必要劳动时间会随保险公司经营条件和经营技术的改善而变动。

保险商品是一种特殊形态的软商品，其特殊性表现在：保险商品是一种无形的商品；保险商品是一种“非渴求商品”；保险商品的消费是一种隐性消费。

保险商品的价格即保险费率，可分为理论费率、实际费率和监管费率。这三种费率既相互联系、相互制约，又相互冲突、相互矛盾。财产保险费率厘定要依据灾害事故发生的概率而定，其厘定的基本方法有判断法、分类法和增减法三种。人寿保险费率厘定要考虑死亡率或生存率、利率、营业费用率三个基本要素，另外还要考虑保单退保率、分红率、残废率以及保单中嵌入的各种选择权被保单持有人行使的概率等因素。

保险公司经营环境包括外部环境和内部环境。外部环境有自然环境、人口环境、经济环境、政策环境、社会环境、文化环境和市场环境等不可控的因素。内部环境主要有劳动者、经营技术、资金、信息等。

保险公司在经营中，除了要遵循一般商品经营的经济核算原则、随行就市原则和薄利多销原则外，还必须遵循保险经营的特殊原则，即风险大量原则、风险选择原则和风险分散原则。现代保险经营必须树立市场理念、竞争理念、效益理念和信息理念。保险经营目标从保险公司发展战略角度考虑，可以分为长期目标、中期目标和近期目标；从保险经营人和不同利益者的利益角度考虑，可分为社会贡献目标、公司利益目标和个人利益目标；从保险公司财务管理角度考虑，可分为财务稳定性目标、持续发展目标和盈利目标。

复习思考题

1. 名词解释：

理论费率　　实际费率　　监管费率　　纯费率　　附加费率

2. 简述人寿保险费率厘定的要素。

3. 分析人口环境对保险公司经营的影响。

4. 谈谈保险科技对保险公司经营的影响。

5. 简述保险经营的特殊原则。

6. 从保险公司财务管理的角度分析保险经营的目标以及相互关系。

第一章

复习思考题
答案

第二章

课 件

第二章　保险市场管理

市场是商品经济的产物。狭义的市场是指买卖双方实现商品或劳务交换的具体场所；而现代意义上的市场是一种广义的市场，是指买卖双方实现商品或劳务让渡交换关系的总和或者商品或劳务供求关系的总和。保险商品作为一种特殊的商品，只有通过市场交换，才能实现其使用价值和价值。近代保险市场是商品经济发展的产物，有人认为保险市场是人们进行保险经济活动的场所，这是从狭义概念上理解保险市场。有人认为保险市场是保险交易行为，因为现代保险交易活动尤其是再保险活动很少局限在固定的时间和地点，这是从构成市场的经济内容的角度来考察市场。虽然这些观点都从某一角度揭示了保险市场的特征，但并没有揭示保险市场的真正属性，其实保险市场是保险商品交换关系的总和，或者是保险商品供求关系的总和，它既可以是固定的交易场所，也可以是所有实现保险商品让渡的交换关系的总和。

第一节　保险市场的特点与构成要素

一、保险市场的特点

作为现代市场经济的有机组成部分，保险市场除了具备一般市场的特征以及遵循商品交换的一般规律外，还具有其自身的特点。

（一）保险市场交易的对象与风险直接相关

一般商品市场的交易对象本身并不与风险联系，市场风险来自交易行为。保险市场的交易行为同样也存在风险。由于保险市场的交易过程实际上是保险人集合并分散风险的过程，保险交易对象是为各类风险提供保障，与风险本身直接相关联。风险的客观存在是保险市场形成和发展的前提条件。由此可见，保险市场是一个直接经营风险的市场，这一点决定了其交易行为和方式的特殊性。

(二)保险市场是一种特殊的“期货”交易市场

由于保险市场交易的对象是风险,而风险的发生具有不确定性,所以交易的结果在相当程度上取决于风险事故的发生。也就是说,保险人是否履约取决于在保险合同约定的时间内是否发生约定的风险事故以及这种风险事故造成的损失是否达到保险合同规定的补偿或者给付条件。只有当约定的保险事故发生并导致经济损失时,保险人才有可能对被保险人进行经济赔偿;只有当被保险人在保险期限内发生死亡、伤残、疾病、年老等保险事故或者生存至保险合同约定年龄或期限时,保险人才能给付保险金。可见,保险交易在某种程度上具有期货交易的性质,保险市场是一种特殊的“期货”交易市场。

(三)保险市场是非即时结清市场

在一般商品交易中,合同的签订往往意味着交易的完成。由于风险的不确定性和保险合同的射幸性,决定了保险交易的结果在交易完成时无法确定,因此不能立刻结清,保险合同的订立意味着交易的开始。保险交易的完成或结清,往往需要较长的时间,尤其是一些责任险种,其追溯期很长,保险双方权利义务关系要在保险合同期满后多年才能了结。

二、保险市场的构成要素

保险市场发展初期,保险公司数量较少,保险产品主要采用直销方式。保险市场由三个要素构成:一是保险交易活动提供各类保险商品的卖者或供给方;二是各类保险商品的购买者或需求方;三是具体的交易对象即各类保险商品或保险经济保障。只要具备这三个要素,保险交易活动就可以完成。随着保险业的不断发展、承保技术的日益复杂、承保竞争的日趋激烈、保险商品营销的不断区域化和国际化,仅由买卖双方直接参与的交换关系已远远不能适应保险市场发展的需要,这时保险市场的中介力量应运而生。保险中介人的参与,使保险交换关系变得复杂,也使保险市场更加成熟和完善。因此,现代保险市场就由四个要素构成,即保险商品的供给方、保险商品的需求方、各类保险商品以及促成保险交易的保险中介方,而保险中介方逐渐成为保险市场中不可缺少的一个要素。

(一)保险市场的主体

保险市场的主体是指保险市场交易活动的参与者,包括保险商品的供给方——保险公司,保险商品的需求方——投保人,以及充当保险供需双方媒介的中介方——代理人、经纪人、公证人等。

1. 保险商品的供给方

保险商品的供给方是指在保险市场上提供各类保险商品,承担分散和转移投保人风险的各类保险人。

在保险市场上，保险人按其组织形式不同可分为国营保险组织、私营保险组织、合作保险组织、专业自保组织和个人保险组织。每种保险组织都各有特色，但无论何种形式的保险组织，都必须经过国家有关部门的审查认可并取得专门经营保险业务的执照才可以营业。在保险业发达的国家，90％以上的保险组织是私营保险组织，其中股份制保险公司是保险业组织形式发展的一种趋势。人寿保险公司大多采用相互保险公司的形式。目前，世界上唯一一家个人保险组织是英国的劳合社。我国根据《中华人民共和国保险法》(以下简称《保险法》)的规定，保险人的组织形式只能是国有独资公司和股份有限公司。也就是说，在我国保险市场上，只允许法人组织经营保险业务，不允许自然人经营保险。

2. 保险商品的需求方

保险商品的需求方是指保险市场上所有现实的和潜在的保险商品的购买者，也就是保险市场上的各类投保人。

在保险市场上，不同投保人有着不同的保险需求，这要求保险商品的供给方应该按照不同的保险需求开发出不同的保险商品。

保险公司在开发新险种之前一般要开展市场调研和预测，将投保人按其不同需求做一些分类。例如，按照投保人不同的需求特征，划分为个人投保人、团体投保人、低薪收入的投保人、高薪收入的投保人；按照保险需求的层次，划分为当前的投保人和潜在的投保人；按照投保人的年龄结构，划分为青年投保人、中年投保人、老年投保人；按照投保人的需求效应，划分为保障型的投保人、储蓄型的投保人和投资型的投保人，然后根据投保人的不同需求开发适销对路的险种。

3. 保险中介方

保险市场的中介方既包括充当保险供需双方媒介并促成保险合同成立的保险代理人(或保险代理公司)、保险经纪人(或保险经纪公司)，也包括独立于保险方与投保方之外，以第三者身份处理保险合同当事人委托办理的有关保险业务的公证、鉴定、理算、精算等事项的保险公证人、保险律师事务所、保险精算事务所、保险理算师等。保险中介方是保险市场中不可缺少的要素。

(二)保险市场的客体

保险市场的客体是保险市场上供给方和需求方交易的对象——保险商品。保险商品是一种特殊形态的商品，它的特殊性表现在：保险商品是一种无形的商品，保险商品是一种非渴求的商品，保险商品的消费是一种隐性的消费。

第二节　保险市场的组织形式与组织结构

一、保险市场的组织形式

保险市场的组织形式是指在一国或一地区的保险市场上，保险人在经营保险业务时所采取的组织形式。根据财产所有制关系的不同，保险市场的组织形式有以下几种。

（一）国营保险组织

国营保险组织是由国家或政府投资设立的保险经营组织。国营保险组织既可以由政府机构直接经营，也可以通过国家法规或法令规定由某个团体来经营。国营保险组织依据各国的社会经济制度不同，可分为完全垄断型国营保险组织、商业竞争型国营保险组织和政策型国营保险组织。完全垄断型国营保险组织是指完全垄断了一国所有保险业务的保险组织，它担负着保险监管机关和保险业务经营实体的双重角色。这种国营保险组织形式大多存在于保险业不很发达的第三世界国家的保险市场。中国人民保险公司(PICC)在1988年以前就属于完全垄断型的国营保险组织。商业竞争型国营保险组织是指国营保险组织可以与其他保险组织一样，经营各类保险业务，开展公平的市场竞争，并以营利作为经营的重要目标。中国人寿保险公司、中国人民财产保险公司就属于商业竞争型的国营保险组织。政策型的国营保险组织是指为保证国家某种政策的实施，运用普通保险的技术而专门开办一些强制性或特定的保险业务的组织。我国的农业保险公司、出口信用保险公司、存款保险公司都属于政策型的国营保险组织。

视频
存款保险

国有独资保险公司是一种典型的国有保险组织形式，它是由国家授权投资的机构或国家授权的团体或部门单独出资设立的有限责任公司。对一些关系到国计民生的行业，适合由国有独资保险公司经营管理。其实，在西方国家，对于社会保险、政治风险保险、犯罪保险、罢工险，以及一些私营保险公司不愿承保的巨灾风险，如地震保险、洪水保险等，往往由国有独资保险公司经营。

国有独资保险公司具有以下几个特点：

1. 国有独资保险公司是一种特殊的国有保险公司

国有独资保险公司适用于《中华人民共和国公司法》(简称《公司法》)，实行的是公司制度。但是国有独资保险公司与国家或政府之间不是行政隶属的上下级关系，而是平等的民事主体关系。

2. 国有独资保险公司是一种特殊的独资公司

根据《公司法》的规定，个人独资不能设立有限责任公司，而国有独资保险公司以国家作为投资主体，可以成立有限责任公司。

3. 国有独资保险公司是一种特殊的有限责任公司

有限责任公司一般要求投资主体多元化，股东必须在两人以上，而国有独资保险公司的投资主体为国家授权投资的机构或国家授权的团体或部门，投资主体单一，股东只有一个。

在我国保险市场上，中国人民保险公司、中国人寿保险公司、中国再保险公司就是国有独资保险公司。

（二）私营保险组织

私营保险组织是指由私人投资设立的保险经营组织。在保险业发达的国家，90％的保险经营组织是私营保险组织。

保险股份有限公司和相互保险公司是两种典型的私营保险组织，其中，保险股份有限公司是现代保险公司制度下最典型的一种组织形式。

1. 保险股份有限公司

保险股份有限公司是由一定数目以上的股东发起组织的，通过发行股票（或股权证）筹集资本，股东以其所认购股份承担有限责任。《公司法》具体规定了公司发起人的人数、公司债务的限额、发行股票的种类、税收、营业范围、公司的权力、申请程序、公司执照等。

保险股份有限公司作为一种现代保险公司制度，因其严密而健全的组织形式而备受各国保险业的推崇。保险股份有限公司具有以下几个特点：

（1）保险股份有限公司所需要的大量资本通过发行股票（或股权证）筹集。由于入股人数多，保险股份有限公司比较容易筹集到大额资本，使其经营资本充足、资金实力雄厚，有利于业务扩展和风险更广泛地分散，使经营更加安全，从而对被保险人的保障能力也更强。

（2）保险股份有限公司采用所有权与经营权相分离，又以盈利作为经营的首要目标，这促使公司不断改善内部经营管理，开发适销对路的新险种，提高保险服务质量，提高经营管理效率，增加保险公司的利润和偿付能力，使保险经营走上正规化、科学化的良性循环轨道。

（3）保险股份有限公司采取确定的保险费制，使投保人的保费负担能够确定，排除了向被保险人追补的情况，既符合现代保险的特征和投保人的需要，又便于保险业务的扩张。由于保险股份有限公司的经营目的是盈利，所以它比较适合那些风险较大、投机性较强的财产保险业务。在美国的财产和责任保险业中，保险股份公司是占支配地位的保险组织形式,约占私营财产和责任保险保险费总收入的 3/4。

2. 相互保险公司

相互保险公司是由所有参加保险的人自己设立的保险法人组织,是人寿保险业特有的一种非营利性的公司组织形式,它在西方国家的寿险业中占有特别重要的地位。相互保险公司具有以下几个特点:

(1)相互保险公司的投保人具有双重身份。它既是公司的所有人,又是公司的客户;既是投保人或被保险人,又是保险人。在相互保险公司这一组织形式下,投保人只要缴纳保险费,就可以成为公司的社员,社员关系与保险关系结合在一起,保险关系一旦终止,社员关系也就消失了。

(2)相互保险公司是一种非营利性组织。相互保险公司没有资本金,公司创立时所需的经营资金称为基金,由各社员以缴纳保险费的形式筹集,用以承担将来的全部保险责任,不足额部分可以向外筹借。保险费的收取采用不定额保费,如果有盈余,在支付借入基金的利息及社员所缴纳的基金利息扣除外,分配给社员或作为以后的保险费。如果亏损,向社员增收保险费或采取保险金减额给付、减少公积金等办法来弥补。

(3)相互保险公司的加入者同时成为社员,可以参与公司的经营和盈余的分配,社员的利益也就是被保险人的利益,利益关系密切,相互依存、彼此监督,可以有效避免保险人的不正当经营和被保险人的欺诈行为。此外,由于相互保险公司不以营利为目标,保险费中不包括预期利润,因此,保险费负担较轻。

相互保险公司比较适合于人寿保险公司。作为现代人寿保险开端的英国公平人寿保险公司于 1762 年以相互保险公司的形式成立。美国最大的人寿保险公司,如谨慎人寿保险公司、大都会人寿保险公司等都是相互保险公司。相互保险公司作为人寿保险的独特经营组织形式,在西方国家的寿险业中占有特别重要的地位。保险股份公司是当前世界各国寿险公司中比较通行的组织形式。虽然相互保险公司和保险股份公司在设立和经营方式上有所区别,但是对于投保人来说,投保选择时主要考虑险种、费率、分红率、售后服务水平、公司信誉等因素,至于公司的组织形式并不重要。因此,目前两种公司的数量都不少,只是由于历史传统和法律制度的原因,有些国家的人寿保险公司主要采用相互保险公司的形式(如日本),而有些国家的人寿保险公司主要采用保险股份公司的形式(如美国)。

随着寿险业的发展,相互保险公司和保险股份公司的区别已不再明显,在实行两种公司形式的国家,出现了相互保险公司和保险股份公司之间的相互转化。保险股份公司考虑到股票易手导致的公司控制权转移和税务(一般情况下,股东须纳税,相互公司社员红利不纳税)等因素,向相互保险公司转化。例如,在美国成立相互保险公司的条件比较严格,从 20 世纪 90 年代开始,要成立相互保险公司几乎不可能,唯一可行的办法就是先成立股份制保险公司，待公司财务稳定后再转为相互保险公司。同样由于金融市场竞争的加剧，寿险公司利润下降，对资本的需求增加，不少相互保险公司转化为保险股份公司。例如，从 20 世纪 70 年代至今，美国有 16 家相互保险公司转化为保险股份公司，而且随着投资的国际化发展，相互保险公司向保险股份公司转化的趋势还将进一步加强。

（三）合作保险组织

合作保险组织是由社会上具有共同风险的个人或单位，为了获得保险保障，共同筹资设立的保险组织形式。合作保险组织可分为消费者合作保险组织和生产者合作保险组织。消费者合作保险组织是由保险消费者组织起来并为其组织成员提供保险的组织。合作保险组织的形式有相互保险公司和非公司形式的相互保险社、保险合作社。

1. 相互保险社

相互保险社是最早出现的保险组织，也是最原始的保险组织形态，每个社员为其他社员提供保险，每个社员同时也获得其他社员提供的保险。相互保险社目前在欧美国家仍相当普遍，如美国的同胞社、英国的友爱社以及海上保险方面的船东相互保障协会等。与相互保险公司和保险合作社相比，相互保险社具有以下几个特点：

（1）相互保险社的成员之间相互提供保险保障，体现“我为人人，人人为我”的思想。

（2）相互保险社无股本，保险费采取事后分摊制，事先并不确定。经营资本来源于社员缴纳的分担金。在相互保险社中，赔偿和管理方面所需要的款项和开支由社员共同分担，社员先交付暂定分担额和管理费，在年度结算时计算出确定的分担额后再多退少补。

（3）相互保险社的最高管理机构是社员选举出来的管理委员会。在通常情况下，委员会指定一个有法人资格的代理人主持社务，处理有关保险与社内财务等一切事务。

（4）相互保险社的经营对象是社员，相互保险社并不对外公开营业，其组织规模较小，纯粹为社员服务。

2. 保险合作社

保险合作社是由一些具有相同保险需求的人组织起来、共同经营的相互保险组织。保险合作社与相互保险社很相似，相互保险社通常是按照合作社的形式建立起来的，因此有些保险学者常常将两者互相替代，其实，保险合作社和相互保险社之间还是有区别的。

（1）相互保险社无股本；而加入保险合作社，社员必须缴纳一定金额的股本。也就是说，社员是保险合作社的股东，其权利以其认购的股金为限。

(2)相互保险社经营资金的来源为社员缴纳的分担额，保险社与社员之间是为一时目的而结合的，如果保险关系终止，双方自动解约。保险合作社的资金来源于社员的股金和向社员或非社员借入的基金。保险关系的建立必须以社员为条件，但社员不一定必须建立保险关系，保险关系消灭也不影响社员关系的存在，因此保险合作社与社员的关系比较长久，只要社员认缴股本后，即使不利用合作社的服务，仍然可以与保险合作社保持联系。

(3)相互保险社保险费采取事后分摊制，依据实际需要和实际损失分摊，事先并不确定，而保险合作社采用确定保险费制，事后不再补缴。

(4)保险合作社的业务范围仅局限于合作社的社员，只承保合作社社员的风险。

美国的蓝十字会和蓝盾医疗保险组织是美国非营利性的医疗保险组织，它们以州或社区为经营范围。蓝十字会提供住院费保险，蓝盾则提供非住院的内外科医疗费用保险。美国各地共有 70 个这样的组织，大约 2/5 的美国人是蓝十字会成员，1/3 的美国人参加了蓝盾保险。这两种组织是由医院和合作的承保组织联合向成员提供医疗保险的。

日本的农业合作社是日本办理人寿保险最活跃的合作社，它是根据昭和二十二年(1947 年)的《农业合作社法》，由农民组织建立的互助组织。互助组织的种类有建筑物互助、人寿保险、损害保险等。社员与基层社签订互助契约，再由部、道、府、县的联合会提供再保险，联合会再把超过自留额的部分向全国互助农业合作社联合会再保险，即转分保，实际上基层社不负有互助责任。费率和条款在全国是统一的，所聚集的资金大部分存入农业合作社系统的信用农业合作社联合会或农林中央金库，或用来购买农林公债和金融机构发行的债券。[①]

(四)专业自保组织

专业自保组织是由某一行业或公司为本公司或本系统提供保险保障的组织形式，常以公司命名。在第一次、第二次世界大战期间，首先在英国出现。到了 20 世纪 50 年代，美国也开始出现了这种专业自保组织。欧美国家的许多大型企业或集团都有自己的专业自保公司。我国的新疆生产建设兵团保险公司就属于这一性质的保险组织。

专业自保公司一般是由母公司为保险目的而设立和拥有的保险公司，它主要向母公司及其子公司提供保险服务，同时也承保外界的风险和接受再保险业务。最初成立专业自保公司是为了帮助企业避免不合理的税收和技术性风险，随着企业的发展，专业自保公司逐渐成为企业利用内部基金进行风险融资的高级形式。《财富》500 强企

① 许谨良:《保险学》，上海社会科学院出版社、高等教育出版社 2000 年版，第 313 页。

业中已有超过48%的公司建立了专业自保公司，大多数设在百慕大，其主要原因是当地具备有利于外资的环境、资本要求和较低的税收。专业自保公司的主要优点是：

1. 有利于加强风险管理

大型企业或集团通常面临复杂且多样的风险，需要有一种更加灵活和个性化的方式来管理和转移这些风险。成立了专业自保公司，母公司可以直接参与保险产品的设计和选择，更加精确地评估和控制风险，从而提高风险管理的水平。

2. 减少公司的保险费用

专业自保公司在给其母公司及其子公司提供保险时，往往基于非营利的目的，因此收取的保费要低于商业保险公司所收取的保费。此外，专业自保公司还可以通过合理的定价策略，将保险费用与其母公司及其他子公司的实际风险状况相匹配，进一步实现成本的优化。

3. 容易获得再保险

许多再保险公司只与保险公司作交易，而不与投保人或被保险人打交道。通过组建专业自保公司，使得投保企业能够非常容易地获得再保险。

4. 增强资金运用效率

专业自保公司除了向母公司及其子公司提供保险外，也向其他单位提供保险业务以获取利润。此外，专业自保公司可以将保费收入投资于母公司或其子公司的项目，从而实现资金的内部循环利用，提高资金运用效率。这种内部融资方式不仅降低了母公司及其子公司的融资成本，而且有助于优化母公司及其子公司的资金结构。

5. 有利于公司合理避税

母公司及其子公司向专业自保公司缴付的保险费可以从它们的应纳税收入中扣除，从而为公司节约了税收支出。专业自保公司收到的保费虽然要缴纳各项税收，但是适用的税率极低，最终给母公司及其子公司带来避税效应。

6. 提升企业形象与信誉

大型企业或集团成立了专业自保公司不仅可以展示企业在风险管理方面的专业能力和水平，有助于提升企业的形象和信誉，而且对于企业的品牌建设和市场竞争也具有积极的影响。

鉴于成立专业自保公司可以满足大型企业或集团的风险管理需求、降低公司的保险费用，容易获得再保险支持、增强资金运用效率、合理避税以及提升企业形象与信誉。这些优势使得专业自保公司成为越来越多企业的选择。当然专业自保公司也不可避免地存在着先天的劣势，如资金实力有限、业务量有限、业务较为单一且质量较差、专业人员少等问题。

(五)个人保险组织

个人保险组织是以自然人的名义承保风险业务的一种组织形式。迄今为止,英国的劳合社是当今世界上唯一一家个人保险组织。

劳合社是从劳埃德咖啡馆演变而来的,其演变史可以成为英国海上保险发展的一个缩影。1683 年,一个名叫爱德华·劳埃德的人在伦敦泰晤士河畔开了一家咖啡馆,后来,这家咖啡馆逐渐成为经营远洋航海的船东、船长、商人、经纪人和银行高利贷者聚会的场所。1691 年,劳埃德咖啡馆从伦敦塔街迁至伦巴第街,不久成为船舶、货物和海上保险交易的中心。随着海上保险业务的发展,在咖啡馆内进行保险交易已变得不太方便了。1771 年,由 79 个劳埃德咖啡馆的顾客每人出资 100 英镑,另觅新址专门经营海上保险,这笔资金由经过无记名投票选出来的一个委员会管理,它是第一个劳合社委员会,直到 1871 年,经议会通过法案,劳合社才正式成为一个社团组织,其业务也从海上保险扩展到一切保险业务。

劳合社不是一个保险公司,而是一个社团,更确切地说是一个保险市场。它与纽约证券交易所相似,只是向其成员提供交易场所和有关的服务,本身并不承保业务。劳合社的承保人均为个人,各自独立核算、自负盈亏、单独承保,并以个人的全部财力对其承保的风险承担无限责任。在历史上,劳合社设计了第一张盗窃保险单,为第一辆汽车和第一架飞机出立保单。近年来,它又是计算机犯罪保险、石油能源保险和卫星保险的先驱。劳合社承保的业务十分广泛,简直无所不保,尤其在海上保险和再保险方面起着十分重要的作用。

我国《保险法》第六条规定:“经营商业保险业务,必须是依照本法设立的保险公司。其他单位和个人不得经营商业保险业务。”第六十七条又规定:“保险公司应当采取下列组织形式:(一)股份有限公司;(二)国有独资公司。”事实上,我国保险市场在近几年的发展中还出现了其他保险组织形式,包括相互保险公司、中外合资保险公司以及外国保险公司在我国境内设立的分公司等。

在我国保险市场上,1949 年 10 月 23 日成立的中国人民保险公司及其在 1996 年 7 月 23 日经重组后下设的中保财产保险、中保人寿保险、中保再保险三个子公司都是国有独资保险公司。1988 年,我国成立了第一家股份制保险公司——深圳平安保险股份有限公司。1991 年又成立了第一家全国性的股份制保险公司——中国太平洋保险股份有限公司。除了国有独资保险公司外,我国保险市场上保险公司的组织形式主要是保险股份有限公司。

我国的保险股份有限公司已经纷纷开始寻求公开上市,以募集更多的资本金,增强保险公司以及整个保险业的偿付能力。中国人民财产保险股份有限公司作为国内第一家境外上市的金融企业,于 2003 年 11 月 6 日在中国香港成功发行股票,募集资金 62.2 亿港元。中国人寿保险股份有限公司也于 2003 年 12 月 17 日和 18 日分别在美国纽约、中国香港两地上市，成为第一家在境外上市的中国寿险公司和第一家在境外两地同步上市的中国金融企业，并创下当年全球最大融资规模的纪录，募集资金 34.8 亿美元。2004 年 6 月 24 日，中国平安保险（集团）股份有限公司在香港联合交易所首次公开发行股票，募集资金 140 多亿港元。2007 年，中国人寿保险公司和中国平安寿险公司又在国内 A 股市场成功上市。

2001 年 12 月 18 日，中国国有独资的政策性专业出口信用保险机构——中国出口信用保险公司正式揭牌运营，为我国出口贸易的发展保驾护航。2003 年年底，中国保监会开始筹划农业保险，深入探索建立政策性农业保险制度，充分发挥保险的社会管理功能，服务于“三农”。2004 年 11 月，经保监会批准，我国第一家相互保险公司——阳光农业相互保险公司获准筹建。

中外合资保险公司是我国政府或组织与外商共同投资建立的合营保险组织。第一家中外合资保险公司是 1996 年 11 月 26 日由中化集团对外贸易信托投资公司与加拿大宏利人寿保险公司合资设立的中宏人寿保险有限公司。还有 1998 年 10 月 16 日由中国太平洋保险股份有限公司与美国安泰人寿保险公司合资设立的太平洋安泰人寿保险有限公司，以及 1999 年 1 月由德国安联保险集团与中国大众财产保险股份有限公司合资设立的安联大众人寿保险有限公司等。

外国保险公司国外分支机构是指外国保险公司依照所在国公司法和保险法的规定，在所在国境内设立的经营性保险组织。自从 1992 年 9 月 29 日美国国际集团（AIG）全资附属的子公司美国友邦人寿保险公司在上海设立分公司开始，目前我国保险市场上已有多家外国保险公司分支机构，如瑞士丰泰保险（亚洲）有限公司上海分公司、英国皇家太阳联合保险集团上海分公司、日本东京海上火灾保险公司上海分公司、韩国三星火灾海上保险公司上海分公司等。其中，除了友邦保险公司是唯一一家人寿保险公司外，其他外国保险公司分支机构均为财产保险公司。在中国设立分支机构是外资财产保险公司目前进入中国保险市场的主要形式，随着我国保险市场对外开放的扩大，外资财产保险公司也可以通过设立合资公司或独资子公司等形式进入中国保险市场。

此外，我国保险市场上也存在着合作保险组织和专业自保组织等保险组织形式。但是我国的《保险法》对此未作规定，而是由法律、行政法规另作规定。

二、保险公司的组织结构

在国际上，保险公司的组织形式主要有保险股份有限公司和相互保险公司两种。不论哪种组织形式的保险公司都必须经过严格的法律程序才能设立，通过建立和完善内部组织结构和各项规章制度来保证保险业务经营的正常运转。

保险公司的组织结构是指保险公司为了达到有效经营管理的目的，确定各个职能部门及其职能部门员工的职责以及不同职责间的相互关系，使所有参加者既有明确的分工，又能通力合作的一种形式。①

(一)国有独资保险公司的组织结构

国有独资保险公司的组织结构是由董事会、监事会和经理组成。国有独资保险公司的最高权力归国家授权投资的部门或团体，有关公司合并、分立、解散、增资和发行公司债券等重大事宜，都由国家授权投资的机构或部门决定。

1. 董事会

国有独资保险公司的董事会由国家授权投资的机构或部门委派或更换，董事会成员为3～9人，包括由公司职工民主选举产生的职工代表。每届董事会任期3年。董事长是国有独资保险公司的法人代表。董事会除行使由国家授权投资的机构或部门授予的股东大会的部分职权外，还要执掌公司的决策大权，例如拟定公司合并、分立及变更公司形式、解散的方案，决定公司的经营计划，制定公司的年度财务预决算方案、利润分配方案和弥补亏损方案等。

2. 监事会

监事会由保险监督管理机构、有关专家和保险公司工作人员的代表组成。监事会对国有独资保险公司的经营行为进行监督。具体职权为监督国有独资保险公司的各项准备金的提取、最低偿付能力、国有资产的保值增值以及高级管理人员违反法律、行政法规或公司章程的行为。

3. 经理

国有独资保险公司的经理由董事会聘任或者解聘。经理负责执行公司的具体方针和政策，例如拟定公司内部管理机构设置方案、基本管理制度，制定公司的具体规章，组织实施公司年度经营计划和投资方案。

(二)保险股份有限公司的组织结构

保险股份有限公司的组织结构是股东大会、董事会、监事会和高级经理人员。

1. 股东大会

股东大会是保险股份有限公司的最高权力机构，它由股东组成。在股东大会上，股东选举董事会，并对公司的重大决策，如公司合并、解散等进行投票表决，一般采取"一股一票"的表决权。由于不少公司规模较大，大多数股东不会出席股东大会，因此，公司向每个股东发放一份由股东签署的代理投票的委托书。

---

① 唐运祥:《保险经纪理论与实务》，中国社会科学出版社2000年版，第349页。

2. 董事会

董事会每年度至少召开两次会议，也可以召开临时会议。

3. 监事会

监事会由股东代表和公司职工代表组成，成员一般不少于 3 人。监事的任期为 3 年，任期届满可以连选连任。监事会应依照公司法律、行政法规、公司章程，忠实履行监事职责。其主要职责是监督董事经营执行公司职务时违反法律、行政法规或公司章程的行为；检查公司财务；要求董事、经理纠正损害公司利益的行为；提议召开临时股东大会等。

4. 高级经理人员

高级经理人员必须遵守公司的章程，忠实履行职务，维护公司利益，不得利用在公司的地位和职权为自己谋取私利。

值得一提的是，相互保险公司的组织机构与股份公司类似，社员大会或社员代表大会是相互保险公司的最高权力机关，由它们选举董事会，再由董事会任命高级管理人员。相互保险公司本应由会员参与经营管理，但是随着公司规模的扩大，董事会和高级管理人员实际上已经控制了公司的全部事务，会员很难真正参与经营管理。目前，大部分相互保险公司委托具有法人资格的代理人营运管理，负责处理一切保险业务。

三、保险公司的主要职能部门

保险公司不论其组织形式如何，一般设有以下几个主要职能部门（以人寿保险公司为例）：

（一）市场营销部

市场营销部的主要职能是从事市场调研，负责制定并执行市场策略，协同公司其他部门开发新险种和修改现有险种，以满足客户的需要、推动业务的增长，同时，管理销售团队与客户的关系。市场营销部是连接产品与市场的核心部门，其职责主要涵盖战略规划、业务管理、渠道拓展、数据分析和运营支持等多维度的工作。

（二）精算部

精算部的人员是从数理基础上观察公司的业务经营活动，制定风险选择原则，计算各险种的费率、准备金、红利、退保金、保险单质押贷款额度等，考核公司的财务成果，调查和统计公司被保险人的死亡率和疾病发生率数据，协同其他部门设计和修改险种，并对公司的新险种做可行性研究。精算部还参与公司长期计划的预测和制定。

（三）承保部

承保部在保险公司中扮演着至关重要的角色，其主要职责涵盖了从接受投保申请到风险评估、制定承保策略，再到客户服务的一系列活动。例如，承保部门对投保人提出的投保申请进行审核，包括对投保人的资格、被保险人的医务审查和事务审查、保险费率等进行详细评估，确保符合保险公司的承保标准。又如，承保部根据市场情况和公司的业务目标，制定合适的承保策略，为公司寻求既安全又盈利的业务分布与组合。承保部还参与公司的再保险计划的制定和管理。

（四）客户服务部

该部门专为公司的被保险人、受益人提供服务，诸如解释保险条款，按被保险人的要求变更保单内容，如变更被保险人的地址、变更指定的受益人、变更保险费缴付方式等。服务部还定期向保户发出缴费通知，并收取保险费，办理保险单质押贷款，处理不可没收现金价值的选择以及保险单红利的分派和退保。有些公司的服务部还负责支付代理人的佣金。

（五）理赔部

在保险事故发生时，理赔部人员要按照保险合同的规定处理保险金给付申请。为了正确、及时、迅速、合理地处理给付申请，理赔部必须配备专职人员进行调查和审核。如果因保险公司与被保险人或受益人对保险金给付发生争议而引起诉讼，理赔部人员必须在法庭上为公司提供有效证据。

（六）投资部

保险公司投资部的主要职责涵盖了市场研究、投资策略制定、资产配置和风险管理、投资业绩评估等整个过程，确保实现资金的增值和保险公司的长期稳定发展。在人寿保险公司，投资部需要调查研究金融市场的行情，为公司的投资委员会提供相关信息，并对公司的投资项目进行管理。该部门负责股票、债券、抵押放款、不动产等投资。当公司计划合并或收购其他公司时，投资部要担任董事会和总经理的顾问。由于人寿保险具有长期性和储蓄性的特点，公司拥有了巨额的资金，资金运用是否合理有效，不仅影响公司的经济效益，而且也影响到被保险人的经济利益，因此稍具规模的人寿保险公司都设有投资部，一些大型的寿险公司也成立了资产管理公司，专门从事投资业务的经营和管理。

（七）财务部

财务部的主要职能是负责保持公司的全部财务记录，编制财务报表，控制公司的收支差额，监督公司预算的执行，核定公司的工资金额，并协同法律部确保公司的一切财务活动符合法律和税法的规定。

（八）法律合规部

法律合规部的主要职能是确保公司的经营活动符合法律和保险监管部门的要求，降低法律风险、保护公司利益。法律合规部需要对监管文件及法规政策进行传达、宣导、培训，研究现行法律对公司业务经营的影响，协助财务部做好财务审核并出具法务意见，负责审查、分类、归档公司各类合同原件，确保合同内容符合法律法规要求，并对合同管理制定详细的流程和标准。同时，在公司投资、保险单转让、不动产、债券、股票等所有权的取得或转让等涉及法律方面的事务中，维护公司的权益。

（九）人力资源部

人力资源部负责处理与公司员工有关的事务，包括制定公司员工的聘用、调动、考核、晋升、培训、解雇等方面的规章制度，规定员工的工资标准，以符合法律的规定。此外，人力资源部还负责制定公司员工福利计划，如团体保险计划、养老金计划。

（十）信息技术部

信息技术部专门从事公司计算机系统的开发和维护工作，确保公司网络及其他硬件系统的功能和运行效率，满足保险业务系统和支持系统的需要。信息技术部的主要职责包括网络及硬件系统维护、计算机系统维护、数据安全技术管理等。信息技术部还要帮助公司其他部门购买、使用、开发计算机系统和软件，储存公司信息和数据，以备统计之用。随着大数据和互联网营销渠道的发展，投资连结保险和万能保险的运作，计算机在人寿保险公司中的作用日趋重要。

第三节 保险市场供需分析

一、保险市场的供给

保险市场的供给是指在一定价格（保险费率）的水平上，保险市场上各家保险公司愿意并且能够提供的保险商品的数量。保险市场的供给包括质和量两个方面。质的方面是指各种保险产品的品种、质量及产品结构；量的方面是指一定时期内保险市场能够提供的保险商品数量，一般用保单数量和保险费总量来衡量，也可以用保险金额或赔付总额来衡量。

保险市场的供给有两种表现形式：一是有形的保险供给，即对投保人遭受的保险事故导致的损失给予经济或物质上的补偿；二是无形的保险供给，保险产品可以使被保险人遭受的事故损失得到补偿，从而为被保险人及其家属提供一种安全感。

作为保险供给必须同时满足三个条件：一是风险的可保性；二是保险人的承保意愿；三是保险人的承保能力。因此，保险供给是由保险人的承保能力所决定的保险商品的供给数量。保险供给是以保险需求为前提的，在给定保险需求的前提下，保险市场的供给主要受到以下因素的影响。

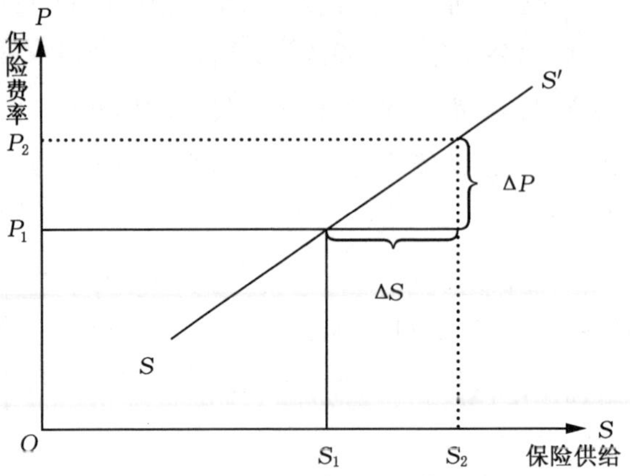

图 2—1 保险市场供给曲线

（一）保险费率

保险供给与保险费率呈正相关关系，保险费率上升，会使保险供给增加；反之，保险供给则会减少。图 2—1 中供给曲线 S 呈向右上方倾斜的趋势，表明保险供给与保险费率之间是一种正向变化的依存关系。但是，当保险费率的上升超过人们对保费的经济承受能力，就会限制保险需求的增长；当保险费率的下降使保险人减少的收益小于因保险费率降低刺激保险需求而使保险人增加的收益，保险供给就会因薄利多销而增加。

（二）偿付能力

各国保险法律对保险公司都有最低偿付能力标准的规定，如果保险公司的偿付能力低于法定最低偿付能力标准，监管机构就要限定保险公司签订新的保险合同。因而保险供给会受到偿付能力的制约。

（三）保险技术

保险的技术性很强，有些险种无技术能力设计，即使有市场需求，也难以供给。因此，保险技术水平的高低也制约了保险供给。

（四）市场的规范程度

竞争无序的市场会抑制保险需求，从而减少保险供给；而竞争有序、行为规范，则使保险市场信誉提高，从而刺激保险需求，扩大保险供给。

（五）政府的监管

保险业是一个特殊的行业，各国政府都对其加以监管，只是监管程度不一，有宽松的，也有严格的，有的甚至极为苛刻。因此，即使有潜在的保险需求，由于监管过严，如对设立保险公司的资本金要求过高、征收的税率太高，则保险供给一时也难以扩大。

保险商品供给弹性通常指的是保险商品供给的费率弹性，即保险费率变动引起的保险商品供给量变动，一般用供给弹性系数来表示：

$$E_S=\frac{\Delta S/S}{\Delta P/P}$$

式中：S 表示保险商品供给量；ΔS 表示保险商品供给量变动；P 表示保险费率；ΔP 表示保险费率变动。

由于保险费率与保险供给量呈正向关系，所以保险供给弹性的比值为正数，表明保险费率上升或下降 1%时，保险供给量所增加或减少的百分比。保险商品的供给由于受多种因素的影响，使得其供给弹性表现出不同的情况：供给无弹性，即 $E_S=0$，无论保险费率如何变动，保险商品供给量都保持不变；供给无限弹性，即 $E_S=\infty$，即使保险费率不再上升，保险商品供给量也无限增长；供给单位弹性，即 $E_S=1$，保险费率变动的比率与其供给量变动比率相同；供给富于弹性，即 $E_S>1$，表明保险商品供给量变动的比率大于保险费率变动的比率；供给缺乏弹性，即 $E_S<1$，表明保险商品供给量的变动比率小于保险费率变动的比率。

虽然保险商品的供给弹性表现为不同的种类，但从保险商品总体而言，其供给弹性又有自身的特殊性。

首先，保险商品供给弹性的变化较为稳定，它不易受经济周期波动的影响。因为保险承担的是风险责任，并且保险供给和保险需求同时存在，不论经济繁荣还是经济衰退，保险商品的供给量无显著变化。

其次，保险商品供给弹性较大。其原因：一是保险商品价格中占主导地位的是依据风险事故发生的概率测算出来的纯费率，而纯费率是一个相对稳定的量，这决定了保险价格的升降幅度较小。由于保险公司属于第三产业，当国民经济有较大的发展且宏观经济环境和国家政策有利于保险业发展时，保险商品价格的小幅上升，保险供给量就会有较大幅度的增长。二是在保险总资产和保险成本中固定资产投资比例较低，再加上供给与需求同时产生，供给不必通过大规模调整就能适应社会需求。三是保险商品作为一种特殊的商品，除人寿保险和年金保险外不存在替代品，因此，保险价格的变化对保险供给量的变动，或者保险供给量对保险价格变动的敏感度就强。

最后，保险商品的供给具有长期性。投保人提出保险要约，保险人做出保险承诺，签发保险单，并不意味着保险交易的完成。因为保险是提供在将来特定的风险事故发生造成损失时支付一定保险金的承诺，其实际履行与否取决于将来风险发生的不确定性。因此，保险交易的完成，少则几小时、几个月，多则 20 年、30 年甚至更长时间。

二、保险市场的需求

保险市场的需求是指在一定的保险费率水平下，保险消费者从保险市场上愿意并有能力购买的保险商品数量。保险市场的需求主要受下列因素的影响。

(一)风险状况

风险的客观存在是保险需求产生的前提条件。风险越大,对保险的需求也越大。只有当风险超过投保人自身的承受能力时,才会产生对保险的需求,而且只有"损失频率低、损失程度大"的风险使用保险方式处理才具有经济上的合理性和技术上的可行性。因此,投保人面临的风险状况对保险需求的数量和结构都有着重要影响。

(二)保险费率

保险费率与保险需求呈负相关关系,保险费率上升会使保险需求减少;反之,保险需求会增加。保险商品需求与保险费率呈负相关关系(见图 2—2)。

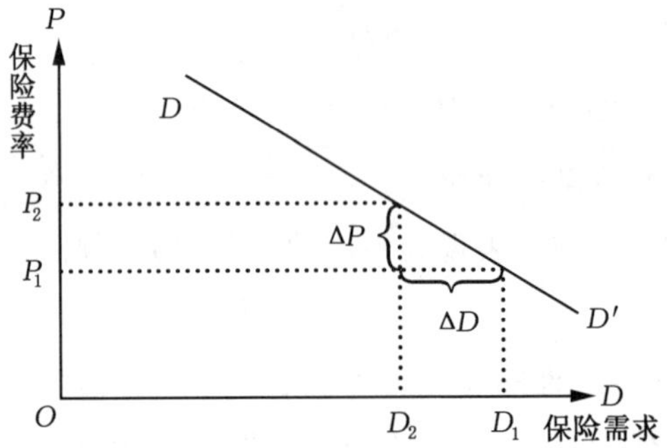

图 2—2　保险市场需求曲线

(三)国内生产总值和消费者的可支配收入

当国内生产总值增加时,作为保险商品的消费者——个人的可支配收入、公司的利润也会随之增多,缴费能力增强,保险的需求也就随之扩大。

(四)互补商品与替代商品价格

汽车保险与汽车是互补商品,当汽车的价格下降时,会引起汽车需求量的增加,从而导致汽车保险商品需求量的扩大;反之,则会引起汽车保险商品需求量的减少。一些保险商品特别是人寿保险商品是储蓄的替代商品,当储蓄利率上升时,人寿保险商品的需求就会减少;反之,则会增加。

(五)人口状况

保险业的产生和发展依赖于社会环境,其中人口状况是影响保险市场需求的重要因素。一是人口总量影响市场需求总量。一国的人口总量构成保险尤其是人身保险需求的潜在市场,在其他影响因素既定的条件下,人口规模越大,保险市场需求总量就越大。二是人口结构影响保险需求的结构,具体表现为:

(1)年龄结构。由于不同年龄的人口面临的风险不同,因此人口的年龄结构会影响保险需求的结构。例如,青少年人口面临意外伤害的风险较大,故对意外伤害保险的需求较强烈。又如，老年人口对养老保险和商业健康保险的需求较大。

(2)职业结构。不同的职业，面临的风险不同，对保险的需求也不同。例如，从事危险职业的人越多，对人身意外伤害保险、雇主责任保险的需求就越大；而专业人员(如律师、医生、建筑师等)所占比例越大，对职业责任保险的需求就越大。

(3)素质构成。人口素质主要体现在人口受教育程度。一般来说，文化程度越高，对保险的认同度也越高，保险需求就越强；反之，文化程度较低者，往往侥幸心理强，对保险持排斥态度，其保险需求也较弱。

(六)文化传统

保险需求在相当程度上受人们的风险和保险意识影响，而人们的风险和保险意识又受特定的文化传统制约。在我国，由于长期受封建社会的统治和封建迷信的影响，人们的风险和保险意识比较薄弱，从而抑制了保险需求。

(七)经济和法律制度

在计划经济体制下，企业不是独立的经济主体，其风险损失由财政兜底，故企业没有投保的动机；职工个人的生、老、病、死也由国家负责，也没有保险的必要。而在市场经济条件下，企业和个人会面临更多的风险，这一切不再由国家包揽解决，那么人们就会寻求保险作为对付风险的方法，从而提升了保险需求。由此可见，经济体制的变化也会影响保险需求。当然，一国社会保障制度和强制保险的实施，对保险需求的总量和结构也会产生一定的影响。

保险商品需求弹性是指由于保险费率变动而引起的保险需求量的变动，一般用需求弹性系数来表示：

$$E_d = \frac{\Delta D / D}{\Delta P / P}$$

式中：D 表示保险商品需求量；ΔD 表示保险商品需求量变动；P 表示保险费率；ΔP 表示保险费率变动。

由于保险费率与保险需求之间呈负相关关系，所以保险需求的费率弹性为负值，但一般用其绝对值表示。当$|E_d|=0$时，称完全无弹性，即保险需求量不因费率的上升或下降而有任何变化，如强制保险；当$|E_d|<1$时，称缺乏弹性，即当该险种的费率下降时，保险需求的增加幅度小于费率下降的幅度，如大部分责任险；当$|E_d|>1$时，称富于弹性，即当该险种的费率下降时，保险需求量的增加幅度大于费率下降的幅度，如大部分的汽车保险；当$|E_d|=1$时，称单位弹性，即保险需求的变化与费率变化成等比例；当$|E_d|=\infty$时，称无限大弹性，即保险费率的微小变化会引起保险需求量无限大的反应。

研究保险需求的费率弹性，基本目的是了解保险费率与保费收入之间的关系。

保险费率变动引起保险需求量的变动，进而影响到保费收入。此外，保险需求与消费者的货币收入呈正相关关系。一般来讲，保险需求的收入弹性大于一般商品。首先，保险商品特别是人身保险带有很大的储蓄性，随着消费者货币收入的增加，必然带动储蓄性保险需求量的增加。其次，人们的消费结构会随着货币收入的增加而变化，一些高额财产、文化娱乐、旅游等消费支出比例会增大，而与其具有互补作用的消费会随着消费者货币收入的增加而增加，例如汽车保险、家庭财产保险、旅游意外伤害保险。最后，对于大多数低收入的消费者而言，保险尚属奢侈品，当他们的货币收入增加时，必然会对保险商品产生需求。

三、保险市场的供求平衡

保险市场供求平衡，是指在一定保险费率水平下，保险供给恰好等于保险需求的状态，即保险供给与需求达到均衡点，$S=D$。保险市场的均衡状态如图 2—3 所示。

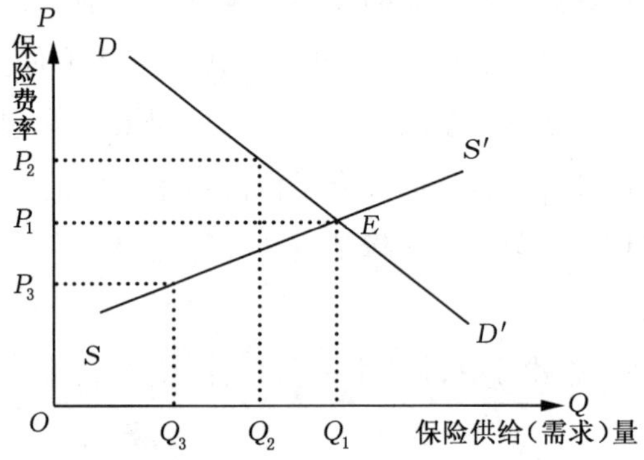

图 2—3 保险市场供需平衡

保险市场供求平衡受市场竞争程度的制约，市场竞争程度决定了保险市场费率水平的高低。在不同的费率水平下，保险供给与需求的均衡状态也是不同的。如果保险市场达到均衡状态后，市场费率高于均衡费率，则保险需求减少，迫使供给减少以维持市场均衡；反之，如果市场费率低于均衡费率，则保险供给减少，从而迫使需求下降，以实现新的市场均衡。值得一提的是，保险市场的均衡是动态的，影响这一动态均衡的因素有保险总供给与总需求、国民平均收入水平、保险公司的数量和经营策略、政府的监管等。

第四节 保险市场机制的运行

现代意义上的市场，是以市场机制为主体进行经济活动的系统和体系，保险市场上有多种组织形式的保险公司参与活动，要搞活市场，单凭行政命令和有关的法律法规是不够的，必须运用市场机制加以调节。市场机制归根结底就是价值规律、供求规律和竞争规律三者之间相互依存、相互制约、相互作用的关系。保险市场机制要发挥作用，必须满足以下几个条件：参与市场活动者必须有自身特殊的经济利益；要有一定幅度的浮动价格；要有一定幅度的自由供求关系；要有一定限度的资金自由流动。保险市场在保险交易过程中随着价格的波动，调节着保险供给和需求，但是由于保险商品的特殊性，在保险市场中，价值规律、供求规律和竞争规律表现出特殊的作用。

一、价值规律

价值规律是商品生产和商品交换的基本经济规律，它的主要内容是商品的价值量是由生产商品的社会必要劳动时间决定的，在市场上，商品按照价值量进行等价交换。价值规律在市场中的运动表现为价格的运动。商品价格既反映价值量，又反映供求状况，使商品价格以价值为中心，围绕价值上下波动。

市场经济条件下，价值规律的作用主要表现在两个方面：一是通过供求关系变化而表现出的价格与价值的背离以及市场价格的上下波动，自发地调节各种资源（包括劳动力）在各个社会生产经营部门之间的分配，使生产经营各部门自发建立起大体上平衡的比例关系；二是通过社会必要劳动时间和个别劳动时间的矛盾运动，自发地刺激商品生产者改进生产技术、改善经营管理、提高劳动生产率。

在保险市场中，由于保险经营主体是自主经营、自负盈亏、自我约束和自我发展的法人实体和市场竞争主体，保险经营又是一种商品经营，这就要求保险经营者必须根据商品经营原则，运用价值指标计算保险服务中消耗的劳动量，并尽可能使个别劳动时间低于社会必要劳动时间，以提高经济效益。保险经营者必须遵循价值规律，以价值规律作为调节保险市场的基本规律，一方面调节保险总劳务量在各险种之间的合理分配，也就是说，运用社会必要劳动时间来衡量每一个险种经营的劳动消耗量，并把全部保险劳务中的必要劳动时间按一定比例分配在各类险种的经营上；另一方面运用保险经营的个别劳动时间和社会必要劳动时间的矛盾运动，促进保险公司不断改进保险经营技术，提高保险经营管理水平和风险管理能力，提高保险商品的质量和服务效率。

虽然价值规律是保险商品市场的基本规律，但是其作用却受到一定的限制。对于一般商品，其价格是由价值规律决定，而保险商品是一种特殊商品，它的价值表现在两个方面：一是保险人所提供的保险经济保障所对应的等价劳动的价值；二是保险公司员工所消耗的社会必要劳动时间。保险商品的价格——保险费率，由纯费率和附加费率构成，纯费率由精算师依据过去大量的损失统计资料测算出来未来损失发生的概率，附加费率是与保险公司业务费用支出有关的费率。价值规律对保险费率的自动调节只能限于凝结在费率中的附加费率部分的社会必要劳动时间，即通过要求保险公司改进经营技术、提高服务效率来降低附加费率，因此价值规律对保险商品的价值形成具有一定的局限性。

二、供求规律

供求规律是市场经济下的又一条重要规律。供求规律表现为供给与需求之间的关系，通过对供需双方力量的调节达到市场均衡，从而决定市场的均衡价格，即供求状况决定商品的价格。当市场供不应求时，商品价格上升，当价格高于商品价值时，会抑制需求、刺激供给；当市场供过于求时，商品价格下跌，当价格低于商品价值时，就会刺激需求、抑制供给。虽然从短期看，供给与需求很少正好相等，但从长期发展趋势看，通过价格的波动，供给量与需求量总是相等的。

对一般商品而言，供求状况直接决定商品的价格，但是保险市场上保险费率的形成，一方面取决于风险发生的频率；另一方面取决于保险商品的供求状况。例如，财产保险的费率是根据以往灾害事故发生的概率厘定的，人寿保险的费率是由精算师根据预定的死亡率、预定的利息率、预定的营业费用率来厘定的，而不是完全根据保险市场的供求关系由市场决定。因此，保险费率在厘定时虽然会考虑保险市场的供求状况，但是供求状况本身并不是确定保险费率的主要因素。

三、竞争规律

竞争是商品生产和商品交换的一般规律，只要存在商品生产和商品交换，就必然存在竞争。竞争是由商品内在的使用价值和价值之间的矛盾决定的。竞争是最终实现商品价值的重要手段，是商品经济运行的客观规律。正如恩格斯指出的："只有通过竞争的波动从而通过商品价格的波动，商品生产的价值规律才能得到实现，社会必要劳动时间决定商品价值这一点才能成为现实。"

在一般商品市场竞争中，价格是最有力的竞争手段。但在保险市场上，竞争规律受到一定程度的限制，其原因是保险费率的主要决定因素是风险损失发生的概率，供求仅仅是费率形成的一个次要因素。如果以价格作为保险竞争的重要手段，尤其是以低于纯费率的价格进行竞争，必将削弱保险公司的偿付能力，导致保险公司倒闭和破产，最终影响被保险人的利益。因此，一般商品市场价格的竞争机制，在保险市场上必然受到某种程度的限制。

第五节　保险市场的监管

保险监管是指一个国家对本国保险业的监督和管理，它主要通过一套健全和科学的保险监管制度来实现。保险监管制度通常由两部分构成：一是国家通过制定有关保险法规，对本国保险业进行宏观指导和管理；二是国家专司保险监管职能的机构依据法律或行政授权对保险业进行行政管理，以保证保险法规的贯彻实施。

一、保险监管的必要性

保险企业有其独特的经营对象，它经营的是风险而不是一般商品，这决定了保险企业在经营上必须采用特殊的技术，再加上保险具有广泛的社会性，保险企业经营是否健全，直接影响到广大民众的切身利益，因此，对保险企业加以正确引导并实施严格的监督管理就显得十分必要。

（一）保险经营的公共性

保险是一种互助合作的公共性业务。公共性表现在其经营的负债性、保障性和广泛性三个方面。负债性是指保险公司通过向投保人收取保险费建立保险基金，而保险基金的绝大部分是保险公司为履行将来赔付责任而提存的责任准备金，这些责任准备金在保险公司的资产负债表上表现为保险公司的负债，而不是保险公司的资产，在保险合同期满之前不为保险人所有。保障性是指保险的基本职能是当保险责任范围内的事故发生时，及时、准确、迅速、合理地履行其经济补偿或给付的职能，如果保险公司不能履行其基本职能，必将直接影响社会再生产的正常进行和人民生活的稳定。广泛性是指保险涉及各行各业、千家万户，成为社会生产和生活中必不可少的一环，它就像一张无形的网，环绕在人们周围，使人们产生一种有了经济保障后的安全感。如果保险经营失败，其影响的不仅是保险企业本身，还影响到被保险人的生产和生活，严重的将威胁整个社会的稳定。由此可见，保险的公共性决定了国家必须对保险公司的经营活动进行监管，以维护被保险人的利益。

（二）保险合同的特殊性

保险合同的特殊性表现为保险合同是射幸合同、对价有偿合同、附合合同和最大诚信合同。射幸合同与附合合同这两个特性与保险监管关系密切。保险合同的射幸性是由于保险合同双方当事人因合同产生的权利与义务之间不具有等价关系，这种不对等的关系需要利用政府监管手段加以平衡，以确保保险合同交易的公平合理。保险合同的附合性是指保险合同的内容通常是由保险人事先拟定的，投保人只能做出接受或者拒绝的选择，没有太大协商余地去改变合同的条款内容。其实，保险关系是一种在信息不对称的基础上建立起来的关系，为了保护被保险人的利益，国家必须对保险合同的条款、保险费率等内容进行严格审核，以保证保险合同的公平合理。

（三）保险技术的复杂性

随着保险业的发展，保险标的可谓无所不包，大至核电站、飞机、卫星发射，小至家庭宠物，还有许多无形的保险标的，保险承保范围越来越广，有财产、责任、利益、信用，还有生、老、病、死、残等各种风险。保险费率厘定以概率论与数理统计为基础，保险法规、保险条款涉及的都是一些专业术语和技术，并非一般投保人所能完全理解。因此，为保护投保人的利益，必须由国家保险监管机构对保险条款、保险费率进行严格的审核。

（四）保险交易过程的特殊性

保险公司保险产品的开发和销售是同步进行的，现代保险采取的是损失事先分摊的方式，即先按照保险合同收取保险费，风险事故发生了再赔付或给付，保险交易过程的周期较长，使得保险公司的经营风险具有隐蔽性、累积性和社会性。

二、保险监管的目标

（一）保证保险公司的偿付能力

由于保险经营的负债性和保障性，对一家保险公司来说，最大的风险是缺乏偿付能力。偿付能力风险不仅严重损害保险企业的经营能力，破坏企业的声誉和形象，而且使广大投保人、被保险人、受益人的安全感荡然无存，进而影响社会的稳定。因此，保证保险企业具有足够的偿付能力是保险监管的核心。通过国家对保险业实行监督管理，可以保证保险企业的偿付能力，促进保险企业稳健经营，及时发现保险企业经营上的隐患，敦促其改正，这样就可以最大限度地避免出现保险企业无力偿付的现象，从而保护被保险人的利益。

（二）维护保险市场的正常秩序

保险市场是一个竞争的市场，一些保险公司为了在竞争中取胜，采取一些不正当的竞争手段，严重扰乱保险市场的正常秩序，甚至因恶性竞争导致保险公司业务亏损，最终损害被保险人的利益。通过国家对保险市场的适当干预，并对保险公司的经营行为进行严格的监督和管理，可以防止不合理、不正当竞争的出现，保证保险市场的健康发展。

(三)保证保险合同的公平和公正

保险合同是要式合同,保险条款和保险费率都由保险公司事先拟定,投保人只有选择的权利。如果保险公司制定的保险条款和保险费率对被保险人不利,就会影响保险合同的公平和公正。通过国家对保险业的监管,有助于维护保险合同的公正性,促使保险人依法办事,维护被保险人的利益。

(四)防止保险欺诈

保险行业的欺诈表现在以下三个方面:一是投保人方面的欺诈,投保人或者被保险人利用自己在信息方面的优势牟取不当得利,例如投保人在投保时故意隐瞒足以影响到保险人决定是否同意承保或者提高保险费率的重要事实,或者被保险人或受益人为了牟取保险金故意制造保险事故,或者未发生保险事故,被保险人或受益人谎称发生了保险事故等;二是保险人方面的欺诈,鉴于保险合同的复杂性和专业性,如果缺乏监管,保险人有可能通过玩弄技巧和误导等方式对被保险人进行欺诈,或者利用虚假广告等蒙骗消费者;三是其他组织或个人的欺诈,如保险公司以外的其他组织或个人未经批准非法从事保险经营活动等。因此,为了保护投保人和保险人的利益,各国政府都设立专门的保险监管机构对保险市场进行监管,各国《保险法》和刑事法规都对保险市场主体和社会其他方面的欺诈行为规定了具体的处罚措施。

三、保险监管的形式

在不同的历史阶段和不同的市场结构条件下,各国监管保险市场的方式有所不同。从国际保险市场来看,保险监管的方式主要有三种:公告监管、规范监管、实体监管。

(一)公告监管

公告监管是指政府对保险业的经营不做直接监督,只规定各保险人必须依照政府规定的格式及内容定期将营业结果呈报政府的主管机关并予以公告。至于保险业的组织形式、保险公司的规范、保险资金的运用都由保险人自我管理,政府不对其多加干预。公告监管的内容包括公告财务报表、最低资本金与保证金规定、偿付能力额度标准规定。在公告监管下,保险公司经营的好坏由被保险人及一般大众自行判断,这种将政府和大众结合起来的监管方式,有利于保险人在较为宽松的市场环境中自主经营和自由发展。但是由于信息不对称和保险经营的复杂性,会妨碍公众对保险企业的经营状况做出合理判断,从而难以对保险人进行有效监督。所以适用这种监管模式的国家必须具备一定的条件,如经济发达、保险市场较为成熟、保险企业具有一定的自我约束能力、国民文化水准较高、具备一定的选择和判断能力,等等。1994 年以前,英国采用这种监管方式。随着现代保险业的发展,公告监管由于不能切实有效地保障被保险人的利益而被许多国家放弃。

（二）规范监管

规范监管又称准则监管，是指国家对保险业的经营制定一定的准则，要求保险业者共同遵守的一种监管方式。在规范监管下，政府对保险经营的若干重大事项，如保险公司最低资本金、资产负债表的审核、资本金的运用、违反法律的处罚等，都有明确的规范，但对保险人的业务经营、财务管理、人事等方面不加以干预。这种监管方式强调保险经营形式上的合法性，比公告监管方式具有较大的可操作性；但由于未触及保险经营的实体，仅靠一些基本准则难以起到严格有效的监管作用。

（三）实体监管

实体监管是指国家订立有完善的保险监督管理规则，保险监管机构根据法律赋予的权力，对保险市场尤其是保险公司进行全方位、全过程的有效监督和管理。实体监管过程分为三个阶段：第一阶段是保险业设立时的监管，即保险许可证监管；第二阶段是保险业经营期间的监管，这是实体监管的核心；第三阶段是保险业破产和清算的监管。实体监管是国家在立法的基础上通过行政手段对保险公司和保险中介人进行强有力的管理，比公告监管和规范监管更为严格、具体和有效。世界上很多国家采取实体监管，如美国、瑞士、日本、中国等。

四、保险监管体系

从严格意义上讲，保险监管体系由保险监管法规、保险监管机构、保险行业协会和保险信用评级四个部分组成。

（一）保险监管法规

保险监管法规是调整国家对保险业进行管理过程中所形成的权利和义务关系的一种法律规范，它包括对保险监管对象的规定和对保险监管机构授权的规定两部分内容。保险监管法规作为保险法律体系的一部分，一般均以单独法规形式出现，也有些国家按保险监管的不同内容分别立法，构成保险监管的法规体系。

保险监管法规的主要内容有：(1)保险业务许可；(2)保险企业组织形式；(3)保险准备金；(4)再保险安排；(5)最低偿付能力；(6)保险资金运用；(7)保险企业的资产评估；(8)保险会计制度；(9)审计制度；(10)财务报表；(11)破产和清算管理；(12)保险中介人管理。

（二）保险监管机构

为了使保险监管有力，需要一些专门的机构来实施监管职能。国外保险监管机构的设置大致分为两种情况：一种是设立直属政府的保险监管机构；另一种是在直属政府的机构如财政部、商业部、中央银行、金融管理局等下设立保险监管机构。

英国保险市场的监管机构是工贸部，具体监管工作由工贸部的保险局来执行。美国保险市场的监管机构主要由各州的州政府负责，一般在州政府内设立专门的保险管理局实施对保险公司的监督管理。州立法机构通过制定保险法来管理保险，州司法机构通过保险判决来管理保险，州行政机构通过行使行政权来管理保险。保险管理局由保险监督官负责，大多数州的保险监督官由州长任命。日本保险监管机构是大藏省，大藏省通过其银行局下设的保险部实施对保险业的实体监管。保险部的第一课负责监管人寿保险公司，第二课负责监管财产保险公司。大藏省对保险公司的监管主要集中在两个方面：一是对保险公司偿付能力和财务状况进行监管；二是对保险公司公正经营进行监管，取缔保险公司的违法经营行为，以维护保险市场的秩序。

我国保险监管机构最初是中国人民银行非银行金融机构管理司的保险处。1995年颁布《保险法》后，中国人民银行成立保险司，专门负责保险市场的监管。1998年年底，我国成立了中国保险监管委员会(简称“保监会”)，直属国务院。保监会下设8个部，具体负责行使保险监管职能。我国《保险法》赋予了保监会广泛的职权。根据《保险法》规定，这些职权主要有：(1)依法制定和执行国家保险事业发展的方针、政策；(2)根据法律、行政法规的规定，拟定保险业管理的规章和实施办法；(3)审查、批准保险公司的设立，并颁发经营保险业务许可证；(4)审查保险公司分支机构、代表机构的设立，并颁发许可证；(5)审查、批准保险代理人、保险经纪人的设立，并颁发许可证；(6)制定商业保险的主要险种的基本保险条款和保险费率；(7)监督和管理保险人、保险代理人、保险经纪人的保险业务活动，包括组织变更、财务管理、人员资格等，纠正、制裁保险业务活动中的违法行为；(8)纠正、制裁非保险公司经营商业保险业务；(9)对有严重偿付能力问题或损害被保险人利益行为的保险公司有权决定进行整顿或接管。

为了深化金融监管体制改革，统一维护银行业和保险业合法、稳健运行，防范和化解金融风险，保护金融消费者合法权益，维护金融稳定，2018年4月银监会和保监会合并，合并后全称为中国银行保险监督管理委员会，简称“银保监会”，整合中国银行业监督管理委员会和中国保险监督管理委员会的职责。2023年5月18日，在中国银行保险监督管理委员会基础上组建的国家金融监督管理总局揭牌，不再保留中国银行保险监管委员会。国家金融监督管理总局是负责对整个金融行业进行统一监管的机构。它负责监管银行业、保险业、证券业等各类金融机构，制定并执行相关监管政策，确保金融市场的公平竞争和稳定。国家金融监督管理总局还负责协调跨行业的金融监管，防止金融风险的跨行业传播，维护整个金融体系的稳健运行。国家金融监督管理总局下设27个职能部门，其中包括财产保险监管司(再保险监管司)和人身保险监管司。财产保险监管司(再保险监管司)承担财产保险机构、再保险机构、保险中介机构的非现场监测、风险分析和监管评价等工作，根据风险监管需要开展现场调查，采取监管措施，开展个案风险处置。人身保险监管司承担人身保险机构的非现场监测、风险分析和监管评价等工作，根据风险监管需要开展现场调查，采取监管措施，开展个案风险处置。

（三）保险行业协会

保险行业协会是协调保险市场竞争、提高保险技术、谋求保险同业共同发展的行业自律性民间社团组织，它从横向的角度，协助政府对保险业日常经营活动过程中大量的具体问题进行协调和监督。保险行业协会的基本职能是自律、协调、监督和服务，一方面解决保险公司内部之间的问题，另一方面协调保险组织与国家保险监管机构以及其他行业的关系。因此，保险行业协会不附属于任何行政管理部门，也不是保险公司及保险监管机构的分支机构，它是独立的社会法人团体，是一种自律性质的自愿性民间组织，以非强制手段调节与约束保险同业在保险经营上的行为，协调彼此的关系，在国家保险监管机构和保险企业之间起着桥梁作用和监督管理的辅助作用。

中国保险行业协会于2000年11月16日成立，它是一个经民政部门登记注册的社团法人，由具有法人地位的国有保险公司、股份制保险公司和中外合资保险公司组成。其职责是：(1)制定保险行业共同遵守的行业自律规则；(2)督促会员贯彻执行各项金融法规、政策，辅助国家保险监管部门实施国家对保险业的监督和管理；(3)规范同业间的竞争，协调各个会员之间的矛盾和争议，接受保险当事人的咨询；(4)代表保险人利益，与保险监管部门及其他政府部门沟通，反映保险人的共同愿望和建议；(5)促进中国保险业与国外保险业的联系和交往；(6)组织对中国保险业发展的调查研究和信息交流活动；(7)初审保险条款和保险费率；(8)接受保险监管部门委托办理的事项。协会下设寿险、产险、中介、精算师四个工作委员会。除中国保险行业协会外，有三家以上保险公司分公司的地区也可以成立地区保险行业协会。目前，全国已有2/3以上的省、自治区、直辖市成立了地区保险行业协会。这些协会对于沟通保险信息、加强行业自律起着越来越重要的作用。

（四）保险信用评级

在保险业发达国家，保险信用评级机构在保险客户和保险公司提供信息服务以及完善保险市场监管、促进保险业公平竞争等方面发挥了积极的作用。保险信用评级是由独立于保险人及政府机构之外的评级机构对保险人的财务状况进行分析，并为保险公司的客户及投资者提供相关的信息。国际上著名的保险评级机构有Standard & Poor's、Moody's Investor Series等。

保险信用评级机构的功能在于把保险公司的财务信息转换成易于理解的各种等级以反映保险公司的实力。保险信用评级机构根据保险公司的法定财务报表、公认的会计准则基础的财务报表、保险公司内部管理的财务报表以及监管者的检查报告、注册会计师的审计报告和相关的精算报告等方面的信息，对保险公司的财务状况进行定量和定性分析并作出评级决策公之于众。保险信用评级机构除了评级之外，还对保险业的一些相关问题进行研究，如保险公司偿付能力不足的原因、保险欺诈行为的表现形式等，为保险监管机构提供相关资料和政策建议。保险信用评级克服了保险监管资源不足的缺陷，降低了保险监管的成本，提高了保险监管的效率。此外，保险信用评级作为风险信息的预警系统，向保险监管机构提供客观的预警信号，保险监管机构通过将信用评级机构的评级结果与监管机构的信息系统得到的结果进行比较，可以减少因信息不充分引起的监管失误。

保险信用评级机构对保险公司的评级结果虽然不能直接影响保险人的运营，但是保险评级会对保险公司的财务状况产生间接的影响。如果保险公司取得或者保持某个著名评级机构的高资信等级，不仅为自己的声誉提供了一个最具说服力的证据，而且会对保险公司的业务经营产生积极的推动作用。对保险公司来说，高信用等级有利于降低保险公司的融资成本，有利于保险公司董事会履行对股东和保单持有人的信托责任，还有助于保险公司进入国际保险市场。对投保人来说，信用等级会影响投保人的投保决策、投保行为以及保单的维持行为。一般情况下，对于长期寿险保单，保险公司的信用等级是投保人决定是否购买保险的首要条件。投保人一般会选择信用等级为 AAA、AA 级的寿险公司。保险公司信用等级提高，会增强保单持有人的信心；保险公司信用等级下调，会削弱保单持有人的信心，并伴随退保率的上升，严重时会影响保险公司的偿付能力。据报道，美国相互利益人寿保险公司于 1991 年破产就是由于评级降级而导致挤兑资产引起的。不仅对于个人消费者而言如此，企业与政府机构决定与哪家保险公司签订保险合同时，也同样要参照和使用信用评级结果，一般会选择评级高、信誉好的保险公司作为合作的对象。

由此可见，信用评级的公开化、评级机构的专业化以及独立于保险人及监管者的地位，使保险信用评级作为保险监管机构有效监管的辅助工具，促使保险人关心自身的偿付能力状况，以期在信用评级中获得理想的等级。

五、保险监管内容

保险市场行为监管的对象主要包括保险人和保险中介，鉴于这两类市场主体的不同作用和地位，各国均把保险监管的重点放在对保险人的监督管理上。对保险人监管的具体内容概括起来有三个方面：偿付能力监管、市场行为监管和公司治理监管。下面主要介绍保险公司的市场行为监管和公司治理监管。

（一）保险市场行为的监督管理

保险市场行为的监督管理是指对保险公司经营活动过程进行的监督和管理，包括保险机构的设立、高级人员的任职资格，以及对保险费率、保单条款、保险资金运用和再保险等经营行为的监督和管理。

1. 对保险机构的监督管理

对保险机构的监督管理主要包括三个方面：一是对保险人组织形式的限制。二是保险公司申请设立的许可。对于保险公司申请设立，目前各国大致有两种制度：一种是登记制，即申请人只要符合法律规定的进入保险市场的基本条件，就可以提出申请，经政府主管机关核准登记后进入市场；另一种是审批制，即申请人不仅必须符合法律规定的条件，还必须经政府主管机关审查批准后才能进入市场。我国对保险市场的准入采用的是审批制。三是对保险公司停业解散的监督管理。如果监管机构发现保险公司存在某些违反保险法的行为时，可以责令保险公司限期改正，若保险公司在限期内未改正，保险监管机构可决定对保险公司进行整顿；对于违法、违规行为严重的公司，保险监管机构可对其实行接管；被接管公司已资不抵债的，经保险监管机构批准可依法宣告破产。

我国《保险法》第六十八条规定："设立保险公司应当具备下列条件：(一)主要股东具有持续盈利能力，信誉良好，最近三年内无重大违法违规记录，净资产不低于人民币二亿元；(二)有符合本法和《中华人民共和国公司法》规定的章程；(三)有符合本法规定的注册资本；(四)有具备任职专业知识和业务工作经验的董事、监事和高级管理人员；(五)有健全的组织机构和管理制度；(六)有符合要求的营业场所和与经营业务有关的其他设施；(七)法律、行政法规和国务院保险监督管理机构规定的其他条件。"第六十九条规定："设立保险公司，其注册资本的最低限额为人民币二亿元。保险公司的注册资本必须为实缴货币资本。"

我国《保险法》第七十条规定："申请设立保险公司，应当向国务院保险监督管理机构提出书面申请，并提交下列材料：(一)设立申请书，申请书应当载明拟设立的保险公司的名称、注册资本、业务范围等；(二)可行性研究报告；(三)筹建方案；(四)投资人的营业执照或者其他背景资料，经会计师事务所审计的上一年度财务会计报告；(五)投资人认可的筹备组负责人和拟任董事长、经理名单及本人认可证明；(六)国务院保险监督管理机构规定的其他材料。"

我国《保险公司管理规定》第九条规定："中国保监会应当对筹建保险公司的申请进行审查，自受理申请之日起 6 个月内作出批准或者不批准筹建的决定，并书面通知申请人。决定不批准的，应当书面说明理由。"第十一条规定："经中国保监会批准筹建保险公司的，申请人应当自收到批准筹建通知之日起 1 年内完成筹建工作。筹建期间届满未完成筹建工作的，原批准筹建决定自动失效。筹建机构在筹建期间不得从事保险经营活动。筹建期间不得变更主要投资人。"第十二条规定："筹建工作完成后，符合条件的，申请人可以向中国保监会提出开业申请。”第十四条规定：“中国保监会应当审查开业申请，进行开业验收，并自受理开业申请之日起60日内作出批准或者不批准开业的决定。验收合格决定批准开业的，颁发经营保险业务许可证；验收不合格决定不批准开业的，应当书面通知申请人并说明理由。经批准开业的保险公司，应当持批准文件以及经营保险业务许可证，向工商行政管理部门办理登记注册手续，领取营业执照后方可营业。”

2. 对保险业务的监督管理

(1)对经营范围的监督管理。对经营范围的监督管理，就是规定保险企业所能经营的业务种类和范围，一般表现在两个方面：一是兼业问题，即保险人可否兼营保险以外的其他业务，非保险人可否兼营保险或类似保险的业务；二是兼营的问题，即同一保险企业内部是否可以同时经营性质不同的保险业务。保险公司的经营范围由保险监管机构核定，保险公司只能在被核定的经营范围内从事保险经营活动。

(2)对保险条款和保险费率的监督管理。保险条款和保险费率是保险合同的核心内容，由于保险的专业性以及保险合同的要式性，保险条款和费率的监督管理是国家对保险市场进行监督管理的重要内容之一。在保险监管比较宽松的国家和地区，基本条款和费率多由保险行业协会制定，由保险公司共同遵守，保险监管机构仅负责维护条款和费率的统一以及对违规行为的制止或处罚。在保险监管严格的国家和地区，保险公司制定的条款和费率必须经监管机构批准认可并备案后方可使用。

我国《保险公司管理规定》第四十三条规定：“保险机构应当公平、合理拟订保险条款和保险费率，不得损害投保人、被保险人和受益人的合法权益。”第四十八条规定：“保险机构不得将其保险条款、保险费率与其他保险公司的类似保险条款、保险费率或者金融机构的存款利率等进行片面比较。”

(3)对再保险的监督管理。发达国家，由于其保险公司经营实力雄厚、管理技术先进、保险市场的商业化特点显著，政府对再保险很少直接进行行政干预，也无具体的法定分保规定；但在发展中国家和地区，政府一般会对再保险进行监督管理。

在我国，《保险法》及《保险公司管理规定》均规定保险公司应当按照保险监管机构的有关规定办理再保险。保险公司需要办理再保险分出业务的，应当优先向中国境内的保险公司办理，坚持优先国内分保原则。保险监管机构有权限制或者禁止保险公司向中国境外的保险公司办理再保险业务或者接受中国境外再保险分入业务。《保险法》第一百零二条规定：“经营财产保险业务的保险公司当年自留保险费，不得超过其实有资本金加公积金总和的四倍。”《保险法》第一百零三条规定：“保险公司对每一危险单位，即对一次保险事故可能造成的最大损失范围所承担的责任，不得超过其实有资本金加公积金总和的百分之十；超过的部分应当办理再保险。”

3. 对财务的监督管理

保险公司的财务监管即对其资产和负债的监管。其中，资产监管又涉及保险公司的资产价值认定和资金运用两个方面，负债监管则主要是针对准备金的监管。

（1）资产价值的认定。保险公司资产价值的认定一般遵循由财政部制定的通用会计准则及行业会计制度，包括2006年我国新颁布的《企业会计准则》以及1998年颁布的《保险公司会计制度》。新的会计准则引入了公允价值计算的方法，规定对分红保险、投资连结保险、万能保险等保险合同衍生产品，以及投资性房地产、非共同控制下的企业合并、债务重组和非货币性交易等方面应采用公允价值进行计量，从而改变了原有会计准则下对资产认定所遵循的"历史成本"原则。

基于偿付能力监管的考虑，保险公司应当按照中国保监会制定的保险公司偿付能力报告编报规则定期进行偿付能力评估，计算最低资本和实际资本，进行动态偿付能力测试。保险公司的实际资本，是指认可资产与认可负债的差额。认可资产是保险公司在评估偿付能力时依据中国保监会的规定所确认的资产。认可资产适用列举法。保险监管部门对保险公司认可资产的价值认定、监管主要依据监管会计准则。

（2）资金运用监管。保险资金运用的监督管理的主要内容就是规定资金运用的范围、形式及各投资形式的比例限制等。这部分内容将在第六章做详细介绍。

（3）准备金监管。由于准备金是履行未来债务的资金准备，如果计提不充足，就不能保证被保险人及时得到赔偿和给付。准备金的提取直接关系到保险公司未来的偿付能力，因而各国监管机构均把对保险准备金的监管作为负债监管的核心内容。在各国的保险法规中，都有准备金提取的明确规定，且内容大体一致。我国《保险法》和《保险公司管理规定》都规定：保险公司应当根据保障被保险人利益、保证偿付能力的原则，提取各项责任准备金。保险公司提取结转责任准备金的具体办法由国务院保险监督管理机构制定。保险公司应当按照已经提出的保险赔偿或者给付金额，以及已经发生保险事故尚未提出的保险赔偿或者给付金额，提取未决赔款准备金。

（二）公司治理及内控监管

国际保险监督官协会（International Association of Insurance Supervisors，IAIS）在2004年年会上首次提出将公司治理与偿付能力和市场行为并列为保险监管的三大支柱。完善保险公司治理结构是提高监管实效的需要。国际保险监管的实践表明，公司自身的内控是有效监管的基础。只有保险公司具有健全的内控机制，保险监管才能达到事半功倍的效果。而完善的公司治理结构又是内控机制有效运行的前提，只有在完善的公司治理结构下，董事会和经理层才会更加重视内控机制，内控机制才能真正发挥作用。因此，许多国家和地区的监管部门开始逐渐重视保险公司治理结构在防范化解风险、促进保险市场稳定发展方面的积极作用。

2006 年《国务院关于保险业改革发展的若干意见》中，明确将公司治理结构监管与偿付能力监管、市场行为监管一并列为保险监管的三大支柱。保险监管机构也开始高度重视保险公司的治理问题，随后颁发了一系列有关公司治理的法规文件。并且针对我国保险公司存在的公司治理问题、我国保险监管机构对规范保险公司治理结构提出了如下意见：

(1)强化主要股东义务。对保险公司经营管理有较大影响的主要股东，应当具有良好的财务状况和持续出资的能力，支持保险公司改善偿付能力，不得利用其特殊地位损害保险公司、被保险人、中小股东及其他利益相关者的合法权益。保险公司股东之间形成关联关系的，应当主动向董事会申报。保险公司应当及时向中国保监会报告股东之间关联情况。

(2)加强董事会建设。包括明确和强化董事会职责，建立独立董事会制度，设立专业委员会(包括董事会下设的审计委员会和提名薪酬委员会)。

(3)发挥监事会作用。保险公司应当制定监事会工作规则，明确监事会职责，为监事会提供必要的工作保障。监事应当具备与其职责相应的专业知识和工作经验，审慎勤勉地履行职责。监事会发现董事会决议违反法律法规或公司章程时，应当依法要求其立即改正。董事会拒绝或者拖延采取改正措施的，监事会应当提议召开临时股东大会。股东大会不接受监事会意见的，监事会应当向中国保监会报告。监事会应当每年将监事会的尽职情况向股东大会报告，并同时报送中国保监会。

(4)规范管理层运作。包括：健全运作机制；强化关键岗位(总精算师和合规负责人)职责；建立相关工作部门，包括审计部门、风险管理部门和合规管理部门。

(5)加强关联交易和信息披露管理。保险公司应当制定关联交易内部管理制度，并报送中国保监会备案。关联交易内部管理制度包括关联方的界定、报告与确认，关联交易的范围和定价方式，关联交易的内部审批程序、表决回避制度和违规处理等内容。保险公司应当按照相关法律、法规和监管规定披露财务、风险和治理结构等方面的信息，并保证所披露信息的真实性、准确性和完整性。保险公司应当建立信息披露内部管理制度，指定专人负责信息披露事务。

(6)治理结构监管。包括：对保险公司股东的资质以及董事、监事和高管人员的任职资格管理和培训；采用现场检查与非现场检查相结合的监管方式；等等。

六、保险监管的方法

保险监管机构对保险监督管理对象进行监督管理的方法主要有现场检查和非现场检查两种。我国《保险法》第一百一十条规定："保险公司应当按照保险监督管理机构的规定，真实、准确、完整地披露财务会计报告、风险管理状况、保险产品经营情况等重大事项。"我国《保险公司管理规定》第五十九条规定："中国保监会对保险机构的监督管理，采取现场监督管理与非现场监督管理相结合的方式。"

（一）现场检查

现场检查是指保险监管机构及其分支机构派出监督管理小组到各保险机构进行实地调查。现场检查的重点是被检查保险机构内部控制制度和治理结构是否完善，财务统计信息是否真实准确，保险投诉是否确实合理。现场检查的内容包括：被检查保险公司的报告和报表的准确性，被检查保险公司的总体经营状况，内部控制制度的完善程度，承保和理赔情况，以及各项责任准备金提取数额，财务统计信息的完善程度，非现场或以前现场检查过程中发现的问题，执行保险法律法规的情况。

我国《保险公司管理规定》第六十一条规定："中国保监会对保险机构的现场检查包括但不限于下列事项：

（1）机构设立、变更是否依法经批准或者向中国保监会报告；

（2）董事、监事、高级管理人员任职资格是否依法经核准；

（3）行政许可的申报材料是否真实；

（4）资本金、各项准备金是否真实、充足；

（5）公司治理和内控制度建设是否符合中国保监会的规定；

（6）偿付能力是否充足；

（7）资金运用是否合法；

（8）业务经营和财务情况是否合法，报告、报表、文件、资料是否及时、完整、真实；

（9）是否按规定对使用的保险条款和保险费率报经审批或者备案；

（10）与保险中介的业务往来是否合法；

（11）信息化建设工作是否符合规定；

（12）需要事后报告的其他事项是否按照规定报告；

（13）中国保监会依法检查的其他事项。"

（二）非现场检查

非现场检查是指保险监管机构审查和分析保险机构各种报告和统计报表，依据报告和报表检查和审查保险机构对法律法规和监督管理要求的执行情况。非现场检查的目的在于它能反映保险机构潜在的风险，特别是现场检查间隔时期发生风险的可能，起到风险预警的作用。

由于保险监管机构在进行非现场检查时，一般要报送各类报表，通过对报表资料的归并、汇总和上报，发现存在的问题。为确保非现场检查方式在保险风险监督管理中发挥应有的作用，要求保险公司的报表具有时效性、准确性和真实性。

为有效发挥非现场检查的作用，保险监管机构要制定各种各样的标准报表，每个保险公司根据不同的内容分别按月、季、半年、年向监督管理机构报送。一般而言，资产负债表按月报送，反映资产流动性的报表按季报送，反映经营业绩的报表按年报送。

我国《保险公司管理规定》第六十六条规定："保险机构应当按照规定及时向中国保监会报送营业报告、精算报告、财务会计报告、偿付能力报告、合规报告等报告、报表、文件和资料。保险机构向中国保监会提交的各类报告、报表、文件和资料，应当真实、完整、准确。"

现场检查方法可以获得非现场分析所得不到的重要信息，具有真实性和全面性。非现场检查方法能够帮助监管机构有效地确定开展现场检查的范围，调整进行现场检查的频率，增强现场检查的针对性，具有全面性和连续性。因此，在通常情况下，应该把现场检查和非现场检查有机结合起来，综合运用，充分发挥两种方法的作用。

本章小结

保险市场是保险商品交换关系的总和，或者说是保险商品供求关系的总和。保险市场由四个要素构成：保险商品的供给方、保险商品的需求方、各类保险商品以及促成保险交易的保险中介方。

保险市场的组织形式有国有保险组织、私营保险组织、合作保险组织、专业自保组织和个人保险组织。国有独资保险公司是一种典型的国有保险组织形式，保险股份有限公司和相互保险公司是两种典型的私营保险组织，其中保险股份有限公司是现代保险公司制度下最典型的一种组织形式。相互保险公司是人寿保险业特有的一种非营利性的公司组织形式，在西方国家的寿险业中占有特别重要的地位。相互保险社和保险合作社是合作保险组织的主要形式。英国的劳合社是当今世界上唯一一家个人保险组织。

国有独资保险公司的组织结构由董事会、监事会和经理组成。保险股份有限公司的组织结构是股东大会、董事会、监事会和高级经理人员。相互保险公司的组织机构与股份公司类似，社员大会或社员代表大会是相互保险公司的最高权力机关，由它们选举董事会，由董事会任命高级管理人员。

保险公司的主要职能部门由市场营销部、精算部、承保部、客户服务部、理赔部、投资部、财务部、法律合规部、人力资源部和信息技术部组成。保险市场的供给受保险费率、偿付能力、保险技术、市场的规范程度以及政府监管的影响。保险商品供给弹性较为稳定，它不易受经济周期波动的影响。保险商品供给弹性较大，保险商品的供给具有长期性。保险市场的需求主要受保险费率、国内生产总值和消费者的可支配收入、互补商品与替代商品价格、文化传统、经济和法律制度等因素的影响。保险市场的均衡是动态的，影响这一动态均衡的因素有保险总供给与总需求、国民平均收入水平、保险公司的数量和经营策略、政府的监管等。

在保险市场中，价值规律、供求规律和竞争规律表现出特殊的作用。价值规律对保险费率的自动调节只能限于凝结在费率中的附加费率部分的社会必要劳动时间，即通过要求保险公司改进经营技术、提高服务效率来降低附加费率。保险费率厘定时尽管要考虑保险市场的供求状况，但是确定保险费率的主要因素是灾害事故发生的概率而非供求状况本身。在保险市场上，价格竞争虽然是保险竞争的一种手段，但绝非主要的或唯一的手段。

由于保险企业的公共性、保险合同的特殊性及保险技术的复杂性，为了保障被保险人的利益、保证保险公司的稳健经营和保险市场的有序竞争，需要对保险业进行监管。保险监管的内容包括两大方面：一是市场行为的监督管理；二是偿付能力的监督管理。市场行为的监督管理包括对保险机构的监督管理，对经营范围的监督管理，对保险条款和保险费率的监督管理，对再保险的监督管理以及对资金运用的监督管理。偿付能力的监管是保险监管的核心。保险监管的方法主要有现场检查和非现场检查两种。

复习思考题

1. 名词解释：

国营保险组织　　保险股份有限公司　　相互保险公司　　专业自保公司

2. 简述国有独资保险公司的特点和组织结构。

3. 简述相互保险公司的特点。

4. 分析影响保险需求的主要因素。

5. 分析价值规律、供求规律和竞争规律在保险市场中的特殊作用。

6. 简述保险监管的必要性和目标。

第二章

复习思考题
答案

第三章

课 件

第三章　保险营销管理

保险公司获得长期利润的关键是向客户提供满意的服务。如何让客户满意呢?成功的市场营销是关键。因为投保人购买保险,缴付了保险费后得到的是一纸承诺,只有在约定的保险事故发生或者约定的保险期满,这种承诺得以履行,才让人真正感受到保险的价值和使用价值。正因为保险是一种无形的商品、一种非渴求的商品,必须依靠富于想象力和创造力的推销方法以及行之有效的保险宣传,才能吸引潜在的保险客户,使潜在的保险需求转化为现实有效的保险需求,因此保险营销对保险业务经营至关重要。

第一节　保险营销概述

一、保险营销的概念

保险营销是保险公司为了满足保险市场存在的保险需求所进行的总体性活动,包括保险市场的调查与预测、保险市场营销环境分析、投保人行为研究、新险种开发、保险费率厘定、保险营销渠道选择、保险商品推销以及售后服务等一系列活动。

保险营销是以保险市场为起点和终点的活动,其对象是目标市场的准保户,其目的是满足目标市场准保户的保险需求。由于保险营销的最终目的是促使保险公司的持续发展,增强保险公司的市场竞争力,以获取最大的利润。因此,保险营销不仅仅是一种促销活动,更是对保险市场的充分研究和统筹决策,为的是提高保险企业在市场上的占有率,树立良好的社会信誉。

二、保险营销的“4P”要素

保险营销的“4P”要素是产品、价格、促销和分销渠道。

(一)产品

保险虽然是一种无形的、非渴求的商品,却能满足客户保障和投资方面的需求。

保险产品可分为财产保险产品和人身保险产品。财产保险产品可分为财产损失保险、责任保险和信用保证保险。根据承保财产的不同特性，财产损失保险又可分为火灾保险、货物运输保险、运输工具保险和工程保险。责任保险可分为第三者责任保险、雇主责任保险、公众责任保险、产品责任保险和职业责任保险。信用保证保险可分为出口信用保险、投资保险、商业信用保险等信用保险以及合同保证保险、产品保证保险、诚实保证保险等保证保险。人身保险按产品功能可分为死亡保险、两全保险、年金保险、人身意外伤害保险、医疗保险、疾病保险、分红保险、变额寿险、万能寿险等；按客户的需求效用分为保障型的人身保险、储蓄型的人身保险和投资型的人身保险，按投保方式分为个人人身保险和团体人身保险等。随着保险公司保险技术的不断提高、资本市场的不断发展以及客户保险需求的多样化，保险产品也向综合化和多样化的方向发展。在保险营销过程中，保险产品和营销人员是无法分离的，客户会将营销人员的衣着形象、言谈举止和服务水准也视为产品的一部分。

（二）价格

保险产品的价格即保险费率。财产保险的保险费率依据灾害事故发生的概率来厘定。人身保险的保险费率由精算师依据死亡率、生存率、疾病发生率、利息率、费用率等多种因素确定。保险监管机构对人身保险主要险种的预定利率和生命表都有明确的规定，因此保险公司可运用的价格弹性并不大。其实保险营销更适合采用非价格竞争，即保险质量竞争、保险服务竞争。在客户购买保险之前，根据客户的需求设计保险方案，选择合适的保险险种和险种组合；在客户购买保险之后，根据客户变化了的保险需求，调整保险方案；在保险合同履行过程中为客户提供完善的保全服务；在保险事故发生时，迅速合理地进行保险金赔付。

（三）促销

消费者购买日用品的行为和偏好很容易受广告的影响，所以商家会在日用品广告方面砸下重金。但是保险商品不是一般的日用品，而是一种无形的非渴求商品，保险商品的这种特性决定了保险公司极少进行产品方面的广告，而只做品牌广告、形象宣传。公关活动和新闻报道是保险公司促销的主要手段。公关活动如慈善、捐赠、赞助等，既让社会公众从活动中受益，又有助于保险公司树立积极、正面的形象，传递保险产品的信息。新闻报道传递的信息在公众中的可信度远胜过广告。公关活动比广告的公信力强，比新闻报道的推动力度大，往往成为保险公司首选的促销手段。

（四）分销渠道

分销渠道是指让客户便利地购买保险、获得服务的地点和环境。分销渠道作为保险商品与目标客户的连接环节，在保单销售中起着关键作用。在产品趋同、价格均势的市场上，分销渠道才是保险公司发挥竞争优势的战略目标。同其他服务行业一样，保险代理人和保险经纪人是传统的也是无可替代的主要的保险营销渠道。随着保险业的发展和科技的进步，尤其是互联网技术的普及，新型分销渠道不断涌现，如银行代理、邮政代理、电话直销、信函直销、网络营销等，保险公司通过各种新渠道向市场提供越来越多的保险商品。

三、保险营销的发展阶段

保险营销经历了四个发展阶段，每一个阶段都有其特点。

（一）以产品为导向的营销阶段

在这一阶段，保险公司还没有建立系统化、专业化的保险营销体系，保险营销部门只是一个简单的保险推销部门，是保险公司的一个附属单位。保险公司并不考虑保险市场的需求，而是根据本公司设计的险种进行销售。

（二）以销售为导向的营销阶段

在这一阶段，保险公司以保险商品的销售为主要手段，采用多种方法大力推销和进行广告宣传，动员和诱劝消费者购买。营销部门本身只具有附属功能，保险推销则由专门的营销部或展业部负责。保险公司所推出的险种如果无法满足消费者需求，就无法将保单售出。

（三）以消费者为导向的营销阶段

在这一阶段，保险公司的整个保险营销活动从明确消费者的需要开始以满足消费者的需要而告终，在研究消费者需求的基础上，以正确的方法，在正确的时间，以最优的产品组合最大限度地满足消费者的需要。营销人员除了需要具有良好的保险专业知识和投资理财知识外，还需要具备一定的管理能力、创新精神和对外协调能力。

（四）以市场为导向的营销阶段

随着社会、经济的进步，现行的人身保险营销不再只依赖营销部门来实施。保险公司整合公司的各项活动，拟定周密的营销计划，制定合理的营销策略，主动做好与客户间的沟通工作，对市场需求定期进行调查研究，随时掌握市场需求变化，使保险商品的推销更为顺畅。

四、保险营销环境分析

保险公司的市场营销活动是在一定的社会经济环境下进行的，只有认真分析自身所处的市场营销环境，才能认识保险市场的各种保险需求，预测公司的发展方向和规模，以及把握市场机会、挖掘市场潜力、开发新市场。保险市场营销环境分析，包括宏观环境分析和微观环境分析。

（一）宏观环境分析

宏观环境是指一个国家或地区的政治、经济、法律、人口、社会文化、科技水平以及自然环境等因素，它们是影响保险公司营销活动的宏观因素。宏观环境是保险公司不可控的外部环境因素。

(1)对所处国家或地区经济环境因素的分析。经济环境因素很多，如供给与需求状况、经济信息、国民经济增长状况、收入变化、货币供给等，其中对人身保险营销影响最显著的是国民经济状况、通货膨胀、通货紧缩、经济周期。保险公司应根据对国家经济发展变化的预测采取不同的保险营销策略。

(2)研究国家的有关政策、法律，使保险营销和国家的金融政策、税收政策和保险法律法规相适应。

(3)充分分析所处国家的社会环境因素和自然环境因素，尤其是了解各类消费者群体的人口统计特征、价值和信念、行为模式等，分析消费者的真正需求，以做出合理的决策和市场定位。

(4)技术环境对保险市场营销来说，能使保险公司利用计算机的强有力支持，分析和预测风险发生的概率，计算出更为合理的费率，设计出更加复杂的保单，使保险服务更加便捷，保险营销方式更趋多样化。例如，在柜台、商店、银行通过计算机终端营销，通过电视、广播、电话来直销，通过互联网营销，等等。

（二）微观环境分析

微观环境是指保险公司所面对的投保人、竞争对手、市场营销渠道和社会公众等一系列对保险公司营销活动有直接影响的因素。

(1)投保人作为保险公司的客户，是保险公司营销活动的核心。保险公司要研究投保人的投保动机、保险需求、保障额度、投保方式偏好和投保人的可支配收入水平等各个方面，使保险公司的营销活动符合投保人的要求。

(2)人寿保险产品具有储蓄和投资的功能，它与金融市场上其他金融工具之间存在着替代关系，因此保险公司要了解金融市场上其他金融工具的投资收益情况以及金融工具的创新情况。

(3)保险公司要清楚了解其他公司的新产品、特定的促销方法等，制定出优于竞争对手的更能吸引现有和潜在客户的营销策略，为客户提供更为优质、周到的保险服务，使保险公司在保险市场的激烈竞争中立于不败之地。

(4)保险公司的营销活动还要考虑市场营销渠道和社会公众利益等环境因素。市场营销渠道主要包括保险代理人、保险经纪人、保险咨询机构、广告商等，保险公司应充分利用各种营销渠道实现公司营销目标。此外，保险公司的市场营销活动还要注意关心社会公众的利益，协调与社会公众的关系，以发挥公众对营销活动的促进作用。

（三）投保人行为分析

投保人作为保险公司市场营销活动的出发点和落脚点，对其行为进行科学、正确的分析，是保险公司市场营销活动顺利开展的关键，也是保险公司经营成功的关键。投保人行为分析主要是对投保人投保动机的分析。投保人投保的动机有经济动机和心理动机两类。

1. 经济动机强调由于投保人受经济利益驱使而产生的投保欲望

当保险险种所提供的保险保障与其对应的保险费符合投保人在经济利益方面的要求时，该险种就可以促使投保人产生投保行为。对投保人经济动机的分析，促使保险公司的市场营销更加注重保险费率的合理厘定，特别是保持保险费率的市场竞争力，以吸引投保人。另外，保障范围和保障程度要尽量满足投保人的需要，使投保人真正感到投保值得。

2. 心理动机强调由于投保人受保险需求的驱使而产生的投保欲望

对投保人心理动机的分析，要求保险公司的市场营销既要让投保人意识到其内在的保险需求，又要向投保人做积极宣传和提供保险服务，激发投保人潜在的保险需求。

第二节　保险新险种的开发

险种开发是保险营销的核心。保险公司只有根据经济形势和客户需求的变化不断开发出新险种，才能在激烈的市场竞争中保持优势地位。

一、保险新险种的界定

新险种是指整体险种或其中的一部分有所创新或改革，能够给保险消费者带来新的利益和满足的险种。新险种必须具备两个特点：一是全新构思的险种，在使用功能或经济性能方面优于原有险种；二是具有新用途的险种。

按照新险种的含义，保险新险种可以分为以下四类：

（一）完全创新的险种

完全创新的险种是指保险公司利用科学技术进步成果研制出来的能满足消费者崭新需求的险种，如茭白价格指数保险、疯牛病保险等。

（二）模仿的新险种

模仿的新险种是指保险公司借鉴外国险种并通过移植学习，在本国保险市场进行推广的新险种，如卫星发射保险、利润损失保险、投资连结保险、万能保险等险种。

(三)改进的新险种

改进的新险种是指对原有险种的特点、内容等方面进行改进后推出的新险种。

(四)换代的新险种

换代新险种是指针对老险种突出的某一特点重新进行包装,并冠以新的名称,使其特点有显著提高的新险种,如平安育英才两全保险。

二、保险新险种开发的步骤

新险种的开发不是由保险公司主观判断、凭空臆造的,而是一项复杂的系统工程,从信息反馈、资料收集的构思过程,到方案筛选、营业分析的操作过程,再到最后推向市场进行市场检验的过程,其中任何一个过程发生失误都将导致风险。如果保险公司市场调研不充分,对市场需求把握不准确,开发的产品不能满足客户的需要,将造成险种策划定位风险,使保险公司在激烈的市场竞争中失去先机,更谈不上提高市场占有率。如果保险公司在开发新险种时因厘定的费率不准确导致定价风险,将使保险公司面临先天性的偿付风险。因此,新险种开发必须按一定的科学程序进行。

新险种开发的程序包括构思的形成、构思的筛选、市场分析、新险种的设计、试销及其营销策略以及新险种商品化六个步骤。

(一)新险种构思的形成

收集新构思是新险种开发的第一步。据调查,新险种构思中约有60%来自客户、竞争对手和情报资料,40%来自本公司的高层管理者和市场调研人员。因此客户的需求是新险种的构思源泉,追随竞争对手是新险种构思的重要途径,保险公司的调研是新险种构思的主要来源。

(二)构思的筛选

保险公司在收集了大量新险种构思后,就要对各种构思进行筛选。在新险种构思筛选时,既要防止对新险种构思的潜在价值估计不足造成失误,使保险公司失去开发新险种的机会,又要避免误取没有发展前途的新险种而招致保险公司经营失败。

(三)市场分析

为了避免误取构思,保险公司对新险种的市场销售前景进行分析,即对这一险种的销售量和成本利润进行分析,预测和评估新险种的销售量、开发成本及销售利润等指标能否满足保险公司的目标。市场分析的重点是:新险种有哪些特点;新险种的目标市场在哪里;其潜在购买力如何;保险公司的资金和设备是否适应新险种的发展;预期利润如何;新险种上市成功的可能性有多大;其竞争能力如何;社会效益如何;等等。

(四)新险种的设计

新险种的设计包括保险单的设计、保险条款的设计和险种命名等。保险单设计要符合《保险法》的要求，注意格式的标准化和内容的完整规范。保险条款的拟定应注意文字严谨，符合民事合同和相关法律规范的要求。保险条款设计需要明确保险标的的范围、保险责任和除外责任、保险金额和给付方式、保险期限、保险费及其支付办法、被保险人的义务等内容。新险种命名是树立险种形象乃至企业形象的关键。人身保险新险种命名多采用寓意命名法，根据保险消费者的民族习俗、宗教信仰、文化背景等，选择具有祝福、祝愿含义的名称或诱导保险消费者产生美好联想的抽象命名，如寿险中的康宁、松鹤、平安等。

（五）新险种的试销及其营销策略

新险种设计出来后，可在一定范围的市场上进行试销。在新险种试销的基础上，保险公司应根据市场反馈的信息来修改或重新制定营销策略。

（六）新险种商品化

当新险种正式作为商品推向市场时，要把握上市时机、上市地域、预期目标市场等因素。保险公司在推出新险种时必须仔细考虑选择进入市场的时机，可以选择先期进入或者平行进入，也可以选择后期进入。新险种正式上市时应考虑地域范围，优先选择最具有吸引力的地区将新险种推向市场。保险公司在推出新险种时还必须把握主要的消费者群体，并将其营销活动集中于最佳的潜在消费者范围。

三、保险新险种开发的策略

（一）目标市场策略

在保险经营中，由于保险公司所拥有的资源是有限的，任何一家保险公司不可能也没有必要把所有的消费者都作为自己的经营对象，关键是选择能发挥自己优势的一定范围内的消费者作为目标市场。由于不同地区、不同年龄结构、不同收入水平以及不同文化背景的人群对保险的需求形式和需求数量存在着明显的差异，因此目标市场的选择是保险产品开发的重要前提。

保险公司确定目标市场包括市场调查与研究、市场细分、市场定位及相应的目标策略制定等几个环节。其中，市场调查与研究的目的是掌握保险市场需求与供给及其变化趋势，从中发现新的市场机会。市场细分是根据消费者对保险需求的差异，将消费者总体市场分成若干种类的分片市场，并从中选择适当的分片市场作为目标市场。保险市场细分过程实际上是寻找和发现相似的消费者群体和市场机会的过程，也是确立市场定位与目标市场的基础和前提。

消费者的年龄结构、收入状况、家庭结构、教育程度乃至宗教信仰等方面的差异都会影响到消费者对保险的需求总量和需求结构，因此保险公司市场细分通常是按地理位置，按消费者年龄结构、收入水平、需求效用、生活方式、个性和偏好进行细分。在对保险市场做了初步细分之后,保险公司还需要研究各分片市场的特点,并对市场需求和市场潜力进行定量分析,同时对已有保险产品的竞争状况进行比较,以便根据本公司的经济实力和经营特点来选择既适合公司特点又符合市场消费者需求的保险商品。

影响保险市场供求的内在因素有公司内部的财务结构、公司的经营管理水平、公司的精算水平和承保技术等;外在因素有消费者的收入水平、消费者的需求偏好、保险公司间的竞争、保险业与金融业的竞争以及宏观经济形势等。由于影响保险市场供求的内在因素和外在因素处于不断发展变化之中,因此保险公司目标市场的选择是一个复杂的动态平衡过程。

(二)保险产品组合策略

根据产品生命周期理论,保险公司必须根据保险产品所处的不同生命周期实施险种组合策略,选择最优的险种组合。险种组合包含三个变化因素:险种组合宽度、险种组合深度和险种组合关联度。险种组合宽度是指保险公司所拥有的险种系列的数目;险种组合深度是指每一险种系列中的险种数量;险种组合关联度则是指各险种系列之间在最终用途、销售渠道等方面的相关程度。险种组合的宽度、深度和关联度的不同构成不同的险种组合。在综合考虑保险公司经济实力、承保技术、市场供需以及竞争对手状况等多方面因素的基础上,对险种组合的宽度、深度和关联度所做出的决策称为险种组合策略。

一般情况下,增加险种组合的宽度,即在原有的险种系列基础上增加关联性大的险种系列,有利于发挥保险公司的潜力,开拓新的市场。加深险种组合的深度,即增加险种系列的数量,使险种系列化、综合化,可以满足消费者更多的特殊需求。加强险种组合之间的关联性,则可以增强保险公司的市场地位,发挥和提高保险公司的竞争能力,例如将关联性小的家庭财产保险与家庭成员的人身意外伤害保险组合,房屋的财产保险与分期付款购房人的人寿保险组合,会形成具有特色的新险种。当然对一些市场占有率低、经营亏损、保险消费者需求不强烈的险种,保险公司应采用缩减险种组合的策略以提高经营效益。

(三)险种质量优化策略

从广义角度看,险种由核心部分、形式部分和延伸部分组成。险种的核心部分是指险种能给人们带来的利益和效用。核心部分依险种种类的不同而各有侧重,如传统寿险更多体现保障和储蓄的功能,投资型寿险更多体现投资的功能。险种的形式部分是指险种的命名、险种宣传手册的设计等。险种的延伸部分则指险种的保全服务,如保费的收取、保单的变更、保险金的赔付以及信息咨询等。险种的质量优化主要指其形式部分和延伸部分的优化,尤其是延伸部分——保全服务质量的优化,尽可能为客户提供各种便利。下面以人身保险为例,分析在险种开发设计时如何实现险种质量优化。

(1)采用国际通行的标准化的保单条款,为适应客户需求在寿险保单中嵌入自动垫缴保费条款、保单质押贷款条款以及各种选择权条款,如保险金给付方式选择权条款、现金价值选择权条款以及红利分配选择权条款等。

(2)在保单中实施保单转换制度、中途增额制度,并在保单履行过程中,当客户需求变化时,提供多样化的附加险种追加保险保障。例如,在定期寿险中设置了可转化条款,允许投保人将定期寿险保单转换为终身寿险或两全保险,而且在行使转换权时,不必提供被保险人的可保证明。

(3)设计符合投保人收支变化的缴费方式,增加保费缴纳的灵活性,提高保单的继续率。例如万能保险,只要被保险人的保单账户中的现金价值足以支付下一期费用,投保人可以少缴保费甚至不交保费,保单继续有效。

(4)设置多样化的红利分配和保险金给付选择方式,例如,红利分配方式有一次性现金支付、抵扣保费、累积生息以及购买增额缴清保险等。保险金给付方式有利息收入给付方式、一次性给付现金方式、按固定期限向受益人分期给付方式、按固定金额向受益人分期给付方式、按终身年金给付方式等,最大限度地满足客户的需求。

第三节　传统的保险营销模式

保险代理人和保险经纪人营销是保险营销中传统的也是主要的营销模式,尤其在我国,保险代理人制度多年来一直是保险营销中的主要模式,对发展和完善我国保险市场起到了非常重要的作用。

一、保险代理人

保险代理人是根据保险人的委托,向保险人收取佣金,并在保险人授权的范围内代为办理保险业务的机构或者个人。

(一)保险代理人的种类

保险代理人按其主营业务不同可分为专业代理人和兼业代理人。专业代理人是指专门从事代理保险业务并以代理保险业务手续费为主营业务收入的保险代理人。专业代理人具有业务素质较高、代理业务范围较广、业务质量较好、便于保险人进行检查和监督的特点。专业代理人按其法律特征分为专业代理公司和个人代理人。兼业代理人是指因其行业特点,便于在主营业务之外兼营代理保险业务的单位,如运输公司、银行、旅行社、铁路局、航空公司等。兼业代理人通常与投保人联系较为密切,可以结合自身业务优势为保险人争取业务。但是兼业代理人业务范围较窄，对保险业务熟悉不够，容易影响业务质量，且不利于保险公司的专业化管理。

保险代理人按其所代理的保险业务的性质可分为寿险代理人和非寿险代理人。寿险代理人是专门为保险公司代理寿险业务的保险代理人；非寿险代理人是专门为保险公司代理非寿险业务如财产保险、责任保险、保证保险、信用保险等的保险代理人。通常，寿险代理人和非寿险代理人是严格区分的，保险代理人不能同时代理寿险和非寿险两大类保险业务。

保险代理人按其是否专门为一家保险公司代理保险业务，又可分为独立代理人和专属代理人。独立代理人是同时为多家保险公司代理保险业务的代理人；专属代理人是与一家保险公司签订代理合同并为其代理保险业务的代理人。

（二）保险代理人的业务范围

个人保险代理人的业务范围主要包括代理推销保险产品和代理收取保险费，并按照所代理保险公司的管理规定对自己的客户做好售后服务工作。个人保险代理人不得办理公司财产保险业务和团体人身保险业务，不得签发保险单。个人保险代理人既可以是保险代理公司的雇员，也可以受雇于保险公司，其收入主要来源于保险业务的佣金。个人保险代理人代表了保险公司的形象，一般要求穿着整洁、仪态大方，以理财专家和寿险顾问的形象走访于各大公司和居民住宅，运用各种公关技巧和专业营销手段推销保险产品。

保险兼业代理人的业务范围包括代理推销保险产品和代理收取保险费，兼业代理人只能代理与本行业直接相关且能为投保人提供便利的保险业务。我国法律规定党政机关及其职能部门不得兼业从事保险代理业务。保险兼业代理人通常为银行邮政代理、行业代理和单位代理三种。银行邮政代理主要是运用银行与邮政的众多营业网点和良好声誉，代理保险公司销售各类保险产品；行业代理是利用行业优势，代理销售与本行业的业务经营有关的保险业务，如旅游局代理销售旅客人身意外伤害保险等；单位代理主要是规模较大的企事业单位的工会或财务部门代为办理一些与职工生活密切相关的保险业务，如补充性养老保险业务、互助性医疗保险业务等。

（三）保险代理人的法律特征

（1）保险代理人可以是法人，也可以是自然人。具有法人资格的保险代理人为专业保险代理公司；自然人代理人为个人代理人；兼业代理人可以是法人单位，也可以是法人单位的分支机构。

（2）保险代理人必须以被代理人，即授予代理权的保险人的名义进行民事法律行为，如果保险代理人以自己的名义进行民事法律行为，则不属于代理行为。

（3）保险代理人必须在保险代理合同所规定的授权范围内从事保险代理活动，代为推销保险产品，代为收取保险费以及提供相应的售后服务，并以代理手续费的形式从保险人处获取报酬。保险代理人按照保险代理合同，以保险人名义进行民事法律活动的后果最终由保险人承担，但是保险代理人超出授权范围的代理活动所造成的法律责任，除非保险人在事后予以追认，否则由保险代理人自己承担。

(4)从事保险代理业务的人员必须参加保险代理人资格考试并获得保险代理人资格证书。个人代理人持有所代理保险公司核发的展业证书，由所代理的保险公司向保监会备案方可从事代理业务。专业代理公司和兼业代理人须取得经营保险代理业务许可证后方可执业。保险代理人必须接受保险监管机构的监督和管理。

(四)保险代理人营销的优缺点

个人代理人营销具有客户接触度高、保险公司主动销售的特点。代理人主动、频繁、深层次地接触客户，客户也能够有机会比较充分地表达自己的需求和偏好，双方在意见达成一致时签约。

个人代理人在寿险营销中具有无可替代的重要作用，通过代理人营销，保险公司不仅可以充分挖掘客户价值，客户也可以得到高质量的服务和个性化的投保方案。其缺点是保险公司要对代理人进行大量、持续的培训，并对其进行繁杂的日常管理，维护成本相当高。

百万圆桌会议

二、保险经纪人

在保险市场上，除了保险代理人推销保单，由于保险技术的复杂性、保险条款和费率厘定的专业性，投保人更倾向于委托熟悉保险市场的保险经纪人为其提供专业化的保险计划，选择合适的保险公司和保险产品，因此保险经纪人成为保险市场上非常活跃的中介人。

保险经纪人是基于投保人的利益，为投保人与保险人订立保险合同提供中介服务，并依法收取佣金的机构。

(一)保险经纪人的种类

保险经纪人按其从事的业务性质分为寿险经纪人和非寿险经纪人。寿险经纪人是在人寿保险市场上替投保人选择保险人、办理保险手续并从保险人处获取佣金的中介人。作为一名合格的寿险经纪人，必须熟悉寿险市场和资本市场的行情，掌握医学、法律、投资等方面的专项业务知识，能够计算人寿保险的各种费率，为被保险人选择最佳的保险方案。

(二)保险经纪人的职业操守

保险经纪人在业务操作过程中必须树立良好的信誉，严格遵守自己的执业原则。保险经纪人的执业原则主要有：

(1)以最大诚信原则进行业务操作；

(2)以客户利益至上的原则尽可能满足投保人的保险要求；

(3)尊重客户的意愿，将所购保险的条款与责任范围以及投保人、被保险人的权利、义务向客户解释清楚；

(4)将投保人真实、完整的资料提交给承保的保险公司。

(三)保险经纪人的业务运作

(1)分析和评估客户所面临的风险，了解客户的风险控制要求，从而决定是否做保险的安排；

(2)评估客户的经济能力，以确定客户购买保险的保费承担能力；

(3)在客户的保费支付能力的范围内确定需要投保的风险，并以专业化的服务为客户拟订投保方案；

(4)按照投保人的要求进入保险市场，比较保险市场上各家保险公司的偿付能力、商业信誉、保险责任范围、保险服务质量、保险费率高低，替客户选择最佳的承保人及相应的保险产品，促成保险合同的签订，并替投保人办妥投保手续；

(5)为其投保人或被保险人提供防灾、防损和风险管理的咨询服务；

(6)当保险事故发生后或保险合同期满时，协助被保险人或受益人向保险人索赔。

在保险业发达的国家，保险公司特别是产险公司广泛使用保险经纪人展业。保险经纪人作为投保人的代理人，代表的是投保人的利益，更能得到投保人的认同，更有利于保险商品的推销和保险交易的成功。另外，运用保险经纪人展业，还有利于保险公司之间的公平竞争，建立良好的市场秩序。

总之，随着消费市场的不断升级以及保险消费主力群体的年龄结构变化，专业定制化保险推送已成为当下主流，原有传统保险营销模式难以满足客户的个性化产品需求和服务体验。因为传统保险营销主要依托于各类中介，如保险代理人、保险经纪人等完成客户对接，保险公司一方面需支付较高的中介佣金成本，考虑到经营效益，保险公司无法投放更多资源到客户前端；另一方面由于承保信息的不对称，以及部分中介渠道的管理不规范，再加上保险属于低频交易，容易导致客户与保险公司黏性不强。因此随着互联网、大数据的发展和运用，保险营销模式也在不断创新。

第四节 创新的保险营销模式

随着保险市场的深化、信息技术的发展，新型的保险营销模式不断涌现。保险的创新营销模式主要有电话营销、互联网营销、银行保险。

一、电话营销

电话营销就是保险公司通过专业的呼叫中心，针对目标客户进行销售。这种营销模式具有保险公司主动销售、客户接触度低的特点。

(一)电话营销的优点

(1)客户与电话营销人员是低接触式的互动关系，客户一般在30秒内就可以判断是否对产品感兴趣。如果客户对产品感到满意，就迅速成交。因此，电话营销的最大优点是销售成本低。

(2)在电话营销过程中，呼叫中心会对每次通话全程进行详细记录，并通过专业的数据分析软件对客户资料进行分析、评估，帮助销售人员锁定目标客户，较好地保有和利用了客户资源。

(二)电话营销的缺点

(1)由于在电话营销过程中买卖双方接触度低，没有像代理人营销那样的面对面互动，因此只适合功能单一、易于解说的险种。

(2)电话营销有个人骚扰、侵犯隐私的负面效应，消费者往往对陌生电话较为反感，因此拒绝率较高。

(3)虽然电话营销的销售成本低，但起步阶段公司对呼叫中心的投入较大。

对于财产保险公司来说，机动车辆保险业务主要通过电话营销的渠道投保和续保。但是2019年人身保险公司电话营销业务的保费规模首次出现下滑，经营主体持续减少，年金保险取代人身意外伤害保险成为寿险电话营销渠道的主力险种。

二、互联网营销

互联网营销是指保险公司依托互联网和移动通信等技术，通过自营网络平台、第三方网络平台等订立保险合同，提供保险服务。互联网营销过程包括接触客户、选择产品、填写保单、缴费都在网上实现，即在线投保。

(一)互联网营销的优点

1. 互联网营销大大降低了展业成本

对保险公司来讲，网上销售，交易双方只需支付低廉的网络通信费，免去了中介的佣金，降低了展业成本，成本的降低使保险公司有了更大的利润空间，也就有了降低保险价格的可能，而价格的降低将刺激客户对保险产品的需求，促进保险发展的良性循环。据美国布兹艾伦与哈米尔顿计算，经营财产和意外保险、健康和人寿保险的保险公司通过互联网向客户出售保单或提供服务，比传统营销方式节省58%～71%的费用。

2. 互联网营销增加了新的销售机会

新客户的开发受到销售成本和人员等因素的限制，而且保险代理人和经纪人的报酬取决于保险金额的大小，因此在传统的保险营销方式下，保险代理人、经纪人出于经济利益考虑，他们往往只注重大客户，而忽视一些潜在的小客户以及新的客户。而通过互联网营销，保险公司可以有效地与各种人群接触，特别是代理人、经纪人等无法接触或不愿意接触的客户，保险公司利用互联网营销的低成本和快捷性可以获得更多的业务，并且通过业务的大量化和多样化，在理论上更符合“大数法则”的要求，分散自身风险，增加经营的稳定性。

3. 互联网营销有利于提高保险服务质量

由于互联网具有连续运行性，利用互联网开展保险业务，保险公司只需支付低廉的网络服务费就可以一天 24 小时在全球范围内进行经营，为客户提供更多的信息，为潜在客户提供更多与公司接触的便利机会。保险公司通过网络可以回答客户提出的各种问题，甚至为客户设计保单，让客户享受人性化的服务。对客户来说，利用网络可以随时联系到保险公司，通过“自助式”的网络服务系统，获取保险公司为他们提供的完备的信息，包括公司背景、险种介绍和费率等详细情况。通过网络，保户还可以比较多家保险公司的险种和定价，选择最适合自己的险种。在美国，一些保险公司向客户提供一揽子服务，例如在自己的网站上设立网络图书馆，收藏大量的保险法规、投保技巧、保险常识、索赔程序以及其他一些相关资料和信息。有些保险公司为保户提供“艺术性”的服务，如美国 ARKRIGHT 相互保险公司对地震、洪水和台风多发地带的被保险人安装了早期报警系统，当十分恶劣的天气或其他可能造成直接经济损失的事件出现时，该系统会自动与受影响地区的被保险人取得联系，并提供预先警报服务。

总之，保险公司利用互联网营销渠道改善了客户的承保体验，有效降低了保单交易成本，直接提升了终端销售成功率，使得保险公司的运营效率更快、经营成本更低、服务质量更好。尤其是在互联网营销中大数据、人工智能等新技术的运用，更是对传统保险营销模式的赋能和创新。

（二）互联网营销的风险

虽然互联网营销降低了保险营销成本、简化了业务开展流程，但是作为一项新技术也带来了风险，其主要风险体现为安全风险、法律风险和道德风险三个方面。

1. 安全风险

安全风险是制约互联网营销的关键因素。因为根据保险的最大诚信原则，投保人在投保时必须如实告知自身情况，因此客户从网上购买保险或与保险人磋商保险事务时，在信息交流中不可避免地包含许多个人隐私或公司机密，如果这些信息在传输过程中得不到安全保障，客户就会选择其他较为安全的渠道。身份认证是安全风险的又一个难题，由于网络是一个虚拟世界，保险双方不能像传统交易一样“面面相对”，网络上任何人都可以冒充其中一方向对方宣称自己为交易对象，从而达到其不法目的。此外，互联网本身的安全技术风险也不可忽视，如互联网设备运行的风险、网络病毒传播的风险、客户保费在线支付的风险等。

2. 法律风险

互联网营销是一种新生事物，有关互联网营销的法律不健全，使得保险公司在网上开展业务时无法可依、无章可循。例如，互联网保险合同承载于电子信息技术的基础上，运用新式的签名等相关记录技术。那么，电子保险合同是否与传统的纸质合同具有同样的法律效力、如何将电子保单作为证据保全、如何确定电子保单的地域管辖等问题都亟待解决。另外，利用网络开展业务，使保险竞争更加激烈，将会出现更多不正当的竞争行为，如网上虚假广告、网上商业诽谤等，对这些问题，保险监督管理机构应该如何解决？此外，各国有关保险的法律法规存在着差异，当保险业务在网络上进行跨国交易时，各方很容易陷入法律纠纷之中，而目前国际上还未就互联网营销的相关法律达成共识，这在某种程度上制约了互联网营销的发展。

3. 道德风险

保险交易双方只有遵守最大诚信原则、履行如实告知义务，才能保证保险合同的顺利履行。但是在互联网营销过程中，保险公司与保户之间缺少面对面接触的机会，仅靠保户在网上提供的有限的信息难以准确地评估保户面临的风险，容易产生道德风险。此外，互联网平台内部也会出现道德风险，例如保险公司的部分内部人员对网络密码、认证方式等方面了如指掌，出于某种商业目的，职业道德水平差的职员很有可能利用网络进行越权操作，如篡改相关的财务信息、非法窃取客户资料、泄露客户信息等，从而给保险公司或者投保人造成损失。

鉴于互联网营销的诸多优点，既可以使客户更加方便地了解保险产品和价格信息，获得更加快捷、透明的保险服务，又可以通过业务流程一体化大大减少收集与分析信息的时间和费用，降低保险成本、提高保险效率，因此互联网营销成为一种新型的保险营销手段，互联网保险也代表了保险行业创新发展的重要内容。

三、银行保险

狭义的银行保险是指保险公司通过银行和邮政网点、基金组织以及其他金融机构，依靠传统销售渠道和现有客户资源进行保险商品销售。该定义反映的是银行保险合作的初级层次，其侧重点在于销售渠道和跨业销售，并不包含保险产品的设计及核保观念。

广义的银行保险是指银行与保险公司采用的一种相互渗透和融合的战略，是将银行与保险等多种金融服务联系在一起,并通过客户资源的整合与销售渠道的共享,提供与保险有关的金融产品服务,以一体化的经营形式满足客户多元化的金融服务需求。该定义更适合金融混业经营的发展趋势,侧重点是整合客户的所有金融服务需求。

(一)银行保险的产生和发展

银行保险是在欧洲金融环境、税收政策和法律环境发生巨大变化的背景下产生的。欧洲是银行保险的发源地,也是迄今为止银行保险最为发达的地区。法国不仅创造了“bancassurance”这个新词汇,而且其银行保险的成功范例也触动了欧洲各国,欧洲很快出现了银行保险的热潮。

银行保险的发展大体上可以分为三个阶段:

第一阶段为20世纪80年代以前,银行所销售的保险产品是直接为银行业务服务的,且与保险公司的市场营销决策无关。银行销售的保险产品主要有信用保险以及与房屋贷款有关的住宅保险。这类保险产品只是银行业务的附加契约,谈不上真正意义上的银行与保险的结合,但是对保险公司拓展银行作为销售渠道却有重要意义。

第二阶段开始于1980年前后,银行与保险公司开始共同开发不同性质的金融商品,真正意义上的银保合作开始了。保险公司专门针对银行销售设计储蓄性保险产品,此类商品直接与银行商品相竞争而不是与保险商品相竞争。

第三阶段开始于20世纪80年代末、90年代初,银行与保险公司的合作已经从基本商品的合作开发深入市场营销策略的共同制定实施。银行与保险公司以双方客户为目标市场,以客户需求为出发点,研发出一系列满足不同客户金融服务需求的银行保险产品,与此同时,银行也销售纯寿险产品,银行销售的保险产品呈现出多样化的态势。

(二)银行保险的合作方式

1. 合作协议方式

合作协议是银行和保险公司之间通过非正式的合作意向或协议建立合作关系或战略联盟,目的是实现交叉销售其他产品(非核心业务)。在银保合作的初级阶段,银行与保险公司通常采用战略联盟的合作形式,即银行通过自己的分行销售保险产品,而保险公司通过它们的销售渠道销售储蓄、投资和信贷产品。战略联盟,有利于银行和保险公司在代理业务、产品开发、培训、综合咨询服务、计算机联网等多方面开展深入细致的合作,有效地促进了银行与保险公司双方深层次的合作,为银行建立在保险市场的竞争优势提供了保证。

以欧洲为例,保险产品都是通过银行分支机构销售给客户,银行提供一站式服务并且为其员工提供多方面的专业培训。经过培训后,银行员工熟悉了他们所销售的保险产品。银行还运用电话销售及邮寄宣传广告来销售保险产品。

2. 合资公司方式

为了避免建立一家新保险公司所投入的巨大成本，便于银行与保险公司之间分担成本与经营风险，大多数银行和保险公司通过合资公司的方式进行合作。合资公司主要是保险公司提供专有知识和技术，而银行提供分销设施和渠道。通过合资的形式，银行可以获得从事保险业务所必需的专业知识与经验，为以后单独从事保险业务培养人才、积累经验。

3. 建立金融服务集团

保险公司和银行通过兼并和收购方式组建金融服务集团，开展非核心金融业务。金融服务集团从一开始就可以获得开展新的金融业务所必需的金融技术。如果子公司在市场上已经建立了较好的品牌形象，合并后的母公司就可以获得这笔无形资产。但是有时在市场上难以寻找到完全满足条件的合作伙伴。

金融服务集团的建立，使得金融资本向大型多样化的金融集团集中，形成了许多在全球金融体系中具有重要地位和影响的“金融巨无霸”。1998 年 4 月，美国商业银行巨头花旗银行和大型保险公司旅行者集团合并，合并后的新花旗集团总资产达到 7 000 多亿美元，服务范围涉及商业银行、保险、投资银行、基金、资产管理等几乎所有的金融领域，成为一个全能化的金融机构。

（三）金融服务集团的经营模式

为了有效控制金融服务集团，主管荷兰保险公司的政府机构，按照银行和保险公司在金融集团中所占的比例，将金融服务集团分为银行主导的金融服务集团、保险公司主导的金融服务集团、银行与保险公司共建的金融服务集团、银行以收购的形式进入保险公司的金融服务集团四种模式。

1. 银行主导的金融服务集团

在银行主导的金融服务集团的模式下，合作的领导者是银行。银行通常是拥有众多的分支机构、ATM 系统、信用消费体系、邮件或电话销售网络等多样化销售渠道的大型银行。银行可以根据自身客户群的需求特征，要求保险公司提供寿险险种。保险公司仅为银行提供寿险产品以及相应的技术支持，如风险调查、承保技巧、保险投资管理等，并因此获得一定的经济效益。

2. 保险公司主导的金融服务集团

在保险公司主导的金融服务集团模式下，通常是由一家规模较大的保险公司与多家中小银行共同开发市场，占主导的保险公司拥有强大的销售网络，包括专业代理人、独立代理人等各种代理中介，银行只能辅助保险公司从事一些保险宣传和潜在客户开发的工作。

3. 银行与保险公司共建的金融服务集团

在银行与保险公司共建的金融服务集团模式下，合作双方通常是一些各自拥有广大客户资源及丰富管理经验的大型银行和保险公司，它们通过在销售网络、销售技巧、产品开发经验等方面的资源共享和强强合作，构成一种新型的更为有效的保险经营模式。

4. 银行以收购的形式进入保险公司的金融服务集团

银行与保险的这种合作方式具有较大的发展潜力，可以充分发挥它们各自的优势。保险公司利用保险领域的专业知识解决银行承保业务时所面临的局限性，银行利用它的信誉和开展传统金融业务时建立的客户关系，快速开拓潜在的保户。新成立的金融服务集团除了能有效地加入寿险市场外，还可以很快介入其他保险领域。

第五节 大数据和互联网保险

一、保险＋大数据

（一）大数据的定义

2011 年麦肯锡全球研究院（MGI）在发布的研究报告中首次提到了大数据一词，麦肯锡把大数据定义为大小超出了典型数据库软件采集、储存、管理和分析等能力的数据集。大数据是数据分析的前沿技术，具有数据量庞大、数据类型繁多、数据处理速度快以及数据价值高的特点。

大数据的战略意义不仅包括掌握庞大的数据信息，还有运用相关技术对数据进行专业化处理以挖掘数据的价值。因此，大数据技术最核心的价值在于存储和分析海量的数据，以发挥大数据廉价、迅速和优化的综合成本优势。随着大数据技术的深入发展，与数据的收集、存储、使用等有关的领域出现了诸如移动互联网、物联网、区块链、人工智能等新兴技术，多元化的新兴技术构成了大数据运用的坚实基础。

（二）保险中的大数据

保险经营的数理基础是大数法则，保险行业对数据的依存度非常高。保险行业可以获得的数据渠道有保险公司内部业务平台的数据、保险行业平台的数据、互联网公开的数据、政府开放的数据以及第三方大数据的采购等。这些数据不仅成为保险业重要的生产要素，而且成为驱动保险业创新发展的重要力量。

保险中大数据技术是基于对海量数据进行分析，从不同维度和深度挖掘保险应用特性，进而优化保险价值链条的各个环节。其中精准营销和精准定价以及反欺诈是大数据技术在保险行业中最具潜力的发展方向，也是主流保险大数据创业公司发展的方向。

大数据技术解决了保险公司和客户之间的信息不对称，保险公司通过利用大数据技术，将客户数据、客户信息、客户偏好进行全面挖掘分类，清晰掌握目标客户的保险和服务需求，开发出更多贴近“衣食住行娱”等生活场景的保险产品，满足客户多层次的保险需求。

（三）大数据与精准营销

保险营销的最终目的是为保险公司组织和争取保险业务。根据保险经营必须遵循的风险大量原则，保险公司只有大量地招揽业务，才能将风险在众多的被保险人之间进行分摊，才能积累雄厚的保险基金，在保险市场上增强其竞争能力，为被保险人提供更广泛的优质服务。保险营销是保险经营活动中最基本的环节，是保险公司所有活动的先导。有了大数据，不仅有助于提升保险营销的规模和效率，而且可以实现精准营销。

1. 精准获取新客户

移动互联网飞速发展，极大地改变了客户的消费方式和行为，尤其是年轻人已形成线上消费习惯，这种变化给保险公司提供了大量数据样本。保险公司通过对客户的个人属性、购买行为、金融信息和风险因子数据的精准分析，整合资源构建覆盖客户衣食住行的丰满画像，既能帮助保险公司更快速、更深入地了解客户的消费行为和消费能力，又能预测客户的消费需求及倾向，开展对新客户的精准营销。

2. 持续转化准客户

虽然保险公司拥有庞大的客户群，但是其中绝大多数只是保险公司的准客户。保险公司都清楚获取新客户的成本远高于维护老客户和转化准客户的成本，但是由于保险公司对准客户的信息了解较少，对准客户潜在保险需求的分析手段也比较有限，因而保险公司很难对准客户进行有效的转化。随着大数据、人工智能、物联网等新兴信息技术在保险行业中的运用，保险公司可以利用大数据技术追踪准客户的行为，有效提升营销时机的精准性，根据准客户的潜在需求推出个性化的营销手段，把最能打动客户的保险产品或者保险资讯推介给准客户，实现对准客户的持续转化，提高保险营销的效率。

3. 提升现有客户的忠诚度

大数据技术还能帮助保险公司细分和洞察现有客户，精确了解他们的关键需求，运用预测模型开展加保和交叉销售。借助大数据的精准营销，保险公司可以为现有客户提供全方位的保险服务，有效提升现有客户对保险公司的黏性和忠诚度。保险公司可以与其他数据（如车联网的行为数据、社交数据、第三方数据）平台合作，借助数据平台的帮助来了解现有客户的线上浏览行为偏好、线下活动轨迹、交易行为等信息，从而提供精准营销。例如，如果客户比较关注母婴用品，那么可以向客户推销少儿教育金保险、少儿重疾险等针对儿童的保险产品；如果客户比较关注养生健康的相关信息，那么可以向客户推销健康保险、年金保险、养老金保险；如果客户经常关注财经、理财等方面的信息，那么可以向客户推销分红保险、投资连结保险、万能保险等理财型保险产品。

4. 预防和减少客户流失

利用大数据技术除了精准获取新客户、持续转化准客户以及提升现有客户的忠诚度外，还可以预防和减少保险公司客户的流失。在实务中，保险公司运用大数据技术进行海量数据挖掘，根据宏观经济信息、险种信息、销售人员信息、销售人员与投保人的关系、投保人的经济能力、被保险人的健康状况等各种类型数据建模，筛选出影响客户退保的关键因素，及时调整业务。大数据技术还可以帮助保险公司建立续保风险和续期保费交付风险的预测模型，将现有客户按照其潜在退保风险进行分类，将潜在退保率高的客户予以特别关注，寻找客户不满意的原因，从保险公司产品和售后服务的角度及时加以改进，挽回即将流失的客户，降低保险公司客户的退保率。

当然，大数据在保险行业中的运用除了拓宽保险营销渠道、实现精准营销外，保险公司利用大数据技术还可以精准预测承保风险，提高产品差别费率，提供精致的客户服务，有效避免保险欺诈。

（四）大数据与精准定价

精算定价能力是保险公司的核心竞争力，保险精算的基本思想就是遵循“收支相抵”的原则，即根据以往的历史理赔数据，测算保险标的的损失概率，并以此为基础制定保险产品费率。精准的保险定价不仅有助于提升保险公司的风险管理能力，而且能够有效维护消费者权益。大数据、人工智能、区块链、云计算与物联网技术等保险科技赋能保险，对保险产品的定价精准性发挥着重要作用。尤其是大数据技术会不断强化保险定价的科技能力，并在保险定价法则中发挥着无可替代的作用。

1. 全面收集信息，提供海量数据基础

借助大数据技术，保险公司得以全面搜集并分析客户信息，涵盖个人资料、财务状况、医疗记录、消费行为及社交网络等，为保险费率的厘定提供坚实的数据基础。通过分析历史数据、收集实时数据以及整合外部数据提高风险评估的准确性。利用海量历史索赔数据，通过机器学习算法建立模型，分析风险因素与索赔频率和索赔强度之间的关系，从而提高对未来风险的预测能力。通过传感器、联网设备和社交媒体等途径，收集实时数据，监测保险标的物的风险状态，及时更新风险评估模型，提高风险预测的精度。[①] 例如，通过整合天气数据、人口统计数据和经济指标等外部数据，丰富风险画

① 周延礼：保险定价与大数据管理，《清华金融评论》，2019 年第 10 期，第 95—98 页。

像，增强风险预测的全面性，提高预测准确度，从而使得保险公司能够制定出更合理的保险定价策略。

2. 细分客户群体，实现精准定价

大数据通过个性化定价与动态定价细分客户群体，实现精准定价。通过分析客户的风险特征和需求，保险公司能够设计出更符合客户实际情况的保险产品，并为其提供个性化的保险价格。个性化定价促进了定价的公平性，降低了逆向选择的风险。此外，大数据技术使得保险公司能够实时监控市场条件和客户行为，并根据这些因素动态调整保费，实现动态精准定价。

3. 优化定价模型，提高定价效率

大数据技术在传统静态定价模型基础上，能够实时更新数据，识别变量之间的复杂关系，帮助保险公司识别最新的市场动态和风险因素，优化定价模型。传统定价方法往往依赖于承保人员的经验和判断，这可能会导致主观偏差。而通过自动化和智能化的数据分析工具，可以根据大量历史数据与外部数据，快速准确生成定价结果，这不仅降低了人工成本、减少主观偏差，还缩短了定价周期，使得保险公司能够更快地响应市场变化。同时，大数据技术还可以帮助保险公司实时监测市场动态和竞争对手的定价策略，从而及时调整自己的定价策略，保持市场竞争力。

例如，在健康保险定价中，运用医疗的大数据，再结合保险公司给每个客户绘制的健康数据画像，可以实现更加精准的差异化定价，真正为客户量身定制健康保险产品，满足客户多元化、细致化的需求。例如，保险公司利用可穿戴设备的各种感测技术，获取以生命体征为主要对象的实时信息。可穿戴设备随时监测记录各种与人体健康有关的数据，如运动量、心跳、血压、睡眠、久坐、身高、体重、经常出没地区及周边空气质量等，保险公司通过这些数据了解投保者的生活习惯以及各项身体素质是否健康。[①] 通过医疗机构获取投保人的身体健康报告、治疗情况及遗传病史，采用大数据技术进行详细分析，建立健康评测模型，形成投保人健康档案，并结合实时数据，进行健康保险个性化精准定价。太平洋寿险公司推出的防癌医疗保险、阳光人寿保险公司推出的“健康随 e 保”都是互联网大数据运用下的保险创新产品。

UBI车险定价

① 郭建：基于大数据与 AI 技术实现保险精准定价的探究，《内蒙古科技与经济》，2020 年第 24 期，第 49—50 页。

二、互联网保险

(一)互联网保险的定义

互联网保险可以从广义和狭义上进行定义。根据中国保监会在2015年7月印发的《互联网保险业务监管暂行办法》,互联网保险业务是指保险机构依托互联网和移动通信等技术,通过自营网络平台和第三方网络平台等开展保险业务、提供保险服务的保险经营活动,这是互联网保险的广义定义。

从狭义上来讲,互联网保险是指基于互联网、大数据、云数据等信息技术手段,从保险产品设计、风险管理和保险信息咨询到投保、核保、保全、理赔和给付等保险全过程互联网化的保险经营活动。这意味着互联网保险的核心不再仅仅是利用互联网平台进行产品营销,而是要充分利用互联网信息技术的优势,创造一种全新的保险行业运营方式,以此提升各个环节的效率。

(二)互联网保险的参与主体

1. 开展互联网保险业务的传统保险公司

一般大中型传统保险公司通过建立自主经营的官方网站,利用自营网络平台或第三方网络平台对本公司的保险产品和保险服务进行宣传与销售,如中国平安的壹账通、中国人寿的国寿e家等。建立自营网络平台一般需要保险公司具有一定的社会影响力、雄厚的资金支持和完整的产品体系。其优势在于:一是能对公司保险产品起到很好的宣传作用,扩展产品的销售渠道,提高公司品牌的知名度;二是前端销售和后端服务系统能够有效对接,使操作流程更加顺畅,有利于公司储备相关信息,对以后产品设计提供经验数据的支持。其劣势在于:网站的流量有限,公司需要投入额外广告成本以获得更多的关注度。

2. 专业互联网保险公司

专业互联网保险公司是指经保监会批准专门成立互联网保险公司来独立运营互联网保险业务。这些新兴的专业互联网保险公司利用自身强大的互联网信息技术和优秀的人才资源,依托自身庞大的流量优势销售保险产品,将保险打造为重要的流量变现渠道。

目前我国拥有互联网保险牌照的四大专业互联网保险公司为众安在线、泰康在线、安心财险、易安财险,这四家互联网保险公司均以财产保险为主。

专业互联网保险公司有两个特点:一是销售渠道以线上为主,与传统保险公司主要依赖代理人和中介渠道不同,互联网保险公司的业务主要通过自营网络移动端和第三方互联网平台等渠道开展,除销售渠道改变外,互联网保险公司还对产品设计、产品定价、产品营销和分销、理赔等各个环节进行数字化重塑,与传统保险公司相比,互联网保险公司的产品设计更加贴合用户需求，更加场景化；二是在数据技术的支持下，互联网保险公司得以对保险产品进行更精准定价。例如成立于2013年10月的众安保险，其股东包括蚂蚁金服、腾讯和平安保险，它是第一家获得互联网保险牌照的保险公司，也是互联网保险公司的代表，凭借信息技术，开发以不同消费场景和生态系统为导向的保险产品及解决方案进行在线承保和理赔服务。众安保险通过大数据技术收集用户数据，从而实现动态定价，比如退货运费险，买家可以在购买商品时选择投保，一旦发生退货，保险公司按约定保费赔付退货的运费，投保和理赔的全流程均在线上完成。

3. 第三方电子商务平台

第三方电子商务平台是指保险公司与电商平台合作，如淘宝网、支付宝的蚂蚁保险、微信商城、京东等，将本公司的保险产品依托于电商平台销售给平台用户。第三方电子商务平台的优势在于：电商平台用户流量大，而且不同公司的保险产品集中在同一平台上销售，既为用户提供了多样化的选择，也促使各个保险公司不断优化保险产品。不足在于：第三方电子商务平台需要严格的监管，经营互联网保险业务必须持证持牌。

4. 第三方保险中介平台

第三方中介平台是指取得网上销售资格的保险代理或经纪公司所建立的网站平台，可以协助保险公司销售产品，代理客户进行保险投保和理赔业务的平台，如中民保险网、慧泽保险网等。第三方保险中介平台具有较高的专业性，能够为客户提供相对客观的保险产品比较。

（三）我国互联网保险的现状

互联网营销渠道改善了用户承保体验，有效降低了保费交易成本，直接提升终端销售成功率，使得保险公司的运营效率更快、经营成本更低、服务质量更好。

我国互联网保险从2011年后获得了快速发展。从2011年到2022年，我国互联网保险业务的年保费收入从2011年的32亿元增加到2022年的4 782.5亿元，互联网保险保费在总保费中所占的比重由低于1％增长到10％左右，年均复合增长率达到32.3％。2023年的互联网保险的保费收入更是达到了5.12万亿元。互联网人身保险的险种主要有人身意外伤害保险、健康保险、定期寿险、十年期以上普通寿险（除定期寿险）及十年期以上普通年金保险。互联网财产保险的险种主要有人身意外伤害保险和医疗保险、机动车辆保险、退货运费险、信用保证保险等。

现在保险公司利用互联网媒介流量推广营销，个性化为客户分类定制产品组合和提供增值服务，搭建APP线上自助移动交易出单平台，推动保险营销模式从传统线下销售向“线上与线下”深度融合方面发展。但是鉴于互联网保险作为保险行业创新发展的保险业务，在发展过程中面临诸如安全风险、法律风险、道德风险等风险，因此各家保险公司需要建立大数据分析平台，精准识别和管理风险，提高风险管理能力，并通过智能化理赔服务，为客户提供更便捷、更高效的服务体验，提高客户的满意度和获得感。同时，政府要完善互联网保险法规，加强互联网保险的监管，促进互联网保险业务的健康持续发展。

本章小结

保险市场营销是保险经营的第一环节，也是满足大数法则要求的一个非常重要的环节。保险营销由产品、价格、分销渠道和促销四个要素构成。

险种开发是保险营销的核心。新险种的开发是一项复杂的系统工程，开发的程序包括形成构思、筛选构思、市场分析、险种开发设计、试销过程和商品化六个步骤。在新险种开发时要运用目标市场策略、保险产品组合策略和险种质量优化策略。目标市场策略是根据消费者对保险需求的差异性，对消费者总体市场进行市场细分，从中选择适当的分片市场作为目标市场；险种组合策略是根据产品的生命周期理论，对保险产品所处的不同生命周期选择最优的险种组合。险种组合包含三个变化因素：险种组合宽度、险种组合深度和险种组合关联度；险种的质量优化主要指对险种的形式部分和延伸部分的优化，尽可能为保户提供各种便利。

传统的保险营销模式是保险代理人和保险经纪人营销。保险代理人是接受保险人的委托，根据代理合同在保险人授权的范围内代为办理保险业务，并向保险人收取代理手续费的单位或个人。保险代理人在寿险营销中具有无可替代的重要作用，通过代理人营销，保险公司不仅可以充分挖掘客户的价值，客户也可以得到高质量的服务和个性化的投保方案。

保险经纪人是基于投保人的利益，为投保人与保险人订立保险合同提供中介服务，并依法收取佣金的有限责任公司。保险经纪人的业务范围主要是：为投保人拟订投保方案，办理投保手续；为投保人提供防灾防损、风险评估、风险管理咨询服务；代为被保险人或受益人索赔；安排分入、分出业务等。

创新的保险营销模式主要有电话营销、互联网营销、银行保险。电话营销是通过保险公司专业呼叫中心，针对目标客户进行销售。这种营销模式具有销售成本低的优点，但只适合功能单一、易于解说的险种。互联网营销是通过互联网开展电子商务，整个销售过程包括接触客户、选择产品、填写保单、缴费都在网上实现，即在线投保。互联网营销大大降低了展业成本，增加了新的销售机会，提高了保险服务质量。但是网络营销存在诸多的风险，如安全风险、法律风险、道德风险。银行保险是银行与保险公司采用的一种相互渗透和融合的战略，是将银行与保险等多种金融服务联系在一起，并通过客户资源的整合与销售渠道的共享，提供与保险有关的金融产品服务，以一体化的经营形式满足客户多元化的金融服务需求。在欧洲国家，银行保险不但成为非常重要的营销渠道，而且银行和保险公司的合作不断深入。银行保险的合作方式有合作协议方式、合资公司方式和建立金融服务集团。

保险中大数据的运用实现了精准营销，保险公司利用大数据技术不仅可以精准获取新客户、持续转化准客户，还可以预防保险公司客户的流失，大大提高了保险营销的效率。保险中大数据的运用为保险公司的定价提供了海量的数据,保险公司不仅可以通过细分客户群体实现精准定价,还可以通过优化定价模型来提升定价的效率。此外,互联网保险的核心不再仅仅是利用互联网平台进行产品营销,而是要充分利用互联网信息技术的优势创造出一种全新的保险行业运营方式,以此提升各个环节的效率。我国现有的互联网保险参与主体有开展互联网保险业务的传统保险公司、专业互联网保险公司、第三方电子商务平台以及第三方中介平台。

复习思考题

1. 分析保险营销的微观环境因素。
2. 保险新险种是如何界定的?
3. 简述新险种开发的主要步骤。
4. 在人身保险新险种开发时如何优化险种组合?
5. 什么是电话营销?它有哪些优缺点?
6. 什么是互联网营销?它有哪些优点?
7. 银行保险的合作方式有哪些?
8. 什么是互联网保险(狭义)?我国互联网保险的参与主体有哪些?

第三章

复习思考题
答案

第四章

课 件

第四章　保险承保管理

风险大量原则是保险经营的首要原则，但是保险经营中除了要满足数量上的要求外，还必须满足质量上的要求，如果将大量的不符合保险公司承保要求的风险也予以承保，就会使保险公司的赔付率增加，同时也会影响保险公司的利润和财务稳定。因此，科学的保险经营是实现风险大量和风险选择的有机统一，即在承保时不仅需要签订大量的、以可保风险和标的为内容的保险合同，还需要对承保的风险加以选择。因此，做好保险承保工作并认真进行风险选择，对保险公司来说同样是非常重要的。

第一节　保险承保的基本程序

承保是指保险人接受投保人的申请并与之签订保险合同的全过程。从严格意义上讲，一项保险业务从接洽、协商、投保、审核，到配证、收费、建卡都属于承保工作。实际上，承保是展业的继续，是保险合同双方在展业的基础上就保险条件进行实质性谈判的阶段。保险公司的承保程序包括制定承保方针、获取和评价承保信息、审查核保、作出承保决定、单证管理、续保等步骤。

一、制定承保方针

保险公司一般设有专职的承保部门，由它制定与公司目标相一致的承保方针并编制承保手册。承保手册具体规定承保的险种、展业的地区、所使用的保险单和费率厘定计划，以及可以接受的、难以确定的和拒保的业务，保险金额及需要得到上一级承保人批准的业务等。承保手册起到了向保险推销人员和代理人传达公司承保方针的作用，也是帮助承保人作出最优承保决策的信息。

二、获取和评价承保信息

承保人通常是在综合各种信息和个人判断的基础上决定是否接受投保人的投保申请。为了作出准确、合理的承保决策，承保人必须从各个方面获得各种信息，以便分析和评价投保人面临的风险。承保信息来源的渠道主要如下：

(一)投保单

投保单是投保人向保险人申请订立保险合同的书面要约。投保单通常由保险人采用统一的格式印制，投保人依照保险人所列的项目逐一填写。投保单是保险合同的重要组成部分，也是不可缺少的原始单证。在投保单上，投保人要向保险人如实告知影响保险人作出签约决定的全部真实情况。例如在财产保险中，投保人需要如实填写被保险财产坐落的位置、周围环境、营业性质、消防设备等情况；在人身保险中，投保人需要如实填写被保险人的年龄、健康状况、职业、经济承担能力、与受益人的关系等情况。这些信息对于保险人评估风险、决定是否承保都是非常重要的。如果投保人在投保时没有如实告知，隐瞒了某些重要事实，保险人可以以投保人违反最大诚信原则而解除保险合同。因此，投保单成为承保人的第一手资料。

(二)中介人及其经营业绩

保险代理人、保险经纪人作为保险市场的中介人，他们通过与投保申请人多次接触，能够提供一些投保单以外的信息，便于承保人更好地进行风险评估。此外，在评估投保申请时，承保人还非常重视代理人与经纪人的职业道德和经营业绩，对一些职业道德水平高、经营业绩一直非常优秀的代理人或经纪人推销的投保申请，即使没有满足承保人所需要的所有承保条件，承保人一般也会接受下来。

(三)体检报告

在人寿保险和健康保险中，体检报告是提供被保险人身体健康状况信息的重要来源。体检报告的内容包括身高、体重、腰围、胸围、血型、心肺和神经系统等。对于被保险人年龄和保险金额超过保险公司规定的限制，或者发现健康方面有明显问题，承保人可以授权主治医师对被保险人实行全面体检，并出具详细的体检报告。

健康信息中心是美国寿险业的一个信息来源，它是一个由700余家寿险公司组成的非营利性机构。该信息中心的成员公司把承保过程中收集到的客户有关健康方面的信息和少量非健康方面的信息进行编号，向该中心报告。成员公司可以利用该中心的档案来核实被保险人的健康状况。但是寿险公司承保人员不能仅仅根据健康信息中心提供的信息作出承保决定，有时还必须对这类信息做进一步的核实。

(四)地区销售经理

许多保险公司有地区销售经理，专门负责该地区的保险营销工作和信息反馈工作，这些销售经理长期与保险代理人、经纪人交流营销情况，切磋营销技巧，因此，他们能够经常给承保人提供一些与投保人有关的信息。

(五)消费者调查报告

在国外，一些独立的消费者服务机构调查和提供有关未来或潜在的被保险人的背景材料和信息，这也是承保人获取信息的一个来源。保险承保人员还可以从被保险人所保存的一些购物账单、信用卡对账单，公司的经营状况、财务报表和未来计划的年度报告，以及信用评估机构公布的一些报告中获取有益信息。

三、审查核保

审查核保包括审核投保单填写是否准确，识别和衡量投保人、被保险人和保险标的的风险程度。审查核保是保险承保工作的关键，只有认真、细致、全面地评估保险标的的风险，才能科学地进行承保选择和承保控制，也才能以适当的保险费率或保险条件作出正确的承保决策。

（一）投保单的审核

承保人员收到投保单后，应详细审核投保单的各项内容，从中发现问题并及时指正。具体包括：审核保险标的、保险财产项目、金额与公司账目余额是否相符；保险标的存放地址、车船行驶区域、货物装载工具和运输路线是否填写清楚；保险日期和保险期限是否填写清楚；应附的投保明细表是否齐全；所附的单证、表册、数字是否符合要求；人身保险投保单的内容填写是否齐全、真实，尤其是被保险人的健康状况是否如实填写；团体投保的各种人身保险，被保险人姓名等情况是否在清单上列明；对特殊要求的保险，还要审核所提要求的可行性、保险责任、期限、保额及所适用费率的水平等项目。

（二）保险标的风险的核保

对保险标的风险的核保，主要核保与保险标的的本身的性能以及控制保险标的的投保人和被保险人有关的各种风险因素。核保要素因险种而异。

四、作出承保决定

保险承保人员通过收集有关的信息资料，并对这些信息经过承保选择和承保控制之后，作出承保决定。

（一）正常承保

保险公司按标准费率承保保险标的的风险，出具保险单。

（二）条件承保

保险公司通过增加限制性条件或加收附加保费的方式予以承保，出具保险单。例如，在财产保险中，保险人要求投保人安装自动报警系统等安全设施才予以承保；如果保险标的低于承保标准，保险人采用减低保险金额，或者使用较高的免赔额或较高的保险费率的方式承保。人身保险中的条件承保有年龄增加法、保险金削减法、附加保费法。年龄增加法适用于递增型风险的人，将被保险人的年龄增加一个固定年数加以承保。保险金削减法适用于递减型风险的人，承保时按正常费率承保，但是在一定期间内按比例减少保险金给付。附加保费法适用于固定型额外风险的人，在承保时保险人征收一定金额的额外保费。

（三）拒绝承保

如果投保人投保条件明显低于保险人的承保标准，保险人就会拒绝承保。

五、单证管理

承保人作出承保决定后，由签单员缮制保险单或保险凭证。缮制单证是保险承保工作的重要环节，其质量的好坏，直接关系到保险合同双方当事人的权利和义务能否顺利履行。单证的缮制要及时，采用计算机统一打印，做到内容完整、数字准确、不错不漏无涂改。保单上注明缮制日期、保单号码，并在保单的正副本上加盖公章、私章。如有附加条款，将其粘贴在保单的正本背面，加盖骑缝章。

复核员按签单要求对投保单、验险报告、保险单、批单以及其他各种单证是否齐全、内容是否完整符合要求、计算是否正确等进行认真复核，力求准确无误。复核后加盖公章及复核员的名章，然后由保险内勤人员清分发送，收取保险费。最后将投保单、保险单和批单副本装订成册，交专人保管，以便查找，同时使以后的理赔工作能顺利进行。

六、续保

续保是指一个保险合同即将期满时，投保人在原有保险合同的基础上向保险人提出续保申请，保险人根据投保人当时的实际情况，对原有合同条件稍加修改而继续对投保人签约承保的行为。

续保是以特定合同和特定的被保险人为对象的。保险合同签发后，并不意味着保险双方关系结束，保险人应该认真做好保单的售后服务工作，与被保险人保持经常性的联系，让被保险人真正体会到保险人的关怀，这既能提高保单的续保率，又能保持保险业务的稳定增长。

续保对保险人来说，可以稳定公司的业务量，减少展业的工作量，降低保险营业费用。对投保人来说，及时续保，不仅可以获得持续不断的可靠的保险服务和保险保障，而且作为保险公司的老客户，还可以在体检、服务项目以及保险费率等方面得到优惠。因此，续保对保险双方均有利无弊。但是保险公司在续保时必须注意以下几个问题：

（1）当被保险人提出续保申请时，保险人应及时审核保险标的，避免保险期的中断；

（2）如果保险标的的危险程度增加或减少了，保险人应对保险费率作出相应的调整；

(3)保险人应根据上一年的经营状况和赔付情况，适当调整承保条件和保险费率；

(4)保险人应考虑通货膨胀因素，使续保后的保险金额与生活费用指数的变化相一致，使被保险人能获得充分的保障。

承保部门作为一个非常重要的保险职能部门，除了制定承保方针、编制承保手册之外，还要分析损失和保险费的经验数据，修订保险费率计划，研究保险责任范围和保单格式，设计新的保险品种，负责承保人的教育和培训。

七、保险科技在核保中的运用

保险科技是指利用大数据、人工智能、区块链、云计算、物联网等先进技术，对传统的保险业务进行优化和创新，提升保险服务的质量和效率。保险科技在保险核保中的大量运用，自助投保、手机投保、一键式投保已经相当普遍，不仅使保险核保的流程不断简化、工作效率不断提高，还为消费者带来了更加便捷、个性化的保险体验。

财产保险核保中的智能核保系统就是利用人工智能技术，通过文字/图像识别、自然语言处理等技术，自动判断客户是否符合承保条件，检测逆选择异常保单，优化客户的保险体系。例如，平安财产保险公司通过智能核保系统，实现了投保即核保的快速响应机制，大大缩短了核保时间，提高了核保的效率。

人身保险核保中，即使是终身寿险、重大疾病保险等核保比较复杂的人身保险产品，借助于保险科技，营销人员同样可以通过手机 APP 或专用电子设备来实现快捷投保。以平安寿险推出的“A1 客服”为例，其可通过人脸识别、声纹识别等生物认证技术，匹配大数据完成客户身份信息的远程核实，帮助客户实现“在线一次性业务办理”。保险公司还可以通过远程核保和视频核保，利用远程病例排查系统和空中契调线上视频功能，在不要求客户亲自到场的情况下完成核保工作，这种远程核保方式不仅提高了核保效率，而且降低了客户的负担。此外，保险公司利用大数据技术尤其是医疗大数据技术精准预测承保风险，提高风险选择能力，为不同客户制定差别费率和个性化的保险解决方案，有效地避免道德风险和保险欺诈。

随着基因检测技术的崛起和发展，一种新的保险模式——基因检测＋保险应运而生。对于保险公司来说，基因检测作为健康保险的切入口，可以积累海量客户的健康数据，依据风险高低进行更精确的定价，并针对不同风险程度的客户提供医疗服务和风险跟踪。最关键的是在承保前的风险筛选环节，基因检测技术能够提高保险公司的风险管理水平。例如，癌症早期筛查技术能够更精准、更早期地发现癌症。但是基因检测这一科技也给保险带来了不容小觑的挑战，一是逆向选择问题，二是隐私保护问题。因此，各个国家法律尚未明确规定基因检测技术是否能够用于人寿保险和健康保险的核保。目前保险公司和基因测序科技公司主要的合作方式为：基因测序公司利用高新技术，提供基因检测服务，保险公司则提供用户平台。既可以由保险公司把基因检测作为单独产品销售，也可以把基因检测作为某项保险的一部分赠送给用户。总之，大数据、人工智能、基因检测等风险识别手段在保险核保和定价中的运用是未来人身保险业发展的必然趋势，这些高科技的风险识别技术对保险的渗透和改造，将不断提高保险公司的风险选择能力，尤其对一些高风险客户甚至潜在风险客户的筛查能力。

第二节　承保选择与承保控制

现代保险经营是建立在科学基础上的，这不仅表现在保险营销手段的现代化、保险费率厘定的科学化，还表现在承保管理的标准化和程序化。承保管理的标准化和程序化最主要表现在保险的核保上。

一、核保的概念

保险核保是指保险公司对可保风险进行评判与分类，进而决定是否承保、以什么样的条件承保的分析过程。核保是保险公司经营活动的起始环节，是保险承保工作的核心。核保工作的好坏直接关系到保险合同能否顺利履行，关系到保险公司的承保盈亏和财务稳定。因此，严格规范核保工作是降低赔付率、增加保险公司盈利的关键，也是衡量保险公司经营管理水平高低的重要标志。

二、核保的内容

保险核保的内容包括核保选择和核保控制两个方面。

（一）核保选择

核保选择的目的在于提高投保人或被保险人对保险标的的责任感，保证社会财产的安全和社会的安定。核保选择表现在两个方面：一是尽量选择同质风险的标的承保，从而使风险在量上得以测定，以期风险的平均分散；二是淘汰那些超出可保风险条件的保险标的。核保选择包括事前选择和事后选择。事前选择可使保险公司处于主动地位，如果对投保人、保险标的或承保风险发现问题，保险公司可以视其风险情况采取拒保或条件承保等措施加以限制，使保险公司能够在有利条件下承担风险责任。

1. 事前核保选择

保险承保工作的基本目标是为保险公司安排一个安全和盈利的业务分布组合。为此，保险人为避免逆选择，保证保险业务的优良质量，必须选择一组能够适当平衡的被保险人，也就是说低于平均损失的被保险人能够抵消高于平均损失的被保险人，以便使保险费收入足以抵付支出。承保选择是在展业的风险选择基础上，对可承保的标的进一步分析、审核，确定接受承保的条件。投保单是承保选择的第一手资料，通过对每份投保单的审核，分析风险的大小，作出正常承保、条件承保和拒保的决定。

核保选择包括对“人”的选择，即对投保人或被保险人的选择；对“物”的选择，即对保险标的及其利益的选择。

(1)对投保人或被保险人的选择。虽然保险标的本身的性质与保险风险的大小关系最为密切，但是在整个保险经营活动中，保险标的始终处在投保人和被保险人的控制之下，投保人对保险标的是否具有保险利益，投保人的品格、行为都会直接影响保险事故发生的可能性和损失程度的大小。因此，保险公司在承保前有必要了解投保人的品格、资信、作风等。例如在财产和责任保险中，保险标的虽然不是自然人，是有形的财产和无形的利益、责任，但投保人作为保险标的和保险利益的所有人、代理人、受托人，他们对保险标的的管理、保存、处置是否得当，直接影响到风险的频率和强度，所以也就存在对投保人的选择问题。在船舶保险核保时，保险公司要审核船长、船员的技术水平，以及船东的资信和经营作风。在汽车保险核保时，保险公司对驾驶员的驾驶技术、政治素质、以往的肇事记录等都要进行严格的审核。人身保险的保险标的是被保险人的寿命和身体，保险公司往往通过风险评估来防止逆选择的发生。风险评估包括以被保险人身体的风险因素为中心的医务审查和以被保险人道德、职业方面的风险因素为中心的事务审查两方面。例如，在个人寿险中，保险公司核保的要素有年龄、性别、体质、个人病史、家庭病史、职业、生活习惯和嗜好、经济状况等。对团体保险，保险公司核保的要素有团体的性质、投保人数、保险金额、职业风险等。

(2)对保险标的及其利益的选择。保险标的是保险公司承保风险责任的对象，其自身性质和状态与风险大小以及风险发生所造成的损失程度直接相关。因此，保险公司在承保业务时必须对不同性质的保险标的加以分类，承保时依据分类标准对具体的保险标的作出合理选择，剔除影响保险经营不稳定的保险标的。对保险标的选择的重点应集中在保险标的本身所发生损失的可能性大小上。例如，火灾保险中，如果保险标的是建筑物，保险人就会对保险标的的坐落地点、建筑结构、险位、防护、占用性质等进行选择。木结构的建筑物比钢筋水泥结构的建筑物火灾风险大，坐落在油库边上的建筑物比坐落在居民区内的建筑物火灾风险大；船舶保险对保险标的的选择是船舶本身是否适航、船龄、船舶的航行区域等；汽车保险对保险标的的选择是汽车本身的性能、使用年限等；人身保险对保险标的的选择是被保险人的年龄、身体健康状况、职业等，年龄已超过 65 岁或患严重疾病的被保险人会被列入拒保范围。

总之，保险人在承保时通过对保险标的的风险评估，尽量选择能使保险业务保持平衡的保险标的予以承保，以保证保险业务经营的稳定。

2. 事后核保选择

事后核保选择是保险人对保险标的的风险超出核保标准的保险合同作出淘汰的选择，具体表现为：

(1)保险合同保险期满后，保险人不再续保。

(2)保险人如发现投保人故意或以重大过失未履行告知义务，足以影响保险人决定是否同意承保或者提高保险费率的，保险人有权解除保险合同。例如，我国《保险法》第十六条规定："投保人故意或者因重大过失未履行前款规定的如实告知义务，足以影响保险人决定是否同意承保或者提高保险费率，保险人有权解除合同。"《保险法》第二十七条规定："未发生保险事故，被保险人或者受益人谎称发生了保险事故，向保险人提出赔偿或者给付保险金请求的，保险人有权解除合同，并不退还保险费。"

(3)按照保险合同规定的事项注销保险合同。例如，我国远洋船舶战争险条款规定，保险人有权在任何时候向被保险人发出注销战争险责任的通知，通知在发出后7天期满时生效。

(二)核保控制

核保控制是指保险人对投保风险作出合理的承保选择后，对承保标的的具体风险状况，运用保险技术手段，控制自身的责任和风险，以合适的承保条件予以承保。承保控制的对象主要有两类：一类是风险较大但保险人还是予以承保的标的，保险人为了避免承担较大的保险风险，必须通过承保控制来限制自己的保险责任；另一类是随着保险合同关系的成立而诱发的两种新的风险——道德风险和心理风险。

保险责任是指保险人承担保险赔偿或给付的责任范围。控制保险责任也就是控制保险人承担风险的范围和保险赔偿或给付的责任。在承保时，为了明确和控制保险责任范围，满足不同层次投保人的需求，保险人将保险责任分为基本责任、特约责任和除外责任，并通过制定相应的保险条款来明确所承担的赔偿责任。基本责任是指保险人对某一险种的基本风险，通常是指各种自然灾害和意外事故所承担的最普通的保险责任。对基本风险，一般适用于基本条款，以基本费率予以承保。例如，火灾保险，基本责任有火灾、爆炸、雷击、暴风、暴雨等；人寿保险的基本责任有死亡、生存；海上保险的基本责任有雷电、地震、海啸、洪水、恶劣气候等人力无法抵抗的自然灾害，沉没、搁浅、触礁、碰撞、倾覆等意外事故，以及火灾、爆炸、海盗等外来风险。特约责任是指保险人在承担基本责任的基础上，经过保险双方特别约定，对某一保险险种所有的特殊风险或较大的风险附加承担的保险责任。对特殊风险，往往借助于附加条款，在承保基本责任的基础上，加费承保或采用特约条款，按特别约定的承保条件承保。例如在火灾保险中，特约责任承保的风险有地震、盗窃等；在人身意外伤害保险中，特约承保风险有被保险人在从事登山、滑雪、拳击、江河漂流等剧烈体育运动和比赛时造成的意外伤害。除外责任是保险人不承担保险赔偿或给付责任的范围,是某一险种所面临的必然风险、巨灾风险或道德风险。例如,战争和军事行为、核辐射和核污染、被保险人的故意行为以及标的的自然损耗等。对有些不易控制的风险责任,保险人通常按照自己的偿付能力确定自留责任限额,超过自留额部分的风险责任办理再保险,以分散风险。

道德风险是指投保人、被保险人或受益人为了牟取保险金故意制造保险事故而导致的风险。例如,在火灾保险中被保险人故意纵火导致保险标的损失;在人寿保险中投保人或受益人故意谋杀被保险人;在船舶保险中船东故意指使船员凿洞沉船等。道德风险是承保控制的重点。

心理风险是指投保人或被保险人在参加保险后产生的松懈心理,不再小心防范所面临的自然风险和社会风险,或在保险事故发生时,不积极采取施救措施,任凭损失扩大的风险。例如在汽车保险中,驾驶员不遵守交通规则,不谨慎驾驶;农业保险中农民对恶劣气候变化事先不采取防护措施。道德风险在法律上是一种犯罪行为,但心理风险并不触及法律,所以更容易发生。对这两类风险,保险人除了在保险条款中明确规定被保险人的义务外,还要运用保险技术手段,采取相应措施予以控制。

1. 保险公司控制道德风险的主要措施

(1)控制保险金额,避免高额保险。保险金额是保险人对被保险人承担保险损失赔偿或保险金给付的最高限额。控制保险金额也就意味着控制了保险损失赔偿和给付的最高限额。对于承保后产生的道德风险,保险人通过控制保险标的的保险金额,限制超保额赔偿,使被保险人不能因保险而额外获利,从而避免和减少道德风险的产生。人寿保险,由于保险标的具有不可估价性,投保人通常根据自己的保险需求和保费的交付能力来确定保险金额,很容易因高额人寿保险而产生道德风险,因此,保险人一般不接受过高保险金额的保险业务。财产保险的保险金额按定值保险和不定值保险分别确定。不定值保险的保险金额由投保人自行选定,但原则上应客观地反映保险标的投保时的实际价值。定值保险的保险金额由投保人和保险人双方通过协商,充分考虑市场因素和特约财产的品质,特别约定并在保单中载明。如果是投保人为牟取不正当利益蓄意超额投保,则保单无效。远洋运输货物保险中,投保货物的保险金额一般为货物发票金额的110%。责任保险按投保人对事故所负的法律责任来履行其经济赔偿责任。虽然保单中没有保险金额,但保险人对每次事故的赔偿金额或给付金额以及保险期限内的累计赔偿金额或给付金额都有赔偿限额的规定。对于高保额的保险标的,因为保险标的可能发生损失的金额巨大或者因自身承保能力的限制,通常要控制保险金额,目的是使保险赔偿和给付金额限制在能够承受的范围内。对于损失发生概率比较大的保险标的，投保时保险人也要控制保险金额，以相对减少赔偿和给付金额。

(2)限制赔偿程度。根据保险补偿原则，当保险事故发生时，被保险人可以获得充分全面的补偿，但是被保险人所获得的赔偿仅限于其实际损失或者将保险标的物恢复到原有的状态，被保险人不能因保险而额外获利。因此损失补偿通常有三个限额：一是以保险金额为限；二是在保额的限度内以实际损失为限；三是以保险利益为限。财产保险和人身保险中的医疗费用保险必须严格遵守保险的补偿原则。对于不定值保险，保险公司在保险条款中明确规定，按财产发生的实际损失赔偿，不得超过保险金额。对于定值保险，发生全损时，不论受损标的市价如何，均按双方约定的保额赔付。发生部分损失，按损失程度赔付。对不足额保险，按保险金额与保险标的物的保险价值之间的比例赔偿。对于超额保险，超过部分无效。对因被保险人的故意行为导致保险标的损失的，保险人可免除赔付责任。对被保险人失职，保险人赔付后，应追究个人责任。对被保险人破坏公共财物性质严重的，可移交司法机关给予刑事处分。

2. 保险公司控制心理风险的主要措施

(1)规定免赔额。免赔额是保险人对某种保险标的在一定额度内的损失不承担赔偿责任的金额。在汽车保险、海上货物运输保险和医疗费用保险中常有免赔额的规定。对免赔额内的损失，保险人不负赔偿责任，对超过免赔额以外的损失，保险人才负赔偿责任。规定免赔额既可以避免保险人承担必然的损失(如海上货物运输保险中散装货物正常的途耗)，又可以促进被保险人加强防灾防损，减少保险事故的发生。因此，在保险条款中加入免赔额的规定可以减少被保险人的心理风险，减轻保险人的赔偿责任。

(2)规定共同保险。共同保险是由保险人和被保险人按各自规定的比例共同承担保险责任。在对容易产生心理风险的保险险种或者对损失发生概率较大的保险标的承保时，保险人常在保险条款中订入共同保险条款，让被保险人自己承担一定比例的保险损失，从而扼制被保险人心理风险的产生，并减少高风险承保的赔偿责任。在汽车保险、医疗费用保险、玻璃器皿的破碎险、散装货物的短量险中均有共同保险的规定。

(3)保单中订入保证条款。保证条款是保险人和投保人在保险合同中约定，投保人或被保险人在保险期限内担保或承诺特定事项的作为和不作为，投保人或被保险人只有尽到保证条款中的义务，保险人才负保险责任。明示保证是以保证条款的形式附在保险单上，例如汽车保险条款中规定：被保险人或者其雇用的司机对被保险的汽车应妥善维护，使其经常处于适宜驾驶的状态。又如在大型建筑物的火灾保险中，经常要求建筑物必须安装自动喷淋装置。默示保证虽然不是以条款形式列明，但习惯上要求被保险人应保证某一事项的作为和不作为，如海上保险中船舶的适航、不随意改变既定的航线等。在保险经营中，不论是明示保证还是默示保证，保证的事项均属重要事项，一旦被保险人违反保证，保险人拒绝赔偿损失或给付保险金。因此，保证条款的规定不仅对保险人承担责任有了一定的限制，而且因为被保险人的作为和不作为，可以消除被保险人的心理风险，减少保险事故的发生。

(4)续保优惠。对无赔款发生的保户，续保时在保险费率上给予优惠。例如，在汽车保险中，如果被保险人在上一保险年度中无赔款发生，那么续保时可以享受保险费率的优惠，优惠金额为上年度保险费的10%，以促进被保险人遵守交通规则，减少交通事故的发生。

(5)其他优惠。对配备先进防灾设施和防灾防损工作做得好的被保险人，在投保时也给予保险费率上的优惠。例如在火灾保险中，如果投保人安装了自动喷淋灭火系统和自动报警系统等现代化设施，那么在投保时保险费率可享受20%的优惠。这些优惠措施旨在鼓励被保险人做好防灾防损工作，减少投保人的心理风险，从而减少承保损失。

第三节　核保要素分析

一、个人寿险业务

人寿保险业务核保的内容有以身体健康风险为中心的医务审查和以职业、道德风险为中心的事务审查。具体表现如下：

(一)年龄

年龄是风险选择所要考虑的最重要的因素之一，因为死亡概率随着年龄的增加而增加。在投保时一般不会要求提供年龄证明，但在给付保险金之前会要求提供年龄证明，如果发现误报年龄，将按照年龄误告条款调整给付金额。不过，在投保即付年金的情况下，因为在年金受领者死亡时发现误报年龄已不可能再调整给付金额，所以在投保时就要求提供年龄证明。

(二)同健康有关的风险因素

除了年龄之外，还有许多因素影响风险程度，这些因素可以分为同健康有关的因素和同健康无关的因素。同健康有关的因素包括：

(1)体格。体格包括身高、体型和体重分布。经验表明，超重对略有年龄的人来说会增加死亡概率，对中老年人尤其如此，因为超重会引起生理失调。为此，保险公司可以编制一张按照身高、年龄、性别计算的平均体重表。承保人员对体重偏轻并不介意，体重偏轻甚至能减少死亡概率，但对近期体重突然减轻要进行调查，以确定是否由疾病引起的。

(2)既往症。如果投保的被保险人已患有某种严重疾病或曾遭受过意外伤害，有的虽已痊愈却仍有复发可能，有的尚未完全恢复，有的留有后遗症并可能转变为额外的风险因素。除了要求提供病史外，有时还需要医师或医院出具病情报告。

(3)现症。现在的健康情形有某些异常状态(不限于疾病)，这将对其寿命有重要影响。

(4)家庭病史。在风险评估时，家庭病史也是一个重要依据。有些疾病是容易遗传的，如糖尿病。如果父母都健康长寿，那么可以推断投保的被保险人也很可能健康长寿。如果父母均因心脏病在60岁以前死亡，投保的被保险人有高血压或其他引起心脏病的症状，承保人可以提高费率。但是，承保人不能单凭家庭病史提高费率。

(三)同健康无关的风险因素

(1)职业。虽然随着安全管理和医疗卫生的改善，不同职业死亡率的差别已经缩小，但仍然不容忽视。有些职业会增加死亡概率或意外伤害概率，如高空作业工人、矿工以及使用有毒物质工厂的工人。在实际处理过程中，一般视其危险程度划分为不同的职业类别并实行差别费率。

(2)习惯或嗜好。主要了解被保险人是否吸烟、酗酒和吸毒，以及是否业余爱好赛车、跳伞、登山等危险运动。如果养成这些习惯或有这些嗜好，承保人可以拒保或提高费率予以承保。

(3)道德风险因素。为了防止道德风险因素的出现，承保人员应了解投保人的品质和经济状况。投保人的品质可以从其商业活动和个人生活中是否讲究信誉体现出来。如果投保人缺乏经济能力而又投保了高额保险，就会导致保险单失效，或者表明保险利益有问题。在批准投保单之前，承保人必须仔细审查投保人、受益人和被保险人相互之间的关系，以确信投保人对被保险人的生命具有保险利益。

(4)财务状况。投保人的投保要求应与其资产和收入状况相适应。

二、个人健康保险业务

与人寿保险相比，由于健康保险的保险种类多样化，所以对风险因素的评估显得更为重要。由于发病率与死亡率的估计方法存在着差别，所以个人健康保险承保所要考虑的风险因素与人寿保险有所不同。一方面，投保的被保险人几乎既是投保人，又是受益人，因此不必像人寿保险那样考虑保险利益问题；另一方面，年龄、健康状况、职业、逆选择、道德风险因素在个人健康保险承保中显得格外重要。

(一)年龄

年龄是个人健康保险核保的一个重要因素,因为疾病发生率、患病的平均持续期以及伤残康复所需要的时间都会随年龄的增加而增加。

(二)健康状况

个人的健康史和目前的健康状况都是确定发病风险的重要因素。个人的既往症和现症及伤残对其今后的健康也有较大影响,更何况不少疾病有复发的可能。

(三)职业

影响发病风险的个人职业因素有职业的固有风险、职业的稳定性以及伤病后重返正常工作岗位所需的康复时间等。丧失工作能力的概率在很大程度上受所从事职业的影响。在丧失工作能力的两个原因即疾病和意外伤害中,意外伤害与职业的关系更为密切。健康保险的核保人员根据发病率设立了几种职业等级,并将这些等级排序,以反映职业对疾病发生率的影响。个人的风险等级以及相应的保险费率将与个人的职业分级相对应。

(1)危险因素最小的职业,如律师、会计师、秘书等。

(2)危险因素较多的职业,如出租汽车和公共汽车司机、木工、油漆工等。

(3)危险因素多的职业,如建筑工人、巡警、锅炉制造工等。

(4)不可保的职业,如试飞的飞行员、隧道工人、高空作业人员等,一般不可在个人基础上承保。

(四)逆选择

健康保险比人寿保险更容易出现逆选择,因为人们一般是意识到自己存在健康问题才去投保个人健康保险。为了避免和减少逆选择,保险公司在投保时要求投保人如实告知身体健康状况,再由体检医生严格体检,还要在保险单中规定观察期,以避免投保人在投保时的不实告知或带病投保。

(五)道德风险因素

为了谋取保险金,被保险人有可能在投保时隐瞒或错误申报重要事实,或者在保单生效后故意制造保险事故导致自残、故意装病不上班、夸大残疾程度和故意拖延残疾康复时间等。

(六)性别

性别对发病风险程度也有影响。由于男性和女性生理差异以及男性和女性从事的职业和其他社会活动的危险程度不同,因此发病的风险和残疾程度以及残疾康复的时间也有差异。有些疾病女性发病率高,有些疾病男性发病率高;有些疾病是男性特有的,如前列腺疾病,有些疾病是女性特有的,如乳腺癌、子宫癌。因此,性别也是健康保险核保时要考虑的因素。

（七）工作经历

在健康保险中，个人工作经历也是核保时要考虑的一个因素。在残疾收入保险中，在工作记录上有多次跳槽经历或曾经有临时性工作的人比有着正规雇佣史的人风险更大。因为这种人残疾后，有可能会找各种理由不工作，甚至有可能为了继续领取残疾收入给付和避免重返工作岗位而不积极康复。

（八）生活习惯和生活方式

个人的生活习惯和生活方式与意外伤残和疾病风险关系密切。不良的生活习惯和生活方式会增加意外伤残发生的概率，同时也会影响个人的身体健康。

三、个人意外伤害保险业务

人身意外伤害保险业务的核保要素有职业、危险爱好、年龄、身体健康状况和保险金额等。

（一）职业

意外伤害风险的大小取决于意外事故发生的概率以及对人体造成的伤害程度，这与被保险人的职业关系最为密切，因此职业是人身意外伤害保险核保的最核心要素。保险公司依据各种职业的危险程度，制定职业等级分类表，保险人根据被保险人所从事的职业危险程度的大小确定具体的承保条件，决定是否承保以及保险费率的高低。如果被保险人在投保时没有如实告知自己的职业，保险人有权解除保险合同。在保险合同履行过程中，如果被保险人的职业发生变更，新职业的危险程度增加了，必须及时通知保险人，保险人有权解除保险合同或增收保险费。

（二）危险爱好

在从事滑雪、登山、攀岩、赛车、潜水、江河漂流、滑翔、拳击等惊险刺激的体育运动时，被保险人发生意外伤害的概率和危险程度极大提高。核保时，保险人通常在保险条款中明确列明，被保险人在从事滑雪、登山、攀岩、赛车等活动期间遭受的意外伤害属于除外责任。

（三）年龄

虽然人身意外伤害保险承保的是外来的、非故意的风险，年龄不是影响意外事故发生概率的主要因素，但是如果被保险人年龄过大或过小时，年龄因素也会影响意外风险事故发生的概率。未成年人受意识水平和行为能力的限制，自身应对外来风险的能力很弱，再加上考虑道德风险，因此人身意外伤害保险很少提供给少儿，尤其是6周岁以下的儿童；老年人对外界突发事件的应变能力下降，风险发生时较难判断导致死亡的近因是意外事故还是被保险人自身的疾病，因此意外伤害保险的条款中通常规定被保险人的最高年龄不得超过65周岁。

（四）身体健康状况

疾病在一般的人身意外伤害保险中属于除外责任，但有时很难界定被保险人的死亡或残废的近因是疾病还是意外事故，有些高危病人的死亡往往伴有意外伤害的表象，为了避免保险理赔纠纷和防范道德风险，在意外伤害保险核保时，保险人通常要审核被保险人的身体健康状况。

（五）保险金额

由于人身意外伤害保险保费低廉、保障充分，很容易出现逆选择和道德风险，因此，在核保时，保险人既要审核被保险人的保额与实际的收入水平是否匹配，还要审核被保险人的家庭环境、职业状况、社会地位、信用状况等因素。

四、团体保险业务

团体保险核保与个人保险核保迥然不同：一方面，个人保险核保注重审核单个被保险人的危险性质，而团体保险以整个团体为核保对象，重点评估整个被保险团体的危险程度，考察团体中大部分健康状况良好的成员是否能抵消少数非健康成员所造成的理赔经验上的不利波动；另一方面，个人保险核保主要集中在投保时，而团体保险核保则是一种连续性的工作，核保人员需要定期评估该团体的风险是否仍符合寿险公司的承保要求。因此，团体保险核保分为对新业务的核保和对续保业务的核保。

（一）新业务的核保

团体保险核保人在审查所收集到的被保险团体有关核保资料的基础上，对新业务进行核保时主要考虑以下因素：

（1）团体的资格。团体必须具备法人资格，而不是以获得团体保险保障为目的临时组成的团体，否则逆选择的可能性将会很大。适合参加保险的团体包括以下几类：机关团体、企事业单位、工（公）会团体、协会团体和信用团体。值得注意的是，除机关团体、企事业单位外，其他团体通常没有退休年龄的限制，因此投保时必须严格限制承保年龄。

（2）团体的规模。限制团体投保的最低人数，目的是降低投保团体的逆选择，摊低作业费用，因为投保团体越大，其风险越分散，理赔经验越稳定，成本就越低。此外，团体规模的大小还将影响到是否采用某些特殊的承保条件，如参保率的高低、是否需要提供可保性证明等。

（3）团体成员的投保资格。团体成员的投保资格包括团体保险中的成员必须是健康且正常在职工作的员工以及团体成员的年龄、性别和薪资等的构成，这些因素都会影响团体的理赔经验和费率。

（4）团体的业务性质。不同行业的团体，其职业危险程度并不相同，因而应适用不同的差别费率。

(5)参保率。当团体具有较多的投保人数时才可以减少逆选择。因此保费由投保单位全额负担,要求所有符合投保条件的员工都必须参加;如果员工部分负担保费,则应规定一个最低参保率,如投保人数比例至少在75%以上。

(6)团体成员的流动率。团体成员的流动率太高,保险公司的管理费用会增加,流动率太低,则因平均年龄增大和平均健康状况恶化会使团体的危险程度加大,因此对流动率要有一个合理的评估。

(7)保险金额的确定。团体保险不论被保险人年龄的大小,规定统一的保额或依据雇员的年薪或职位预先确定,团体成员没有选择保障水平的自由,否则逆选择的风险很大。

(二)续保业务的核保

团体保险大多是短期性业务,当保险期满时,核保人员需要重新对被保险团体进行评估,评估的重点主要集中在两个方面:

(1)团体的理赔经验。团体保险的初年度费率,因缺乏经验,通常采用手册法来确定费率。第二年续保时核保人员根据上一年度被保险团体的理赔经验,对费率进行调整。对于规模较大的团体而言,核保人员考察其本身的理赔经验即可,而对小规模团体,就需要综合许多小团体的理赔经验才能确定出较为合理的费率。

(2)参保率。保费由投保单位和员工共同负担的团体保险,被保险团体员工的参保率是个重要的核保参照变量,因此在续保时仍应审核其是否达到规定要求。

虽然团体保险核保一般不要求团体成员提供可保性证明,但对年龄过大、保额过高以及人数很少的团体,则可能因其逆选择风险较大而需要提供可保性证明。

五、财产保险业务

财产保险业务在审核时,核保人通常要考虑以下因素:

(一)保险财产的性能或构造

保险财产的性能或构造与财产风险关系非常密切,它是承保人在验险时考虑的主要因素。例如,保险财产是不是易燃、易爆品或易受损物品,对温度、湿度的灵敏度如何,建筑物的结构状况怎样,等等。火灾保险通常将建筑物按其构造分为三类:木结构、钢筋水泥结构和防火建筑。对这三类建筑,保险人均可承保,但在具体承保某一建筑物时,必须考虑其位置、用途等因素,而且采用不同的费率承保。

(二)保险财产的用途

保险财产的用途也会影响其风险发生概率的大小。例如木结构房子用作办公处所或民用住宅,保险公司可以承保,如果用作生产加工场所,保险人会拒绝承保或加收附加保费承保。承保人在考虑建筑物的用途而决定是否承保火灾保险时，通常还要考虑保险财产的着火性、易燃性和受损性。同样对汽车保险，保险人也要考虑汽车的用途再决定是否承保或承保费率的高低。例如，出租汽车与商用汽车、单位用的货车与出租货车的费率是不同的。

(三)保险财产的环境

保险财产坐落的位置以及周围环境，足以影响保险财产风险的大小。例如，房屋投保火灾保险，保险人要考虑该房屋所处的环境是工业区、商业区还是居民区，房屋属于多层建筑还是高层建筑，附近有无易燃、易爆的危险源；如果发生火灾，周围环境有无被延烧的可能；附近救火水源如何，消防设备和消防条件如何；房屋周围街道是否畅通；等等。

(四)保险财产的重要防护部位及防护措施状况

保险核保人要认真查验投保财产可能发生损失的风险因素，如查验投保财产是否属于易燃易爆或易损物品，对温度和湿度的敏感程度如何；机器设备是否常常超负荷运转，使用的电压是否稳定；建筑物的材料结构状况；等等。保险核保人要重点检查投保财产的关键部位，例如，轮船、飞机、车辆的发动机保养是否良好，车辆的刹车系统是否失灵等。此外，保险承保人还要严格检查保险财产的各种防护措施，例如，有无自动报警系统、防火门、自动喷淋系统、排风排水系统和消防设施等；运输货物有无符合要求的包装，受载方式是否合乎标准；等等。

(五)检验有无正处于危险状态中的财产

承保人在验险时要认真检查保险财产有无正处于危险状态中，对于正处于危险状态中的那些必然发生的损失，是不可保风险，保险公司必须坚决拒绝，否则就会违反保险互助合作的性质。

(六)检查各项安全管理制度的制定和执行情况

承保人员在承保前要认真了解和检查投保人对被保险财产制定的各项安全管理规定，以及这些安全管理制度的执行情况，发现问题，及时整改。对投保人屡不整改或整改无效的，保险人可以增加特别条款，调高费率或拒绝承保。

第四节 保险合同的保全

一、保全的内涵

由于寿险保单的长期性，投保人必须在约定的缴费期内持续缴纳续期保费才能维持合同的效力；同时，在保险有效期内，投保人因经济条件或其他条件变化而出现各种变更要求以及实现寿险合同赋予投保人的各种权益时，都需要保险公司提供相应的保全服务。

人身保险合同的保全是指保险公司为了维护已生效的人身保险合同的持续有效，根据合同条款约定及客户要求而提供的一系列服务。保全的目的是保证人身保险合同的完整性和时效性。从风险控制的角度看，保全是对保险标的承保后、理赔前的风险进行管理的过程。

随着寿险市场竞争的不断加剧，优质服务已成为寿险公司的一项重要竞争策略。寿险公司一般设有客户服务部，专门负责管理从保单签发到终止的大部分维护工作，在建立和维持保险公司与代理人和保户之间的良好关系方面起着关键作用。

二、保全的意义

为保证个人寿险业务能够以“几何级数”增长，及时收取保费，提高保单继续率，做好合同的保全工作就显得尤为重要。

（1）个人寿险营销发展初期，人情保单以及营销员采用不当技术如误导、诱导等手段所签发保单的存在，可能导致续期保费收缴的困难，造成保单失效。全方位、高品质的保全服务可以提高续期保费的续缴率，唤醒和增强保户的寿险意识，及时消除保户对寿险公司的误解，避免因服务不周导致保单失效或退保。

（2）由于营销员业务量增大、营销员的脱落以及银行转账保单增多等因素，使寿险公司与原保户的接触和联系减少。全方位、高品质的保全服务不仅可以密切与客户的关系，避免竞争对手插足，造成客户的流失，而且可以加强对准保户的开拓。实践证明，高品质的服务是建立准保户的最佳方式。

（3）由于寿险合同的长期性，在保险期限内，一方面，客户可能发生调动搬迁、经济条件、家庭结构、个人需求等方面的变化；另一方面，利率以及通货膨胀也会影响客户的保单维持行为和未来的实际保障程度。因此，面对客户生命周期、生活环境以及经济形势的各种变迁，保险公司必须迅速提供保全服务，以满足客户变化了的保险需求，树立良好的公司形象，降低同业竞争的威胁。

由此可见，如何为保户提供优良的售后服务，尽力保全已生效的保单，是保险公司合同管理的重要内容，它直接关系到保险公司的生存和发展，重视保险合同的保全已成为众多保险公司的共识。

三、保全服务的内容

保全服务专指售后的保单保全及与保单相关的附加服务，包括保单保全服务的基本作业、附加价值服务和咨询与投诉服务。

（一）保单保全服务的基本作业

保全服务在保单的不同阶段有不同的保全项目，大致可分为缴费期间提供的保全项目、保险期间提供的保全项目以及生存给付时提供的保全服务项目。

1. 缴费期间的保全项目

在缴费期间，寿险公司提供的保全项目有：

（1）续期收费。续期收费是保险公司为了维持保险合同的持续有效，按照保险合同约定向投保人收取第二期及以后各期保险费的业务活动。续期收费主要适用于人寿保险及长期附加险的续期收费。续期保费的收缴直接关系到业务的稳定和利润的实现，而收费服务的好坏又直接影响着续期保费的收缴。因此，续期收费服务是保险公司保全的一项重要工作。

在寿险业发达的国家和地区，为顺应市场竞争和满足客户的多种需要，寿险收费服务呈现多样化的趋势。从单一的年缴发展到月缴、季缴、半年缴等多种缴别；从业务员收费发展到委托收费、专门人员收费、银行自动转账等多种缴费方式的选择；从纯粹收费发展到保全和收费并重。

（2）保额的变更。在保单有效期内，被保险人可以根据自己保障需求的变化和缴费能力申请变更保额。具体可分为主险加保、减保，附加险加保、减保，以及附加险的续保与取消。变更后的续期保费按保险公司计算的新保费缴纳。为了防止逆选择，办理加保时需要核保，对加保次数和保额也有限制。减保部分一般按部分退保处理。附加险取消时若有未到期保费应退还给客户。

（3）保单转换。随着时间的推移，被保险人持有的保单已不再适合其保险需求，客户对续期保费的缴纳缺乏信心，甚至出现退保的想法。随着保险公司新产品的不断推出，客户可以通过保单的转换以适应其变化后的需求，这是保险公司为防止保户不满意原有保单而运用的一种保全措施。保单转换可以继承转换前保单的红利权益，同时原保单的责任准备金转换为新保单的责任准备金，使保户避免因退保带来的利益损失。

（4）复效。寿险保单因为超过宽限期仍不缴费，保单中止。如果投保人在保单中止的两年内提出复效申请，经保险公司核保同意，交齐欠缴保费及利息，就可以恢复保险合同效力。复效核保标准及生存调查方法与新单核保相同。

（5）缴费方式和缴费期限变更。在缴费期间，由于投保人财务状况的变动而引起缴费能力的变化，投保人可以申请变更缴费方式和缴费期限。为了防止逆选择，保险公司在受理延长缴费期限的申请时需要核保，并且规定主险和附加险的缴费方式相同。

(6)缴清保险。缴清保险是指在保单缴费期间,投保人停止缴纳续期保费,用保单已累积的责任准备金作为余下期间的趸缴保费,使保险金额减少,而保单继续有效的一种保全措施。办理缴清保险后附加险同时终止,不得申请办理贷款和减保。

(7)展期保险。在保单缴费期间,投保人停止缴纳续期保费,用保单已累积的责任准备金作为趸缴保费,继续维持保单效力。值得注意的是,展期保险都是定期寿险,所以办理展期保险后,保险责任和保险期限都发生了变化,只有保险金额与原保单一样。

2. 保险期间的保全项目

在保险期间,保险公司提供的保全项目有:

(1)保险合同内容的变更。保险合同内容的变更包括投保人信息的变更、被保险人重要信息的变更、受益人的变更等。保险合同内容变更需由变更人提出申请并应及时通知保险公司,以办理相关更改手续。

①通信地址、住址的变更。

②性别、出生日期错误更正。性别和年龄的更改可能会引起承保手续的增加,如原来不需要体检的现在需要增加体检。

③姓名更改。仅更正被保险人、投保人、受益人姓名,不得易人。若更改被保险人、受益人姓名,被保险人和受益人需要在申请书上签字。

④证件类别及号码更正。被变更人需要在申请书上签字。

⑤授权账号变更或撤销。

⑥职业变更。被保险人职业变更,可能引起相关险种的费率变更。被变更人需要在申请书上签字。

⑦投保人变更。新、旧投保人须在申请书上签名,新投保人对被保险人要有保险利益。新、旧投保人作出相关保证,以保证有关未偿款和未领款的权利和义务的交接。

⑧受益人变更。受益人变更的前提条件是被保险人生存且未发生保险事故。投保人变更受益人需征得被保险人同意。当生存受益人在未开始领取前死亡,被保险人可另行指定受益人。如果主险变更受益人,附加险也随之改变。

(2)补发保单。当原发保单遗失或被污损时,投保人或被保险人可以申请补发或换发保单,保险公司在收取一定工本费的基础上补发或换发保单。但是保单质押贷款未还的合同不能挂失。

(3)贷款。寿险保单贷款分为一般贷款与自动贷款垫缴保费。当贷款本息达到保单的现金价值时,保险公司应及时通知投保人作全部或部分清偿。如果投保人没有按规定时间前来办理,保险公司有权解除保险合同。

(4)保险关系转移。在保险有效期间,投保人或被保险人因住址发生变动的可申请办理保单迁移,保险公司要为投保人提供保单迁移的变动手续服务。但是现在随着计算机技术的发展和互联网的普及，各家保险公司基本上采用了全国统保统赔，也不存在保险关系转移事项。

(5)红利事项。对于分红保险，保险公司在每一会计年度结束后向投保人提供分红保险年度报告。分红保险年度报告包括红利分配方式和红利金额的确认。如果投保人申请领取当年红利，应填写红利领取申请书。

(6)退保。当保单生效经过一定年度后，投保人可提出退保申请，保险公司在接到退保申请之日起 30 天内按规定给付保单现金价值。

(7)查询服务。在保险合同的有效期内，保险公司为投保人提供相应的查询服务，使投保人可以随时查询保单的缴费明细、退保情况、现金价值情况、分红保险的红利分配情况以及给付情况等。

(8)保险合同的解除。投保人于签收保险合同后 10 日(犹豫期)内提出解除保险合同，投保人所交的保险费予以全额返还。

在犹豫期后投保人提出解除保险合同，须提前 30 日通知保险公司，并提交保险单、最后一次保险费缴费凭证、解除保险合同申请书、投保人身份证。若选择银行转账方式领款的，还需提供活期银行储蓄存折首页复印件。

3. 生存给付时提供的保全服务项目

生存给付是在保险合同有效期内，被保险人生存至保险期满或约定的年龄、约定的领取时间，保险公司按合同约定，向生存受益人给付满期保险金或年金。保险公司在生存及满期给付前通知保户按时领取保险金。为了给客户提供方便，保险公司增加了给付渠道，如柜台领取、邮政汇款、银行自动转账或派员送达。生存给付领取时所需提交的资料有生存保险金领取申请书、保险单、最近一次保费的缴费凭证、生存受益人的身份证明等。

(二)附加价值服务

附加价值服务是保险公司针对一定层次的客户(一般指公司的 VIP 客户)所提供的与保险业务无直接关系的额外服务。

保险公司开展附加价值服务的主要目的是增进保险公司对客户具体服务需求的了解，加强投保人与保险公司之间的联系和沟通，提高客户的满意度和忠诚度，从而有效提升保险公司的市场竞争力。由于考虑成本费用因素，附加值服务有一定的条件，一般只针对一定保额或一定保费以上的有效保单。附加价值服务项目有：

(1)为大客户提供的免费体检、联谊、健康咨询。

(2)参与一些社会公益活动，通过回馈社会来树立公司形象，如赞助运动团体、赞助艺术团体以及对公益活动的捐赠。

(3)为自己的保户提供将保障与服务融为一体的项目，如急难救助卡、寿险磁卡等。

急难救助是将一般保险的“事后理赔”服务往前延伸为事故发生时的“立即”援助。急难救助与寿险的结合，向保户提供了更切实际与需要的服务。在欧美，寿险与紧急援助结合已成为市场发展的一种趋势。国内的保险公司也有相应的附加价值服务，如平安寿险的紧急援助服务、太平洋寿险的急难救助卡、太平人寿与国际SOS救援组织联手推出的“太平人寿急难救助服务”。

在日本，各大寿险公司除了为保户提供详尽而周全的服务外，还推出一种只要投保，即可申请寿险磁卡的做法吸引新保户。寿险磁卡功能齐全，既可以利用寿险磁卡在自动取款机上提取现金，又可以利用寿险磁卡查询保单的可贷款金额及红利累积余额，自动办理保单贷款，还可以利用磁卡提取生存保险金，保户用寿险磁卡购物消费时还可享受折扣优待。

（三）咨询与投诉服务

当保户或准保户通过电话、信件及亲访等途径向保险公司就投保前对险种以及险种条款咨询和投保后对保单退保、现金价值的累积、红利分配以及保单的变更、给付情况进行咨询时，保险公司的咨询人员应该热情接待，并登记每一个保户和准保户咨询的问题，通过电脑查询或在相关部门的协助下立即向保户作出准确答复，尽量让每一个保户满意。

当投保人、被保险人和受益人通过电话、信件及亲访等途径就公司员工的工作态度与不适当的行为及各项申请办理的时效等事项，向寿险公司客户服务部投诉时，客户服务部门应该立即提出适当的建议或解决方法，努力与保户达成和解，让保户真正体会到自己的权益受到了保护。同时，客户服务人员应该对保户的每一件投诉资料进行整理分析，并提供给相关部门做研究改进之用。投诉制度建立的目的就是不断规范保险公司的内部管理，努力提高保险公司服务水平。目前，国内保险公司的电话服务包括了查询、咨询、投诉等服务。

本章小结

承保是指保险人接受投保人的申请并与之签订保险合同的全过程。保险公司的承保程序包括制定承保方针、获取和评价承保信息、审查核保、作出承保决策、缮制单证等步骤。承保的信息来源主要有投保单、中介人、体检报告、地区销售经理、消费者调查报告。个人寿险业务核保的内容有以身体健康风险为中心的医务审查和以职业、道德风险为中心的事务审查。由于发病率与死亡率的估计方法存在差别，所以个人健康保险承保所要考虑的风险因素与人寿保险有所不同，年龄、职业、逆选择、道德风险因素在个人健康保险承保中显得格外重要。人身意外伤害保险要核保的要素有职业、危险爱好、年龄、身体健康状况、保险金额。

团体保险核保以整个团体为核保对象，重点评估整个被保险团体的风险程度，考察团体中大部分健康状况良好的成员是否能抵消少数非健康成员所造成的理赔经验上的不利波动。核保人员还需要定期评估该团体的风险是否仍符合保险公司的承保要求。

财产保险业务在审核时，核保人通常要考虑的因素有保险财产的性能或构造、保险财产的用途、保险财产坐落的位置及其周围环境（险位）、保险财产的重要部位及防护措施，检查有无正处于危险状态中的财产，检查各项安全管理制度的制定和执行情况。

保险承保人员通过收集有关信息资料，并对这些信息经过承保选择和承保控制之后，作出承保决策，即正常承保、条件承保和拒绝承保。承保选择包括事前选择和事后选择。事前承保选择包括：对“人”的选择，即对投保人或被保险人的选择；对“物”的选择，即对保险标的的选择。事后承保选择是保险人对保险标的的风险超出核保标准的保险合同作出淘汰的选择。承保控制是指保险人对投保风险作出合理的承保选择后，对承保标的的具体风险状况，运用保险技术手段，控制自身的责任和风险，以合适的承保条件予以承保。承保控制的对象主要有两类：一类是风险较大但保险人还是予以承保的标的，保险人为了避免承担较大的风险，必须通过承保控制来限制自己的保险责任。另一类是随着保险合同关系的成立而诱发的两种新的风险：一种是道德风险因素，另一种是心理风险因素。

保险公司控制道德风险的主要措施是控制保险金额、限制赔偿程度。保险公司控制心理风险的主要措施有规定免赔额、规定共同保险、保单中订入保证条款、续保优惠、其他优惠。

保险合同的保全服务专指售后的保单保全及与保单相关的附加服务。从风险控制的角度看，保全是对保险标的承保后理赔前的风险进行管理的过程。保全服务包括保单保全服务的基本作业、附加价值服务以及咨询与投诉服务。

复习思考题

1. 简述事后核保选择的内容。
2. 什么是道德风险？如何控制？
3. 什么是心理风险？如何控制？
4. 简述个人寿险的核保要素。
5. 简述团体保险的核保要素。
6. 什么是人身保险合同的保全？保险公司在缴费期间提供的保全服务项目有哪些？
7. 谈谈保险科技在保险核保中的运用。

第四章

复习思考题
答案

第五章

课 件

第五章　保险理赔管理

保险理赔，即处理赔案，是指保险标的发生保险责任范围内的自然灾害和意外事故造成损失时，保险公司根据保险合同的规定，对被保险人提出的索赔进行处理的过程。保险理赔是保险经营的重要环节，做好理赔工作，对提高保险公司的经济效益和社会效益都具有十分重要的意义。

第一节　保险理赔的功能与任务

一、保险理赔的功能

保险理赔工作从接受被保险人的损失通知开始，经过现场查勘、责任审定、赔款计算，最后向被保险人支付赔款等主要过程来完成，是一项比较复杂而又繁重的工作。保险理赔的功能主要有：

(1)保险理赔可以使被保险人遭受的损失及时得到补偿，从而充分发挥保险经济补偿的职能与作用。

(2)保险理赔可以对承保业务和风险管理的质量进行检验，发现保险条款、保险费率的制定和防灾防损工作中存在的问题和漏洞，为提高承保业务质量、改进保险条件、完善风险管理提供依据。

(3)保险理赔可以提高保险公司信誉，扩大保险在社会上的影响，促进保险业务发展。

二、保险理赔的任务

(一)确定造成保险标的损失的真正原因

确定造成保险标的损失的真正原因是判定损失是否属于保险责任的前提条件。保险公司必须通过实地调查，全面掌握出险情况后加以客观分析。如果保险公司对出险情况了解不深入，掌握的材料不全面，就会对赔案的处理带来困难。

(二)确定标的的损失是否属于保险责任

保险公司要根据出险原因并对照保险条款判断保险标的损失是否属于保险责任。判断时要实事求是,切忌草率行事和主观臆断。

(三)确定保险标的的损失程度和损失金额

保险公司在现场勘察的基础上,根据被保险人的投保范围,经过必要的施救和整理工作后,确定保险标的的损失程度和损失金额。在财产保险中,确定保险标的的损失以实际损失为限,间接损失和非物质性损失除外。

(四)确定被保险人应得的赔偿金额

保险公司在完成以上三项任务后,按照保险合同的规定,根据保险金额、实际损失和损失程度确定赔偿金额。对通融赔付的案例,要根据实际情况研究决定。

第二节　保险理赔的宗旨与原则

一、保险理赔的宗旨

对被保险人来说,参加保险的目的是在保险事故发生时能够及时获得保险补偿,解除自己的后顾之忧。对保险人来说,理赔功能的切实发挥,足以体现保险制度存在的价值。因此,作为保险经营过程中的关键环节,保险理赔的宗旨应该是"质量第一、信誉至上,依法有据、公平合理"。

"质量第一、信誉至上",要求保险公司在保户发生保险责任范围的保险事故造成损失时,以高品质的理赔服务,及时、准确地赔付保险金。保险理赔要讲究时效性,即在最短的合理期限内将保险金送到被保险人手中,延迟的理赔不但不能充分发挥保险的经济保障功能,也无法获得保户的肯定,影响保险公司在社会上的形象和声誉。

"依法有据、公平合理",要求保险公司在保险理赔时依据《保险法》和保险合同的规定,正确认定保险责任和范围,准确核定赔付金额,做到公平合理,既不能少赔惜赔,损害被保险人的利益,又不能乱赔滥赔,让少数不法分子获得不当利益,间接败坏社会风气和秩序。

保险公司在理赔工作中,为确保理赔质量,防止和控制理赔工作的错赔、乱赔、滥赔现象,提高保险公司的信誉,要求严格遵循理赔的原则。

二、保险理赔的基本原则

(一) 重合同、守信用

由于保险人与被保险人之间的权利义务关系都是通过保险合同来实现的,保险合同双方当事人都必须恪守合同的规定,保证合同的顺利履行。保险理赔是保险人对保险合同履行义务的具体体现,对保险人来说,在处理各种赔案时,应严格按照保险合同中条款的规定,受理赔案、审核责任、确定损失、及时赔付。既不能任意扩大保险责任范围乱赔,也不能缩小保险责任范围惜赔。

(二)实事求是

保险合同条款对赔偿责任作了原则性规定,但实际情况错综复杂,这就要求保险公司必须以实事求是的精神,运用保险条款的规定,并结合具体情况合情合理地处理赔案,既要有原则性,又要有一定的灵活性。尤其对通融赔付的案例,更应从严掌握,对有利于保险业务的稳定和发展、有利于维护保险公司信誉和提高保险公司的市场竞争能力、有利于社会安定团结的案例才考虑通融赔付,而不是无原则地随意赔付。

(三)主动、迅速、准确、合理

这是保险理赔工作的"八字方针",也是理赔质量的重要标准,旨在提高保险服务水平,争取更多的保险业务。所谓"主动、迅速",要求理赔人员在处理赔案时要积极主动,及时深入现场,主动了解受损情况,迅速赔偿损失。所谓"准确、合理",要求理赔人员在审核赔案时要分清责任、合理定损,准确地核定赔款金额,做到不惜赔、不乱赔。

三、保险理赔的特殊原则

(一)实际现金价值原则

对于财产保险和医疗费用保险,保险事故发生时,保险人在保险金额的限度内按实际损失赔偿,实际损失多少就赔付多少,被保险人不能因保险而额外获利。

(二)重复保险的分摊原则

财产保险和医疗费用保险中出现重复保险,各家保险公司按比例责任分摊制或责任限额分摊制分摊实际损失,使被保险人获得的赔偿仅限于其实际损失。但是人身保险中死亡保险金和残废保险金的给付不存在重复保险的分摊。只要是保险责任范围内的事故造成被保险人的死亡和残废,任何一家保险公司都必须按照约定的保险金额给付。

(三)代位追偿原则

保险标的的损失由于第三者的过错造成的,在财产保险和医疗费用保险中,如果第三者责任方赔付了,则保险人不再赔付。如果保险人先按保险合同的规定赔付,保险人可以行使代位追偿权，代替被保险人向有责任的第三者追偿，使被保险人获得的赔偿限于其实际损失。但是，在人身保险中如果被保险人的死亡或残废是由第三者的过错造成的，保险人给付后不能行使代位追偿权。

（四）通融赔付原则

通融赔付是指保险公司根据保险条款和有关法律的规定，权衡经营业务得失后，对没有责任赔付给被保险人的损失，放宽赔偿责任而支付赔款的理赔行为。通融赔付很容易给予理赔人员赔偿的弹性，出现滥赔、乱赔和人情赔款。因此，对通融赔付应经有关部门多层审批，严格掌握，使通融赔付有利于保险公司的长远盈利，有利于提高保险公司的声誉和市场竞争力，有利于提高人们的保险意识，尽量减少借用通融赔付实施不应该赔偿的情况。

第三节　保险理赔的基本程序

要保证保险理赔工作的质量，除了以保险条款作为理赔准则外，还要按照保险理赔工作的程序认真负责地处理好赔案。保险理赔程序根据不同的险种和案情而定，一般需经过登记立案、现场勘察、审定责任、赔款计算、赔付结案、归档保管等过程。

一、登记立案

保险标的发生保险事故时，财产保险的被保险人、人身保险的被保险人或受益人有义务将事故发生的时间、地点、原因及其他有关情况及时通知保险公司或保险代理人。我国《保险法》规定，保险事故发生后，投保人、被保险人或者受益人必须履行以下义务：

（1）及时通知保险人；

（2）依照保险合同请求赔偿或者给付保险金；

（3）提出赔偿或给付请求的同时向保险人提供其所能提供的与确认保险事故的性质、原因、损失程度等有关的证明和资料；

（4）当保险人依照保险合同的规定，认为有关的证明和资料不完整并通知投保人、被保险人或受益人补充提供有关的证明和资料时，及时补充提供证明和资料；

（5）被保险人有责任尽力采取必要的措施，防止或者减少损失。

损失通知可采用电话（传真）报案、上门报案和营销人或经纪人报案三种形式。及时通知损失可以使保险公司立即开展损失调查，避免因延误造成调查的困难，可以防止道德风险因素的产生，以便保险公司及时采取施救措施，防止灾害事故的蔓延和损失的加重。损失通知根据险种不同通常有时限要求。例如,被保险人在保险财产遭受保险责任范围内的盗窃损失后,被保险人应该在24小时内通知保险人,否则保险人有权不予赔偿。有的险种没有明确的时限规定,只要求被保险人在可能的情况下尽快将损失通知保险人。如果被保险人在法律规定或合同约定的索赔时效内未通知保险人,视为自动放弃索赔权利。

《保险法》第二十六条对此作了统一规定:

(1)人寿保险以外的其他保险的被保险人或者受益人,向保险人请求赔偿或者给付保险金的诉讼时效期间为两年,自其知道或者应当知道保险事故发生之日起计算。

(2)人寿保险的被保险人或者受益人向保险人请求给付保险金的诉讼时效期间为五年,自其知道或者应当知道保险事故发生之日起计算。

一般保险公司都设有24小时的报损中心,专门接受被保险人的损失通知。被保险人及时通知保险公司,保险公司在接到通知后再请被保险人填写出险通知书。财产保险损失通知的内容一般包括被保险人的姓名或名称、地址、保单号码、出险日期、出险原因、受损财产的项目和金额等;责任保险损失通知的内容还包括责任事故发生的时间、地点、受害人、证人等。

被保险人或受益人在损失通知后,应该向保险人提供索赔所必需的各种单证。在财产保险中,索赔单证包括保险单的正本、损失报告等。人寿保险的死亡索赔单证有保险单原件、受益人的身份证和户籍证明、最后一期的缴费收据、公安机关出具的死亡证明等。意外伤害保险中残废保险金的索赔单证为保险单原件、被保险人的身份证明、指定机构开具的被保险人身体残疾程度的鉴定书(如果伤残为意外所致,须提供意外事故证明文件;如为工伤,须提供劳动部门工伤事故调查报告)。医疗费用保险索赔需出具的单证有指定医院出具的详细诊断书(包括诊断全称、简单病史和治疗过程)、治疗费用结算明细表、治疗费用原始收据(药费原始收据应附处方)、门诊或急诊病历、被保险人身份证明文件、保险单原件、最后一次缴费收据等。海洋货物运输保险的索赔单证有保险单或保险凭证正本、运输合同、发票、装箱单、磅码单、检验报告、货损货差证明和索赔清单等。如果损失涉及承运人和托运人等第三者的责任,被保险人还应提供向第三者责任方索赔的书面文件。如果损失涉及海难,被保险人应提供海事报告书或海事声明书。

二、单证审核

保险公司在接到被保险人或受益人的损失通知和索赔单证后,保险内勤人员要立即进行单证的审核,以决定是否有必要全面展开理赔工作。单证的审核包括:

（一）审核保险单的有效性

如果保单是无效的，就不必受理。例如人身保险合同规定，如果投保人在过了宽限期仍未缴纳保费，保险合同中止，除非投保人在两年内提出复效申请，提供健康证明，补缴保险费和利息，否则保险合同终止。又如，我国财产保险基本条款规定，被保险人应当履行如实告知义务，否则保险人有权拒绝赔偿，或从解约通知书送到15日后终止保险合同。

（二）审核损失是否由保险责任范围内的原因造成的

如果保险标的损失是由不保损失原因造成的，保险公司不承担保险责任，也就没有继续进行理赔工作的必要。

（三）审核索赔人在索赔当时对保险标的有无保险利益，即索赔人是否有权取得赔偿

索赔人一般是保险单载明的被保险人，对寿险保单而言，索赔人应是指定的受益人或被保险人的法定继承人。保险人在赔偿时要查明被保险人或受益人的身份，以决定其有无资格领取保险金。例如对财产保险合同，要审核被保险人在损失发生时对保险标的有无保险利益。又如货物在运输途中发生海损，但是运输单据包括保险单已从发货人手中转移到收货人手中，这时发货人就无权索赔。

（四）理赔人员还要审核有关单证的有效性

例如，人身保险中，理赔人员要审核缴费凭证、身份证、死亡案件的死亡证明、残废案件的残废证明等单证是否有效。又如，海上保险除了审核保单外，还要审核损失证明是否合法，货物的发票、提单与保单是否一致。

（五）损失的财产是否为保险财产

保险人对被保险人的索赔财产，必须根据保险单认真审核，以判断是否属于保险财产。例如，我国财产保险综合险规定，土地、矿产、水资源、货币、有价证券属于除外不保的财产，堤堰、铁路、金银、珠宝属于保险双方特别约定才能承保的财产。

（六）损失发生是否在保险的有效期内

保险单都明确载明保险有效的起讫时间，只有在保险有效期内发生的损失，保险人才负赔偿责任。例如，我国远洋货物运输保险的保险期限通常以仓至仓条款来限制，规定保险期限从保单载明的起运地发货人的仓库运输时开始到保单载明的收货人仓库为止，并以货物卸离海轮后60天为最后期限。

在初步确定赔偿责任后，保险公司根据损失通知编号立案，将保单副本与出险通知单核对，为现场勘查做准备。

三、现场勘查

现场勘查的具体内容包括以下几个方面：

（一）查明出险的时间和地点

查明出险的时间是核实出险时间是否在保单的有效期内，即损失时间是否发生在保险责任的起讫时间内。对投保时已出险或保险期满后未办理续保手续的拒绝理赔；对那些没有及时通知损失、事后补保的索赔人，更应仔细核实出险时间，不仅向当事人、现场目击者了解出险时间，而且要向公安消防或有关部门核实。查明出险地点是核实出险地点是否与保单载明的财产地点一致或在保单载明的有关区域内。例如，远洋货物运输保险或船舶保险中出险地点要在保单载明的航线和行驶区域内。

（二）调查核实出险的原因

调查核实出险原因就是核实出险原因是否属于保险责任范围内的风险，这是一项非常复杂的工作，保险理赔人员必须通过深入细致的调查研究才能确定出险的原因。例如，我国企业财产保险的理赔，理赔人员要对与出险有关的风力、风向、水位、流速、室内外火源、电源以及安全管理情况等做详细调查，以便分清直接原因和间接原因、自然因素和人为因素，从而找出损失的近因。对一些技术性问题，有时还需要依靠专家来提供咨询服务，或请有关部门做出技术鉴定。例如，我国的保险公司对火灾损失和交通事故一般都由公安消防和交通管理部门调查损失原因并提供损失的书面证明。

（三）查清受损标的的具体情况

查清受损标的的名称、数量和施救整理的过程，以核实保险标的的损失程度和范围以及支出的施救费用。

（四）妥善处理受损的保险标的

处理受损标的的损余物资，尽量减少保险损失。

（五）获得保险事故的第一手资料

为了获得保险事故的举证材料，保险理赔人员在勘查过程中还要取得有关行政主管部门如公安局、消防部门、交通管理部门出具的事故证明，根据现场勘查和现场记录，保险理赔人员要做出保险事故的勘查报告或检验报告，为责任审定提供第一手资料。

四、责任审定

保险公司在现场勘查后，根据勘查报告，审定损失责任。如果损失属于保险责任，就要确定保险人的保险赔偿责任和赔偿范围；如果损失不属于保险责任，保险人必须向被保险人或受益人发出拒绝赔偿或给付保险金的书面通知。如果涉及第三者责任，还必须分清责任。

(1)审核被保险人是否具有保险利益，索赔单证及索赔时效是否有效，被保险人是否有违约行为而影响索赔权利等。

(2)根据保险合同、勘查报告、有关部门出具的损失证明或专家的技术鉴定资料等,审核损失是否由承保的风险导致的,损失是否在保险责任范围内并符合索赔条件,受损的标的是否与保单中载明的一致,保险事故是否发生在保单有效期内,等等。

(3)根据有关的报表、单据、被保险人提供的损失清单、施救费用清单来核定保险标的的实际损失金额,同时还要审核施救费用是否合理以及合理费用支出的金额。

(4)如果是因第三者责任造成保险标的损失的,保险人必须提供第三者过失责任的法律依据,并核定第三者责任方应该承担的损失金额。

(5)认定被保险人的求偿权利。保险人承担赔偿责任是以保险合同规定的被保险人的义务为前提条件的。如果被保险人没有履行保单规定的义务,保险人可以拒绝赔付。例如,投保时被保险人没有履行如实告知的义务;当保险标的的危险程度增加时,被保险人没有及时通知保险公司;保险事故发生时,被保险人没有采取必要合理的施救措施来防止损失扩大等。这些足以使被保险人丧失索赔的权利。

五、损失赔偿计算和赔付

保险人通过责任审定,确定保险赔偿责任和赔偿范围,并根据保险标的的保险金额和保险人的承保条件决定赔偿方式,然后理赔人员按照确定的赔偿方式,根据损失情况,分别按保险标的的损失、施救费用、勘查费用、损余收回、免赔额等项目列出计算公式,填制"赔款计算书"。

根据保险补偿原则,保险补偿既包括对保险标的损失的补偿,也包括对保险标的损失的各种费用的补偿。我国《保险法》规定,保险事故发生后,保险人除承担因自然灾害或意外事故造成的保险标的的经济损失外,还须承担以下费用:

第一,保险事故发生后,被保险人为防止或者减少保险标的的损失所支付的必要的、合理的费用,其数额在保险标的损失赔偿金额以外另行计算,最高不超过保险金额的数额;

第二,投保人、被保险人为查明和确定保险事故的性质、原因以及保险标的的损失程度所支付的必要的、合理的费用;

第三,责任保险的被保险人因对第三者造成损害的保险事故被提起仲裁或者诉讼,除保险合同另有约定外,由被保险人支付的仲裁或者诉讼费用以及其他必要的、合理的费用,由保险人承担。

一般在财产保险合同中,保险人承担的损失补偿有:

第一,保险金额限度内保险标的的实际损失;

第二,保险事故发生后,被保险人为防止或减少保险标的的损失所支付的必要而合理的施救费用,费用的补偿在保险标的损失赔偿金额以外另行计算,最高不超过保险金额的数额；

第三，必要而合理的检验费用。

（一）财产保险损失赔款的计算

财产损失按其损失程度，可分为全部损失和部分损失两种。全部损失又称为全损，指保险财产的全部灭失或修复费用超过其原来价值。全损又可分为实际全损和推定全损。在全损的情况下，保险人按保额赔偿。部分损失又称为分损，是指保险财产损失未达到全损的程度。对于部分损失，保险人按确定的保险赔偿方式赔付。

1. 定值保险赔偿方式

如果采用定值保险承保方式，则通常使用定值保险赔偿方式来计算保险赔偿金额。这是一种在保险金额范围内按照保险标的的损失程度来计算保险赔偿金额的方式。损失程度是指保险标的的损失金额与出险时保险标的的实际价值的比例。出险时保险标的的实际价值等于出险时保险标的的重置成本减去折旧。由于定值保险合同的双方在投保时已约定了保险标的的保险价值，并且这一保险价值不受市场价格变动的影响，因此定值保险通常视为足额保险。在保险标的发生损失时，以约定的保险价值为赔偿计算的标准，保险赔偿金额与保险标的的保障程度无关，只与保险标的的损失程度有关。

（1）当保险标的发生全部损失时，损失程度为100%，则：

$$\text{赔偿金额}=\text{保险金额}$$

在这种情况下，由于保险金额是投保时保险合同双方按照约定的保险价值而确定的，所以，有可能出现保险金额大于出险时保险标的实际价值的现象。但不管保险金额是否大于或者小于出险时保险标的的实际价值，只要是保险标的全部损失，保险人都按保险金额赔偿。

（2）当保险标的发生部分损失时，则：

$$\text{赔偿金额}=\text{保险金额}\times\frac{\text{损失金额}}{\text{实际价值}}$$

在这种情况下，同样有可能出现保险金额大于实际价值的现象。倘若保险金额大于保险标的实际价值，则可能出现保险赔偿金额大于实际损失金额的情况。

定值保险赔偿方式适用于远洋货物运输保险、船舶保险以及价值难以确定的高级艺术品、古董、古玩等特约保险。

2. 比例赔偿方式

比例赔偿方式适用于不定值保险的赔款计算，是指在保险金额范围内，按照保险标的的保障程度来计算赔偿金额的方式。保险标的的保障程度是指保险标的的保险金额与出险时保险标的的保险价值之比。由于不定值保险合同的双方在投保时没有约定保险标的的保险价值，所以保险标的的保险价值是以保险事故发生时保险标的的实际价值来确定的，实际价值等于保险标的的重置成本减去折旧。这样，在不定值保险中就有可能出现保险金额大于等于保险价值的情况，也有可能出现保险金额小于保险价值的情况。

（1）当保险金额等于保险价值时，视为足额保险。足额保险可获得足额赔偿，即：

$$赔偿金额=损失金额$$

（2）当保险金额小于保险价值时，视为不足额保险。不足额保险获得比例赔偿，即：

$$赔偿金额=损失金额\times\frac{保险金额}{保险价值}$$

对于被保险人在损失发生时对保险标的进行施救而支出的合理的施救费用，同样按比例计算赔款。

比例赔偿方式适用于不足额保险，其目的是鼓励投保人尽量按财产的实际价值投保，以获得充分、全面的补偿。

（3）当保险金额大于保险价值时，视为超额保险。超过部分没有保险利益，保险公司不赔偿。

3. 第一损失赔偿方式

第一损失赔偿方式也称第一危险赔偿方式。这种赔偿方式是在保险金额范围内，按照保险标的的实际损失金额来计算赔偿金额。只要不超过保险金额，赔偿金额等于损失金额，不考虑保险金额与保险标的实际价值之间是否一致，不管保险是足额的还是不足额的，保险人都当足额保险看待，损失多少赔多少，但是以保险金额为限。

家庭财产保险一般都采用这种赔偿方式，这主要是因为家庭财产很难做到投保时保险标的的保险金额与损失时保险标的的实际价值一致，如果不采用第一损失赔偿方式，被保险人就可能因家庭财产的保险金额和实际价值不符而得不到足额的损失补偿，这有悖于投保人希望投保家庭财产保险获得充足损失补偿的初衷。因此，第一损失赔偿方式可以解决流动性较强、价值变动较大的保险标的足额补偿问题。

4. 限额责任赔偿方式

限额责任赔偿方式是指保险人在承保时对被保险人遭受保险事故所致的损失规定一个限额，而损失赔偿与否和这一限额有关。限额责任赔偿方式分为超限额赔偿方式和不足限额赔偿方式两种。

（1）超限额赔偿方式。超限额赔偿方式是指保险人对小于规定限额的损失发生不予赔偿，规定限额称作免赔额。免赔额有绝对免赔额和相对免赔额。当发生的损失超过规定限额时，保险人对超过规定限额部分的损失在保险金额范围内予以赔偿，这称作绝对免赔；当保险人对发生的全部损失在保险金额范围内予以赔偿，这称作相对免赔。有时保单会规定免赔率。

$$免赔率\times保险金额=免赔额$$

（2）不足限额赔偿方式。不足限额赔偿方式是指保险人对小于规定限额的差额部分予以赔偿，但大于或等于规定限额就不予赔偿。这种赔偿方式在农业保险中运用较广，其实质是保障一定的收入水平。如在农作物收成保险中，规定每亩农作物的收成为 2 000 元，即每亩不足限额责任是 2 000 元。如果农作物遭受保险事故，每亩的实际收成为 1 500 元，则保险人应支付每亩不足限额 2 000 元的差额 500 元的赔额。

保险人对于被保险人的损失补偿在理论上可以采取现金赔偿、重置更换、修理恢复等形式。至于选择何种形式来进行补偿，通常是由保险人根据实际承保方式和损失情况来作决定，且往往是在选择承保方式时就决定了损失补偿的形式。

5. 比例分摊赔偿方式

在重复保险的情况下，各家保险公司按比例来分摊保险财产的损失。比例分摊法有两种：

（1）比例责任分摊制。即按每家保险公司的保额与各家保险公司保额之和的比例来分摊损失金额。其计算公式为：

$$保险公司赔款=\frac{某保险公司的保额}{各家保险公司保额之和}\times损失额$$

（2）责任限额分摊制。即确定各家保险公司的责任限额，然后按照每家保险公司的责任限额与各家保险公司的责任限额之和的比例来分摊损失金额。其计算公式为：

$$保险公司赔款=\frac{某保险公司的责任限额}{各家保险公司责任限额之和}\times损失额$$

不论采用何种分摊方法，被保险人获得的赔偿仅限于其实际损失，不可能因重复保险而额外获利。

在重复保险的情况下，当保险标的因保险事故发生而遭遇损失时，我国《保险法》第五十六条第一款规定："重复保险的投保人应当将重复保险的有关情况通知各保险人。"第二款规定："重复保险的各保险人赔偿保险金的总和不得超过保险价值。除合同另有约定外，重复保险的各保险人按照其保险金额和保险金额总额的比例承担赔偿保险金的责任。重复保险的投保人可以就保险金额总和超过保险价值的部分，请求各保险人按比例返还保险费。"

例　某一建筑物的实际现金价值为 15 万元，被保险人向 A 公司投保火灾保险，保额为 8 万元，又向 B 公司投保火灾保险，保额为 12 万元。现发生损失为 9 万元，则 A、B 两家公司如何分摊？

解:在比例责任分摊制下:

$$A公司赔款=\frac{8}{8+12}\times 9=3.6(万元)$$

$$B公司赔款=\frac{12}{8+12}\times 9=5.4(万元)$$

在责任限额分摊制下:

A公司责任限额为8万元,以保额为限,B公司责任限额为9万元,在保额限度内以实际损失为限。

$$A公司赔款=\frac{8}{8+9}\times 9=4.23(万元)$$

$$B公司赔款=\frac{9}{8+9}\times 9=4.76(万元)$$

(二)人身保险业务保险金的计算

1. 人寿保险业务

对于传统的人寿保险业务,保险事故造成被保险人死亡或保险期满时被保险人继续生存,保险人按保险合同中约定的保险金额给付。

对于投资型的人寿保险业务,保险事故造成被保险人死亡,保险人按投资收益的多少决定保险金的给付,但最低不低于保单中规定的基本保额。

2. 人身意外伤害险业务

按照我国人身意外伤害保险条款规定,被保险人因意外事故造成伤害以致完全丧失劳动能力、身体机能,或永久丧失部分劳动能力、身体机能的,可以按照丧失劳动能力和伤残程度给付全部或部分保险金。为此,我国保险公司制定了"人身意外伤害保险伤残评定与给付比例表(行业标准)",供保险核赔人员使用。目前伤残标准依照伤残程度划分为1~10级,一级给付比例为100%,之后每级递减10%。残废保险金的赔偿金额是依据保险金额和残疾程度来确定的,残疾程度用百分率表示。

残废保险金=保险金额×残疾程度百分率

当一次意外事故造成被保险人身体不同部位多处残疾时,按各残疾给付比例之和计算残废保险金。如果被保险人身体各部位残疾程度给付比例合计超过100%,只能按保险金额全数给付保险金。尤其要注意的是:一次意外事故,在同一肢多处残疾,且以前未曾发生意外事故残疾的,保险金按残疾中最高的给付比例计算。一次意外事故残疾,合并以前残疾,保险金按合并残疾后的给付百分比减去以前残疾的给付百分比计算。如果被保险人在保险期限内多次遭受意外伤害,每次意外伤害,保险人都必须按合同规定给付保险金,但累计的保险金给付不超过保险金额。

3. 健康保险业务

健康保险中的医疗保险可以采用定额给付方式,也可以采用补偿方式。当医疗保险采取补偿方式时,适用保险补偿原则,保险人对被保险人赔付的医疗保险金不超过被保险人实际支出的医疗费用。如果是第三者责任导致医疗费用支出的,适用于代位追偿原则。如果医疗保险出现重复保险,适用重复保险的分摊原则。因为医疗保险的保险标的是被保险人因疾病或者伤残需要治疗支出的医疗费用,所以医疗保险是一种费用损失保险,从严格意义上讲具有补偿性保险业务的性质。而健康保险中的疾病保险属于定额给付性的保险业务,当被保险人罹患合同约定的疾病时,保险公司按保险合同规定的保险金额给付保险金,而不考虑被保险人实际支出的医疗费用。健康保险中的残疾收入保险属于给付型险种,补偿被保险人因疾病致残或因意外伤害致残的收入损失,对被保险人因疾病或者意外伤害所支出的医疗费用不承担赔付责任。

特别需注意的是,人寿保险中的死亡保险金给付和人身意外伤害险中的残废保险金的给付不存在重复保险问题,也不存在代位追偿问题。被保险人拥有数份保单,保险事故发生时,任何一家公司必须按约定的保险金额给付,不得有所增减。如果是第三者的责任造成被保险人死亡和残废,保险公司给付后不得行使代位追偿权。

保险公司完成审核和勘察工作后,就损失责任、赔偿金额与被保险人或受益人达成协议,即可支付赔款。保险人对被保险人请求赔偿或给付的要求按保险合同的规定办理,如果保险合同没有约定的,按照《保险法》的有关规定办理。

我国《保险法》第二十三条规定:“保险人收到被保险人或者受益人的赔偿或者给付保险金的请求后,应当及时作出核定;情形复杂的,应当在三十日内作出核定,但合同另有约定的除外。保险人应当将核定结果通知被保险人或者受益人;对属于保险责任的,在与被保险人或者受益人达成赔偿或者给付保险金的协议后十日内,履行赔偿或者给付保险金义务。保险合同对赔偿或者给付保险金的期限有约定的,保险人应当按照约定履行赔偿或者给付保险金义务。保险人未及时履行前款规定义务的,除支付保险金外,应当赔偿被保险人或者受益人因此受到的损失。”

我国《保险法》第二十四条规定:“保险人依照本法第二十三条的规定做出核定后,对不属于保险责任的,应当自做出核定之日起 3 日内,向被保险人或者受益人发出拒绝赔偿或者拒绝给付保险金通知书,并说明理由。”

我国《保险法》第二十五条规定:“保险人自收到赔偿或者给付保险金的请求和有关证明、资料之日起六十日内,对其赔偿或者给付保险金的数额不能确定的,应当根据已有证明和资料可以确定的数额先予支付;保险人最终确定赔偿或者给付保险金的数额后,应当支付相应的差额。”

六、损余物资的处理

在财产保险中,受灾的财物有时还有一定的价值,保险公司在全部赔付之后,有权处理损余物资。损余物资的妥善处理,对挽救财产损失、减少赔款支出具有积极的意义,保险人应在适当照顾被保险人利益的同时,使损余物资得以充分利用。损余物资有时可以折价给被保险人,以充抵保险金。如果损余物资必须由保险人收回,理赔部门应填写"损余物资收回凭证"。

七、结案

保险理赔人员在支付赔款后,清理有关赔案的所有文件和单证,以及现场的照片和录音,归档管理,以便日后查阅。

八、代位求偿

在保险理赔中,有时是由于第三者对保险标的损害而造成保险事故,保险人自向被保险人赔偿保险金之日起,被保险人应将向第三者追偿的权益转让给保险人,在赔偿金额范围内由保险人代位被保险人向第三者请求赔偿。代位求偿既关系到保险公司的经济利益,又能有效地促使有关部门加强风险管理,减少经济损失。

保险人在行使代位求偿权时有几点需要注意:

(1)代位求偿只适用于财产保险与人身保险中的医疗费用险,不适用死亡保险金、残废保险金的赔付;

(2)保险事故发生后,被保险人已经从第三者取得损害赔偿的,保险人赔偿保险金时,可以相应扣减被保险人从第三者已取得的赔偿金额;

(3)保险人行使代位求偿权利时,不得影响被保险人就未取得赔偿的部分向第三者请求赔偿的权利;

(4)保险事故发生后,保险人未赔偿保险金之前,被保险人放弃对第三者请求赔偿的权利,保险人不承担赔偿保险金责任;

(5)除被保险人的家庭成员或者其组成人员故意制造保险事故外,保险人不得对被保险人的家庭成员或者其组成人员行使代位求偿权;

(6)保险人向被保险人赔偿保险金后,被保险人未经保险人同意放弃对第三者请求赔偿的权利的行为无效;

(7)被保险人的故意或者因重大过失导致保险人不能行使代位求偿的权利,保险人可以扣减或者要求返还相应保险赔偿金;

(8)保险人向第三者行使代位请求赔偿的权利时,被保险人应当向保险人提供必要的文件和所知道的有关情况。

第四节　人身保险的理赔实务

一、人身保险理赔流程

人身保险的理赔是指保险事故发生后，保险人依据保险合同，对被保险人、受益人的索赔申请进行审核，并按合同约定进行处理的行为和过程。人身保险的理赔关系到合同双方当事人的切身利益，具有很强的政策性。为了保证理赔工作的质量，必须制定出一整套严密的保险理赔工作流程并严格遵照执行。人身保险理赔程序根据不同的险种和案情有所不同，一般需经过受理和立案、调查、审理、理算、复核、通知给付或拒赔、单证流转、结案归档等过程。

（一）受理和立案

《保险法》第二十一条规定："投保人、被保险人或受益人知道保险事故发生后，应当及时通知保险人。"保险公司保险条款中通常规定保险事故通知时间限制为三天，有的条款为五天。报案方式可采用上门报案、电话或传真报案。报案内容为出险时间、地点及原因，被保险人姓名、投保险种、保额及投保日期、联系电话、联系地址等。理赔人员在接到出险通知后，应及时填写"出险登记簿"，对通知事项予以记载，记载内容应包括报案时间、被保险人姓名、保单号码、事故发生日期、事故发生原因、事故发生地点以及报案人的情况等方面。保险关系人直接提出给付申请的，也应进行上述登记，并要求其填写保险金给付申请书。保险公司及时查阅和核对有关保险单底，对申请人提供的与确认保险事故性质、原因及程度等有关的证明和材料，包括保险单及批单正本、最近一期保险费的凭证、有关被保险人情况的证明材料、保险事故证明及损害结果证明、索赔清单以及其他必要的原始单据和证明材料进行认真审核。审核应以单证是否齐全、事实是否清楚、证明材料是否确实充分以及各项单证是否一致为主要内容。审核后对符合下列条件的案件进行编号立案：

（1）保险事故发生在保险期间内；

（2）出险人是保险单上的被保险人；

（3）被保险人在保险有效期限内出险；

（4）给付申请在《保险法》规定的时效之内（人寿保险自其知道保险事故发生起5年内，其他人身保险自其知道保险事故发生起2年内）；

（5）证明材料齐全。

对于不符合立案条件的,将处理决定及理由书面通知申请人,申请人提交的证明材料不齐全的及时通知其补交。

在人身保险理赔实务中,被保险人或者受益人履行了出险通知义务后,必须提交必要的索赔单证。在人身保险业务中应具备的申请单证有:

(1)保险单、最近一期保费收据及单位证明;

(2)索赔申请书;

(3)被保险人身份证明;

(4)被保险人户籍证明;

(5)受益人身份证明;

(6)门诊手册原件;

(7)出院小结;

(8)医疗费用收据原件;

(9)医疗费用收据复印件;

(10)重大疾病诊断证明;

(11)手术证明;

(12)意外事故证明;

(13)死亡证明;

(14)法医鉴定书;

(15)户口注销证明;

(16)火化证明;

(17)宣告死亡证明。

申请项目	应备单证
人寿保险:	
疾病死亡	(1),(2),(3),(4),(5),(6),(7),(13),(15),(16)
意外死亡	(1),(2),(3),(4),(5),(6),(7),(13),(15),(16)
宣告死亡	(1),(2),(3),(4),(5),(17)
人身意外伤害保险:	
意外死亡	(1),(2),(3),(4),(5),(6),(7),(13),(15),(16)
意外残废	(1),(2),(3),(6),(12),(14)
健康保险:	
重大疾病	(1),(2),(3),(7),(9),(10)
意外医疗(门诊)	(1),(2),(3),(6),(8),(12)
意外医疗(住院)	(1),(2),(3),(7),(8),(12)
住院医疗	(1),(2),(3),(7),(8)

不同的索赔申请项目需要的单证有：

“居民医学死亡证明书”的获得：客户若在医院内死亡，应提醒家属保管好医院出具的“居民医学死亡证明书”。

“户口注销证明”的获得：居民死亡后必须由其家属到当地派出所进行户口注销。户口注销后，派出所会出具“户口注销证明”。

“尸体处理证明”的获得：城镇居民身故后大多就地火化，尸体火化后殡仪馆会出具“火化证”，作为“尸体处理证明”；农村居民身故后实行土葬的，可由所在村居委会或当地派出所出具“土葬证明书”。

“意外事故证明”的获得：客户发生意外时，应提醒客户家属准备“意外事故证明”材料，如意外车祸应向交警部门索要“交通事故责任认定书”，意外被打伤或遭抢劫受伤应向“110”或当地公安部门报警并请其出具相关证明。

“门诊手册或门诊病历”的获得：客户在医院接受医疗服务时，医院会提供“门诊手册或门诊病历”及就医记录。

“出院小结或出院记录”的获得：住院医疗的客户，在办理出院手续时向其主治医生索要“出院小结或出院记录”，这是医院必须提供给病人的医疗证明。

“重大疾病证明书或医疗诊断证明书”的获得：诊断明确后，及时向主治医生索要“重大疾病诊断证明书或医疗诊断证明书”，避免事后索要困难。

“法医学鉴定书或医院鉴定诊断书”的获得：残废保险金的索赔必须提供残疾鉴定证明。合法有效的残疾证明可从司法部门或保险公司规定的医院获得。

“宣告死亡证明书”的获得：对因失踪而推定被保险人“死亡”的案件，被保险人家属向当地法院申请被保险人“宣告死亡”，经法院公告和法律规定的等待期后，法院会作出“宣告死亡判决书”。

（二）调查

调查人员应当客观、全面、细致地审查核实有关单证及证明材料的真实性、合法性和有效性。调查的基本方法有走访、现场调查、咨询或委托鉴定，但是调查不是每一个给付案件的必经程序，单证齐全、证明材料确实充分、保险责任明确且给付金额较小的简单案件无须调查，只需出具书面审理报告，说明审理过程、结论及理由即可。对于及时报案的重大案件，调查人员在接到报案后应及时赶赴现场实地查勘，其他案件必要时也应进行实地查勘。例如对疑难案件，以死亡为给付保险金条件的案件，被保险人因意外死亡、自合同生效之日起两年内死亡或自杀案件，被保险人因疾病或意外伤害事故造成伤残的案件，有保险欺诈、保险犯罪或责任免除可能的案件等有必要进行实地查勘，调查案件发生的时间、地点、原因。案情事实调查完毕后，调查人员应当及时撰写案件调查报告。报告内容必须真实、完整，并应随附有关证明材料。

（三）审理

审理是人身保险理赔工作的关键环节，理赔人员审理的内容包括：

（1）审理申请材料和调查报告，审核所有证明材料的真实性、合法性和有效性；

（2）审核保险合同的合法性和有效性，包括合同是否依法成立、是否已经期满、是否存在合同失效情况、合同是否依法解除、保险单是否违法转让或质押等内容；

（3）审查保险关系人情况，包括审核投保时是否符合保险利益原则，被保险人的真实年龄、健康状况、职业和生活习惯等情况，受益人的身份证明及与被保险人的关系证明，受益人是否变更，受益人的受益权有无丧失等；

（4）审核保险事故的经过，包括审核事故发生的原因、日期、地点、施救情况、事故结果以及损伤程度等。

审核后，由理赔人员对保险责任进行认定，即确认是否属于保险责任范围以及保险公司应承担多大的给付责任。

例如，在意外伤害保险理赔时，保险公司要审核事故发生是否属于"意外"范畴。意外伤害与保险事故之间较普遍存在第三种因果关系：意外伤害是死亡和残废的诱因，即意外伤害使得被保险人原有疾病发作，从而加重后果，造成被保险人死亡或残废。由于意外伤害是诱因，意外伤害不是保险事故的最直接、最有效、起决定性作用的原因，不符合保险的近因原则，因此意外伤害诱发的死亡和残废不属于保险责任范围，保险公司不承担给付保险金的义务。

又如，在重大疾病保险理赔时，保险理赔人员首先要审核投保动机；其次要确认重大疾病被确诊的时间，如果重大疾病确诊在投保前或保单失效期间或者在保单规定的观察期内，保险人不负保险金给付责任；最后是确认被保险人患有的重大疾病是否属于保险责任范围。保险公司还要审核病历、检查报告、诊断证明以及鉴定书上的姓名、年龄、性别与保单上的被保险人是否一致，审核重大疾病发生日期与病历、检查报告、诊断证明、鉴定书及有关证明上的日期是否一致，是否在保险期限内，是否在观察期之后，必要时被保险人应到保险公司指定的医院或司法机构进行复查或司法鉴定。

（四）理算

理赔人员在核定保险责任的基础上，对于应承担保险责任的，应准确计算保险金的给付数额。由于人身保险合同的特殊性，除法律规定和合同条款外，在计算保险金给付数额时还应注意：

（1）在宽限期内发生保险事故而当期保费未缴，应从保险金中扣除当期保费；

（2）有自动垫缴保费的，应从保险金中扣除垫缴保费的本利和；

（3）有保单质押贷款的，应从保险金中扣除贷款本利和；

（4）有预缴保费的，应退还。

(五)复核

复核是人身保险理赔的必经程序。复核人员接到案卷,要认真全面地复核案件材料,主要查对案件责任范围和责任免除,核对给付金额并签署意见和证明。在复核时要注意以下几点:

(1)死亡或意外事故的日期是否在保险单有效期内;

(2)应提交的各类单证(包括证明)是否齐全;

(3)立案的案件是否属于保险责任;

(4)保险单证上的年龄是否与户口簿上的年龄一致,如发现被保险人投保时填报年龄小于实际年龄,原则上可以通融赔付,但如按年龄分档计算保费的,则要追收其按实际年龄计算的差额;

(5)对死亡案件的保险金给付申请要注意受益人问题。

经复核员审核后的单证,在审核栏内盖章,然后交部门负责人、公司经理审定。

(六)通知给付或拒赔

根据《保险法》第二十三条规定:对属于保险责任的,在与被保险人或者受益人达成赔偿或者给付保险金的协议后十日内,履行赔偿或者给付保险金义务。保险合同对赔偿或者给付保险金的期限有约定的,保险人应当按照约定履行赔偿或者给付保险金义务。根据《保险法》第二十五条规定,保险人自收到赔偿或者给付保险金的请求和有关证明、资料之日起六十日内,对其赔偿或者给付保险金的数额不能确定的,应当根据已有证明和资料可以确定的数额先予支付;保险人最终确定赔偿或者给付保险金的数额后,应当支付相应的差额。

因此,理赔内勤根据复核结论对属于保险责任的案件向申请人作出理赔决定通知,将案卷通过交接手续送计财部门,同时通知受益人或受益人指定的代理人前来办理保险金领取手续。

领款人到保险公司领取保险金时要提供本人身份证、工作证和户口簿等身份证明。同时在领款收据上注明领款人身份与被保险人关系并签名盖章。

理赔员和计财部门仔细核对领款人的身份证明及收据上填写的领款人是否是申请人本人,若领款人是受申请人委托的,则要提供申请人的委托书或申请人的身份证、工作证及本人证件后,才能给付保险金。计财部门按领款收据上的给付金额与调查报告单上的数字核对相符后配款,在付款凭证上盖现金付讫章连同现金一起交领款人。

值得注意的是:

(1)保险公司向受益人或受益人指定的代理人支付保险金,如无特殊约定,受益人为被保险人或其指定的受益人,如果被保险人未指定受益人,被保险人身故时,应向被保险人的法定继承人支付。

对于无法确定受益人范围的案件，保险公司首先要进行保险金给付公告，由权利申请人持有效证明(如身份证明、委托授权证明或被保险人关系证明等)到保险公司办理登记手续，保险公司审查合格的权利人或其代理人领取保险金，最后由保险金领取人出具自行负责处理受益权纠纷的保证书。

对于团体保险业务，受益人必须是被保险人本人和他的近亲属。因此，残废保险金、医疗保险金由被保险人本人领取，身故保险金由被保险人的近亲属领取。

(2)在人身保险理赔中，除年金给付外，保险事故发生时保险人一般一次性给付全部保险金。但依据寿险合同的“保险金给付选择权条款”，被保险人或受益人也可以选择其他的保险金给付方式，如将保险金作为本金存储生息，在一定期间内只支取利息；在一定时期内分期领取保险金；受益人用保险金购买趸缴即期领取的终身年金；等等。

(3)保险金给付后还涉及保单的效力问题。一般死亡给付、满期生存给付后，保单效力随即终止。而发生残废给付或医疗费用赔付后的保单，如果累计的赔付额没有超过保额，保单继续有效。

(4)个人保险金给付对象是针对被保险人或受益人，团体保险金给付对象有针对投保单位的，也有针对被保险人或受益人的。通常，团体医疗保险金从理赔申请到保险金给付都是针对投保单位的。保险公司理算出每个被保险人应赔付的金额并列出清单，将总额以现金方式给付投保单位，由投保单位分发给每位被保险人，完成给付。团体意外伤害保险和团体重大疾病保险的保险金给付对象是被保险人本人或身故受益人，保险人向被保险人或受益人直接给付保险金。

对不属于保险责任的，应向被保险人或其受益人发出拒绝给付保险金通知书。由于人寿保险合同的长期性和储蓄性，对于拒绝给付的保险合同还要作出下列处理：

(1)因发生保险责任事故，但由于过失告知不实或其他告知不实等而返还保费；

(2)因属于责任免除范围，返还保单现金价值；

(3)因解除保险合同而返还保费或保单现金价值；

(4)因属于保费豁免责任而进行续期保费豁免。

(七)单证流转，结案归档

(1)计财部门在调查报告单财务付讫章栏内盖现金付讫章。在赔款日结汇总表上盖现金付讫章，自留调查报告单。汇总日结表各一份及领款收据作传票附件，其余单证交统计，经统计后，调查报告单、日结汇总表各一份及批单退还业务内勤，统计留一份日结汇总表。

(2)业务内勤接到计财部门退还盖有现金付讫章的调查报告单后，对伤残给付案件，要将保险凭证、缴费收据及户口簿、批单一起交外勤退还被保险人。对死亡给付案件，保险凭证及缴费收据留保险公司入案卷袋。一份批单由业务内勤粘贴在保险凭证副本上，一份批单入案卷袋存档。

（3）按调查报告单上的给付数，在理赔给付登记簿上逐项进行登录，并将结案日期在报案登记簿上注明。

（4）赔案经登录后装订，放入案卷袋中归档。赔案套袋上注明给付金额、结案日期、经办人。归档赔案按年份、险种、编号，分类放置，长期保存。

（5）个人保险业务结案归档的方式是一人一案，团体保险业务的归档方式是一险种一案。

特别值得一提的是，团体保险的理赔除了处理具体的理赔案件，还有一项非常重要的内容就是统计分析，即对众多的理赔案件归类、分档，并进行统计分析。常见的统计方法有两种：一是按险种统计，统计该险种的单项赔付率；二是按投保人统计，统计该保单的赔付率。通过统计这些理赔数据，可以提出理赔分析及相关的建议，促进团体保险业务整体理赔风险控制和业务的发展。

（八）追踪调查

对大额案件和超权限案件，保险公司在给付保险金后，应安排人员定期进行追踪调查。调查的重点：一是受益人是否真正按所给付的金额获得了保险金；二是有无保险欺诈的线索暴露（如死亡人员出现、残疾人员异常恢复等）。

二、保险科技在人身保险理赔中的运用

随着大数据、人工智能、区块链等保险科技的大量运用，保险理赔成本大大降低、效率大大提高。通过大数据、人工智能等技术，保险公司能够更快速地处理理赔申请，减少人工干预，提高理赔速度。例如，智能客服机器人和语音机器人可以处理售前咨询和售后理赔等重复性工作，提高服务效率、降低运营成本。智能理赔系统可以实现理赔流程的自动化，降低客户和保险公司的沟通成本，节约时间，提高客户满意度。在健康保险领域，保险公司运用互联网技术和图像识别等人工智能技术，极大地提升了保险公司远程定损的精度和自动化水平。例如，2018 年支付宝推出的“AI 快赔”服务，客户只要拍照在线上传病例资料、医院发票信息后，即可在支付宝报销门诊费用和药费，从识别、审核、赔付全部流程都由人工智能自动处理，无需人工干预。又如，平安医保科技发布的“云享 e 通”智慧商保服务解决方案利用先进的 AI 智能科技，以商保医院联网平台为基础、远程调阅平台为核心、线下共享平台为补充，打造了“线上＋线下＋AI”三位一体的服务网络，将普通理赔审核调阅病历的时效从传统的 4 天缩短至最快 20 秒。通过“云享 e 通”区块链技术认证的当地医院员工，能在第一时间代表保险公司慰问关怀客户，协助收集资料、陪诊和垫付诊疗费，克服了保险理赔服务在人力成本和地域上的限制。

大数据、人工智能、区块链等在保险理赔中的运用，极大地提升了保险公司识别欺诈风险的能力，为优化理赔流程和反欺诈应用开辟了广阔的空间。例如，保险公司通过大数据应用中的数据挖掘技术，可以发现高风险客户，建立实时的反欺诈规则引擎及关联图谱分析，甄别带病投保、不实告知等欺诈骗保行为，从源头遏制保险欺诈。在人寿保险生存保险金和养老保险养老金赔付中，引入活体识别技术，通过虹膜、声纹、眼纹等有效识别真人与视频、照片等区别，从而远程判断被保险人的真实生存状态，有效杜绝冒领生存保险金和养老金等欺诈行为。又如，在人身保险承保和理赔中，运用区块链技术的可追溯、不可篡改等特征，确保投保人和被保险人信息的真实透明，从而降低保险欺诈的风险。

本章小结

保险理赔是保险经营的重要环节。保险理赔工作从接受被保险人的损失通知开始，经过现场查勘、责任审定、赔款计算，最后向被保险人支付赔款等主要过程来完成，是一项比较复杂而又繁重的工作。

保险理赔的宗旨是质量第一、信誉至上、依法有据、公平合理。保险理赔的基本原则是：(1)重合同、守信用；(2)实事求是；(3)主动、迅速、准确、合理。保险理赔的特殊原则是：(1)实际现金价值原则；(2)重复保险的分摊原则；(3)代位追偿原则；(4)通融赔付原则。

保险理赔程序根据不同的险种和案情而定，一般需经过登记立案、现场勘查、核定损失、审定责任、赔款计算、赔付结案、归档保管等过程。单证的审核主要是审核保险单的有效性，审核损失是否由保险责任范围内的原因造成的，审核索赔人在索赔当时对保险标的有无保险利益，损失发生是否在保险的有效期内等。现场勘查的具体内容包括查明出险的时间和地点，调查和核实出险的原因，核实保险标的的损失程度和范围以及支出的施救费用，妥善处理受损的保险标的，处理受损标的的损余物资，尽量减少保险损失。责任审定主要审核被保险人是否具有保险利益，索赔单证和索赔时效是否有效，被保险人是否有违约行为而影响索赔权利等；审核损失是否由承保的风险导致的，损失是否在保险责任范围内并符合索赔条件，受损的标的是否与保单中载明的一致，保险事故是否发生在保单有效期内；核定保险标的的实际损失金额，审核施救费用是否合理以及合理费用支出的金额。

财产保险损失赔款的计算方法有定值保险赔偿方式、比例责任赔偿方式、第一危险责任赔偿方式、限额赔偿方式、免责限度赔偿方式、比例分摊赔偿方式。传统的人寿保险，保险人按保险合同中约定的保险金额给付。投资型的人寿保险，保险人按投资收益的多少决定保险金的给付，但最低不低于保单中规定的基本保额。人身意外伤害保险的残废保险金按保险金额和伤残程度百分率确定。健康保险中的医疗保险按照实际支出的医疗费用进行补偿，最高不超过保额。疾病保险不管实际支出的医疗费用的多少均采用定额给付方式。

在实务中，人身保险的理赔流程包括受理和立案、调查、审理、理算、复核、通知给付或拒赔、单证流转和结案归档、追踪调查八个环节。随着大数据、区块链以及人工智能等保险科技在保险理赔中的大量运用，不但降低了保险公司的理赔成本，提高了保险理赔的效率，而且增强了保险公司反欺诈的能力。

复习思考题

1. 什么叫保险理赔？保险理赔有哪些功能与任务？

2. 保险理赔中要遵循哪些特殊原则？

3. 为什么保险事故发生要求被保险人或受益人及时通知保险公司？我国《保险法》规定的索赔时效是什么？

4. 简述保险理赔中责任审定的主要内容。

5. 有一批货物投保了海上货物运输险，保额为 20 万元，如果发生全损，保险公司应赔付多少？如果损失程度是 70%，保险公司应赔付多少？

6. 一百货公司的实际价值为 100 万元，向 A 保险公司投保火灾保险，保额为 40 万元，向 B 保险公司投保火灾保险，保额为 50 万元，现百货公司因火灾损失了 30 万元，支出合理的必要的施救费用为 10 万元，请问 A 和 B 两家公司各赔付多少？

7. 有一批货物投保货物运输保险，保额为 18 000 元，保单中规定 3%的相对免赔率，现发生损失，损失为 5 800 元，保险公司应赔偿多少？如果规定的是绝对免赔率，保险公司又应赔付多少？

8. 对于人身保险业务，计算保险金给付数额要注意哪些问题？

9. 谈谈保险科技在保险理赔中的运用。

第五章

复习思考题
答案

第六章

课 件

第六章　保险投资管理

从当代国际保险市场看，保险投资和保险业的发展已融为一体，承保业务和投资业务的并驾齐驱已成为保险业发展的一种潮流。随着承保能力日趋过剩、竞争日益加剧，保险投资不仅是推动保险业前进的车轮，也是弥补承保业务亏损、维持保险业继续经营的生命线。从美国财产保险公司的经营来看，虽然大部分年份发生承保亏损，赔付率超过 100%，但很多保险公司还是照常生存和发展，其主要原因就是大量的投资收益弥补了主营业务的亏损。

第一节　保险投资的资金来源与性质

一、保险投资资金的来源

保险公司的投资资金基本上是由自有资金和负债资金两大部分构成。

(一)自有资金

1. 资本金

资本金是保险公司的开业资本。为了保证保险经营的稳定、保障被保险人的利益，各国保险法都对资本金做了规定。资本金是保险公司开业初期赔付保险金的资金来源，是保险公司日后积累资本的基础，也是偿付能力的重要组成部分。最低资本金的数额，各个国家的规定不同。如美国纽约州对不同形式的保险人有不同的资本金要求：人寿保险股份有限公司的最低资本金为 450 万美元，相互人寿保险公司的最低资本金为 15 万美元，财产与责任保险股份有限公司的资本金不得低于 405 万美元，财产与责任相互保险公司必须拥有 50 万美元以上的资本金。除了最低注册资本金规定外，美国还规定了寿险公司在经营中必须维持的最低资本数额。如美国纽约州规定，人寿保险股份有限公司必须经常维持的最低资本金为 200 万美元，相互人寿保险公司必须经常持有的最低资本金为 10 万美元。如果已经开业的寿险公司资本金不足，不能满足最低资本金要求，监管机构可责令其增资以达到法律要求。我国《保险法》明确规定，设立保险公司，其注册资本的最低限额为人民币 2 亿元。对资本金构成保险投资的资金来源，在各个国家的保险市场已达成共识。

各国保险法还要求保险公司以一定比例的资本金缴存保证金，存入管理当局指定的银行，未经管理机关批准，保险公司不得动用，在保险公司清算时用于清偿债务。我国《保险法》规定，保险公司应以注册资本额的 20%缴存保证金。

保险公司的资本金作为公司的所有者权益部分，是保险公司的自有资金，不存在偿付责任，只有在发生特大自然灾害事故或经营不善以致偿付能力不足时才动用。因此，在正常的情况下，保险公司的资本金除了上缴部分保证金外，基本上处于闲置状态，这部分资金具有较强的稳定性和长期性，一般可以作为长期投资。

2. 公积金

我国《保险法》第九十九条规定："保险公司应当依法提取公积金。"公积金是指保险公司为满足保险经营业务和发展需要而保留的盈余，它由资本公积金和盈余公积金两部分构成，是保险公司所有者权益的重要组成部分。资本公积金来源于资本溢价、接受捐赠的实物资产、住房周转金转入等。资本公积金可按法定程序转增资本金。盈余公积金包括法定盈余公积金和任意盈余公积金，都是依法从历年税后利润中提取的，同样也是保险公司偿付能力的重要组成部分。我国《保险公司财务制度》第五十八条第三款规定："保险公司应提取法定盈余公积金。法定盈余公积金按税后利润(减弥补亏损)的 10%提取，法定盈余公积金累计达到注册资本的 50%时，可不再提取。"提取法定盈余公积金后，按公司章程或经股东会议决议，可以提取任意盈余公积金，其中包括保险总准备金。总准备金又称巨灾准备金，它是用于应付特大灾害事故损失的一项专用准备金。

保险公司的资本金和盈余公积金余额作为公司的所有者权益部分，是保险公司的自有资金，正常情况下，这些资金基本上处于闲置状态。这部分资金具有较强的稳定性和长期性，一般可进行长期投资。

(二)负债资金

为了保证保险公司履行经济补偿或给付的义务，确保保险公司的偿付能力，保险公司按规定应从保费收入中提存各种责任准备金。与资本金的性质不同，责任准备金是保险公司对被保险人的负债，它是以将来保险事故的发生为契机，用于偿付给被保险人的资金。由于保险经营的时间差和数量差，使得这部分资金掌握在保险人手中，成为保险投资主要的资金来源。这些责任准备金主要包括：

1. 非寿险未到期责任准备金

由于保费的收取总是早于未来义务的履行，加之保险年度与会计核算年度不相吻合，对会计核算年度内收取的保费不能全部作为当年收入处理，而应按权责发生制原则将部分保费以责任准备金的方式提存起来，作为未来履行赔偿或给付责任的资金准备，这种资金准备称为未到期责任准备金。

2. 赔款准备金

赔款准备金是用于赔付所有已经发生但尚未赔付的损失的金额，它包括两种情况：已经报告但尚未支付的索赔和已经发生但尚未报告的索赔。为准确核算保险公司当年的损益，应根据已报告未决赔款和已发生但尚未报告未决赔款的预计数来提存赔款准备金，从当年保费收入中扣除，保证以后年度这部分赔款的资金需要。因此，赔款准备金包括已报告未决赔款准备金和已发生未报告未决赔款准备金。

由于财产保险的承保风险发生的随机性很大，赔款准备金成了财产保险资产负债表中的最大负债，而非产险的未到期责任准备金。

3. 寿险责任准备金

寿险责任准备金是经营人寿保险和长期健康险业务的保险人为了履行未来的给付责任而提存的准备金，包括人寿保险责任准备金和长期健康险责任准备金。由于寿险期限一般较长，在短时期内不会有大量的保险金给付，即使有时需要给付较大数量的保险金和退保金，往往当年的保费收入就足以承担支出，因此平常很少动用责任准备金。随着寿险业务的不断扩大，责任准备金的规模也不断增大。据估计，寿险责任准备金的 90%可用作长期投资。

4. 存入分保准备金

除了上述几种准备金外，存入分保准备金也是保险公司投资的资金来源。存入分保准备金是指保险公司的再保险业务按合同约定，由分保分出人扣存分保接受人部分分保费以应付未了责任的准备金。存入分保准备金通常根据分保业务账单按期扣存和返还，扣存期限一般为 12 个月，至下年同期返还。

5. 储金

储金业务是一种返还型的保险形式，它以保户存入资金的利息充当保险费，在保险期限内发生保险事故，保险公司给予赔偿，并且到期偿还本金。财产保险公司为了拓展保险业务和扩大资金来源，大力发展储金业务。

6. 长期责任准备金

长期责任准备金是指财产保险公司对长期财产保险业务如工程保险和保证保险提存的准备金。由于长期财产保险业务按业务年度而不是会计年度结算损益，所以长期责任准备金按业务年度营业收支差额提存。

保险资金的负债性决定了保险公司不能把这些资金作为业务盈余在股东之间分配，也不能作为经营利润上缴所得税，只能进行投资运作，使之不断增值，以履行未来的赔付责任。

二、保险投资资金的性质

（一）负债性

由于保险公司业务经营中保费收入与保险金赔付之间存在的“时间差”和“数量差”，使保险公司有大量的资金处于闲置状态。这些资金除了资本金和总准备金外，其他属于保险公司的负债，通常列入资产负债表的负债方，比如未到期责任准备金、未决赔款准备金等。这些资金以保险事故发生为契机，在将来某一时刻返还给被保险人。随着保险公司规模的不断扩大，这些资金也不断累积，成为保险投资的主要资金来源。所以负债性是保险投资资金的一个重要性质。正因为保险投资这部分资金的负债性，保险公司不能把这些资金作为业务盈余在股东之间分配，也不能作为经营利润上缴所得税，只能由保险公司进行投资运作，使之不断增值，以履行未来的赔付责任。同时，这些资金的负债性也决定了保险公司在投资时以安全性原则作为投资的首要原则。

（二）稳定性

从保险投资资金的构成来看，稳定性是保险投资资金的又一性质。从资本金来看，它是保险公司的自有资金，是股东对保险公司的投资。根据我国《公司法》的规定，股东一般不能撤回资金。此外，资本金也是保险公司偿付能力的一部分，我国《保险法》规定，当保险公司的最低偿付能力不足时，应增加资本金，补足实际资产与实际负债之间的差额。这说明资本金只能随投入资本的增加而增加，不可能减少，它是保险公司最稳定的资金来源。从总准备金来看，总准备金是从保险公司的税后利润中计提的，用于应对巨灾事故所造成的损失，它属于保险公司的自有资金，在正常年景下，很少动用。总准备金随着保险公司的连续经营会不断积累，因此，也是十分稳定的保险投资资金的来源。再从责任准备金来看，虽然责任准备金属于保险公司的负债，但是，由于保险公司的持续经营，保险公司手中始终拥有一笔责任准备金，尤其是具有长期性和储蓄性的人寿保险业务使得寿险准备金成为一种不断累积的稳定的责任准备金。由此可见，稳定性是保险投资资金的又一重要性质。

（三）社会性

保险是通过收取保险费的方式集中社会上的分散资金建立保险基金，当保险责任范围内的自然灾害和意外事故造成损失时给予经济补偿的一种经济保障制度，风险通过这种经济保障制度在全社会范围内分散。因此，保险责任准备金主要来源于社会上不同保户缴纳的保险费，具有广泛的社会性，成为全社会共同的应对风险的后备资金，属于全社会共同利益的一部分。一方面，责任准备金会随着社会生产的发展和人们对保险认识的提高而不断增加；另一方面，对这部分资金的运用也要体现社会性原则，做到取之于民、用之于民。

第二节 保险投资的条件约束

从本质上讲，保险投资与一般的投资活动没有多大区别，一般投资活动的基本原则同样适用于保险投资。但是由于保险经营的特殊性和保险投资资金的负债性、返还性，保险投资不仅要符合投资的一般要求，还要符合保险经营的特殊要求，于是对保险投资提出了一定的条件约束，这些条件约束不仅影响到保险投资的风险、收益，还影响到保险投资的规模、方向和结构。

一、保险投资的一般条件约束

对保险投资效果的评价主要表现在两个方面：一是保险投资的效率和效益，这与保险投资的收益性相对应；二是保险投资的稳定性，这与保险投资的安全性和流动性相对应。由此可见，保险投资的一般条件约束有安全性条件约束、收益性条件约束、流动性条件约束。

（一）安全性条件约束

安全性是指保证保险投资资金的返还。由于保险经营是一种负债经营，所以保险公司在投资时，首先要保证资金的绝对安全，否则会影响到保险经济补偿职能的实现，影响参加保险的企业与个人的正常生活和运转，甚至影响到社会的稳定。因此，为了确保保险投资的安全和保险企业的偿付能力，保险公司在投资前必须加强对投资项目的可行性研究，同时在投资时注意分散风险。不过安全性条件约束是从投资的总体而言的，并非要求每个投资项目都绝对安全，因为投资风险是客观存在的，风险越大、收益越高，所以只要确保保险投资资金的总体安全，在投资总额中用一部分资金投入风险较大的项目，分散保险投资风险，也无损于保险投资的安全性条件约束。

值得一提的是，在人寿保险中，对普通保险业务，如终身保险、两全保险这些保障型的险种，由于保险资金的长期性和返还性的特点，再加上保险公司承担了保险经营中的所有风险，即死亡风险、费用风险和投资风险，因此保险公司在投资时必须以安全性作为保险投资的首要原则。但是对于投资型保险业务，如变额寿险、万能寿险，它们对保险投资条件约束也提出了不同的要求。由于保险人只承担死亡风险和费用风险，投资风险全部转嫁给保单持有人，因此投资型保险业务投资时更注重收益性而非安全性。

（二）收益性条件约束

收益性是指保险公司从事保险投资活动获取投资收益的能力。对收益性条件约束就是保险投资收益的最小期望值应大于相应资金投入银行所获得利益与相应的投资费用总和。投资收益是现代保险企业弥补承保业务亏损、增强自身偿付能力和市场竞争力的重要手段，尤其是人寿保险业务，其大部分都是长期性的保单，保险公司厘定费率时假定的预定利率是以同期银行一年期存款利率为参照依据，同时考虑保险公司的投资收益率。保险合同一旦成立，假定的预定利率就成了保险公司对投保人的一种长期利率保证，在保险事故发生或保险期满时保险人必须按预定利率水平以复利的方式进行保险金的给付。因此，保险投资的收益率只有超过保单的预定利率，才能保证将来的保险金给付，并获得相应的利润。但在具体实践中，投资收益和投资风险往往成正比，投资收益率越高，投资风险也就越大，这就要求保险公司从事保险投资时，在安全性条件约束和收益性条件约束之间选择最佳的组合，在总体上符合安全性条件约束的前提下，尽可能提高投资收益率。

（三）流动性条件约束

流动性条件约束是指在不损失资产价值的前提下投入资金的变现能力。由于保险的基本职能是经济补偿，而在保险期限内保险事故的发生具有随机性，为随时满足保险赔偿和给付的需要，保险投资必须具有较强的流动性，尤其是财产保险和短期性的人身意外伤害险由于保险期限短，自然灾害和意外事故发生的随机性大，对保险投资的流动性要求相对较高。

人寿保险由于承保的风险是被保险人的生、老、病、死这一自然规律，风险小而且分散，再加上保险核算是建立在科学精算的基础上，在正常情况下，保险公司每年的业务收入和各项给付都有一定的规律，异常情况较少，保险投资往往可以做中长期投资，而且对投资的流动性要求不像财产保险那么迫切。但是人寿保险在投资时仍必须保持一定的流动性。

流动性条件约束与安全性条件约束一样，并非要求每一项投资项目都要有较强的流动性。保险人可以根据预先估计的现金流量对投资结构进行合理安排，将一部分资金投资于流动性较强的项目，一部分资金投资于流动性较低的项目，只要从总体上确保其具有一定的流动性即可。

保险投资的安全性、流动性和收益性三者之间存在着矛盾。安全性是收益性的基础，流动性是安全性的保证，收益性是安全性和流动性的最终目标。从总体上讲，安全性和流动性通常是成正比的，流动性越强，风险越小，安全性越好，反之亦然。流动性、安全性与收益性成反比，流动性强、安全性好的资产往往收益低，而流动性差、安全性不好的资产盈利能力强。因此，保险投资时一定要注意安全性、流动性和收益性的合理组合，在保证投资安全性和流动性的前提下，追求最大限度的收益。

二、保险投资的特殊条件约束

由于保险资金来源的特殊性，保险投资必须在既定的规模和结构的约束下实现保险投资收益的最大化。因此保险投资既要受到安全性、流动性和收益性条件约束，还要受到特殊条件的约束。

（一）对称性条件约束

对称性条件约束要求保险公司在业务经营中注意资金来源和资金运用的对称性，也就是说保险投资时使投资资产在期限、收益率和风险度方面与保险资金来源的相应要求匹配，以保证资金的流动性和收益性。例如资本金、法定公积金、总准备金一般可作长期投资，各种准备金按照各险种责任期限的长短分别加以投资运用。当然，对称性条件只要求资金来源和资金运用大体上一致，并不要求投资资产在偿还期、收益率、风险度方面与资金来源保持绝对的一一对应关系，否则会影响保险投资的灵活性，降低保险投资收益，事实上绝对的对称在业务操作上不可能做到。

（二）替代性条件约束

替代性条件约束首先要求保险公司在制定投资策略时根据自身资金来源、保单的性质和期限以及保险金的给付情况对投资目标定位；其次是充分利用各种投资形式在安全性、流动性和收益性方面的对立统一关系，寻求与保险公司业务相适应的资产结构形式；最后，在某一投资目标最大化的前提下，力求使其他目标能在既定的范围内朝最优的方向发展或者牺牲一个目标来换取另一目标的最优化。

（三）分散性条件约束

分散性条件约束要求保险投资策略多元化、投资结构多样化，尽量选择相关系数小的资产进行投资搭配，以降低整个保险投资资产组合的风险程度。分散性条件约束是安全性条件约束的直接要求。为了满足分散性条件约束的要求，首先，保险公司在投资客体上要实现多样化，在保险法允许的范围内采取多项投资，尽量分散投资风险；其次，在投资的地域上尽可能分散，对股票和债券的投资风险在国际金融市场上分散；再次，投资资产规模尽可能分散，投资于同一部门、行业的资金规模不能过大；最后，适度控制保险投资的结构和比例，即对投资于某种形式资产的最高比例限制和对某一项资产投资的最高比例限制。

（四）转移性条件约束

转移性条件约束是指保险投资时保险公司可以通过一定的形式将投资的风险转移给他方而降低自身的风险。最常用的风险转移方式有：一是转让，即通过契约性的安排让合约的另一方承担一定的风险，如通胀时期的浮动利率债券合约；二是担保，如保单质押贷款、第三方保证贷款、以银行或信用机构为担保的贷款以及以不动产或动产为抵押的贷款；三是再保险或购买风险证券化的保单，将风险转移给再保险人或资本市场的投资者；四是套期保值，保险公司通过持有一种资产来冲销所持有的另一种资产的风险，从而达到降低自身投资风险的目的。

（五）平衡性条件约束

平衡性条件约束要求保险公司投资的规模与资金来源规模大体平衡，并保证一定的流动性，既要防止在资金来源不足的情况下进行投机性的买空卖空交易，增加投资的风险性，又要避免累积大量资金不运作或少运作而承担过高的机会成本，无法满足将来保险金赔付的需要。

总之，保险公司要提高投资收益，降低投资风险，不仅要受一般投资条件的约束，而且要受到特殊投资条件的约束。

第三节　保险投资的形式

一、金融资产类

金融资产类的投资包括债权类投资和股权类投资两大类。

（一）债权类投资

债权类投资主要包括债券和贷款。债券有国债、金融债券和企业债券等，贷款有银行或信用机构担保的商业贷款、住房抵押贷款和保单质押贷款等。

1. 债券

债券是依照法定程序发行，约定在一定期限内还本付息的有价证券。债券的发行人是政府、与政府有关的公用事业单位、银行和信用较高的公司。债券的发行需要一定的法定审批程序，受到法律保障，安全性较好。债券的收益包括到期的本金和利息，还包括资本利得。由于债券的利率固定，利息支付与发行债券公司的业绩无直接关系，有些发行者还建立了偿债基金，再加上债券的市场价格较稳定，因此债券的收益有保证。债券是一种流动性较强的证券，证券市场越发达，债券的流动性越强。债券可分为政府债券、金融债券和企业债券三种，它们的安全性、流动性和收益性存在差异。

政府债券是政府为了筹集资金进行公共投资或者为了弥补财政赤字而发行的信用证券，政府债券是以一国政府的信誉为担保，无任何信用风险，是一种最安全的投资方式。政府债券的收益率比同期银行存款利率高，但比其他债券低，同时投资于政府债券的利息收入，可以享受免税优待。但是政府债券对利率风险相当敏感，尤其是对可在二级市场交易的中长期政府债券来说，利率稍有变动就会引起债券价格的波动。

金融债券是由银行或非银行金融机构为筹集信贷资金而向社会发行的一种债权债务凭证。金融债券信用较高,利率也不低,一般为中长期债券。

企业债券又称为公司债券,是公司为筹措资金而发行的债务凭证。公司债券期限较长,发行者多为一些一流的大公司,有些跨国公司的资信度极好。但一般公司债券信用度不及政府债券和金融债券,因此其利率一般高于其他债券。鉴于公司债券的信用风险,保险公司投资时首先要关注发债企业的信用等级,在缺乏公正权威的信用评级机制的国家,投资企业债券往往是风险较大的。

鉴于债券投资较好的安全性和流动性,债券投资是保险公司投资的主要项目。以美国为例,财产和责任保险公司对债券尤其是政府债券的投资占全部投资额的70%以上,1984年债券投资占美国产险投资总额的73.38%,1994年达到77.98%。从20世纪80年代开始,寿险公司对债券的投资一直占总投资额的30%~35%。

2. 贷款

贷款是指保险公司向需要资金的单位或个人提供融资,按约定期限收回货币资金及获得利息的一项投资活动。为保证保险资金的安全返还,确保保险公司的偿付能力,贷款一般都需要有担保。按担保的形式不同,有不动产抵押贷款、有价证券抵押贷款、信用保证贷款。贷款的对象是政府、国际机构、政府有关机构、公共团体、企业、消费者等。贷款的主要形式有抵押贷款、信用贷款和保单质押贷款。

以不动产、有价证券和银团担保的抵押贷款是期限较长而且比较稳定的寿险投资业务,抵押贷款具有较高的收益率,特别适合人寿保险公司寿险资金的投资运用。

信用贷款是以需要流动资金的企业为对象而发行的贷款,属于短期性的投资。信用贷款的风险主要是信用风险和道德风险,因此保险公司必须对申请贷款企业的资信和经营业绩进行认真核实和调查,以确保资金安全如期地返回。

保单质押贷款是保单持有人以保单为抵押向寿险公司申请贷款,贷款额为保单现金价值的一定比例,贷款要承担利息,当贷款的本息超过保单的现金价值,保单失效。因此保单质押贷款,寿险公司无需承担任何风险,又可获取贷款利息收入,还可以作为寿险公司的服务项目,提高寿险公司的知名度和竞争力,无疑是寿险投资的可选择方式。

贷款是保险投资的早期形式之一,也是一种较好的投资方式,但贷款的规模受到多种因素的制约,其中一个重要因素是资金需求者筹资方式的多样化以及证券市场的发展和完善。20世纪70年代之前,贷款曾是寿险投资的最主要方式。从1920年到1997年年底,美国500家寿险公司的抵押贷款和保单质押贷款占总投资的比重从45.1%下降至12.2%,主要原因是证券市场的发展和完善以及债券、股票的大量发行,使贷款投资比例下降。

(二)股权类投资

股权类投资主要是普通股股票，另外有优先股股票和可转换债券等。

股票是股份公司发给股东作为入股权凭证并借以获得股息收入的一种有价证券。股票可分为普通股和优先股两种。股票投资的特点是收益高、流动性好，但是风险大。股票收益来源于股息收入和资本利得，股息收入完全取决于公司的经营状况，资本利得则取决于未来股票价格的走向，而未来股票价格更受到公司经营状况及相关的政治、经济、社会、心理等因素的影响，波动剧烈。优先股股息固定，股息率不随公司经营状况波动，其派息后于公司债券，而先于普通股，当公司破产清算时，其对公司剩余财产的请求权也后于公司债券而先于普通股。因此，优先股的投资风险比债券大比普通股小，优先股的预期收益比债券高比普通股低。

保险资金投资于股票的优点是保险公司可以享有股票带来的盈余分配权、剩余财产分配请求权、股票配售等多项权利，实现较高的投资收益，同时股票投资的较强的流动性也为保险公司的紧急偿付提供了方便。但是股票投资的缺点是股票价格波动性大，风险较大。因此为了保证保险投资的安全，各国对保险公司的股票投资均有严格的比例限制。

二、实物资产投资

实物资产投资最主要的是不动产投资，也包括一些机械设备等。

不动产投资是指保险公司通过购买土地、建筑物或修建住宅、商业建筑等手段获取长期而稳定的租金收入。在经济稳定的国家，不动产投资的坏账风险和利率风险相对较小。由于不动产具有有形性和永久性特点，土地资源日益稀缺，从投资效益看，虽然投资成本较高，但具有稳健上扬的潜力，是一种较好的长期投资方式，也是抵御通货膨胀的有效手段。但是在经济发展欠稳定的国家，由于不动产市场的供求不稳定，投资者很难获得预测长期租金价格的有效信息而面临较大的市场风险。不动产投资的另一个显著特点是投资期限较长，投资占用资金量大，投资的流动性较差，这在一定程度上影响和限制了保险公司对不动产的投资。为此，各国政府对保险公司的不动产投资尤其是纯粹为盈利而进行的不动产投资加以严格的法律限制。

寿险不动产投资出现较早，进入 20 世纪以来，寿险不动产投资逐步被寿险投资所重视，但是从 80 年代开始，在欧美寿险市场不动产投资的比例下降了。究其原因，是金融市场的复苏使金融投资产品在流动性和收益性方面的优势超过了不动产，同时各国对不动产建设的需求也呈下降趋势。

当然，保险投资的工具除了债券、股票、贷款、不动产外，还投资于各类基金、同业拆借、黄金外汇等。

三、我国保险投资的形式

2009年10月1日修订实施的《保险法》第一百零六条规定："保险公司的资金运用必须稳健，遵循安全性原则。保险公司的资金运用限于下列形式：(一)银行存款；(二)买卖债券、股票、证券投资基金份额等有价证券；(三)投资不动产；(四)国务院规定的其他资金运用形式。"

保险公司投资资产(不含独立账户资产)划分为固定收益类投资、权益类投资、另类投资、保险资产管理产品以及其他投资形式5类。

(一)固定收益类投资

固定收益类投资是指具有明确存续到期时间、按照预定的利率和形式偿付利息和本金等特征的资产，以及主要价值依赖于上述资产价值变动的资产。

(1)银行存款。保险公司将暂时闲置的保险资金存入银行或其他金融机构，获取稳定的利息收入。这种投资方式安全性好、流动性强，但收益率相对较低。

(2)债券投资。债券是表明债权债务关系的一种凭证，代表债权人对债务人的债权。债券投资在保险公司的资产配置中占比较大，主要包括政府债券(如国债、地方债券)、金融债券和企业债券等，信用等级由高到低，风险水平由低到高。

(二)权益类投资

权益类投资是指投资者为了获取股权或其他权益类资产的部分权利和所有权，通过购买股票、股票型基金等理财产品，参与投资公司的经营管理决策(如参与分红和投票等)，以期获得投资收益，并可能享受投资公司增值收益的一种投资方式。例如，股票投资、证券投资基金等。

(三)另类投资

另类投资是股票和债券等投资工具以外的非主流投资工具的总称，这些投资工具通常具有与传统投资不同的风险和收益特征，能够为投资者提供多样化的投资选择和资产配置方案。

(1)不动产投资。例如，投资房地产项目，如商业地产、住宅地产等，以获取租金收入和资产增值。不动产投资具有长期稳定的收益和潜在的增值空间。

(2)基础设施项目投资。保险公司可以参与基础设施项目的投资，如交通、能源、通信等领域的建设项目，这些项目通常具有较高的稳定性和长期收益性。

(3)其他另类投资。包括艺术品投资、私募股权基金、风险投资等，这些投资形式通常具有较高的风险和不确定性，但也可能带来较高的回报。

(四)保险资产管理产品

保险公司与资产管理公司合作推出的产品，由资产管理公司进行投资运作。这类产品通常具有较高的灵活性和收益率，适合对投资有一定了解并希望获得更高收益的投资者。

（五）其他投资形式

包括黄金、外汇等金融市场产品的投资。这些投资形式通常具有较高的市场风险和波动性，需要谨慎投资。

由于每种资金的运用方式在性质、风险、收益性等方面各不相同，因而保险公司在资金运用时必须将投资项目、投资结构、投资比例合理地加以配置。保险公司也需要加强风险管理，确保资金的安全性和流动性。

第四节 保险投资主体模式的选择

典型的保险投资主体模式有三种，即公司内设投资机构运作模式、委托专业的投资机构运作模式和专业化保险资产管理公司运作模式，这三种模式各有优缺点。随着保险业的发展、保险投资功能的凸显，专业化保险资产管理公司运作模式已成为国际保险业投资主体的主流模式。

一、公司内设投资机构运作模式

公司内设投资机构属于投资部运作模式，保险投资的主体是经营保险业务的保险公司本身。保险公司采取内部设立专门的投资管理部门，具体负责本公司的保险投资活动。国外有的保险公司在总部设立专门的投资部，负责管理公司的投资账户资产，并对国外子公司或分公司的投资业务进行监管。

内设投资部运作模式曾是国外保险公司传统上通行的模式，这种模式的最大好处是有利于总公司对其资产直接管理和运作，易于监控，能够较好地贯彻执行公司的投资战略，保证保险投资的安全。例如美国大都会人寿保险公司，其业务包括人寿、伤残、养老金、互助基金和证券、后期护理、汽车和房屋保险、资产管理、独立分离账户、变额保险和年金，业务遍及美国 50 个州，同时还服务于阿根廷、巴西、印尼、葡萄牙、西班牙、中国香港、中国台湾等国家和地区。为直接管理好公司的资产，大都会人寿保险公司在总部设立专门的投资部，管理 1 500 亿美元的一般账户资产，同时对海外公司的投资业务进行监管，还直接参与保险产品的开发。

但是内设投资部运作模式的缺点是不能适应管理专业化和服务多样化的要求，投资收益率低，容易产生内部黑箱作业，管理风险较大，这种模式现已逐渐被大多数保险公司扬弃。例如，1997 年日产生命保险公司的破产不仅使日本的生命保险公司不倒的神话破灭，而且震惊了整个世界保险业。日本保险实务界和保险理论界在深入探讨日产生命保险公司破产原因时，认为主要原因是该公司在泡沫经济时期出售大量高预定利率的保单，随着日本金融市场利率的持续下调，保险公司累积了巨额的利差风险，危及公司的偿付能力。另一个重要原因是日产生命保险公司采用公司内部设立投资部的运作模式，投资时缺少竞争性和透明度，投资收益率低于市场回报率所致。

二、委托专业的投资机构运作模式

委托专业的投资机构运作模式属于第三方投资管理公司运作模式。保险投资主体是受保险公司委托的专业化投资机构、证券投资公司、综合性资产管理公司。再保险公司、产险公司和小型保险公司由于实力、经验和技术有限，且业务量不大，除自行管理部分资产外，将主要资产委托给专业化投资机构进行管理。部分大型保险公司也将个别投资品种(如投资连结保险)交由专业的投资公司运作。

委托专业的投资机构运作模式的优点是保险公司将保险资金交给专业的投资公司进行有偿运营，使保险公司能够集中力量开拓保险业务。同时，投资机构可以对保险资金实行专业化管理，减少管理成本和交易费用，实现规模效益，保险公司只需支付少量合理的费用便可以享受专业投资的管理服务，既节约了成本费用，又享受到了专家理财的好处。

一般而言，保险公司与专业投资公司根据立法的规定签订一份详尽的投资管理协议，包括保险公司的投资目标、资产分配和风险控制要求，投资公司进行投资决策和操作的权利，信息披露条款等。但是保险公司将资金交给专业投资公司投资管理，保险公司无法控制它们的经营活动，保证资金运用的安全，因此保险公司选择这一模式不仅要承担投资失败的风险，还要承担专业投资公司的操作风险，包括交易风险波及保险公司，这是委托专业的投资机构运作模式的缺陷。例如，1929～1933年的美国经济大危机就是对保险业投资的一个很好的警示。由于当时保险公司实力不够、投资经验不足，许多保险公司采用委托专业的投资公司管理保险公司的资产，投资公司经营缺少透明度，保险公司又难以直接控制投资公司的投资风险，在经济大危机中，大量的投资公司资不抵债或破产，保险公司也因此受到牵连，有近2/3的保险公司因此破产清算或被合并。破产的根本原因不是保险公司自身经营失败，而是由于委托的投资公司经营风险的连锁效应。

三、专业化保险资产管理公司运作模式

专业化保险资产管理公司运作模式是通过全资或控股子公司运作，保险投资的主体是保险公司控股的投资子公司。随着跨国保险集团的集约化发展，许多规模庞大的

保险公司不仅拥有一家全资的资产管理公司，还收购或控股了其他基金管理公司，分别接受产险子公司和寿险子公司的委托进行保险投资活动，也可以由产险子公司和寿险子公司把资金统一上缴到母公司，再由母公司把资金下划到专业的投资子公司，投资子公司将产、寿险子公司的资金分别设立账户，独立进行投资，母公司只负责资金运作的总体规划、协调以及投资风险的控制。

专业化保险资产管理公司运作模式的优点在于：一是有利于母公司建立多层次的风险监控体系，较好地贯彻公司的投资战略，有效地防范投资风险；二是保险资产管理公司具有完全独立的董事会、管理团队和组织结构，有着独特的投资理念和鲜明的业务特色，拥有投资领域出色的专业队伍，保证了其工作效率和投资的收益率；三是专业化保险资产管理公司在投资过程中透明度高、市场适应性强、资金运用速度快、资金运作的层次分明，可以防止内部暗箱操作和关联交易。

保险资产管理公司与保险公司在业务上相互独立、各司其职，在财务上独立核算、自负盈亏，双方就保险资金的投向、投量、收益以及双方的权利、义务等达成协议。资产管理公司根据协议的规定，自主运用资金，但必须定期向保险公司报告投资的状况。保险公司也可以根据自身业务的需要，向资产管理公司提出调整资金的投资方向和金额的要求。因此，专业化保险资产管理公司模式是目前大型保险公司较普遍采用的模式，美国国际金融集团（AIG）、德国安联集团、澳大利亚联邦银行集团等都将保险公司的资金交由同一集团下的投资子公司管理。有些投资子公司除重点管理母公司的资产外，还经营管理第三方的资产。

从国外保险公司的投资主体模式来看，完全依靠委托专业化投资公司管理保险资产的管理模式很难有效地控制保险投资风险；内设投资部的管理模式对保险资产管理的专业化水准和市场竞争能力的提高构成较大的限制；而专业化的保险资产管理模式不仅有效地增强了保险资产管理的经营管理能力，而且提高了保险资金的运用效率，因此设立专业化的保险资产管理模式已成为保险投资主体的主流模式。专业化的保险资产管理公司，使保险公司的业务向资产管理业务渗透，这是金融机构综合化发展的趋势，它既有利于明确保险公司与资产管理公司的责任和权力，加强对投资管理的考核，促进专业化运作，又有利于保险公司扩大资产管理的范围，为第三方管理资产，为公司争取更多的管理费收入。

保险市场竞争、费率的自由化、承保能力的过剩和投资型寿险业务的大力发展，促使保险投资主体的模式向保险集团下设资产管理公司转变，保险公司更强调保险资金的投资收益和稳定的外部资产管理费收入。从保险公司的业务模式和收益结构来看，资产管理已成为现代保险公司新的利润增长点。根据统计资料显示，当今世界 500 强中的 34 家股份制保险公司中有 80%以上的公司是采用专业化的保险资产管理机构模式对其保险资金进行经营管理和运作。目前，欧美主要保险集团的附属投资公司除负责保险资金的投资运营外，还为外部客户提供资产管理服务，甚至将集团所有投资子公司重组为资产管理公司，统一负责保险资金和外部资金的管理。

2018 年我国《保险资金运用管理办法》规定，保险集团(控股)公司、保险公司应当按照“集中管理、统一配置、专业运作”的要求，实行保险资金的集约化、专业化管理。中保集团、中国平安、太保集团等都成立了专业的资产管理公司，专门负责保险资金的投资运用。

第五节　保险投资风险的管理

保险投资风险是指在保险投资过程中，由于各种不确定性因素导致投资收益不能实现和投资本金产生损失的风险。在互联网与人工智能技术飞速发展的时代，保险投资风险呈现出多样化和复杂化的特点。这些风险不仅涵盖了传统保险投资领域的风险，还增加了一些与现代科技相关的新兴风险。对保险业投资风险的管理主要包括两个方面：一是加强政府对保险业投资风险的监管；二是加强保险公司对保险投资风险的管理。

一、保险投资风险的主要类型

(一)传统保险投资风险

1. 市场风险

市场风险是指由于市场波动导致保险资产或投资组合遭受损失的风险，包括经济政策变化、经济周期波动、市场情绪等多种因素导致的市场整体走势的不确定性。保险公司的投资资产主要分为两类：一类是债权类资产，如债券、长期抵押贷款等；另一类是股权类资产，如股票、基金等。因此，对保险投资来说，市场风险是其面临的主要投资风险之一。

2. 利率风险

利率风险是指由于市场利率水平波动造成保险资产和负债价值损失的风险。例如，当市场利率上升时，保险公司持有的债券等资产的收益率会下降，从而导致保险公司的投资收益减少。市场利率波动对寿险公司的财务影响较为复杂，它不仅影响寿险公司的资产，而且影响寿险公司的负债，不论利率波动的方向如何，都会使寿险公司的资产和负债的匹配受到影响，从而影响寿险公司的损益，甚至危及寿险公司的偿付能力。

3.信用风险

信用风险又称违约风险,它是指证券发行人在证券到期时或者借款人在借款期满时无法按照事先约定的合同方式还本付息而使保险公司遭受损失的风险。保险公司的主要投资方式是债券和股票。债券、优先股、普通股都有可能面临信用风险,只是信用风险的程度不同。债券需要按时还本付息,信用风险是债券面临的主要风险,但是不同种类债券的信用风险程度不同。一般而言,政府债券的信用风险最小,其他依次为地方政府债券、金融债券和公司债券。股票虽然没有还本要求,普通股股息也不固定,但仍存在信用风险。

4.流动性风险

流动性风险是指保险公司因资产流动性的不确定变化而遭受损失的风险。保险公司为了满足最低限度的赔偿和给付以及财务稳定性的需要,资产必须保证最低的变现力,否则会导致资产流动性不足。如果当现金不足以支付赔款时就产生了流动性风险,这时保险公司就会低价变卖一部分资产,如未到期的债券或者到市场上临时筹集高成本的资金,以应付赔付的需要,从而影响保险公司财务的稳定。寿险公司和财险公司对流动性的要求不同,长期性定额给付性的寿险业务对保险投资的流动性要求较低,而短期补偿性的财产保险业务对保险投资的流动性要求很高。

5.操作风险

操作风险是在保险投资过程中由于投资决策失误、交易管理制度不健全、投资管理存在缺陷以及人为因素造成的潜在投资损失或合规的风险。操作风险具体包括操作结算风险和技术风险。操作结算风险是指由于定价、交易指令、结算和交易能力等方面的问题而导致的损失。技术风险是指由于技术局限或硬件方面的问题,使保险公司不能有效、准确地收集、处理和传输信息而导致的损失。

6.监管风险

保险资金在投资过程中,还需要关注监管政策的变化。近年来,随着金融市场的快速发展,监管机构对保险资金的监管力度不断加强,监管政策也不断完善。然而,监管政策的变化可能对保险资金的投资策略、投资比例等产生重大影响,从而增加投资风险。

7.地缘政治风险

地缘政治风险是指由于国家间政治关系紧张、冲突或战争等导致的投资风险。保险资金在投资海外市场或涉及跨国企业时,需要关注地缘政治风险的变化。例如,国际政治局势的动荡可能导致海外市场的不稳定,进而影响保险资金的海外投资收益。

（二）新兴保险投资风险

1. 信息安全风险

保险行业涉及大量的个人信息和敏感数据，如果涉及网络支付、数据传输等敏感操作，可能会面临网络安全攻击、数据泄露等风险。一旦发生信息泄露，可能导致身份盗窃、金融欺诈等严重后果，这些风险不仅可能导致投资损失，还可能对保险公司的声誉和信誉造成严重影响。

2. 技术更新风险

随着科技的不断进步、新兴产业的崛起，保险资金在投资这些领域时可能会面临技术更新换代快、技术成熟度低、技术路线选择错误等风险。例如，在投资新能源、生物制造等高精特新产业时，如果所选技术路线被市场淘汰或技术发展未达预期，将导致投资损失。

3. 模型应用风险

人工智能模型在训练和使用过程中可能受到数据质量、算法选择等因素的影响，导致模型预测结果不准确或产生偏差。如果模型未能准确反映市场变化或投资者风险偏好，可能导致投资策略失误和投资损失。另外，人工智能系统的运行依赖于复杂的技术设备和软件支持，存在故障和错误决策的风险，将给保险公司投资带来严重的损失。过度依赖新兴技术，可能导致一些需要人工干预的复杂情况被忽视，从而增加投资风险。

二、政府对保险业投资风险的监管

由于保险投资收益与保险公司的偿付能力直接相关，投资策略的失误不仅会影响保险公司的偿付能力，甚至会导致保险公司破产。因此，各国都对保险业的投资进行严格的监管。

（一）对保险投资范围的限制

为了保证保险投资的安全，各国的保险监管机关一般都通过立法的形式，对保险投资范围进行严格的限制。例如，美国实行联邦政府和州政府两级监管方式，联邦政府主要负责宏观经济政策调控、保险法规制定等工作，而州政府则主要负责保险公司法人治理、偿付能力等具体事宜的监管。根据美国各州保险监管部门规定，允许保险公司投资于美国政府债券、州或市政府债券、抵押贷款、高质量的公司债券、限额的优先股和普通股等。美国的法律还强调了不同保险公司的投资结构差异。纽约州保险法规规定：财产和责任保险公司的投资范围主要是股票、债券、银行存款；人寿保险公司的投资范围为债券、股票、抵押贷款、不动产等。又如，日本《保险业法实施条例》规定了日本保险公司的资金投资范围，包括存款或储蓄、有价证券、房地产、金钱债权（货币应收款)、短期公司债券、黄金、短期贷款、证券贷款、证券衍生品交易等。瑞典也对国家养老基金公司的投资范围进行了明确限制,只能投资于资本市场上有报价的、可交易的投资标的,并规定了禁止投资于直接贷款。对于一些流通性较差及风险性较高的非上市公司股票和非抵押或非担保贷款,多数国家采取禁止或限制的办法。

2018 年我国《保险资金运用管理办法》明确规定保险资金运用限于下列形式:(1)银行存款;(2)买卖债券、股票、证券投资基金份额等有价证券;(3)投资不动产;(4)投资股权;(5)国务院规定的其他资金运用形式。保险资金从事境外投资的,应当符合中国保监会、中国人民银行和国家外汇管理局的相关规定。

保险集团(控股)公司、保险公司从事保险资金运用,严禁存在下列行为:(1)存款于非银行金融机构;(2)买入被交易所实行"特别处理""警示存在终止上市风险的特别处理"的股票;(3)投资不具有稳定现金流回报预期或者资产增值价值、高污染等不符合国家产业政策项目的企业股权和不动产;(4)直接从事房地产开发建设;(5)从事创业风险投资;(6)将保险资金运用形成的投资资产用于向他人提供担保或发放贷款,个人保单质押贷款除外;(7)中国保监会禁止的其他投资行为。

(二)对保险投资比例的限制

除了对投资范围有所限制外,保险监管机构还对投资结构和投资比例作了严格的限制。所谓投资结构是指在注重有价证券投资的同时,还要兼顾不动产、抵押贷款、保单质押贷款及其他投资方式。投资比例的限制包括投资于某种形式资产的最高比例限制和对某一项资产投资的最高比例限制两种。由于各国金融市场的投资工具不同,证券市场的发育程度不同,各国监管机构规定的最高比例也有差异。下面列举英国①、美国②、日本、瑞典③和我国香港特别行政区保险投资比例的限制情况。

英国寿险投资运用的比例限制:英国政府公债为 18%,外国政府、本国地方政府债券为 3%,政府贷款为 7%,股票为 48%,抵押贷款为 22%,其他为 2%。

美国全国保险专员协会(NAIC)规定,对加拿大或加拿大政府赞助企业的经信用评等的债务工具的投资总金额不得超过寿险业者认可资产的 40%,对由各州政府或多边银行等实体发行者,投资总金额不得超过认可资产的 10%。对国内股权的投资总金额不得超过认可资产的 20%,未上市的股权总数不得超过认可资产的 5%。全部

---

① 孙建中、申晓兵:英美日寿险投资及我国寿险投资现状分析,《保险研究》,1998 年第 9 期,第 15—18 页。

② 高春燕:美国寿险业的发展特征及启示——基于保险监管的视角,《西南金融》,2020 年第 10 期,第 59—68 页。

③ 数据来源于美国保险监督官协会 2020 年修订"Regulations on Investment in the Insurance Industry"(《保险业投资规范法》);日本 2012 年修订《保险业法》;欧盟欧洲保险和职业养老金管理局(EIOPA)2020 年修订"Technical Specifications for the Solvency Ⅱ Prudential Framework"(《偿付能力Ⅱ审慎框架技术规范》);瑞典金融监管局 2018 年修订"Regulations on Insurance Business"(《保险业务规定》)。

不动产投资总额不得超过认可资产的15%，所投资的单一不动产原则上不得超过寿险认可资产的1%；抵押权贷款及不动产的投资总和不得超过认可资产的45%。境外投资的总金额不得超过任何资产的20%，对任何单一外国管辖地区的投资不得超过任何资产的3%。

关于日本政府对保险公司投资比例的限制，在2012年之前，《保险业法实施条例》对日本寿险业资金投资的部分资产设定了投资比例上限，例如国内股票投资不得超过总资产的30%、不动产投资不得超过20%、外币计价资产不得超过30%等。但从2012年4月起，日本正式取消了对部分大类资产投资比例上限的限制，保险公司对于主要大类资产投资额度不再受到监管限制，而由公司自主经营判断。

瑞典政府对保险公司投资比例的限制主要包括：投资非上市证券的比例不得超过组合资产净值的5%，投资固定收益资产的比例不得低于组合资产净值的30%，暴露于外汇风险中的投资比例不得超过组合资产净值的40%，单只证券的投资比例不得超过组合资产净值的10%，所有组合持有的单只证券比例不得超过该证券国内流通市值的2%，至少10%的资产必须外包给外部投资管理人。

我国香港特别行政区首先规定保险公司必须在香港维持资产，其数额不少于其香港业务负债的80%以及有关的偿付能力准备金。其次，规定资产类别上限：土地及建筑物为30%，上市股份、单位信托及互惠基金为30%，上市证券为50%，非上市股份和证券以及个人或非上市公司所欠的债务（其中不包括附属保险公司的股份及保险债务）为10%。

2014年中国保监会发布了关于加强和改进保险资金运用比例监管的规定：为防范系统性风险，针对保险公司配置大类资产制定保险资金运用上限比例。(1)投资权益类资产的账面余额，合计不高于本公司上季末总资产的30%，且重大股权投资的账面余额，不高于本公司上季末净资产。账面余额不包括保险公司以自有资金投资的保险类企业股权。(2)投资不动产类资产的账面余额，合计不高于本公司上季末总资产的30%。账面余额不包括保险公司购置的自用性不动产。保险公司购置自用性不动产的账面余额，不高于本公司上季末净资产的50%。(3)投资其他金融资产的账面余额，合计不高于本公司上季末总资产的25%。(4)境外投资余额，合计不高于本公司上季末总资产的15%。

2020年7月银保监会制定了《关于优化保险公司权益类资产配置监管有关事项的通知》，设置差异化的权益类资产投资监管比例。根据保险公司偿付能力充足率、资产负债管理能力及风险状况等指标，明确权益类资产监管比例，最高可到占上季末总资产的45%。具体如下：

(1)公司上季末综合偿付能力充足率不足100%的，权益类资产投资余额不得高于本公司上季末总资产的10%；

(2)公司上季末综合偿付能力充足率为100%以上(含此数，下同)但不足150%的，权益类资产投资余额不得高于本公司上季末总资产的20%；

(3)公司上季末综合偿付能力充足率为150%以上但不足200%的，权益类资产投资余额不得高于本公司上季末总资产的25%；

(4)公司上季末综合偿付能力充足率为200%以上但不足250%的，权益类资产投资余额不得高于本公司上季末总资产的30%；

(5)公司上季末综合偿付能力充足率为250%以上但不足300%的，权益类资产投资余额不得高于本公司上季末总资产的35%；

(6)公司上季末综合偿付能力充足率为300%以上但不足350%的，权益类资产投资余额不得高于本公司上季末总资产的40%；

(7)公司上季末综合偿付能力充足率为350%以上的，权益类资产投资余额不得高于本公司上季末总资产的45%。

(8)偿付能力充足率不足100%的保险公司，不得新增权益类资产投资。

2022年5月，原中国银保监会发布《关于保险资金投资有关金融产品的通知》，进一步优化保险资产配置结构，提升保险资金服务实体经济质效，防范投资风险。关于保险资本要求与投资比例进行了如下规定：

(1)保险集团(控股)公司和保险公司投资金融产品的，上季度末综合偿付能力充足率不得低于120%。

(2)保险资金投资理财产品，理财产品管理人为商业银行的，该商业银行上一会计年度末经审计的净资产不得低于300亿元人民币，或者已经在境内外交易所主板上市；理财产品管理人为理财公司的，该理财公司的注册资本不得低于30亿元人民币。

(3)保险资金投资债转股投资计划，保险机构投资同一债转股投资计划的金额不得高于该产品规模的50%，保险机构及其关联方投资同一债转股投资计划的金额合计不得高于该产品规模的80%；债转股投资计划纳入其他金融资产投资比例管理。其中，投资权益类资产比例不低于80%的债转股投资计划，应当同时纳入权益类资产投资比例管理。

(4)保险资金投资信贷资产支持证券，担任发起机构的商业银行上一会计年度末经审计的净资产不得低于300亿元人民币，或者已经在境内外交易所主板上市。

(5)保险资金投资资产支持专项计划，担任管理人的证券公司上一会计年度末经审计的净资产不得低于30亿元人民币，证券资产管理公司上一会计年度末经审计的净资产不得低于10亿元人民币。

(三)对投资资产与负债的配比关系的限制

对投资资产与负债的配比关系的限制是保险投资监管的一个重要方面。资产匹配的最基本要求是构造一种资产结构,保证在任何时候资产的现金流入与负债的现金流出相对应,如果这种对应不能实现,就会产生资产与负债的匹配风险,资产负债匹配风险将导致保单偿付发生困难或资产预定收益受到影响。资产与负债的匹配一般是指投资资产与对投保人负债之间期限结构的配比关系。各国多以告示形式引导保险公司,尤其是寿险公司必须将投资资产与负债相配比。有的国家则以法定形式要求投资资产与负债必须在期限上保持配比关系。

(四)对金融衍生工具的使用限制

金融衍生工具是以实质金融产品为基础的金融工具,它既是一种规避风险的工具,又可作为一种投机的方法。鉴于它的高风险性,许多国家允许寿险公司参与金融衍生工具的交易,但必须以套期保值为前提,禁止进行套利等投机性交易。有些国家如日本、法国、瑞士,不允许寿险公司将责任准备金投资于衍生工具,即便是规避风险的套期保值,也是严格禁止的,而对于责任准备金之外的保险资金,如资本金、总准备金等,却允许投资于金融衍生工具。

我国保险资金投资金融衍生产品,需严格遵循监管规定,以风险管理为目的,禁止投机。银保监会通过多项文件规范保险机构的参与方式、交易限额及风险管理要求。银保监会自 2020 年起陆续发布《保险资金参与国债期货交易规定》、《保险资金参与金融衍生产品交易办法》等文件,明确保险资金可参与金融衍生品交易,但仅限于对冲风险,不得用于投机。2024 年修订的《保险资金参与股指期货交易规定》进一步统一监管标准,强化资产负债管理要求。

二、保险公司对投资风险的管理

保险公司对投资风险的管理分为四个步骤,即投资策略、资产分配、投资组合管理和资产管理。保险投资管理人的作用在于与保险产品开发专家共同确定所售保单的支付特点,制定投资策略,预测将要投资的现金流量,在尽量增加投资回报和降低投资风险的同时,确定与现金流量相匹配的资产配置。

(一)制定合理的投资策略

合理的投资策略是保险公司投资的方针蓝图,它为保险公司投资制定了远期战略目标、近期战术策略以及投资的种种限制。保险公司通过拟定保险公司投资组织结构和投资程序,保证保险公司在遵循相关法律法规的前提下获得最大收益。保险投资策略强调资产和负债的配比关系,策略制定得合理与否直接影响到保险公司的资产组合结构的比例和规模,影响到保险投资的风险控制和收益。

科学的投资策略可以有效地控制保险公司的投资风险。因此，保险公司必须积极创造条件将这些策略在保险投资中付诸实施。为了保证有效地实施，保险公司必须建立科学的管理制度，使精算、投资和会计核算三个职能部门相互合作、相互制约。精算部门运用精算技术预测未来较长时期内负债现金流发生的概率和数量；会计核算部门根据公司的经营目标和发展战略，提出短期、中期和长期的资产收益要求；投资部门则要充分了解资本市场、不动产市场的发展动态，根据保险投资应遵循的安全性、流动性和收益性原则，选择适当的投资工具和投资品种，确定合理的投资组合，以满足精算部门和会计核算部门的要求。因此，投资部门的决策必须限制在合理的范围内，既要与精算部门和会计核算部门合作，又要受到这两个部门的制约，以避免投资部门决策权力过大，偏离精算和会计核算的目标，从而增加投资风险，影响保险公司的偿付能力。只有精算部门、会计核算部门和投资部门密切配合和相互制约，投资策略才能比较客观地反映保险公司的需求、风险承受能力和预期投资收益。

保险公司在制定投资策略时，要充分了解保险公司所签订的各类保单的支付特点，制定不同的投资方式和投资策略。例如，有的年金产品允许客户在短期内开始提取现金，而寿险产品则要到几十年后才开始支付，所以支持年金产品的资产流动性比支持寿险产品的流动性大一些。一般来说，投资策略包括的准则有投资期限长短、信用风险承受能力、投资于某一项目的数额限制、设定每一资产类别占总资产比例的百分比，然后再根据利率风险、信用风险、投资多样化等因素制定投资的整体策略。

保险公司在制定投资策略时，还要考虑保险投资目标。因为保险投资目标的选择和顺序直接影响到保险公司的投资组合。保险投资目标有安全性、流动性和收益性，这三个目标是相互矛盾的，流动性越强，安全性越好，收益性越差，反之亦然。保险投资必须在保证安全性和流动性的前提下追求最大限度的收益，通过协调三者之间的矛盾达到最佳组合。因此，保险公司应根据宏观经济环境、本公司的资金实力和所处的发展阶段，选择最合适的投资目标组合顺序，寻求最佳的投资组合。

（二）资产分配

保险公司在确定了整体投资策略和对每种产品的投资策略后，选择合理的投资方式。保险投资方式通常有银行存款、政府债券、公司债券、金融债券、股票、房地产、抵押贷款等。保险公司要根据自身的投资目标以及目标的顺序、自身的经济实力、各险种的负债期限结构等，确定各种投资方式的比例，将资产进行合理分配。比较常见的美国寿险投资组合的资产分配方式为现金 5%、美国财政债券 5%、美国公共债券 40%、国际债券 10%、私募债券 25%、房地产 15%。

（三）投资组合管理

投资组合管理人通过审查资本市场上所提供的所有的投资品种，选择比较合理的投资资产组合，使得投资资产与保险公司的负债在期限结构、利率结构、收益率方面相互匹配。投资组合的目的是通过投资组合降低投资项目的非系统性风险。下面分析证券投资组合中风险的控制。

假定有 m 个证券组成的投资组合，δ_i 表示证券 i 的标准差，δ_p 表示整个组合的标准差，w_i 表示各证券 i 在组合中的权重，ρ_{ij} 为第 i 种证券和第 j 种证券的相关程度，则证券组合的风险可以用下面的公式来衡量，即：

$$\begin{aligned}\delta_p^2 &= \sum_{i=1}^{m}\sum_{j=1}^{m} w_i w_j \rho_{ij}\delta_i\delta_j \\ &= \sum_{i=1}^{m} w_i^2\delta_i^2 + \sum_{i=1}^{m}\sum_{j=1, i\neq j}^{m} w_i w_j \rho_{ij}\delta_i\delta_j\end{aligned}$$

(1)当 $\rho_{ij}=1$，即各种证券完全正相关，则：

$$\begin{aligned}\delta_p^2 &= \sum_{i=1}^{m} w_i^2\delta_i^2 + \sum_{i=1}^{m}\sum_{j=1, i\neq j}^{m} w_i w_j \delta_i\delta_j \\ &= \left(\sum_{i=1}^{m} w_i\delta_i\right)^2\end{aligned}$$

(2)当 $\rho_{ij}=0$，即各种证券完全不相关，则 $\delta_p^2=\sum_{i=1}^{m} w_i^2\delta_i^2$，由于 $w_i<1$，相互独立的证券组合有助于减少风险。

如果有 m 种相互独立的证券，各证券的方差相同，将资金均匀投资于这 m 种证券，每种证券所占的比例为 $\frac{1}{m}$，则证券组合的风险为：

$$\delta_p^2 = \sum_{i=1}^{m} w_i^2\delta_i^2 = m\left(\frac{1}{m}\right)^2 \cdot \delta_i^2 = \frac{1}{m}\delta_i^2$$

当 $m\to\infty$ 时，$\delta_p^2\to 0$，表明证券组合中，证券个数越多，投资组合的风险越小，这就是资产组合效应。

(3)当 $\rho_{ij}=-1$，即各证券完全负相关，则 $\delta_p^2=\sum_{i=1}^{m} w_i^2\delta_i^2-\sum_{i=1}^{m}\sum_{j=1, i\neq j}^{m} w_i w_j\delta_i\delta_j$，以 $m=2$ 为例，$\delta_p^2=(w_i\delta_i-w_j\delta_j)^2$，表示证券完全负相关时投资组合的风险等于两证券风险相减。它比两个证券中最小风险者的风险还要小。

(4)当 $\rho_{ij}<1$ 时，即各证券之间正相关，ρ_{ij} 越接近于 1，证券组合的风险值就越大，但只要 ρ_{ij} 不等于 1，证券组合的风险就永远小于单个证券风险的加权平均值。以 $m=2$ 为例，$\delta_p^2=w_1^2\delta_1^2+w_2^2\delta_2^2+2w_1w_2\delta_1\delta_2\rho_{12}$。

(5)当 $-1<\rho_{ij}<0$ 时，即各证券之间负相关，虽然两种证券间的风险不能彼此完全抵消，但仍可抵消一部分，ρ_{ij} 越接近于 -1，抵消的幅度越大，ρ_{ij} 越接近于 0，抵消的幅度越小。以 $m=2$ 为例，$\delta_p^2=w_1^2\delta_1^2+w_2^2\delta_2^2-2w_1w_2\delta_1\delta_2\rho_{12}$。

由此可见，为了减少风险，投资者应选择具有负相关性的证券加入投资组合。而且负相关性越强，证券组合的风险也就越小。当各证券完全负相关时，证券组合的风险最小。一些经验丰富的投资者还会采用风险冲销策略，通过调整个别证券的持有量，使其相对持有比例与各证券相对风险成反比。风险冲销策略的运用，使证券组合的非系统性风险完全消失。

作为保险投资人员，运用证券投资组合可以分散风险，但是为了达到更好的分散风险的目的，尽量选择各种证券之间不相关或负相关，同时在不同时期要调节各证券的持有量，力求使各证券的持有比例与各证券的风险成反比，以消除非系统性风险。

债券投资是保险投资的主要方式，债券虽然是一种比较安全的投资工具，但仍然会面临利率风险、购买力风险、流动性风险、经营风险和提前偿还风险。利率风险是债券投资中最常见的，也是最严重的风险之一。市场利率的波动会导致债券投资的价格风险和再投资风险，使债券资产不能保证特定的期末现金值，不能满足未来特定的保险金支出。对于非系统性的债券风险，一般通过分散化的投资策略加以防护，即由投资组合管理者选择不同期限、不同风险和不同收益的债券进行投资组合，以降低整体投资风险，并保持一定的收益。对于利率风险这种系统性风险，只能运用一种被称为利率免疫的管理技术，通过构造一个零利率风险的债券资产组合，规避市场利率波动对保险基金债券投资的影响。利率免疫的管理技术最早运用在养老保险基金的债券投资上。

利率免疫技术是利率风险管理方面发展最为成熟的一项技术，它是通过构造一个不受利率风险影响的资产组合，来达到预定的期末现金值，满足未来债务的支出。

利率免疫技术有两种：一是现金配合；二是持续期限配合。现金配合是一种最简单的免疫技术，它是寻求一个债券组合，使每时期从债券中获得的现金流入与该时期预定的现金流出在数量上一致，从而使债券组合在最终到期日之前，既无任何现金流入，也无须出售任何债券。也就是说，债券组合不存在价格风险和再投资风险，避免了利率变化对债券投资的影响。现金配合技术虽然简单，但存在不少缺陷。首先，为了实现现金配合，债券投资者必须将债券分散投资于许多不同的债券，甚至一些毫无吸引力的债券，使债券的收益率受到影响。其次，养老保险预定的现金流出通常是不规则的一连串支付，很难找到期限与之匹配的零息债券，使现金配合难以实现。针对养老保险基金的特点，运用现金配合免疫技术效果并不理想。因为养老保险基金无须付利息税和资本利得税，基金管理者不愿将基金投资于分散的债券，而是集中于附息的债券。此外，要求养老基金资产组合的现金流入与负债的现金流出在时间上、数量上完全匹配，也是不太可能的，如要实现现金配合，成本也太高。所以，基金管理者更愿意采用持续期限配合的免疫技术。

持续期限配合是构造一个债券组合，使免疫资产债券的市场价值与将来约定的现金流出或期末现金值的现值，随市场利率同幅度波动。通常用持续期限(Duration)这个指标衡量资产价格对利率变动的敏感程度。

对于附息债券，持续期限 D 的计算公式为：

$$D=\sum_{t=1}^{n}\left[\frac{PV(C_t)}{P_0}\cdot t\right] \tag{1}$$

式中：C_t 为各期现金流量；$PV(C_t)$为现金流量现值；P_0 为债券市价；t 为现金流量发生的顺序次数。

对于零息债券，持续期限 D 的计算公式为：

$$D=-\frac{\mathrm{d}p/p}{\mathrm{d}(1+r)/(1+r)} \tag{2}$$

式中：P 为债券市场价格；r 为市场利率。

从公式(1)可知，持续期限 D 是将债券未来每一次现金流量的现值与债券市场价格的比率作为权数，然后乘以每次现金流动所需的时间加总即可。实际上，持续期限是现金流动时间的加权平均数。

从公式(2)可以推出，如果两种资产组合有相同的持续期限，对于收益率 r 的微小变化，它们的价格变化是相同的。也就是说，当投资资产组合的持续期限与预定负债支出的持续期限相同时，资产和负债的现值随收益率变化而一致波动，由此避免了利率风险，达到了免疫。

(四)资产管理

投资组合管理人决定了做何种投资以后，具体去买入债券、股票或不动产的任务就落在资产管理人或交易员身上。资产管理包括对购买和销售不同种类债券和房地产的分析和执行。我们以林肯国民保险股份有限公司(简称“林肯国民”)为例，说明其资产管理情况。林肯国民拥有以下几种资产：公共债券、衍生产品、短期市场或货币市场、私募债券、房地产借贷(抵押)、房地产期权。

公共债券包括美国政府债券、美国公司债券、住房抵押资产保证债券、商业住房抵押资产保证债券、资产保证债券以及国际债券[包括扬基债券(以美元为单位)和新兴市场债券]。目前，林肯国民拥有 5 名交易人员负责这些市场，还有一个 4 人研究小组协助他们工作。在该领域工作的每一个人需要在投资分析、公司信用研究、计算机应用和良好的沟通技能方面具备专业背景。衍生产品指的是期货、期权和利率掉期等。这是一个极端复杂、极具风险的领域，林肯国民主要运用这些金融合同来进行利率风险保值。林肯国民有两名管理人员专门负责该领域，他们必须具备优秀的数学能力。短期投资市场或货币市场部门管理着林肯国民大宗现金的交易，投资期限一般少于一年，通常只有一天。当保险业务量超过 340 亿美元时，任何时候都有可能获得一笔相当大的现金金额。它有 3 名货币市场交易人员，他们必须能够承受压力，有处理紧急情况的能力，思维敏捷且行动果断。私募债券是一种典型的固定利率投资，而非浮动利率投资，而且投资期限一般比银行贷款的期限长，一般在 5 年到 20 年不等。投资这些债券需要对利率和期限进行仔细的调查和持久的磋商。私人配售分析员一职通常为专才方可胜任，他们在信用研究和债券投资方面具备多年经验而且必须擅长谈判。林肯国民的私人配售部门有 12 名具有平均 8 年投资经验的分析员。房地产借贷是指对商业建筑物（如公寓、办公室、零售营业所和酒店等）的抵押借贷。在美国，保险公司是房地产业主要的融资供应方。商业抵押贷款历来是寿险公司的主要资产，这是由这些贷款所附带的长期性（通常为 10 年）和较高利率所决定的。林肯国民有 12 名人员专门负责购买和监督这些借贷。房地产期权是指对所有权权益的购买。购买房地产权益比借贷更具风险，当然能得到较高的回报。由于所涉及的风险复杂，房地产权益投资需要经验丰富、对房地产有高超分析能力的专业人员担任。林肯国民有 5 名这方面的人才。

只有严格按照保险投资管理的程序，加强科学管理，才能有效控制投资风险，提高投资收益。

本章小结

在保险经营过程中，由于保险金的赔付与保险费收入之间存在时间差和数量差，使保险公司的投资成为可能。保险公司投资的资金有自有资金和负债资金。自有资金有资本金和公积金，负债资金有非寿险未到期责任准备金、赔款准备金、寿险责任准备金、存入分保准备金、储金和长期责任准备金，其中保险责任准备金是保险投资的主要资金来源。由于保险投资资金的负债性、稳定性和社会性，决定了保险投资不仅要受安全性、流动性和收益性条件的约束，还要受对称性条件、替代性条件、分散性条件、转移性条件和平衡性条件的约束。

保险投资形式有金融资产类和实物资产类投资。金融资产类主要有债券、股票、抵押贷款、保单质押贷款。实物资产类投资主要有不动产。从各国保险业的投资结构来看，证券投资能够实现安全性、流动性和收益性的较佳组合，在保险投资中占有越来越重要的地位，资本市场成了保险投资的重要场所。

保险投资主体的模式有公司内设投资机构运作模式、委托专业的投资机构运作模式和专业化保险资产管理公司运作模式三种，这三种模式各有优缺点。随着保险业的发展，以及保险投资功能的凸显，专业化保险资产管理公司运作模式已成为国际保险业投资主体的主流模式。

保险投资风险可以分为传统保险投资风险，如市场风险、利率风险、信用风险、流动性风险、操作风险、监管风险、地缘政治风险等，以及新兴投资风险，如信息安全风险、技术更新风险、模型应用风险等。由于保险的投资风险会直接影响保险公司的偿付能力，因此对保险投资风险的管理既包括政府对保险业投资风险的监管，又包括保险公司自身对保险投资风险的管理。政府对保险业投资风险的监管主要表现在：(1)对保险投资范围的限制；(2)对保险投资比例的限制，投资比例的限制包括投资于某种形式资产的最高比例限制和对某一项资产投资的最高比例限制两种；(3)对投资资产与负债的配比关系的限制；(4)对金融衍生工具使用的限制。

保险公司对投资风险的管理包括：(1)制定合理的投资策略；(2)选择合理的投资方式，根据自身的投资目标以及目标的顺序、自身的经济实力、各险种的负债期限结构等确定各种投资方式的比例，将资产进行合理的分配；(3)通过审查资本市场上所提供的所有的投资品种，选择比较合理的投资资产组合，使得投资资产与保险公司的负债在期限结构、利率结构、收益率方面相互匹配。

复习思考题

1. 简述保险投资的资金来源和性质。
2. 简述保险投资的一般条件约束。
3. 简述保险投资的特殊条件约束。
4. 分析保险投资采用委托专业的投资机构运作模式的优缺点。
5. 为什么专业化的保险资产管理模式已成为保险投资主体的主流模式？
6. 简述保险投资风险的类型。
7. 作为保险监管机构应从哪些方面加强对保险公司的投资风险的管理？

第六章

复习思考题
答案

第七章

课件

第七章　保险公司财务管理

保险公司作为自主经营、独立核算、自负盈亏的市场竞争主体，其财务管理是保险公司经营管理过程中的重要环节。通过对保险公司财务状况和经营成果的分析，可以反映保险公司经营过程的全貌，为保险公司的经营决策提供重要的财务信息。保险公司的财务管理包括保险公司的资产管理、负债管理、成本费用和利润分配管理。

第一节　保险公司的资产管理

一、保险公司资产的界定

保险公司的资产是保险公司所拥有或控制的能以货币计量的经济资源。

在美国法定会计制度下，资产按流动性分为认可资产和不认可资产两大类。认可资产是指管理当局准许保险公司在其法定资产负债表上计列的资产，主要包括：现金以及能迅速变现并且没有价值损失的投资资产，如债券、股票、抵押贷款、担保贷款、保单质押贷款和不动产等；与保险公司经营关系密切的非投资资产，如从分保接受人处可摊回的赔款额、分保接受人未支付的佣金和费用、电子数据处理设备等。认可资产的最大特点就是具有很高的流动性，既能迅速变为现金，又能以确定的价值转变为现金。不认可资产主要是指那些流动性差、其价值全部或部分不能在法定资产负债表上计列的资产。全部价值不能计列的资产主要有办公设备、家具、汽车、一定期限以上的无担保应收保费以及公司雇员的贷款和预支款等；部分不计列的资产主要是一些市价低于账面价值的投资资产。美国保险公司把资产分为认可资产和不认可资产的最大优点是使偿付能力确定中的资产和法定资产负债表中的资产一致，便于公司自身对偿付能力的管理。

在我国保险会计制度中，保险公司的资产按流动性分为流动资产、长期投资、固定资产和递延资产四大类。流动资产是指在一年内变现或能被耗用的资产，主要有现金、银行存款、各种应收账款、预付赔款、物料用品、拆出资金、短期投资、存出分保准备金等;长期投资是指不能在一年内变现的投资资产,包括股票投资、债券投资、长期贷款以及其他投资;固定资产是指使用年限在一年以上并且单位价值在规定限额以上的,且使用过程中保持原有物质形态的资产,包括房屋、办公设备、建筑物以及交通运输设备等;递延资产是指公司发生的不能全部计入当年损益而应作为以后年度内分期摊销的各种费用,包括固定资产修理支出、租入固定资产改良支出、开办费等。

我国在2003年颁布的《保险公司偿付能力额度及监管指标规定》中引入了"认可资产"的概念。保险公司的认可资产是指保险监管机构对保险公司进行偿付能力考核时,按照一定的标准予以认可,纳入偿付能力额度计算的资产。在保险公司所有资产中,只有那些可以被保险公司任意处置的可用于履行对保单持有人义务的资产,才能被确认为认可资产。保险公司资产的认可必须符合确认原则、谨慎原则和合法原则。表7—1是中国保监会制定的认可资产表。

表7—1　　认可资产表

编报单位:　　201×年　月　日　　单位:万元

项目		上年 账面价值 (1)	本年 非认可价值 (2)	净认可价值 (3)=(1)-(2)	净认可价值 (4)
1	银行存款				
1.1	其中:存出资本保证金				
2	政府债券				
3	金融债券				
4	企业债券				
5	股权投资				
5.1	其中:上市股票				
6	证券投资基金				
7	保单质押贷款				
8	买入返售证券				
9	拆出资金				
10	现金				
11	其他投资资产				
12	融资资产风险减扣				
13	现金和投资资产小计				
14	应收保费				
15	应收分保账款				
16	应收利息				
17	预付赔款				
18	存出分保准备金				

续表

项　目		上年	本年		
		账面价值 (1)	非认可价值 (2)	净认可价值 (3)＝(1)－(2)	净认可价值 (4)
19	其他应收款				
20	应收预付款项小计				
21	固定资产				
22	无形资产				
23	其他资产				
24	非独立账户资产小计				
25	独立账户资产				
26	资产合计				

二、对保险公司资产的估价

保险公司资产负债的会计方程式为：

资产＝负债＋保单持有者盈余

保单持有者盈余＝资产－负债

这里，保单持有者盈余相当于一般会计准则中的“所有者权益”这一会计术语，可理解为保险公司的偿付能力额度。在法定会计原则下，为了准确核定保险公司的偿付能力额度，应采用保守的原则对保险公司的资产进行估价。

对资产负债表上列明的具有高度变现性的认可资产，如现金、股票、债券、抵押贷款、不动产、担保贷款等，一般采用较为保守的方法估价，以防止夸大资产的价值。由于投资资产是保险公司的主要资产，而股票和债券是两种最主要的投资资产。股票由于投资风险大，保险监管当局不仅要限制投资比例，而且对股票的估价也做出一些具体的规定。通常，股票用年末的市价来估价，有时为了防止年末市价的波动，也可以按每月末市价的平均金额来估价。如全美保险监督官协会（NAIC）下设的证券估价委员会（SVO）编制了专门的估价手册，大多数普通股股票以当年最后一个交易日的收盘价计列；对那些尚未上市交易的股票则按 SVO 确定的价值计列；信誉较差的优先股股票以 SVO 协会价格计列。对债券用摊销成本估价，以溢价（高于债券面值）或折价（低于债券面值）购买的债券在购买日到满期日期间的价值会逐渐向下或向上趋向于面值，使用摊销成本估价可使债券价值较市价稳定。对抵押贷款用未偿本金估价，抵押贷款的应计利息单独列明。对不动产用成本估价，并对装修、改良和折旧进行调整。对自用的不动产用成本或市价估价，以两者中的低者为准。对担保贷款用未偿贷款金额或担保品的市价来估价，以两者中的低者为准。

债券是我国保险公司的主要投资资产，我国财政部规定的《保险公司会计制度》对长期债券投资使用摊销成本估价。随着我国投资环境的完善以及保险公司利用投资增加收益、稳定经营的需要，保险投资方式必将多样化，因此，如何正确估价各种投资资产的价值将是我们面临的一个重要问题。

三、保险公司资产的管理

（一）固定资产管理

固定资产是指使用期限超过一年，单位价值在规定标准以上，并在使用中保持原有实物形态的资产。它是保险公司经营活动不可缺少的物质条件。根据我国《保险公司财务制度》的规定，固定资产的界定标准为：固定资产是指使用期限在一年以上的房屋、建筑物、机器、机械、运输工具和其他与经营有关的设备等，不属于经营中主要设备的物品，单位价值在 2 000 元以上，并且使用期限超过两年的，也作为固定资产。不具备上述规定条件的物品，作为低值易耗品。

保险公司固定资产种类繁多，规格不一，为了加强对固定资产的核算和管理，首先，必须对固定资产进行科学、合理的分类；其次，规定固定资产的计价标准；最后，科学计提固定资产的折旧费用。

1. 固定资产的分类

为了考核保险公司固定资产的利用效果，促进保险公司合理地配置固定资产，通常将固定资产按其经济用途分为经营用固定资产和非经营用固定资产。经营用固定资产是指直接服务于保险公司经营过程的各种固定资产，如经营用的房屋、建筑物、机器、运输工具等。非经营用固定资产是指间接服务于保险公司经营过程的各种固定资产，如职工宿舍、食堂等房屋、设备和其他固定资产。这种分类方法反映了保险公司固定资产的用途、结构及其变化情况。

为了便于准确计提固定资产折旧，保险公司通常将固定资产分为使用中固定资产、未使用固定资产和不需用固定资产。使用中固定资产要计提折旧，未使用和不需用的固定资产不计提折旧。这种分类方法反映了保险公司固定资产的使用情况。

2. 固定资产的计价标准

保险公司固定资产的计价标准有原始价值、重置完全价值和净值三种。《保险公司会计制度》对保险公司固定资产的计价做了明确规定：新建固定资产的计价采用历史成本计价，即原始价值计价；清查财产中确定盘盈的固定资产采用重置完全价值计价；盘盈、盘亏、毁损固定资产的溢余或损失采用净值计价。具体规定如下：

（1）保险公司自建固定资产，按建造过程中实际发生的全部支出计价。

（2）保险公司购入的固定资产，以买入价加上实际支付的运费、包装费、安装费、途中保险费和缴纳的有关税金等计价。

(3)融资租入固定资产,按租赁协议确定的价款、运费、途中保险费、安装调试费等计价。

(4)投资者投入的固定资产,按评估确认的净值或合同、协议约定的价值计价。

(5)在原有基础上进行改建、扩建的固定资产,按原固定资产的账面原价加上改建、扩建实际支出,扣除改建、扩建过程中产生的变价收入后的金额计价。

(6)接受捐赠的固定资产,以同类资产的市场价格或根据所提供的有关凭据作为原价再加上保险公司支付的运费、保险费和安装费用计价。

(7)盘盈的固定资产,按照同类固定资产的重置完全价值计价。

原始价值是指保险公司购建某项固定资产达到可供使用状态前所发生的一切合理、必要的支出,它是固定资产的基本计价标准,具有客观性和可验证性。重置完全价值指在当时的生产技术和市场状况下,重新购建同样的固定资产所需要的全部支出。这种计价标准比较真实地反映了固定资产的现价,但实务操作比较复杂,不宜作为普遍的计价标准。净值是固定资产原始价值或重置完全价值扣除累计已提折旧后的净额。

3. 科学计提固定资产折旧费

保险公司固定资产折旧的计提是会计权责发生制原则和收入费用配比原则的要求。为了科学合理地计提固定资产折旧,保险公司应该明确以下几点:

(1)保险公司要分清哪些固定资产要计提折旧,哪些固定资产不计提折旧。一般情况下,保险公司在用的固定资产,包括经营用固定资产、非经营用固定资产、融资租入固定资产、经营租出固定资产等,均应计提折旧。对于已估价并单独入账的土地、房屋和建筑物以外的未使用和不需用的固定资产,在建工程交付使用前的固定资产,以经营租赁方式租入的固定资产,已提足折旧继续使用的固定资产,提前报废和淘汰的固定资产,破产和关停保险公司的固定资产,国家规定的其他不提折旧的固定资产等不计提折旧。

(2)保险公司应根据固定资产的性质和消耗方式,合理预计固定资产的使用年限,并恰当地选用折旧计提方法。

(3)保险公司固定资产的折旧方法有平均年限法、工作量法、双倍余额递减法和年数总和法。平均年限法是将固定资产应提折旧额均衡地分摊到各期的一种方法。工作量法是根据某项固定资产各使用时期完成工作量的比例计算折旧额的一种方法。双倍余额递减法是不考虑固定资产残值,只按每期期初固定资产账面余额和双倍的直线法折旧率计算固定资产折旧。年数总和法是将固定资产的原价减去预计净残值后的差额乘以固定资产尚可使用的年数与使用年数的逐年数字总和的比例计算每年的折旧额。

(4)一般情况下,固定资产折旧采用平均年限法和工作量法。对于技术进步较快或使用寿命受工作环境影响较大的固定资产,经主管财政机关批准,可采用双倍余额递减法或年数总和法计提折旧。

(5)固定资产折旧方法一旦确定,不能随意变更,如需变更,应在年度财务报告中予以说明。

在固定资产管理中,除了做到以上几点外,还要加强固定资产日常管理。保险公司财务部门应定期或不定期地对固定资产进行盘点、清查,年度结算前进行一次全面的盘点清查。对盘盈、盘亏、报废、毁损的固定资产,既要查明原因,又要及时做财务处理。

(二)流动资产管理

保险公司流动资产管理,首先要根据保险公司经营条件和业务量以及库存现金,运用余额分析法和回归分析法等统计方法预测保险公司的资金需求,制定每一种流动资金的需用量和整体流动资金计划,合理安排暂时闲置的资金,以提高公司经济效益。其次,保险公司要建立健全现金的内部控制制度,合理划分各项资金的记账科目,并加强现金资产的监控管理,做到库存现金的账面余额与库存金额相符。对保险公司发生的出纳长短款、结算业务的差错额,按规定计入公司营业外收支。

(三)无形资产管理

无形资产是保险公司长期使用而不具备实物形态的那部分资产,包括专利权、著作权、租赁权、土地使用权、商业信誉和非专利技术等项目。无形资产财务处理原则按取得时的实际成本计价。具体表现为:

(1)保险公司自创并依法取得的专利权等无形资产的成本,根据依法取得时发生的注册费、聘请律师费以及其他相关支出确定。

(2)投资者作为资本或合作条件投入的无形资产的成本,按评估确认时合同约定的价值计价。

(3)保险公司并购另一个保险公司时,购入商誉的成本根据购买保险公司支付的价款扣除被收购保险公司可辨认资产的公允价值减去负债后的余额确定。除保险公司并购外,商业信誉不能作价入账。

第二节 保险公司的负债管理

一、保险公司负债的界定

在一般会计理论中,广义的负债既包括公司对债权人的负债,又包括对公司出资者的负债。但一般所谓负债，仅指公司所欠债权人的债务部分，对公司出资者的负债通常称为业主权益，在保险会计中，这部分负债称为保单持有者盈余。

在美国法定会计准则下，保险公司的负债由两部分构成：一部分是由保险公司经营特殊性决定的特有的负债项目，主要有未到期责任准备金、赔款准备金、理赔费用准备金以及各种应付账款、预收保费、拆入资金等；另一部分是保单持有者盈余，主要有资本股本（指保险公司已发行的并不是自己所拥有的所有普通股和优先股的面值或设定价值的总额）、股本溢价和缴纳盈余（指股东超面值缴入的资本）、特别盈余基金（指专门为应付特大意外事故而积累的基金）、未分配盈余（指没有指定用途的，可用于扩大公司经营规模或者向保单持有人或股东派发红利的基金）。保单持有者盈余不仅为保险公司的创建和初始经营提供创始基金，并不断为保险公司扩大经营规模提供资金来源，更重要的是保单持有者盈余是一种使保单持有者免受保险公司承保和投资不利结果影响的安全保护伞。一旦保险公司的赔款准备金和未到期责任准备金不足以履行保险合同义务时，保单持有者对公司的这部分净资产具有请求权。实际上，保单持有者盈余构成了保险公司最低偿付能力的经济内涵。

我国保险公司资产负债表中把保险公司的负债分为流动负债、长期负债和所有者权益。流动负债主要有财产险和短期性人身险业务的未到期责任准备金、未决赔款准备金、各种应付账款、预收保费、存入保证金、存入分保准备金；长期负债指寿险的长期责任准备金、长期应付款、长期借款等；所有者盈余包括实收资本、资本和盈余公积、总准备金、未分配利润。我国在2003年颁布的《保险公司偿付能力额度及监管指标规定》中引入了“认可负债”的概念。保险公司的认可负债是指保险监管机构对保险公司进行偿付能力考核时，按照一定的标准予以认可，纳入偿付能力额度计算的负债。表7—2是中国保监会制定的认可负债表。

表7—2　　认可负债表

编报单位：　　201×年　月　日　　单位：万元

		本　年	上　年
1	未到期责任准备金		
1.1	其中：未赚保费准备金		
1.2	保费不足准备金		
2	未决赔款准备金		
2.1	其中：已发生未报告赔款准备金		
3	长期财产险责任准备金		
4	寿险责任准备金		

续表

		本　年	上　年
5	长期健康险责任准备金		
6	准备金负债小计		
7	预收保费		
8	保户储金		
9	应付保户红利		
10	累计生息保单红利		
11	应付佣金		
12	应付手续费		
13	应付分保账款		
14	预收分保赔款		
15	存入分保准备金		
16	应付工资和福利费		
17	应交税金		
18	保险保障基金		
19	应付利润		
20	卖出回购证券		
21	其他负债		
22	非准备金负债小计		
23	独立账户负债		
24	或有负债		
25	认可负债合计		

二、对保险公司负债的估价

美国法定保险会计原则对保险公司的负债也遵循保守的估价原则，明确规定了未到期责任准备金、赔款准备金、费用准备金的具体提存方法。如果一种负债有多种估价，往往选用高的估价。虽然高估赔款准备金和未到期责任准备金会人为地暂时减少承保利润和保单持有者盈余，但这会增强保险公司的偿付能力。我国《保险法》第九十八条规定："保险公司应当根据保障被保险人利益、保证偿付能力的原则，提取各项责任准备金。保险公司提取和结转责任准备金的具体办法，由国务院保险监督管理机构制定。"

三、对保险公司负债的管理

保险公司的负债管理就是对保险公司的各种准备金进行管理。准备金管理包括以下两个方面：

(一)选择合适的方法，准确计提各种准备金

保险公司的精算师应不断努力提高精算技术，寻求适合自己保险公司实际情况的责任准备金的计提方法，力求计提的责任准备金充分、合理。

1. 未到期责任准备金的计提

未到期责任准备金是保险公司资产负债表中的一个重要科目，分为产险未到期责任准备金和寿险责任准备金。虽然产险未到期责任准备金和寿险责任准备金提存的目的都是为了履行下一年度和以后年度保险公司的未了责任，但是由于财产保险和人寿保险本身的特性决定了产险未到期责任准备金和寿险责任准备金各自的特殊性。

正因为产险未到期责任准备金和寿险责任准备金各自的特殊性，保险公司对准备金管理要实行专项管理，独立核算，这也是世界各国对产险、寿险业务分业经营的主要原因。即便是一些综合性的保险公司，对产险、寿险责任准备金也都是分立账户、专项管理、独立核算、互不调剂，以真正保障被保险人的利益。

未到期责任准备金作为保险公司履行未来赔付责任的资金准备，任何一家保险公司都要按照法律规定计提，只是不同的计提方法将影响未到期责任准备金的充足性和准确性。

产险未到期责任准备金常采用月比例法、逐日计算法和年平均估值法来提存。其中月比例法和逐日计算法是当今国际保险业通行的产险未到期责任准备金的提存方法。月比例法是一种普遍使用的简便方法，它的理论依据是假定月内每天承保的业务量均等，并假定承保的月内保费的有效天数为 15 天，以每月实际保费收入为基数，将 1 年分为 24 个半月来计算和汇总未到期责任准备金。对 1 年期业务以 1 月份保费的 1/24，2 月份保费的 3/24，…，11 月份保费的 21/24，12 月份保费的 23/24 来计算提存未到期责任准备金；对 3 年期业务分别以 1/72，3/72，…，69/72，71/72 的比例来计提未到期责任准备金。逐日计算法是根据有效保单的天数来计算未到期责任准备金，其计算公式为：

$$未到期责任准备金=\frac{剩余的未到期天数}{保险天数}\times 有效保单的保费$$

这种提存方法计算复杂、工作量大，但精确度高。年平均估值法又称 50%固定比例提存法。这种方法假定一年所有保险单都是逐日开出的，而且每天开出的保单数量和保险金额大体均匀。其计算公式为：

未到期责任准备金＝保费收入总额×50%

年平均估值法实际上是将全年的自留保费打了一个50%的平均折扣，但是由于保险公司的业务进度一般都很不均衡，每月、每季甚至上半年度和下半年度的差异都很大，因此使用年平均估值法计提未到期责任准备金不够科学精确。

寿险责任准备金有两种：一种是理论责任准备金；另一种是实际责任准备金。理论责任准备金的计提方法有两种：一种是过去法，即根据以前历年已缴纯保费的积存值与已给付保险金的积存值的差额来计算责任准备金；另一种是未来法，即根据将来保险金给付的现值与将来可收取的未缴保费现值的差额来计提责任准备金。不论采用哪种方法，所计提的理论责任准备金都是相同的。寿险责任准备金的计提更多采用的是未来法，这是因为按照过去法计算的是寿险公司保费收入额扣除赔款支出的折现值，相当于寿险公司账户中剩余的用于未来给付的资产余额，由于未来给付是寿险公司的一种法律责任，如果未来的死亡率、利率和营业费用率朝着不利于保险人的方向变动，寿险公司仍必须按合同规定给付，这时按照过去法提存的责任准备金就显得不足。利用未来法计提责任准备金要求精算师对寿险公司的现状、未来的发展趋势、公司的外部环境有充分的认识，并且能谨慎、理智地思考问题。因此，未来法的技术要求比过去法高，采用未来法提存的责任准备金也比过去法更充足。

实际责任准备金是在考虑了保单初期保险公司垫付的各种费用后对理论责任准备金作了修正而得出的准备金。实际责任准备金的修正方法很多，常用的是一年定期修正法和保险监督官修正法。一年定期修正法是将第一年修正纯保费 α^F 定为第一年的自然纯保费，即 $\alpha^F=c_x$，然后根据修正原则可得：

$$\alpha^F+\beta^F\cdot\alpha_{x:\overline{n-1}|}=P\cdot\ddot{\alpha}_{x:\overline{n}|}$$

可得：

$$\beta^F=P+\frac{P-c_x}{\alpha_{x:\overline{n-1}|}}$$

对于 X 岁的人投保 n 年期保险在 t 年末的实际责任准备金，可用未来法，按修正好的 β^F 作为年缴纯保费来计算。按照一年定期修正法修正后的实际责任准备金，每年都比理论责任准备金少，要到保险期满或保险费缴清时，才能达到与理论责任准备金相同的数额。此外，在一年定期修正法中，α^F 的下限值为 c_x，致使 $P-c_x$ 达到最大值，这时高保费保单第一年可能提取过多的附加保费而造成浪费，同时由于 β^F-P 较小而使续年的附加费不足。保险监督官修正法是为了避免高保费保单在一年定期修正法下第一年附加费浪费而提出的，以20年缴清保险费的终身寿险单作为最高基准，试图减少第一年与续年修正纯保费之间的差额。假定第一年修正纯保费为 α^C，以后各年修正纯保费为 β^C，则 β^C 与 α^C 的差额为签单年龄增加1岁，19年限期缴费终身寿

险的年缴纯保费与 c_x 之差，即：$\beta^C-\alpha^C={}_{19}P_{x+1}-c_x$。

根据修正前后纯保费现值相等的原则，可得：

$$\beta^C=P+\frac{{}_{19}P_{x+1}-c_x}{\ddot{a}_{x:\overline{n|}}}$$

然后根据未来法计算修正后的实际责任准备金。按保险监督官修正法修正后的实际责任准备金，每年都比理论责任准备金少，只有保险期满或保费缴清时，才能达到与理论责任准备金相同的数额。

2. 赔款准备金的计提

赔款准备金包括已报告未决赔款准备金和已发生未报告未决赔款准备金（即 IBNR 准备金）两种。由于财产保险的承保风险发生的随机性很大，赔款准备金成了财产保险资产负债表中的最大负债，而非产险的未到期责任准备金。人寿保险承保的风险小而且分散，再加上费率厘定和准备金提存都是建立在科学的精算基础上，有一套规范和系统的计算方法，这在很大限度上决定了人寿保险的未到期责任准备金是保险负债中最大的负债，而赔款准备金相对较小。

赔款准备金是非寿险公司资产负债表中最大的负债，准确计提赔款准备金是保险监管机构对保险公司偿付能力充足性的要求，是保险会计配比原则的要求，是合理厘定费率的要求。因此，无论从保险监管还是保险公司自身的经营管理来看，都有必要充分合理地计提赔款准备金。

（1）已报告尚未支付的赔款准备金的计提。已报告但尚未支付的赔款准备金的计提比较简单，因为未决赔案数是已知的，需要估计的仅仅是赔付金额。计提方法有逐案估计法、平均估值法、赔付率法和表式估值法。逐案估计法由保险理赔人员对每个未决赔案逐个估计将来结案时需支付的赔款，并进行汇总、调整和修正，得出估计的未决赔款准备金。这种方法对赔款金额确定和因索赔次数太少或索赔金额之间差额太大而难以估算可信的平均赔付金额的险种尤为适合，如财产险和保证保险。平均估值法根据保险公司以往同类保险业务的损失经验数据计算出损失或赔款的平均值，然后再根据对将来赔付额的变动趋势作预测，修正平均值，最后，将修正后的平均值乘以年终结算时统计到的未决赔案数就是未决赔案准备金。平均估值法对赔款次数多、索赔金额差异小、赔付迅速的险种最为适合，如汽车车损险。赔付率法通过使用一个选择时期预定的赔付率（损失赔付与已赚保费的比例）来估计某险种的最终赔款，扣除已付赔款和理赔费用得出未决赔款准备金，其计算公式为：

未决赔款准备金＝预定赔付率×已赚保费－已付赔款和理算费用

表式估值法只适用于赔付额取决于寿命、受益人再婚和其他一些偶然因素的索赔，如劳工保险中的长期全部丧失工作能力和遗属金给付。它之所以被称为表式估值法，是因为估计保险金给付需要使用死亡率、发病率和再婚率表。

(2)已发生尚未报告的赔款准备金的计提。已发生尚未报告的赔款准备金（即IBNR准备金）估计要比已经报告的赔款准备金复杂得多，必须同时对尚未报告的赔案数和赔付金额做出估计。一般是先根据以往的经验数据估计赔案数和赔付金额，然后再根据当前的情况进行修正，如考虑风险单位的增加、索赔程序的变更、理赔费用的增加、索赔频数和金额大小的变化。目前，世界上绝大多数非寿险精算师在确定IBNR准备金时采用损失外摊法、计数平均法、B-F法等。损失外摊法又称链梯法或损失发展三角形法（The Chain-Ladder or Loss Development Method）。估算IBNR准备金分四个步骤：一是根据已有的损失统计资料计算逐年损失发展系数；二是根据计算得到的逐年发展系数，用已有的经验数据得出损失发展数额；三是根据损失发展数额估计每个事故年度预期支付额后的最终预期损失；四是估算出IBNR准备金。但是用不同损失发展系数求出的IBNR准备金会有差异，这时到底应提存多少IBNR准备金就取决于精算师和公司管理人员的判断，并结合通货膨胀因素进行综合分析。计数平均法(Counts and Average)是在损失外摊法的基础上，对损失从损失频率和损失程度两个方面进行具体分析，从而估算IBNR准备金的方法。计数平均法的分析是基于两个损失发展三角形：一个是已发生索赔数三角形，即已报告赔案数三角形，用以分析损失频率；另一个是单位已发生赔案的平均赔付额（基于已支付数额）或单位已发生赔案平均发生额（基于已发生数额）三角形，用以分析平均损失程度。损失频率与平均损失程度的乘积就是预期最终损失，预期最终损失减去已支付数额即为IBNR准备金。计数平均法从损失频率和损失程度来考虑IBNR准备金的计提，比损失外摊法细致，但要求以多年的损失理赔资料为基础，对新成立的公司或资料不够充足的保险公司不适合。B-F法是将预期赔付率法与损失外摊法综合起来，先根据预期赔付率法估计最终损失。

最终损失估计＝预期赔付率×已赚保费

IBNR准备金＝最终损失估计－估算日已付损失

B-F法对长尾巴业务（所谓长尾巴业务，如雇主责任险、货运险，由于赔案性质和相关法律的复杂性，从损失发生到责任索赔的支付，通常需要较长的时间，有的甚至长达10年、20年）和不完全数据具有稳定作用，它比外摊法更具稳定性，但是需要通过外部资料获得最初的预期损失率，有时不一定能做到，这是B-F法的缺陷。

赔款准备金的计提过程也是赔款准备金的结算过程，不论采用哪种方法，都要对未来理赔进行推断和预测。会有多种因素影响理赔结果的准确性，这些因素有宏观经济状况、通货膨胀、通货紧缩以及法律变更等影响保险公司赔款准备金的外部因素，还有险种和承保因素（如险种、保单限制、免赔额、再保险分入、续保率）以及理赔因素（如理赔政策、理赔程序的变化、对索赔单位的定义）等影响保险公司赔款准备金的内部因素。因此，在计提赔款准备金时，保险精算师必须对保险公司内部因素、外部因素综合考虑，才能保证赔款准备金计提的充分和合理。

3. 理赔费用准备金计提

理赔费用准备金作为保险公司一项独立的负债项目，分为可分配理赔费用准备金和不可分配理赔费用准备金。可分配理赔费用指可明确地归因于某一赔案的费用，如法律诉讼费。不可分配理赔费用指不能明确地归因于某一赔案，而由众多的赔案在理赔过程中发生的费用，如理赔部门的正常营运费用。对这两种准备金往往是分开提存的，最常用的方法是采用日历年度支付比例法，即先算出过去3～5年可分配理赔费用（不可分配理赔费用）与赔款比例的平均值，然后将此比例乘以当年的赔款准备金，即得出可分配理赔费用（不可分配理赔费用）准备金。

在欧美等国的法定会计报表中，未到期责任准备金、赔款准备金、理赔费用准备金是保险公司的主要负债，其中未到期责任准备金和赔款准备金构成了保险技术准备金的内涵。我国保险公司资产负债表与损益表中没有理赔费用准备金这一会计科目。因此，对于损失理算费用，各公司一般将其计入营业费用，并不单独提取准备金。少数公司对于涉外业务中境外发生的、需委托国外当地机构人员勘查的费用，以及大赔案中高额的技术鉴定费计入损失准备金，其余的理赔费用仍作为营业费用支出。

4. 保险保障基金

为了保障被保险人的利益，支持保险公司稳健经营，保险公司应根据保险监管机构的规定提存保险保障基金，用于抵付破产、资不抵债的保险公司保单项下应履行的义务。从国际保险市场来看，保险保障基金的筹集方法有两种：一种是事先筹集，即按保险法律法规规定各家保险公司从每年保费收入中按一定比例提存，交于保险监管机构集中管理，统筹使用；另一种是事后筹集，即发生破产事故后，由保险市场上其他所有保险公司按比例分摊破产保险公司应赔偿或给付给被保险人的债务。

我国保险保障基金救助案例

我国《保险法》第一百条规定："保险公司应当缴纳保险保障基金。保险保障基金应当集中管理，并在下列情形下统筹使用：（一）在保险公司被撤销或者被宣告破产时，向投保人、被保险人或者受益人提供救济；（二）在保险公司被撤销或者被宣告破产时，向依法接受其人寿保险合同的保险公司提供救济。"我国《保险公司管理规定》第四条规定："保险保障基金分为财产保险保障基金和人身保险保障基金。"第十四条规定："保险公司应当按照下列规定，对经营的财产保险业务或者人身保险业务缴纳保险保障基金，缴纳保险保障基金的保险业务纳入保险保障基金救助范围：（一）非投资型财产保险按照保费收入的0.8%缴纳，投资型财产保险，有保证收益的，按照业务收入的

0.08%缴纳，无保证收益的，按照业务收入的0.05%缴纳；（二）有保证收益的人寿保险按照业务收入的0.15%缴纳，无保证收益的人寿保险按照业务收入的0.05%缴纳；（三）短期健康保险按照保费收入的0.8%缴纳，长期健康保险按照保费收入的0.15%缴纳；（四）非投资型意外伤害保险按照保费收入的0.8%缴纳，投资型意外伤害保险，有保证收益的，按照业务收入的0.08%缴纳，无保证收益的，按照业务收入的0.05%缴纳。"当财产保险公司的保险保障基金余额达到公司总资产6%的，人身保险公司的保险保障基金余额达到公司总资产1%的可以暂停缴纳。

（二）加强政府对责任准备金计提的监管

责任准备金提取是否合理、充足，直接影响到保险公司的偿付能力，影响到被保险人的利益，为此世界各国的保险监管机构都对责任准备金的计提实行严格的监督和管理。

对产险未到期责任准备金的计提，国际上通行的做法是采用月比例法和逐日计算法来计提。虽然计算复杂、工作量大，但是精确度高，况且随着计算机软件业的迅速发展，计算上不存在问题。

对于寿险未到期责任准备金的计提，各国监管机构具体的规定不同。例如，在加拿大，监管当局注重的是责任准备金提存的合理性，为此规定，寿险未到期责任准备金是所有未来给付和费用（包括死亡给付、退保金、红利、管理费用、佣金等）的现值与未来毛保费收入的现值之差。计算时不仅考虑利率、死亡率，还考虑失效率、费用率等。美国监管当局注重的是责任准备金提存的充足性。美国《标准估价法》（Standard Valuation Law）规定了计算保单责任准备金的三要素，即适用的生命表、最高利率及计算方法。这三要素随保单种类和期限的不同而不同。监管当局规定寿险公司必须按保单签发时指定的生命表和利率来计算未来保险给付的现值与未来纯保费收入现值之差，作为保单责任准备金的最低标准。目前，美国监管当局也允许寿险公司使用其他原则计算未到期责任准备金，只要计算出来的准备金等于或大于按照法律规定原则所得出的即可。

对于赔款准备金的计算，各国监管机构也进行了严格的管理。因为赔款准备金计算不仅是一个复杂的数学计算过程，而且极大程度上取决于管理人员的主观判断。赔款准备金的计算正确与否，直接影响负债规模，并最终影响保单持有者盈余。一方面，财务业绩好的公司通过高估赔款准备金递延收入，从而达到递延税款的目的；另一方面，对于财务状况差的公司来说，通过低估赔款准备金，人为地改变公司盈余状况，歪曲其财务偿付能力。因此，各国监管机关在强调赔款准备金充足的同时，限制过高计算赔款准备金而导致的不正常的费率抬升。难怪各国保险监管机构、分析人员及资信评级机构在评估非寿险公司偿付能力时，在赔款准备金的充足性上往往要花费大量时间，观察公司以往的损失记录，了解以前的赔款准备金估计是否满足今后损失状况，近期的损失发生变化时，是否对赔款准备金进行了重新调整，等等。

我国财产保险的未到期责任准备金计提仍采用年平均估值法，这种方法计提的未到期责任准备金不够科学精确。随着我国保险市场的进一步开放，国内保险业务应与国际惯例接轨，财产保险公司应改变现行的年平均估值法，采用国际通行的月比例法或逐日计算法计提未到期责任准备金。

对于人寿保险，保监会规定未到期责任准备金应采用“未来法”计提。人寿保险采用保费厘定时所使用的经验生命表，终身年金保险使用 80％×年金保险经验生命表和 120％×年金保险经验生命表。评估利率不得超过保监会每年公布的未到期责任准备金评估利率和厘定保费时使用的利率两项规定的最低值。从合理计提责任准备金的角度出发，除了规定合理的利率和生命表外，还应考虑公司的费用、退保率、未来的通胀率以及预期利润等因素。

对未决赔款准备金的计提，我国《保险法》与《保险公司管理规定》作出的仅仅是一些原则性的规定，对于具体的未决赔款准备金的估算范围、计提方法、调整方法等没有明确规定，这对保险公司来说，缺乏可操作性，对保险监管机构来说，缺乏监管的力度和精度。目前，国内保险公司对于未决赔款准备金的计提大多采用逐案计算法，由保险理赔人员对已经报告的全部赔案进行逐案分析判断，估算每个案件的赔款额，然后汇总得出总的未决赔款数计提准备金。逐案计算法对于财产保险和保证保险之类索赔金额的确定和因赔案数目太少或索赔金额之间差额太大而又难以计算可信的平均赔付金额的险种尤为适合，而对机动车辆险和家庭财产险不太适合，对 IBNR 准备金根本无法用逐案计算法估算。由于未决赔款准备金计提比较困难，技术要求高，一些地区性保险公司或刚开业不久的保险公司，对 IBNR 准备金还没有引起足够重视，或者还不具备计算 IBNR 准备金的能力。有些公司仅将 IBNR 准备金作为公司利润的调节器，甚至完全忽略不计。还有某些保险分支机构为了完成上级公司利润考核指标，采取人为调节未决赔款准备金的手段来均衡年度之间的利润。这些都将影响保险公司偿付能力的真实性。

第三节　保险公司成本费用和利润分配管理

一、保险公司成本费用

保险公司的成本费用是保险公司在业务经营过程中发生的与业务经营有关的支

出，包括保险公司的业务成本和营业费用两部分。

保险公司业务成本是指保险公司的主营业务成本，它是保险公司在日常经营中发生的与保险业务有关的支出。虽然提取保险保障基金、各项准备金提转差、营业税金及附加费是财产保险公司、人寿保险公司和再保险公司共有的业务成本项目，但是不同保险公司在业务经营性质上的差异，使得其保险业务成本的具体内容也有差异。具体表现为：财产保险业务成本包括提取保险保障基金、未决赔款准备金提转差、未到期责任准备金提转差、长期责任准备金提转差、营业税金及附加、赔款支出、手续费支出等；人寿保险公司的业务成本包括死亡给付、残废给付、医疗给付、年金给付、满期生存给付、退保金、赔款支出、手续费支出、佣金支出等；再保险业务成本包括分出保费、分保费用支出、分保赔款支出等。

保险营业费用是保险公司在业务经营和管理过程中发生的各项费用，但不包括手续费支出、佣金支出。营业费用具体有业务宣传费、业务招待费、防预费、电子设备运转费、安全防卫费、坏账损失、公司财产保险费（指向其他保险公司投保财产险支付的保险费）、邮电费、劳动保护费、外事费、印刷费、公假费、职工工资、差旅费、水电费、租赁费、修理费、职工福利费、工会经费、税金、会议费、诉讼费、公证费、席位费、咨询费、社会统筹保险费、劳动保险费、取暖费、审计费、技术转让费、研究开发费、绿化费、董事会费、车船使用费、住房公积金、上交管理费、银行结算费、同业公会会费、学会会费、贷款呆账准备、投资风险准备 41 个细项目。其中，职工福利费按公司职工工资总额的14%提取，用于职工福利开支；工会经费按职工工资总额的 2%计提，交工会按规定使用。

由于成本费用的大小，直接影响保险公司的盈利水平，因此，作为一家保险公司，在保证保险业务经营和管理的正常费用开支的基础上，加强对费用成本的管理，努力降低经营费用水平，增加保险公司的盈利。保险公司在成本费用管理上应注意以下几点：

（一）严格遵守成本费用支出的范围

属于成本范围的开支应及时进入成本，不属于成本范围的支出，不得计入成本，以保证成本核算的准确性和真实性。保险公司的下列开支不计入成本：

（1）购置、自行研制和建造的固定资产、无形资产和其他资产的支出；

（2）对外投资支出及分配给投资者的利润，包括支付的优先股股息和普通股股息；

（3）被没收的财物，支付的滞纳金、罚款、罚息、违约金；

（4）各种赞助和捐赠支出；

（5）由于经营管理不善和遭受自然灾害而造成的财物损失。

(二)规定按比例支出和按比例预提的界限

手续费支出比例不得超过实收保费的 8%。财产保险、人身意外伤害保险、短期健康保险和再保险业务应提取保险保障基金，按照当年自留保费的 1%提取。当保险保障基金提取金额达到保险公司总资产的 6%时，停止提取。对于开业不满 3 年的保险公司，业务宣传费按不超过当年营业收入的 9‰掌握使用，开业 3 年以上的保险公司按不超过当年营业收入的 6‰掌握使用。业务招待费按不超过营业收入的 3‰掌握使用。业务宣传费、手续费、业务招待费一律据实列支，不得预提。需要待摊、预提的费用，由保险公司根据会计权责发生制和收入与成本配比原则来确定。对当年能结清的预提费用，年终财务决算时不留余额；预提期长，需跨年度使用的，在财务报告中应予说明。

(三)严格区分本期成本与下期成本的界限

在成本核算中，对同一计算期内的成本和营业收入的核算贯彻配比原则，核算的起始日期、计算范围和口径应保持一致。

(四)明确资本性支出和收益性支出的界限

资本性支出不能列入成本。同时，保险财务部门还要划分营业内支出和营业外支出的界限，以准确计算营业成本。

二、利润分配管理

保险公司的利润是指保险公司在一定时期(通常为一年)的经营活动过程中，以各项收入抵补各项支出后取得的最终成果。它是衡量一家保险公司经营管理水平高低和市场竞争能力强弱的综合效益标准。

保险公司利润总额由营业利润、营业外收入、营业外支出三部分构成，利润总额的计算公式为：

利润总额＝营业利润＋(营业外收入－营业外支出)

营业利润是保险公司整个经营过程中获得的利润，它主要由承保利润、投资利润、汇总收益和其他业务利润构成。其中，承保利润和投资利润是营业利润的主要来源，也是保险公司利润的主要来源。承保利润是保险公司从事保险业务取得的利润，它等于保险业务收入减去保险业务支出，再减去准备金提转差。投资利润是保险公司将保险资金投资于债券、股票、抵押贷款和不动产项目取得的收益。

营业外收入是保险公司发生的与业务经营无直接关系的各项收入，包括固定资产盘盈和清理的净收益、罚没收入、确实无法支付的应付款项、接受捐赠的现金以及处置接受捐赠的实物资产转入等。

营业外支出是保险公司发生的与业务经营无直接关系的各项支出，包括固定资产盘亏和清理的净损失、职工子弟院校的经费、非常损失、罚款支出以及公益救济性捐赠。

保险公司利润总额的确认按我国《保险公司会计制度》的规定，保险业务实行按会计年度结算损益和按业务年度结算损益两种方法。长期工程保险、再保险业务按业务年度结算损益。业务年度结算损益实行多年期结算损益，非结算年度的收支差额作为长期责任准备金提存，不确认利润，于次年转回并滚存到结算年度终了时结算损益。其他保险业务采用会计年度结算损益。会计年度结算损益实行一年期结算损益，对保险业务的各项收支不分业务年度，按权责发生制原则确认为当期的收入与费用，并确认当期利润。

对于保险公司在一定时期内实现的利润总额扣除应缴所得税后的差额就是保险公司的净利润。为了正确处理好保险公司、投资者及保险职工各方面的利益关系，保险公司缴纳所得税后的利润加上年初未分配的利润，除国家另有规定外，应按先后次序予以分配。

利润分配的次序为：

(1)提取法定公积金。《保险公司财务制度》规定，保险公司分配当年税后利润时，应提取利润的10％列入公司法定公积金。公司法定公积金累计额为公司注册资本的50％以上时可不再提取。公积金用于弥补公司的亏损、扩大公司业务经营规模或者转增公司资本金。

(2)提取法定公益金。保险公司按本年度实现净利润的5％～10％提取法定公益金，用于保险公司职工的集体福利。

(3)提取总准备金。保险公司按本年度实现净利润的一定比例提存总准备金，用于补偿巨灾风险造成的损失，但不得用于分红、转增资本。

(4)提取任意公积金。保险公司从税后利润中提取法定公积金后，经股东会议决议，可提取任意公积金。

(5)向投资者分配利润。保险公司提取上述四项内容后，按规定向投资者分配利润。如果保险公司当年无利润，则不得向投资者分配利润。

(6)保险公司如果发生亏损，可以用以前年度提取的公积金弥补，也可以用以后年度实现的利润弥补。但是如果保险公司以前年度亏损未弥补的，不能提取上述四项内容。

第四节　保险公司的财务报表

为了向保险公司现在和潜在的投资者、债权人、投保人、被保险人、保险公司经营管理者、保险监管机构以及保险信用评级机构提供各种有关保险公司业务经营、投资和偿付能力方面的信息，帮助他们合理地做出决策，保险公司必须按规定呈报财务报表。我国《保险公司会计制度》规定的会计报表有资产负债表、利润表、现金流量表和利润分配表。资产负债表和现金流量表是反映保险公司财务状况的报表，利润表和利润分配表是反映保险公司经营成果的报表。

为进一步规范保险公司财务报表列报，提升会计信息质量，根据《企业会计准则第25号——保险合同》(财会〔2020〕20号，简称新保险准则)的新变化以及企业会计准则实施情况，财政部在2023年对保险公司财务报表格式进行了修订和印发，并要求保险公司财务部门认真贯彻执行。

一、保险公司资产负债表

资产负债表是总括反映保险公司在某一特定日期财务状况的会计报表，它是保险公司会计报表体系中最主要的一种报表。资产负债表作为一种静态的会计报表可以帮助报表使用者全面了解保险公司的财务状况，分析保险公司的债务偿还能力，为其合理决策提供参考。

资产负债表的基本结构是以会计平衡公式"资产＝负债＋所有者权益"为理论基础的。资产负债表的格式主要有账户式和报告式两种。根据我国《保险公司会计制度》的规定，保险公司资产负债表一般采用账户式。账户式资产负债表的左方是保险公司的资产项目，反映保险公司所拥有的各种资产以及保险公司偿还债务的能力。全部项目按资产流动性大小的顺序排列。现金、银行存款、短期投资等流动性大的资产排在前面，长期投资、固定资产等流动性小的项目排在后面。资产负债表的右方是负债项目和所有者权益项目。负债项目显示了保险公司长短期负债的数量和偿还期限的长短。所有者权益项目反映了保险公司投资者对本公司资产所拥有的权益。负债和所有者权益项目分为流动负债、长期负债和所有者权益三大项，按照对保险公司资产求偿权的先后以及偿债期限的长短顺序排列。不同时期资产负债表中相同项目的纵向对比和不同项目的横向对比，可以客观地反映保险公司财务状况的发展趋势。虽然资产负债表反映了保险公司在某一特定日期的资产、负债和所有者权益的总量与结构，但并没有说明保险公司资产、负债和所有者权益发生变动的原因。表7—3是保险公司资产负债表。

表 7—3　**资产负债表**　会保险 01 表

编制单位：　年　月　日　单位：元

资产	期末余额	上年年末余额	负债和所有者权益（或股东权益）	期末余额	上年年末余额
资产：			负债：		
货币资金			短期借款		
拆出资金			拆入资金		
衍生金融资产			交易性金融负债		
应收款项			衍生金融负债		
合同资产			卖出回购金融资产款		
买入返售金融资产			预收保费		
持有待售资产			应付职工薪酬		
金融投资：			应交税费		
交易性金融资产			应付款项		
债权投资			合同负债		
其他债权投资			持有待售负债		
其他权益工具投资			预计负债		
保险合同资产			长期借款		
分出再保险合同资产			应付债券		
长期股权投资			其中：优先股		
存出资本保证金			永续债		
投资性房地产			保险合同负债		
固定资产			分出再保险合同负债		
在建工程			租赁负债		
使用权资产			递延所得税负债		
无形资产			其他负债		
递延所得税资产			负债合计		
其他资产			所有者权益（或股东权益）		
			实收资本（或股本）		
			其他权益工具		
			其中：优先股		
			永续债		
			资本公积		
			减：库存股		
			其他综合收益		
			盈余公积		
			一般风险准备		
			未分配利润		
			所有者权益（或股东权益）		
			合计		
资产总计			负债和所有者权益（或股东权益）总计		

二、保险公司利润表

利润表是反映保险公司在一定时期内的经营成果及其形成情况的会计报表，它是保险会计报表体系中的一种重要报表。

利润作为保险公司经营业绩的综合反映和利润分配的主要依据，通过分析利润表，可以从总体上了解保险公司收入、成本和费用以及净利润的实现和构成情况，分析保险公司的盈利能力和利润的未来发展趋势，发现保险公司在经营和管理过程中潜在的风险和存在的问题，为保险公司加强经营管理和提高经济效益提供参考。

我国保险公司利润表是依照会计配比原则编制的，为了便于分析保险公司的经营情况，详尽反映公司的损益，预测保险公司今后的盈利能力，利润表采用多步式报表，即将损益的计算分解为多个层次。第一层次是计算承保利润。承保利润等于保险业务收入减去保险业务支出和准备金提转差。第二层次是计算营业利润。营业利润等于承保利润加上投资收益、利息收入、其他收入和汇兑收益减去利息支出和其他支出。第三层次是计算利润总额。利润总额等于营业利润加上营业外收入减去营业外支出。最后一层是计算净利润(或亏损)。净利润等于利润总额减去所得税。表7—4是保险公司利润表。

表7—4　　**利润表**　　会保险02表

编制单位：　　年　　月　　单位：元

项　目	本期金额	上期金额
一、营业总收入		
保险服务收入		
利息收入		
投资收益(损失以“－”号填列)		
其中：对联营企业和合营企业的投资收益		
以摊余成本计量的金融资产终止确认产生的收益		
净敞口套期收益(损失以“－”号填列)		
其他收益(损失以“－”号填列)		
公允价值变动收益(损失以“－”号填列)		
汇兑收益(损失以“－”号填列)		
其他业务收入		
资产处置收益(损失以“－”号填列)		
二、营业总支出		
保险服务费用		
分出保费的分摊		
减：摊回保险服务费用		

续表

项　目	本期金额	上期金额
承保财务损失		
减:分出再保险财务收益		
利息支出		
手续费及佣金支出		
税金及附加		
业务及管理费		
信用减值损失		
其他资产减值损失		
其他业务成本		
三、营业利润(亏损以“　”号填列)		
加:营业外收入		
减:营业外支出		
四、利润总额(亏损总额以“—”号填列)		
减:所得税费用		
五、净利润(净亏损以“—”号填列)		
(一)持续经营净利润		
(二)终止经营净利润		
六、其他综合收益的税后净额		
(一)不能重分类进损益的其他综合收益		
1.重新计量设定受益计划变动额		
2.权益法下不能转损益的其他综合收益		
3.其他权益工具投资公允价值变动		
4.企业自身信用风险公允价值变动		
5.不能转损益的保险合同金融变动		
……		
(二)将重分类进损益的其他综合收益		
1.权益法下可转损益的其他综合收益		
2.其他债权投资公允价值变动		
3.金融资产重分类计入其他综合收益的金额		
4.其他债权投资信用损失准备		
5.现金流量套期储备		
6.外币财务报表折算差额		
7.可转损益的保险合同金融变动		
8.可转损益的分出再保险合同金融变动		
……		
七、综合收益总额		
八、每股收益:		
(一)基本每股收益		
(二)稀释每股收益		

三、保险公司现金流量表

现金流量是指保险公司现金和现金等价物的流入和流出。现金是指广义上的现金,包括保险公司的库存现金、随时可用于支付的存款以及现金等价物等。现金等价物是指保险公司持有的期限短、流动性强,可转换为已知金额的、价值变动风险很小的投资。

现金流量表作为一种动态报表,反映了保险公司在一定会计期间现金流入和现金流出的动态财务信息的会计报表。

由于现金流量表通过现金的流入和流出反映了保险公司在一定期间内的经营活动、投资活动和筹资活动的动态情况。因此,现金流量表的编制有助于预测保险公司未来的现金流量,为保险公司编制现金流量计划创造条件,为投资者、债权人和投保人作出投资、信贷和投保决策提供必要的信息。现金流量表还有助于评价保险公司的偿付能力和资金周转能力。通过分析现金流量表中所反映的现金流量信息,可以了解保险公司真实的财务状况以及潜伏的财务风险,为保险监管提供依据。

现金流量表的编制是按照“现金流入－现金流出＝现金流量净额”等式的要求具体编排的。现金流量表由经营活动产生的现金流量、投资活动产生的现金流量、筹资活动产生的现金流量、汇率变动对现金的影响额以及现金流量净增加额五部分构成。经营活动、投资活动和筹资活动产生的现金流量分为现金流入和现金流出。现金流量净增加额由现金流入减去现金流出得出。表7－5是保险公司现金流量表。

表7－5 **现金流量表** 会保险03表

编制单位: 年 月 单位:元

项 目	本期金额	上期金额
一、经营活动产生的现金流量:		
销售商品、提供劳务收到的现金		
向其他金融机构拆入资金净增加额		
收到签发保险合同保费取得的现金		
收到分入再保险合同的现金净额		
拆入资金净增加额		
收到其他与经营活动有关的现金		
经营活动现金流入小计		
支付签发保险合同赔款的现金		
支付分出再保险合同的现金净额		
保单质押贷款净增加额		
拆出资金净增加额		

续表

项　目	本期金额	上期金额
支付手续费及佣金的现金		
支付给职工及为职工支付的现金		
支付的各项税费		
支付其他与经营活动有关的现金		
经营活动现金流出小计		
经营活动产生的现金流量净额		
二、投资活动产生的现金流量：		
收回投资收到的现金		
取得投资收益和利息收入收到的现金		
处置固定资产、无形资产和其他长期资产收回的现金净额		
收到其他与投资活动有关的现金		
投资活动现金流入小计		
投资支付的现金		
返售业务资金净增加额		
购建固定资产、无形资产和其他长期资产支付的现金		
支付其他与投资活动有关的现金		
投资活动现金流出小计		
投资活动产生的现金流量净额		
三、筹资活动产生的现金流量：		
吸收投资收到的现金		
取得借款收到的现金		
发行债券收到的现金		
回购业务资金净增加额		
收到其他与筹资活动有关的现金		
筹资活动现金流入小计		
偿还债务支付的现金		
分配股利、利润或偿付利息支付的现金		
支付其他与筹资活动有关的现金		
筹资活动现金流出小计		
筹资活动产生的现金流量净额		
四、汇率变动对现金及现金等价物的影响		
五、现金及现金等价物净增加额		
加：期初现金及现金等价物余额		
六、期末现金及现金等价物余额		

四、保险公司利润分配表

利润分配表是反映保险公司利润分配情况以及年末未分配利润结余情况的报表。它是利润表的一张附属表，但是通过对利润分配表的分析，可以清楚地了解保险公司的经营成果、资金积累以及投资者的所得，为保险公司经营决策者提供参考资料。

保险公司的利润分配表的主要项目有净利润、可供分配利润、可供投资者分配的利润和未分配利润四项。利润分配表的结构形式采用多步式：第一步是计算可供分配的利润，它是由净利润加上年初未分配利润以及盈余公积转入数；第二步是计算可供投资者分配利润，它是由可供分配的利润，减去提取的法定公积金、法定公益金、总准备金、任意公积金后的余额；第三步是计算年末结余的未分配利润，它是由可供投资者分配的利润减去应付利润的差额。表 7—6 是保险公司利润分配表。

表 7—6　　利润分配表

编制单位：　　单位：元

项　目	行次	本年实际	上年实际
一、净利润	1		
加：年初未分配利润	2		
盈余公积转入	3		
二、可供分配利润	4		
减：提取法定盈余公积	5		
提取法定公益金	6		
提取总准备金	7		
提取任意盈余公积	8		
三、可供投资者分配的利润	9		
减：应付利润	10		
四、未分配利润	11		

资产负债表、利润表和现金流量表作为保险公司对外提供的会计报表，从不同角度反映了保险公司的财务状况、经营成果和现金流量。资产负债表总括反映了保险公司经营活动对资产、负债、所有者权益的影响结果在某一时点的状况，但没有说明保险公司资产、负债和所有者权益发生变化的原因。利润表总括反映了保险公司在一定时期的经营规模和经营成果，从一定程度上说明了保险公司财务状况变动的原因。但是利润表没有提供保险公司经营活动、投资活动中引起的现金流入和现金流出信息。如果只分析保险公司的资产负债表和利润表，并不能全面反映保险公司的经营活动和财

务活动对财务状况变动的影响以及财务状况变动的原因。唯有编制现金流量表才能反映保险公司现金流入和现金流出的原因和全貌，才能从动态的角度了解保险公司在经营活动、投资活动和筹资活动过程中的现金流量变化的财务信息。因此，现金流量表起到了对资产负债表和利润表补充说明的作用。

第五节 保险公司财务稳定性分析

一、保险公司财务稳定性的含义

保险公司的财务稳定性是指保险公司所积累的保险基金是否能够足以履行可能发生的赔偿责任。保险公司财务稳定性包含两层含义：一是保险公司纯保险费收入与发生赔款支出之间的对等关系；二是保险公司所累积的总准备金与突发特大风险所造成的损失所需赔款之间的对等关系。如果保险公司所积累的保险基金能够全部履行可能发生的赔付责任，说明保险公司的财务稳定性是好的。如果保险公司所积累的保险基金不够支付可能发生的赔款，说明保险公司的财务稳定性是差的。但是需要指出的是，财务稳定性和偿付能力的含义不同，保险财务稳定性是指在正常年景的情况下，保险费收入能否抵付赔款的支出，而保险公司偿付能力是保险公司对其所承担的风险，在发生超出正常年景的赔偿数额时应当具有的经济补偿能力。

二、保险财务稳定性的度量

从理论上讲，保费收入中的纯保费与赔款支出是相等的，但在实际经营中，由于风险发生的不确定性、损失程度的不确定性、费率厘定前基本假设的局限性以及统计资料的误差等原因，使实际赔付金额与预期赔付金额之间出现偏差，这种偏差我们通常用稳定性指标来表示：

$$稳定性指标=\frac{赔付金额的均方差}{预期赔款金额}$$

赔付金额的均方差是代表实际赔付金额与预期赔付金额之间差额的平均数，用以表示实际赔付金额较预期赔付金额可能多付或少付的偏差范围。预期赔付金额在经营中表现为保险赔付基金，它是通过损失率的测定计算出的纯保费积累而建立起来的，保险赔付基金的大小直接影响到保险公司偿付能力的大小。因此，分析保险财务稳定性，仅仅计算赔付金额的均方差是不够的，因为在不同的保险基金规模条件下，赔付金额的均方差对财务稳定性的影响是不同的。对一个有 1 亿元赔付基金的保险公司，500 万元偏差是赔付基金的 5%，而对一个只有 1 000 万元赔付基金的保险公司，500 万元的偏差却已占了赔付基金的 50%。显然，前一个保险公司的财务稳定性比后一个公司要好得多。因此，必须将赔付基金的均方差同赔付基金对比得出稳定性指标，才能比较保险公司财务稳定性的高低和所达到的程度。因此，财务稳定性公式又可以表示为：

$$财务稳定性指标=\frac{赔付金额的均方差}{赔付基金}$$

假定某保险公司承保 n 个保险标的且相互独立，每个标的的保险金额均为 a 元，损失概率为 p，纯费率为 q，则标的损失服从二项分布，损失期望值 $u=np$，均方差为 $\delta=a\sqrt{np(1-p)}$，用 k 表示财务稳定性指标，则其数学公式为：

$$k=\frac{a\sqrt{np(1-p)}}{anq}=\frac{\sqrt{np(1-p)}}{nq}$$

k 的取值范围在 0～+∞之间。k 值越小，说明保险经营结果的波动水平越低；$k=0$，说明各年度实际赔付率等于预期赔付率；k 值越大，说明保险经营结果的波动水平越高。对于 k 指标达到什么程度才能保证保险公司的财务稳定，目前尚无确切标准，但一般认为，小于 0.1 的 k 值所表示的财务稳定性是令人满意的。

三、保险财务稳定性指标的影响分析

财务稳定性指标 k 值的度量是建立在两个假设前提下的：一是每个标的相互独立，作为一个风险单位。但事实上，一些巨灾风险往往波及整个城市或地区，每个标的不能看作是独立的风险单位，保险公司在经营中面临着风险累积。二是每个标的的保险金额相同。在实际业务中，同类业务每个保险标的的保额相同或近似相等的情况较为罕见，保险公司会面临标的保额的差异所带来的风险。

(一)风险累积业务的财务稳定性分析

假定保险标的的相关程度较高，这意味着保险标的数量增加，风险单位减少。如果 B 标的物发生事故，必然导致 A 标的物发生事故。$P(A|B)=0$，则：

$$P(AB)=P(B)\cdot P(A|B)=[1-P(A|B)]P(A)=P(A)$$

说明 A、B 标的物同时发生事故的概率几乎和 A 标的物单独发生事故的概率相等，使 A、B 两个标的在同一概率下成为一个风险单位。

设有 n 个同质风险标的，平均保额为 a，标的损失概率为 p，纯费率为 q，其中 n 个标的集合成一个危险单位，其损失概率近似于单个标的的损失概率，均方差为：

$$\delta_1=an_1\sqrt{n/n_1\cdot p(1-p)}$$

$$\delta_1/\delta=\frac{an_1\sqrt{n/n_1\cdot(p(1-p))}}{a\sqrt{np(1-p)}}=\sqrt{n_1}$$

$$\delta_1=\sqrt{n_1}\delta$$

$$k_1=\frac{a\sqrt{n/n_1\cdot p(1-p)}}{an_1q}$$

$$k_1/k=\frac{a\sqrt{n/n_1\cdot p(1-p)}/an_1q}{a\sqrt{np(1-p)}/anq}=\sqrt{n_1}$$

$$k_1=\sqrt{n_1}k$$

从上述公式中可以看出，风险累积后，k_1 的值比原来的 k 值大大提高了，保险公司财务稳定性也大为降低。我们在推理过程中是假定 B 标的发生事故会必然导致 A 标的发生事故，实际上，只要 B 标的发生事故导致 A 标的发生事故的可能性大于 B 标的单独发生事故的概率，那么 A、B 两标的同时发生事故的概率就必定要比 A、B 相互独立要大，故其财务稳定性系数 k 值也比 A、B 相互独立时要大。由此可见，承保风险单位的独立性是影响财务稳定性的重要因素。这要求保险公司在承保业务时尽量使风险单位相互独立，或者使风险单位之间的相关程度低一些，以免一个事件发生而影响其他事件发生，使保险公司遭受连锁反应带来的损失，造成实际赔付支出与预期赔款支出的偏差加大，影响其财务的稳定性。

（二）不同保险金额业务的财务稳定性分析

将 n 个平均保额为 a 的标的分成几组，平均每组标的数为 n/m，每组平均标的的保额为 $a_1,2a_1,\cdots,ta_1$，相差 t 倍，假定同类业务的损失率等于纯费率，即 $p=q$，总的保险赔付基金不变，则有：

$$anq=(a_1n/m+2a_1n/m+\cdots+ta_1n/m)q$$

化解得：$a_1=2a/(t+1)$

每组的均方差为：

$\delta_1=a_1\sqrt{n/m\cdot q(1-q)}$

$\delta_2=2a_1\sqrt{n/m\cdot q(1-q)}$

…

$\delta_m=ta_1\sqrt{n/m\cdot q(1-q)}$

总的均方差为：

$$\delta^1=\sum_{l=1}^{m}\delta_i$$
$$=\sqrt{\delta_1^2+\delta_2^2+\cdots+\delta_m^2}$$

$$=\sqrt{[a_1\sqrt{n/m\cdot q(1-q)}]^2+\cdots+[ta_1\sqrt{n/m\cdot q(1-q)}]^2}$$

$$=a_1\sqrt{\frac{n}{m}\cdot q(1-q)\cdot\frac{t(t+1)(2t+1)}{6}}$$

$$=\frac{2a}{(t+1)}\sqrt{\frac{t(t+1)(2t+1)}{6m}\cdot nq(1-q)}$$

$\because \delta=a\sqrt{nq(1-q)}$

$\therefore \delta^1=\sqrt{\dfrac{2t(2t+1)}{3m(t+1)}}\cdot\delta$

∵赔付基金不变

$\therefore k^1=\sqrt{\dfrac{2t(2t+1)}{3m(t+1)}}k$

如果 $m=1$　　$t=1$　　$\delta^1=\delta$　　$k^1=k$

如果 $m=10$　　$t=10$　　$\delta^1=1.13\delta$　　$k^1=1.13k$

如果 $m=10$　　$t=100$　　$\delta^1=3.64\delta$　　$k^1=3.64k$

从上述分析可知,保险公司承保标的的保额差异性越大,相应的,k 值提高越快,保险公司财务就越不稳定。因此,保险标的保额大小越均衡,实际损失与预期损失之间的偏差就越小,经营就越稳定。保额过大或过小,均不利于保险公司财务的稳定。相对来讲,大保额标的发生损失,超出保险基金补偿范围的情况更为不利。

因此,从财务稳定性系数 k 的定义中可以看出,财务稳定性一般受下列因素影响:

(1)承保风险单位的独立性。风险单位的独立性是指一个风险事件的发生不影响另一风险事件的发生。如果承保风险不独立,会使保险公司遭受连锁反应带来的损失,使实际赔款支出与预期赔款支出的偏差增大,从而影响财务的稳定性。

(2)承保风险的同质性。同质性是指各承保风险单位具有相似或相等的出险频率和损失幅度。如果风险单位不同质,一旦高额损失发生,必然影响财务稳定。

(3)承保风险的大量性。依据大数法则,大量的承保风险单位,可以保证损失概率计算的准确性和可靠程度,从而有利于财务稳定。

(三)投资风险对保险财务稳定性的影响

从保险公司财务稳定性指标中可以看出,除了赔付金额均方差影响保险公司的财务稳定性外,赔付基金是另一个重要因素。赔付基金数额较所承担责任的比例越大,稳定性就越好。赔付基金是根据保费收取建立起来,经过精确的损失率测算出来的。如果为了追求财务稳定性而尽量提高费率以积累足够大的赔付基金,既会增加被保险人的负担,导致保险需求减少,又会使保险公司在市场竞争中处于不利地位,两方面因素作用必然导致承保业务量的缩减，从而减少赔付基金的数量。所以保险公司唯一正确的选择就是将积累起来的赔付基金进行有效的投资，通过投资收益来增强自身的财务稳定性。

对保险公司财务稳定性产生影响的投资风险主要体现在倒闭风险、坏账风险和最低变现力风险上。倒闭风险是指保险公司大部分资金集中投资于某一公司或某一证券时，如果这些投资对象破产或因各种原因不能履行还本付息的义务，使保险公司投资遭受损失的风险。坏账风险是保险公司的投资项目受到各种不确定因素的影响，投资不能如期收回，在账面上成为坏账的损失风险。最低变现力风险是指保险公司的投资结构与负债结构不一致造成投资项目流动性差，持有的最低现金量不能满足日常赔付时产生的风险。针对各种投资风险，一是保险公司在投资时要进行投资项目的可行性研究，并注意风险分散的原则，切忌把“所有的鸡蛋放在同一个篮子里”；二是保险公司在投资组合中，尽量选择相关系数小的投资项目组合，以尽可能减少投资风险带来的坏账损失，稳定其财务；三是保险公司可以通过资产和负债的合理组合来减少变现力需求的波动，即尽量使投资回收期、投资金额与赔付的时间、金额相一致，尽量使其赔付责任负相关或相互独立，以减少最低变现力风险。

本章小结

IFRS 17简介

保险公司的资产是保险公司所拥有的或所控制的能以货币计量的经济资源。在美国法定会计制度下，资产按流动性分为认可资产和不认可资产两大类。在我国保险会计制度中，保险公司的资产按流动性分为流动资产、长期投资、固定资产和递延资产四大类。在美国法定会计准则下，保险公司的负债包括由保险公司经营特殊性决定的特有的负债项目，如各种准备金和保单持有者盈余。我国保险公司资产负债表中把保险公司的负债分为流动负债、长期负债和所有者权益。对保险公司资产和负债都采用保守的估价方法。

我国保险公司资产的管理主要包括固定资产管理、流动资产管理和无形资产管理。固定资产管理时首先必须对固定资产进行科学、合理的分类，其次规定固定资产的计价标准，最后是科学计提固定资产的折旧费用。保险公司流动资产管理首先要根据保险公司经营条件和业务量以及库存现金，运用余额分析法和回归分析法等统计方法预测保险公司的资金需求，制定每一种流动资金的需用量和整体流动资金计划，合理安排暂时闲置的资金；其次，保险公司要建立健全现金的内部控制制度，合理划分各项资金的记账科目，并加强现金资产的监控管理，做到库存现金的账面余额与库存金额相符。保险公司负债管理主要指准备金的管理，首先是选择合适的方法，准确计提各种准备金；其次是加强政府对责任准备金计提的监管。

保险公司的成本费用是保险公司在业务经营过程中发生的与业务经营有关的支出，包括保险公司的业务成本和营业费用两部分。业务成本是保险公司的主营业务成本，是保险公司在日常经营中发生的与保险业务有关的支出。营业费用是保险公司在业务经营和管理过程中发生的各项费用，但不包括手续费支出、佣金支出。由于成本费用的高低，直接影响保险公司的利润，因此，保险公司必须在保证保险业务经营和管理的正常费用开支的基础上，加强对费用成本的管理，努力降低经营费用水平，增加保险公司的盈利。

保险公司的利润是保险公司在一定时期(通常为一年)的经营活动过程中，以各项收入抵补各项支出后取得的最终成果，它是衡量一家保险公司经营管理水平高低和市场竞争能力强弱的综合效益标准。保险公司在一定时期内实现的利润总额扣除应缴所得税后的差额就是保险公司的净利润。净利润分配的次序为：(1)提取法定公积金；(2)提取法定公益金；(3)提取总准备金；(4)提取任意公积金；(5)向投资者分配利润。

保险公司对外公布的财务报表有资产负债表、利润表、现金流量表和利润分配表。资产负债表和现金流量表是反映保险公司财务状况的报表，利润表和利润分配表是反映保险公司经营成果的报表。如果只分析保险公司的资产负债表和利润表，并不能全面反映保险公司的经营活动和财务活动对财务状况变动的影响以及财务状况变动的原因，只有现金流量表才能反映保险公司现金流入和现金流出的原因及全貌，才能从动态的角度了解保险公司在经营活动、投资活动和筹资活动过程中现金流量变化的财务信息。

保险公司的财务稳定性是指保险公司所积累的保险基金能否足以履行可能发生的赔偿责任。财务稳定性通常用财务稳定性系数 k 来衡量。k 值受到承保风险单位的独立性、承保风险的同质性、承保风险的大量性以及保险公司投资风险的影响。

复习思考题

1. 财产保险未到期责任准备金的计提方法有哪些？
2. 寿险责任准备金通常采用什么方法计提？
3. 什么是保险保障基金？国际上保险保障基金的筹集方法有哪些？
4. 简述保险公司利润的确定和分配次序。
5. 我国《保险公司会计制度》规定的财务报表有哪几种？它们之间存在什么关系？
6. 保险公司的财务稳定性包含哪两层含义？它是如何度量的？

第七章

复习思考题
答案

第八章

课 件

第八章 保险公司偿付能力管理

保险公司是经营风险的特殊企业，其偿付能力对保险公司至关重要，它既是反映保险公司经济实力是否雄厚的标准，又是保险公司自身经营管理的首要目标，也是保险监管当局关注的焦点。

第一节 偿付能力的概念和种类

一、偿付能力的概念

偿付能力是指公司偿还债务的能力，具体表现为公司是否有足够的资产来抵偿负债。作为一般公司来说，只要资产能够完全偿还债务，即具有了偿付能力。但是，保险公司的资产能够完全偿还债务，并不说明保险公司具备了偿付能力。保险公司的偿付能力是指保险公司对所承担的风险在发生超出正常年景的赔偿和给付数额时的经济补偿能力。对保险公司来说，不仅要求资产能够完全偿还债务，而且资产必须超过负债达到一定额度，也就是我们通常所说的最低偿付能力。

保险公司的业务经营过程实际上是风险集中和风险分散的过程。保险公司为了承担自己赔偿和给付的义务，就必须建立保险基金。保险基金的主要来源是投保人所缴纳的保险费。财产保险业务纯费率制定时，保险公司先假设“过去同类责任赔款或给付经验与未来状况大致相同”，然后根据过去长期积累的大量同类风险的损失和赔款统计资料，在大数法则的基础上，运用概率论和数理统计，按照平均保险金额损失率（即过去数年赔款总额/过去数年保险金额总额），再加上一定的危险附加（或者稳定系数）制定的。人寿保险的纯费率制定时假设所有的保险费都是期初缴付的，所有死亡给付都是年末给付的，然后保险公司根据预定的死亡率和预定的利息率来厘定。从理论上讲，纯保险费应该正好满足赔偿与给付的需要，但事实上，由于风险发生的不确定性、损失程度的不确定性、费率厘定前基本假设的局限性以及统计资料的误差，导致保险标的发生保险事故的实际损失率与期望值并不完全一致，当保费收入不足以赔偿或给付时,保险公司只能以保费收入以外的资金即自有资金支付赔款。因此,对一家保险公司来说,保持一定的偿付能力是公司生存与发展的前提条件。

二、偿付能力的经济内涵

保险公司的偿付能力表现了保险公司资产与负债之间的关系。从保险公司的资产负债表上看,保险公司的负债主要由保费准备金、赔款准备金、资本金、总准备金及未分配盈余构成。保费准备金和赔款准备金合称保险准备金或技术准备金,这是保险公司对被保险人的负债。在保险期限内,以保险事故发生为契机,以保险赔偿或给付的方式返还给被保险人。资本金、总准备金和未分配盈余构成了股份制保险公司的股东权益,属于保险公司的自有资金。

保险公司要持续稳定地发展,必须有两种充足的准备金:一种是用以应付常规损失赔付的技术准备金;另一种是用以应付非常规损失赔付的偿付准备金。技术准备金建立的基础是保险期间的损失期望。如果在保险期内损失总是与技术准备金相等,那么保险公司只要将总资产维持在与技术准备金相等的规模,就足以偿付全部责任了。但是,由于保险经营的风险性,实际损失与期望损失之间往往存在偏差。如果保险公司技术准备金不足以赔付,就要动用自有资金来履行赔付义务。因此,保险公司在任何时候都必须在总资产与技术准备金构成的对被保险人的负债之间保持一个足够大的量,以应付可能发生的实际损失大于期望损失时的赔付责任,这个量就是保险公司的偿付能力额度(Solvency Margin),即偿付准备金。

众所周知,保险公司的技术准备金是经过严密计算建立起来的,与保险公司预期的赔付责任相匹配,属于保险公司正常的财务收支。而影响保险公司财务稳定性的真正风险来自超过预期损失的赔付,这一超出部分由偿付准备金来负担。很显然,保险公司的偿付准备金对应于其股东权益,即保险公司的资本金、总准备金和未分配盈余构成了保险公司偿付能力的经济内涵。偿付准备金的增减,体现了保险公司偿付能力的消长。

三、偿付能力额度的种类

虽然偿付准备金构成了保险公司偿付能力的经济内涵,但是偿付准备金数量的大小并不能评估保险公司的偿付能力是否充分,而必须同保险经营的业务量联系起来考察。通常是将偿付准备金与保费收入作对比,这个对比指标就是偿付能力额度。偿付能力额度是考察偿付能力强度的指标,用这个指标可以衡量保险公司偿付能力的大小。偿付能力额度越高,表明保险公司偿付能力越强;反之,则表明保险公司偿付能力越弱。例如,A 保险公司的净保费收入为 4 000 万元,偿付准备金为 1 000 万元,则其偿付能力额度为 1 000/4 000＝25％。同样，另一家 B 保险公司净保费收入为 8 000 万元，偿付准备金为 1 000 万元，则其偿付能力额度为 1 000/8 000＝12.5％。很显然，A、B 两家保险公司的偿付准备金相等，但是 A 公司的偿付能力要比 B 公司的偿付能力强。

偿付能力额度是指在任何一个指定日期，其资产负债表的资产和负债之间的差额，一般以资本金、总准备金和未分配盈余为代表。如果用 t 表示时刻，$A(t)$表示 t 时刻的资产，$L(t)$表示 t 时刻的负债，$S(t)$表示 t 时刻的偿付能力额度，则有：

$$S(t)=A(t)-L(t)$$

要使保险公司在某段时间具有偿付能力，那么在这段时间的任何时刻 t，不论保险公司经营状况如何，即使发生超出正常年景的赔偿和给付，保险公司的资产足以抵付负债，使得偿付能力额度 $S(t)\geqslant 0$。因此，保证保险公司的偿付能力是保险公司经营管理的最根本要求。为了保证保险经营的连续性和持久性以及被保险人的利益，保险公司应当根据其业务量定期检查自身的偿付能力，要求在较长的时间间隔内保证自身的偿付能力，用以应付这段较长时间内发生的超过正常年景的损失。

从偿付能力管理的不同角度出发，对偿付能力额度又引申出另外几个概念：

（一）最低偿付能力额度

最低偿付能力额度（Minimum Solvency Margin，MSM）是指保险公司为了履行其赔偿和给付的义务，在理论上应当保持的偿付能力额度。由于 MSM 是运用数理科学求得的比较精确的理论结果，在一定程度上揭示了偿付能力的内在规律，因此，MSM 对制定法定偿付能力额度具有指导意义。

（二）法定偿付能力额度

法定偿付能力额度（Statutory Solvency Margin，SSM）是指保险监管机关为确保保险公司稳健经营，依据《保险法》规定保险公司必须保持的最低偿付能力。SSM 是由保险监管机关参照 MSM，同时经过经验权衡而制定的标准，它适合于大多数保险公司。

（三）实际偿付能力额度

实际偿付能力额度（Actual Solvency Margin，ASM）是指保险公司根据业务规模实际应保持的偿付能力额度。ASM 通常由保险公司的精算师采用静态和动态的方法加以测试。

需要指出的是，如果保险公司的实际偿付能力额度（ASM）不能达到保险监管机关规定的法定偿付能力额度（SSM），说明保险公司技术无偿付能力，但这并不说明保险公司已无力偿还未来的负债，其实，只要保险公司实际资产大于实际负债，保险公司始终是有清偿能力的。设立法定的最低偿付能力目的是在保险公司技术无偿付能力时，保险监管机关增强监管力度，帮助公司改善不利的财务状况，以求在保险公司财务状况恶化并实际破产前恢复其财务稳定性。一般情况下，保险公司技术无偿付能力时，保险监管机关往往通过责令公司追加资本或限制业务规模，使其 MSM 达到 SSM 的要求。但是，如果是国有保险公司要增加资本金，只能由财政拨款。如果国家财政有困难，就难以实现。如果是股份制保险公司要增加资本金，则不可能要求股东增缴资本金，只能通过增发股票。不过增发股票要经过严格、复杂的程序。因此，比较及时可行的措施就是限制保险公司的业务规模，减少自留保费，使其业务规模与偿付能力相适应。

如果保险公司的实际偿付能力额度大于法定偿付能力额度，说明保险公司具备了法律要求的偿付能力，但这并不表示保险公司的财务状况稳定，还必须做更深入的分析。因为，首先法定偿付能力额度是保险监管机关经过较长一段时期、权衡各方面的因素，在充分考虑最低偿付能力的基础上制定的综合性指标。法定偿付能力额度对整个保险行业来说一般是合理的，但具体对每一个保险公司，由于其所处的经营环境不同，面临的经营风险不同，资金实力、保险技术、管理水平也各有千秋，保险公司必须在满足法定最低偿付能力的基础上，根据公司自身的特点以及所承担的风险，测算适合自己的最低偿付能力额度作为参照，经常考察保险公司有没有足够的偿付能力，从而判断公司的财务状况。其次，适度的偿付能力额度，是在安全和效率之间权衡后作出的选择。因为对被保险人来说，希望保险公司的偿付能力额度越大越好，保险公司偿付能力越强，对他们的利益越有保障。对保险公司来说，就要考虑偿付准备金与它们承担的风险责任相匹配，最大限度地发挥经济效益。为解决这一对矛盾，保险监管机关就要对保险公司的偿付能力额度进行管理，既要确保保险公司的经济利益，又要考虑被保险人的利益，从而设定一个最低偿付能力额度。如果单纯从保险公司的财务稳定性来看，可以通过增加总准备金积累选择较高的实际偿付能力额度，但是 ASM 过高会造成低效率。一方面，在保险公司营业规模和盈利规模不变的情况下，资本的增加意味着投资报酬率的下降，降低了保险公司的市场竞争能力；另一方面，在投资报酬率下降的情况下，增资本身也会发生困难。因此，保险公司的实际偿付能力额度保持在什么样的水平最佳，要根据保险公司自身的经营状况、发展战略以及经验进行选择。

第二节 保险公司偿付能力的影响因素分析

保险公司为了履行其赔偿和给付的义务，必须具备充足的偿付能力。在保险公司经营过程中，影响保险公司偿付能力的因素有保险公司的偿付准备金、承保能力的控制以及保险赔偿基金损失概率计算的准确性和可靠程度。

一、保险公司的偿付准备金

众所周知,保险公司是一个高风险的行业,其业务经营具有极大的不稳定性,当保险公司的保费收入不足以赔款支出时,为保证保险经营的持续进行,就必须有充足的偿付准备金。偿付准备金以资本金、总准备金和未分配盈余三者之和为代表,构成了保险公司偿付能力的经济内涵。偿付准备金的增减,体现了保险公司偿付能力的消长。也就是说,保险公司的偿付准备金越大,应付超常损失的能力就越强,保险公司的偿付能力也就越强;反之,保险公司的偿付能力就越弱。因此,要分析影响保险公司偿付能力的因素,首先要分析影响偿付准备金的因素。

(一)赔付率的波动

保险公司的赔付率是指其赔款支出与保费收入的比率,这是衡量保险公司经营状况好坏的重要标准。如果保险公司的赔付率相对较低,那么这一年度的利润就会增加,即以资本金、总准备金、未分配盈余构成的偿付准备金也将增加,偿付能力就会增强;反之,赔付率相对较高时,偿付准备金将减少,偿付能力也将削弱。因此,在其他因素不变的情况下,赔付率的高低直接影响保险公司偿付能力的大小。对保险公司来说,不同险种的保险业务,由于承保的风险责任的性质、特点不同,赔款波动的趋势也不同。随着保险市场竞争的加剧,保险公司承保范围越来越广,承保风险变化也越来越大,赔款的波动也就越来越大。如果保险公司直接承保一些巨灾风险,如洪水、台风、地震等,一旦发生承保风险,造成赔款的波动肯定是剧烈的,这不仅影响保险公司的偿付能力,严重的还会导致保险公司破产。

(二)投资收益

投资收益的高低直接影响保险公司的经营成果,从而影响偿付准备金的提存数额和偿付能力的大小。保险公司的利润来源于承保利润和投资收益,由于保险业竞争不断加剧,保险承保范围和承保责任也不断扩大,而保险费率往往在成本线以下,导致了保险公司承保业务盈利甚少,甚至出现业务亏损,投资收益成了保险公司的主要利润来源。高投资收益不仅可以弥补承保业务的亏损,维持保险公司的继续生存,还可以扩大保险公司的利润,增加保险公司的偿付能力和经营的稳定性。因此,科学合理的投资组合有利于减少投资风险,增加投资收益,增强保险公司的偿付能力。由于风险与收益成正比,高风险投资往往伴随着高收益,因此保险公司在制定投资策略时必须将偿付能力放在优先位置加以考虑,在此基础上实现收益和风险的最佳组合。

(三)费用水平

费用是控制业务流量和盈利水平的重要杠杆。保险公司的费用水平的高低,直接影响保险公司利润的高低，进而影响保险公司偿付能力的大小和经营的稳定。因为保险费由纯保费和附加保费构成，附加保费由费用附加和安全附加两部分构成，其中安全附加中包含了风险附加和预期盈利部分，它们都是偿付准备金的来源。因此，提高保险公司的经营管理水平、降低费用，是改善保险公司经营成果的良好途径。

(四)业务增长率

评估一个保险公司偿付能力是否充足，不能单纯考察偿付准备金的多少，还必须同保险公司的业务量相联系，按照偿付准备金与净保费收入的比率来衡量保险公司偿付能力的大小。因为对一般公司来说，业务的增长可以使公司的资本净值增加，但是对保险公司来说，业务的稳定增长也能促使利润的增加，但业务的过快增长必然导致未到期责任准备金的迅速扩大，往往会造成利润的外流，从而影响保险公司的偿付能力和公司财务的稳定。

(五)红利分配

分红保单的开发是世界各国寿险公司规避利率风险、保证自身稳健经营的有效途径。按照分红保单的要求，保险公司在保险年度末将盈利的一部分以红利的方式返还给保单持有人。对一家保险公司而言，税后利润通常按下列顺序分配：

(1)被没收的财务损失，支付各项税收的滞纳金和罚款，以及央行对公司因少缴或延迟缴准备金的利息；

(2)弥补公司以前年度的亏损；

(3)按税后利润10%提取法定公积金；

(4)提取公益金用于职工集体福利设施；

(5)红利分配，以前年度未分配的利润可并入本年度向投资者(包括保户)分配。

显然，红利分配影响了保险公司偿付准备金的提存和偿付能力的大小。

二、承保能力的控制

控制保险公司承保能力的最常用手段是运用再保险机制。通过再保险的安排，使保险公司的承保能力与自身的偿付能力相适应。因此，再保险安排合理与否，会直接影响到保险公司的偿付能力。为保证保险公司履行赔偿和给付义务，保险监管机关规定的最低偿付能力额度限制了保险公司在一定的净资产条件下只能经营一定额度的自留保险费。例如，我国《保险法》第一百零二条、第一百零三条规定："经营财产保险业务的保险公司当年自留保费，不得超过其实有资本金加公积金总和的四倍"；"保险公司对每一危险单位，即对一次保险事故可能造成的最大损失范围所承担的责任，不得超过其实有资本金加公积金总和的百分之十，超过部分，应当办理再保险"。这就要求保险公司要合理、谨慎地安排再保险，把自己的承保责任控制在适度的范围内。如果保险公司不经过科学计算，盲目、随意地确定自留额，对分保接受人的资信、经济实力不了解就办理分保，都将直接或间接地影响保险公司的偿付能力。

三、保险赔偿基金损失概率计算的准确性和可靠程度

损失概率是计算保险费、建立保险基金的基础。损失概率的准确性和可靠程度越高，保险赔偿基金与实际支付赔款的偏差越小，保险公司的赔偿能力就越稳定，应付这种偏差需要的偿付准备金也就越少，对偿付能力额度的要求相对较低；反之，损失概率的准确性和可靠程度越低，对保险公司偿付能力额度的要求相对就高。因此，保险赔偿基金损失概率计算的准确性和可靠程度，是影响保险公司偿付能力和财务稳定性的重要因素。

决定保险公司是否具有足够的偿付能力，除了保险公司的偿付准备金有多少、承保能力是否适度、保险赔偿基金损失概率计算的准确性和可靠程度外，保险公司在经营过程中面临的系统性风险和非系统性风险同样会威胁保险公司的偿付能力。另外，不合理的监管制度也是影响偿付能力额度的一种潜在的风险因素。

第三节 保险公司偿付能力的静态监管

保险公司偿付能力的静态监管方法很多，不同国家有不同的监管方法。其中，最低资本金规定、财务比率分析法、风险资本要求法、现场法定检查法和法定基金双重标准法是比较典型的偿付能力的静态监管方法。

一、最低资本金的规定

资本金是保险公司的开业资本，大多数国家的保险法规定了设立保险公司所需的最低注册资本金。注册资本是保险公司开业初期赔付保险金的资金来源，是保险公司日后积累资本的基础，是保险公司投资的资金来源，也是偿付能力的重要组成部分。最低注册资本金的数额，各个国家规定不同。例如，英国《保险公司法》规定：经营保险业务的股份保险公司的实收资本必须达到或超过 10 万英镑，相互保险社必须至少有 2 万英镑的资本，劳合社承保人至少向劳合社缴纳 5 万英镑的保险金。美国纽约州对不同形式的保险人有不同的资本金要求，人寿保险股份有限公司的最低资本金为 450 万美元，相互人寿保险公司的最低资本金为 15 万美元，财产与责任保险股份有限公司的资本金不得低于 405 万美元，财产与责任相互保险公司必须拥有 50 万美元以上的资本金。在日本，新建的股份制保险公司和相互保险公司的资本金不得低于 20 亿日

元。我国《保险法》第六十九条规定了设立保险公司，其注册资本的最低限额为人民币2亿元。除了最低注册资本金规定外，有些国家还规定了寿险公司在经营中必须维持的最低资本数额。如美国纽约州规定人寿保险股份有限公司经常必须维持的最低资本金为200万美元，相互人寿保险公司必须经常持有的最低资本金为10万美元。如果已经开业的寿险公司资本金不足，不能满足最低资本金要求，监管机构可责令其增资以达到法律要求。

二、财务比率分析法

财务比率分析法是保险监管机构分析和监管保险公司偿付能力的主要方法，也是保险信用评级机构在评级中分析保险公司财务状况的常用方法。保险监管机构通过设置保险公司的一些特定财务比率，如流动比率、盈利能力比率、财务杠杆比率、经营活动比率等，分别考察保险公司的资产、负债、所有者权益及盈利能力等方面的状况，也可以设置准备金比率、再保险比率、赔付率等指标，分析保险公司的资产、负债、盈利能力等方面的风险对偿付能力状况的影响。美国保险监管信息系统（IRIS）是一种比较完善的财务比率分析体系。

美国的保险监管信息系统是由全美保险监督官协会（NAIC）编制并推荐给各州保险监管当局采用的一套监管指标体系，由于依靠电子计算机进行计算，故称为信息系统。IRIS的主要功能是帮助监管当局阅读报表、分析财务状况，找出最需要给予关注的保险公司，从而有效利用有限的监管力量和资源。从1990年开始，IRIS的各种指标比率除了供监督官使用外，NAIC每年将根据各公司年报计算出的指标值编制成册，向社会公布，使IRIS报告与独立评级机构对每家保险公司的评级一道，成为美国公众选择保险公司的参照。

IRIS系统综合了影响保险公司偿付能力的各方面风险在财务状况中的表现形式，同时，NAIC根据人寿健康保险公司与财产责任保险公司的不同业务性质和不同的经营风险分别设立了两套不同的IRIS比率（见表8－1）。

表8－1　　2000年NAIC公布的人寿健康保险公司IRIS比率

比　率	计算方法	目　的	正常范围
1. 资本和盈余净化率	$\frac{\text{当年资本与盈余较上年变化，扣除投入资本与盈余}}{\text{上年末资本与盈余}}$	衡量公司财务状况的一般变化情况	－10%～50%
1A. 资本和盈余总变化率	$\frac{\text{当年资本与盈余较上年变化}}{\text{上年末资本与盈余}}$	衡量公司财务状况的一般变化情况	－10%～50%

续表

比　率	计算方法	目　的	正常范围
2. 净收入比总收入	营业净收入 / 总收入(包括已实现资本损益)	衡量获利能力	>0%
3. 投资收入的充分性	净投资收入 / 准备金需要利息	衡量投资收入是否满足准备金利息需要	125%～900%
4. 不认可资产比认可资产	不认可资产 / 认可资产	衡量资产质量	<10%
5. 不动产总额与不动产抵押贷款总额比现金与投资资产	不动产 / 现金与投资资产	衡量不动产资产有可能被高估的程度	<30%
6. 附属机构投资总额比资本与盈余	附属机构投资总额 / 资本与盈余	衡量在附属机构中的过度投资	<30%
7. 盈余解脱率	再保险净佣金与费用额度 / 资本与盈余	衡量再保险对资本和盈余的影响	−90%～30%* −10%～10%**
8. 保费收入变化率	保险收入变化 / 上年总保费收入	衡量保险费收入的年增长率	−10%～50%
9. 产品组合变化率	当年与上年各险种保费百分比的差额之和 / 险种个数	衡量各类产品在总保费中所占百分比的变化率	<5.0%
10. 资产组合化率	当年与上年现金与投资资产百分比差额之和 / 现金与投资资产种类	衡量各资产类别在投资组合中比重的变化率	<5.0%
11. 准备金比率变化率	当年个人寿险准备金增加总额 / 当年个人寿险续期与趸缴保费 − 上年个人寿险准备金增加总额 / 上年个人寿险续期与趸缴保费	衡量准备金比率的变化	−20%～20%

* 对资本和盈余大于500万美元的公司适用。

** 对资本和盈余等于或小于500万美元的公司适用。

资料来源：American Council of Life Insurance。

人寿健康保险公司的IRIS从基本财务状况、投资状况、保单持有者盈余状况及经营变化趋势四个方面考核人寿健康保险公司的经营状况。第1～第7个比率测试保险公司的偿付能力与盈利能力；第8～第11个比率测试保险公司经营发展趋势。其中比率1～3为盈利比率，衡量保险公司的盈利能力；比率4～6衡量保险公司资产组合及资产集中的风险，反映了寿险公司长期投资以及资产负债匹配方面的风险；比率7是衡量再保险对盈余的影响；比率9～11衡量业务运营状况的变化。

财产责任保险公司的IRIS(见表8－2)从综合财务状况、利润状况、流动性及准备金四个方面考核财产责任保险公司的经营状况。比率1～3属于杠杆比率，反映保险准备金或保费收入与盈余之间的关系；比率 4～6 是盈利比率，反映保险公司的盈利状况；比率 7～8 是资产流动性的财务比率，反映财产责任保险公司的短期业务风险与资产之间的配比关系；比率 9～11 是损失准备金比率，反映保险公司盈余偿付 IBNR 准备金及其他索赔的充分程度。

为了防止大型保险公司，即保险人在至少 17 个州开展业务并且毛保费收入超过 5 000 万美元的人寿健康保险公司及毛保费收入超过 3 000 万美元的财产责任保险公司出现偿付能力不足的风险，NAIC 除了对这些公司进行 IRIS 测试分析外，还采取更为严格的监管，对它们进行财务和偿付能力追踪系统(FAST)的分析。

FAST 系统对保险公司法定财务报表信息进行分析，既包括对保险人最近财务报表的比率分析，还包括分析保险人财务状况在最近五年内的变化。FAST 系统包括了 25 个指标，NAIC 对每个指标赋予不同的分值，保险公司的计算结果可以得到相应的分值，然后将公司所有的 FAST 系统指标的得分相加，就得到该公司 FAST 系统检验结果。FAST 系统的所有计算细节、指标有效范围和计算结果都不予公开。如果检查人员在 FAST 分析中发现了不正常的结果，NAIC 将与保险人注册州联系并取得更多有关保险人财务状况的信息，了解该州监管机构对该保险人所采取的管理措施。如果 NAIC 认为该州对该保险人已采取了恰当的措施，NAIC 将会继续关注或结束关注该保险人。如果 NAIC 发现该州对该保险人所采取的管理措施不充分，则 NAIC 会建议采取进一步的监管措施。如果该州没有遵从 NAIC 的建议，NAIC 将通知保险经营业务的其他州，协调所有州对该保险人的管理措施。

表 8－2　　2000 年 NAIC 公布的财产责任保险公司 IRIS 比率

比　率	计算方法	目　的	正常范围
1. 毛保费收入与盈余之比	$\frac{\text{毛保费收入}}{\text{盈余}}$	衡量公司一般财务状况	<900%
1A. 净保费比盈余	$\frac{\text{净保费收入}}{\text{盈余}}$	衡量公司一般财务状况	<300%
2. 净保费收入增减率	$\frac{\text{净保费收入变化}}{\text{上年净保费收入}}$	衡量保费收入的变化情况	－33%～33%
3. 盈余津贴与盈余之比	$\frac{\text{再保险盈余津贴}}{\text{盈余}}$	衡量再保险对资本与盈余的影响	<15%
4. 两年期内总的经营比率	$\frac{\text{已发生损失及理赔费用与保单所有人红利}}{\text{净已赚得保费}}+\frac{\text{其他承保费用}-\text{其他收入}-\text{净投资收入}}{\text{净保费收入}}$	相当于赔付率与费用率之和，衡量公司的经营状况	<100%
5. 投资收益率	$\frac{\text{净投资收入}}{\text{平均投资资产}}$	衡量投资收益状况	4.5%～10.0%

续表

比　率	计算方法	目　的	正常范围
6. 盈余增减率	$\frac{\text{盈余变化(扣除递延获取费用)}}{\text{上年末盈余}}$	衡量公司一般财务状况	－10%～50%
7. 负债比流动资产	$\frac{\text{负债}}{\text{流动资产}}$	衡量资产的流动性	<105%
8. 代理人账户余额比盈余	$\frac{\text{在收保费与代理人账户余额}}{\text{盈余}}$	衡量资产的流动性	<40%
9. 一年期内提存准备金比盈余	$\frac{\text{一年内损失及理赔费用的进展}}{\text{上年末盈余}}$	衡量盈余与 IBNR 及其他准备金之间的关系	<20%
10. 两年期内提存准备金比盈余	$\frac{\text{两年内损失及理赔费用的进展}}{\text{上年末盈余}}$	衡量盈余与 IBNR 及其他准备金之间的关系	<20%
11. 当年准备金缺额估计值比盈余	$\frac{\text{估计当年损失及理赔费用负债不足(或过剩)}}{\text{盈余}}$	根据比率 9 与 10 确定的平均准备金率衡量准备金不足或过剩情况	<25%

表 8—3 是经 NAIC 授权披露的财产责任保险公司 1994 年 FAST 比率指标。

表 8—3　　1994 年财产责任保险公司 FAST 指标

1. 净保费收入与盈余之比(I)	14. 代理人账户余额增长率
2. 毛保费收入与盈余之比(I)	15. 已决赔款的应收摊回款与盈余之比
3. 准备金比盈余	16. 未决赔款的应收摊回款与盈余之比
4. 净保费收入增减率(I)	17. 长尾巴险种的保费与总保费之比
5. 毛保费收入增减率	18. 附属机构投资与盈余之比
6. 盈余津贴与盈余之比(I)	19. 附属机构应收账款与盈余之比
7. 投资收益率(I)	20. 其他应收账款与盈余之比
8. 盈余增长率(I)	21. 非投资级别债券与盈余之比
9. 两年期内提存准备金与盈余之比(I)	22. 其他投资资产与盈余之比
10. 综合比率增长率	23. 管理者潜在风险 1(Managing Producer Exposure)
11. 毛费用与毛保费收入之比	24. 管理者潜在风险 2(Managing Producer Exposure)
12. 毛费用增长率	25. 现金流出测试(Cash Outflow Test)
13. 流动资产增长率	

注:"I"表示该指标与 IRIS 相应指标相同。

需要指出的是,IRIS 系统比率的正常范围是根据分析历史数据而得出的,NAIC 每年都对 IRIS 比率及正常范围进行修正,以及时反映保险业风险的变动情况。当某保险公司有 4 项或更多项比率超出正常范围时,可能是保险公司偿付能力不足、濒临倒闭的先兆,必须定为监管目标,并进一步分析原因,实施有效监管措施,及时化解。由于 IRIS 系统在评估财务比率时考虑到了影响保险公司偿付能力的主要风险——资产风险、负债风险、利率风险、管理风险等财务比率中所反映的情况,通过比率测试找出最需要关注的保险公司并通知保险人所在州,采取不同的监管措施防止保险人偿付能力水平的进一步恶化,起到了偿付能力监管早期预警的作用。但是财务比率分析方法只对某一特定时段的财务报表进行分析,不能动态反映保险公司的偿付能力;同时,财务比率分析法对每个保险公司都采取相同的指标和正常范围,并没有考虑各家保险公司面临的不同风险状况,这就是财务比率分析法的缺陷。因此 NAIC 规定任何州都不得将 IRIS 系统作为检查保险公司经营状况的唯一形式,保险监管机构还应借助其他手段对保险业风险进行监管。

三、风险资本要求法

风险资本(或称风险调节资本)是衡量保险公司在各种风险发生的不利情况下,要保证偿付能力、维持业务经营,应该具有的资本水平。风险资本要求法(RBC 法)是一种量化风险的监管方法,根据保险公司的规模和风险状况衡量该公司用于支持业务经营所需要的最低资本,以保证保险公司的偿付能力。在各国的监管实践中,风险资本要求法的具体操作方法虽各不相同,但其原理都是通过对保险公司的资产、负债等各个项目设计不同的风险系数,并将经过风险加权的各项目加总,得出最低风险资本,以保险公司的实际资本与风险资本的比率为指标,通过指标值的大小变化,衡量有关资本相对于风险的充分程度以及监管机构应采取的监管行动。

(一)美国 NAIC 的 RBC 法

20 世纪 80 年代美国保险公司的破产数目增加,保险监管机构开始寻求根据保险公司风险状况决定最低资本要求的监管方法。90 年代初,NAIC 借鉴了最早由银行业的监管者引进的“风险资本要求”标准,将风险资本方法推广应用于保险业,并在 1992 年和 1993 年相继推出了寿险公司和产险公司的风险资本标准法案。

美国 NAIC 规定了保险公司的总调整资本模型。总调整资本(TAC)是净资产、资产估价准备金、各种任意准备金以及 1/2 的保单持有者红利的总和。NAIC 还规定了保险公司的风险资本模型,以估算风险资本。首先,将寿险公司面临的风险分为资产风险、保险定价风险、利率风险和一般商业风险四类,将财产保险公司面临的风险分为资产风险、信用风险、承保风险和资产负债表外风险四类。其次,对寿险公司和产险公司的四类风险进一步细分,如资产风险可按债券、股票、抵押贷款、不动产、其他长期资产等进行细分。针对各种不同风险使用不同的风险系数,分别计算出应付四类风险所需的风险资本。比如美国政府债券的风险因子为 0.0%,AAA 级公司债券为

0.3%，违约级债券为30.0%，普通股为15.0%，房地产为10.0%。最后，将四类风险资本值进行协方差调整得出总的风险调节资本。之所以进行协方差调整而不是简单地累加，是因为各类风险并不可能同时发生，有的甚至是相互排斥的。

保险监管机构根据保险公司的总调整资本除以风险资本计算出RBC的比率，以评估每家保险公司的偿付能力状况，并有针对性地采取不同的监管措施。

当TAC>200%RBC，该公司被视为“健康”的，不需要给予特殊关注。

当TAC=150%～200%RBC，称为公司行动层，保险公司必须采取行动，向保险监督官解释威胁其偿付能力的原因并提出改正方案，而监管当局只是给予适当关注。

当TAC=100%～150%RBC，称为监管行动层，监管当局必须对其进行适当分析和调查，并提出纠正措施。

当TAC=70%～100%RBC，称为授权控制层，保险公司必须停业整顿。

当TAC<70%RBC，称为强制控制层，由监管当局对保险公司进行清算、接管。

NAIC推出的风险资本要求法旨在帮助监管当局找出最需要关注的保险公司，以有效利用有限的监管力量和资源。

（二）日本偿付能力风险资本监管法

日本新保险法实行最低偿付能力标准制度，大藏省要求各家保险公司每年提交一次业务报告，以掌握其偿付能力。业务报告中设定一项偿付能力比率，作为计算各保险公司偿付能力的标准。偿付能力比率计算方法与RBC相似。

首先，计算保险公司的偿付能力：

偿付能力=∑（资本+价格变动准备金+风险准备金+呆账准备金
+股票未实现利益的90%+土地未实现利益的85%+其他）

其次，计算保险公司的风险量。风险量计算时考虑了保险风险、预定利率风险、资产运用风险和经营管理风险四大类，对每一类风险赋予不同的风险系数，并通过协方差调整求出保险公司的风险量。具体为：

$$\text{保险风险}=[(\text{普通死亡风险}+\text{意外死亡风险})^2+\text{生存保险风险}^2]^{\frac{1}{2}}+\text{意外住院风险}+\text{疾病住院风险}+\text{其他风险}$$

各种风险分别以风险系数乘以各险种的保险金额求得，以反映保险公司的负债风险。

预定利率风险=∑（期末责任准备金余额×责任准备金的预定利率×风险系数）

资产运用风险=价格变动风险+信用风险+关闭公司风险+资产负债表外交易风险
+其他风险

其中：

$$价格变动风险=各类资产的风险系数\times年末风险对象资产余额$$

$$信用风险=风险系数\times年末债务余额$$

$$经营管理风险=\left(\begin{matrix}保险风险\\相当额\end{matrix}+\begin{matrix}预定利率风险\\相当额\end{matrix}+\begin{matrix}资产运用风险\\相当额\end{matrix}\right)\times风险系数$$

再次，计算偿付能力比率。

$$偿付能力比率=\frac{偿付能力}{风险量}$$

最后，大藏省根据各家保险公司的偿付能力比率，决定其监管行动：

当偿付能力比率≥200%，保险“经营健全”，作为非对象区分不行使早期监管措施。

当偿付能力比率=100%～200%，要求保险人提交经营改善计划并予以实施。

当偿付能力比率=0%～100%，要求保险人：第一，提交自有资本充实计划并予以实施；第二，禁止或降低董事红利或奖金的发放；第三，禁止或降低对投保人的分红；第四，更改新保单保险费率；第五，抑制行政费用；第六，禁止部分资金运用项目或抑制其运用额；第七，缩小部分事业所或营业所；第八，关闭部分事业所或营业所，缩小子公司等(包括海外机构)的业务；第九，处理子公司股票或所持该子公司的股份。

当偿付能力比率<0%，监管当局命令保险人停止部分或全部业务。

2000 年宣布破产的千代田生命保险公司和协荣生命保险公司当时的偿付能力比率数字均超过 200%，使日本的保险监管体制受到社会的抨击。为严格计算寿险公司的偿付能力比率，使投保人在购买新保单和维持现有保单时，能够放心地将偿付能力比率作为参考依据，日本金融厅于 2001 年 3 月 31 日对偿付能力的计算作出新的规定：把非上市股票、国内债券、外国证券的评估损益列入偿付能力的计算，同时对股票、债券等的评估损益和风险价格等采用“时价评估法”，对“将来利益”计入规定由现在的全额计入改为以 50%计入。此外，为了加强对寿险公司的综合监管，日本金融厅还将引入“基本利益=经常利益-临时损益”的概念，用以衡量寿险公司的本业经营效率，并要求寿险公司每个季度汇报一次经营状况和偿付能力比率。

四、现场法定检查法

IRIS 系统和 RBC 法的预警指标的运用不能替代对财务和业务报表的认真审核，法定报表是财务能力分析的基础，只有合理地将定量指标与定性分析相结合，才能真正把握保险公司的财务状况和经营状况。因此，现场法定检查法成了评估监管保险公司偿付能力的一种重要方法。监管机构通过对保险公司进行现场检查，检查保险会计账簿和记录、业务经营程序、经营计划、投资计划以及日常管理，既有助于保险监管机构了解保险公司的实际财务状况,发现偿付能力方面的风险,又有助于监管机构与保险公司之间的沟通和交流。

(一)美国现场法定检查

美国现场法定检查包括财务状况的检查和对市场行为的检查。大多数州的法规要求保险监管机构定期对各个保险公司进行现场法定检查,一般每3~5年,每家保险公司都要被查一次,保险监督官有权决定在更短的时间内对保险人进行检查。《NAIC检察官手册》列出了财务状况检查和市场行为检查的标准程序。财务状况的检查旨在确认保险人的会计记录的准确性以及保险人经营的合法性,确认保险人的财务和业务管理中不存在危害偿付能力的因素。市场行为检查旨在证实保险公司在对待客户过程中是否遵守了有关销售、广告、核保和理赔的法规和条例,以及保险公司在市场竞争中的行为规范。

保险监管机构在对保险人业务和财务管理检查过程中,检察官可以通过对保险人的财务记录和业务类别等进行综合分析,寻找危害保险人偿付能力的事项,也可以根据保险人的年报、IRIS指标、RBC标准以及独立审计人员的法定审计结果和其他信息来源对某一特定问题进行分析,如资产组合质量分析、核保标准与程序分析、准备金充分性分析、费用分析、保险人资本状况分析等,以提高检查的效率。

检查结束后,保险检察官会向保险人注册的州的监管人员和保险公司的管理人员递交一份检查报告。检查报告必须强调检察官发现的不利情况以及前一次报告以来保险人经营与财务状况的重大变化,检查报告还必须报告检查中发现的隐患,并对隐患的成因进行解释,向保险人提出改正的建议。

(二)加拿大现场法定检查

加拿大现场法定检查完全依赖于外部审计人员对保险人财务状况的审计结果,不核实保险人财务记录的准确性,其法定检查的重点是评估偿付能力风险的大小。加拿大保险检察官在执行检查之前,利用与IRIS相类似的财务分析方法,得出一系列早期预警比率,再考虑其他相关信息,分析保险人的财务报表。检察官根据这些财务信息对每个保险人分别制定不同的检查计划,并严格遵从这一检查计划,对各种偿付能力风险因素如资本盈余充足性、资产流动性、准备金充足性、资产负债匹配情况、保险人的相关利率风险等逐一进行考察,以发现其中存在的问题。保险检察官还针对动态资本充足测试所揭示的潜在问题进行专门检查。除了分析偿付能力外,检察官还对保险人的其他方面如核保、理赔、市场行为、费用控制、利润等进行检查。检查结束后,将检查结果写成检查报告,交与保险监管机构,由保险监管机构对存在的偿付能力风险进行监管。

五、法定基金双重标准法

这是澳大利亚寿险公司监管所特有的一种方法。澳大利亚的保险偿付能力监管针对法定基金制定了双重标准，即法定基金的偿付能力标准和资本充足标准，根据法定基金满足这双重标准的不同情况，决定相应的监管行动。1995 年人寿保险法规定寿险业务必须通过保险人的法定基金来经营，保险费流入法定基金，而索赔赔款与营运费用由法定基金支出。对保单持有人分配红利，则要求法定基金必须满足偿付能力标准；对股东分配红利，则要求法定基金必须满足资本充足标准。

法定基金的偿付能力标准在于确保基金能够以较高的概率在现有负债到期时对其进行偿付。因此，在评估用于偿付现存负债的资产时采用了保守估计，具体方法由寿险精算标准委员会制定的精算标准 2.01(偿付能力标准)给出。

法定基金的精算标准 3.01(资本充足标准)在于确保基金保持财务稳定，持续承保新业务并且能够在 3 年之内以较高概率满足偿付能力标准。考虑新业务增长计划会使资本充足标准更为严格，法规规定资本充足标准不能够低于偿付能力标准。

法定基金不能满足偿付能力标准，则被视为是非常严重的，通常会对保险人实施司法管理以促使该保险公司出售其业务并退出行业。法定基金不能满足资本充足标准，则会引起 APPA(澳大利亚稽核管理局)的关注。APPA 要求保险人充分理解这种情况的原因以及情况的严重性，并要求保险人提出能够在合理的时间内恢复资本充足的可行性计划。没有监管者的同意，股东的资本或未分配利润不得从未达到资本充足标准的法定基金中转移，这一点也成为保险人改进法定基金资本状况的激励机制之一。

偿付能力标准由 LIASB(寿险精算标准委员会)颁布的精算标准 2.01 规定。该标准考虑了评估保单负债的风险和评估资产的风险，规定寿险公司法定基金的资产价值必须达到偿付能力要求。资本充足标准由 LIASB 颁布的精算标准 3.01 规定。精算师在确定资本充足要求时必须考虑已存在的负债情况以及预期在将来可能发生的公司的负债情况，并且针对公司新业务计划对法定基金的未来偿付能力进行评估。

法定基金双重标准法考虑了影响偿付能力的资产与负债等多方面的风险，并量化为各风险准备金进行线性加总得到最低的资本要求(偿付能力要求与资本充足要求)；同时，该方法采取与法定偿付能力额度方法相似的手段，比较法定基金(类似于实际偿付能力)与最低资本要求两者的大小，从而得到关于法定基金偿付能力状况的评价，并可采取相应的监管措施。双重标准方法的最大特点就是将法定基金应满足的资本标准定义为偿付能力标准与资本充足标准双重递进的标准。法定基金的双重标准对偿付能力标准和资本充足标准采用了不同的精算假设以及不同的计算方法，在偿付能力状况的静态与动态衡量方面制定了双重标准。资本充足标准不仅考虑了当前偿付能力状况，还对未来三年因新业务计划而变化的未来偿付能力状况做出了评估，因此是动态偿付能力监管的有益尝试。采用法定基金的双重标准方法，对风险分析及精算技术的要求更高，而从静态及动态两个层面去考察偿付能力，则有可能达到更好的监管预警效果。

六、欧盟偿付能力Ⅱ

2011 年 10 月，欧盟委员会向英国金融服务监管局(Financial Service Agency, FSA)提交偿付能力Ⅱ的修改定稿。相对于偿付能力Ⅰ，偿付能力Ⅱ是对过去保险监管体系的系统重塑，旨在建立一套以风险为衡量基础的监管体系，以便真实全面地反映保险业的风险程度，同时将保险公司治理、监管行为、信息披露和保险会计等纳入考虑范畴，具有监管理念统一化、风险管理核心化、价值评估市场化、额度要求体系化和集团监管同步化的特点。

欧盟偿付能力Ⅱ借鉴了银行业监管中新《巴塞尔协议》的形式，更加关注保险公司的整体偿付能力，以三支柱(定量、定性、信息披露)的结构形式为出发点，第一支柱数量性要求，即对资本的定量要求，包括准备金要求、最低资本要求 MCR、偿付能力资本要求 SCR、投资指引和内部模型等内容；第二支柱质量性要求，即定性监管审查，既包括保险机构自身治理、内部控制和风险管理、个体风险和资本衡量要求，又包括对保险机构进行有效监管审查的要求，重点监管保险公司的内控机制及保险公司承担的、未纳入第一支柱的其他类型风险；第三支柱信息披露要求，即基于风险监管方式的市场规范机制，包括透明度、信息披露等内容，要求保险公司及时向监管机构上报并公开披露经营状况、财务报告和承担风险情况。

在欧盟偿付能力Ⅱ的三支柱结构中尤其突出了第二支柱中监管评价过程的重要性，体现了以风险为基础的定性分析与定量分析相结合的全面风险管理监管思路。风险评估和风险治理构架与银行监管体系趋同，为银行监管和保险监管的统一监管和集团监管奠定了重要基础。

第四节　保险公司偿付能力的动态监管

对保险公司偿付能力的动态监管有两种，一种是现金流量测试(Cash-Flow Testing, CFT)，另一种是偿付能力动态测试(Dynamic Solvency Testing, DST)。这两种方法都对保险人在一定假设条件下的现金流入和现金流出及其对保险人财务状况的影响做出了预测，比偿付能力的静态测试更科学、更合理。

一、美国的现金流量测试

美国NAIC和有关的精算机构都明确要求寿险精算师必须进行一定程度的现金流量测试，以此确定保险公司资产负债情况以及资产负债对利率风险的影响情况。NAIC要求寿险精算师在被称为"纽约州利率七假设"的七种利率假设条件下测试现金流量。精算标准委员会制定了精算实务标准，对精算师在工作中进行现金流量分析制定了一些行业惯例和标准，从而规范了现金流量测试方法。例如，规定精算师在进行现金流量测试时应考虑与测试目的有关的恰当假设条件，包括投资回报率风险、资产负债风险等。在预测资产现金流时，精算师应考虑资产的变动性、资产质量、资产变现成本及其他影响资产的风险因素，同时还应考虑保险人的投资策略对未来现金流的影响。在预测负债现金流时，精算师应考虑负债的风险特征，如负债在各个假设条件下的变动性、再保险人无偿付能力时对保险人负债的影响等。此外，对于保险人管理策略对现金流的影响也应予以考虑。

当精算师完成NAIC规定的现金流测试后，精算师必须根据测试的数值结果编制相关财务报表及精算师意见书和备忘录，将其上交监管机构。监管机构通过分析、检查精算师上交的预测报表，可以更好、更及时地了解各个保险公司的财务状况、准备金状况、偿付能力状况、资本充足状况，从而更好地监管保险公司的发展。

美国NAIC规定的CFT集中测试了保险公司提存准备金的充足情况，规定采用的假设条件也只与利率风险有关，而且CFT考虑的只是现有业务的现金流情况，而未对新业务进行假设。

现金流量测试虽然是分析准备金充足与否以及量化风险的有效工具，但并不适用于所有产品的所有情况。CFT只适用于长期产品以及对经济条件变化非常敏感的寿险业务。

二、加拿大的偿付能力动态测试

加拿大的偿付能力动态测试又称资本充足性动态测试，由保险公司委任的精算师通过分析保险公司面临的各种风险，建立综合模型来测试在未来一段时间内保险公司现在和未来业务相关的准备金和盈余的充足性。加拿大精算师学会建立了实施DST的实务标准，要求加拿大每个保险公司的评估精算师每年进行偿付能力动态测试。1992年加拿大《保险公司法》也要求每个评估精算师根据动态偿付能力测试的结果对保险人的财务状况提交报告。

资本充足性动态测试是由保险公司委任的精算师负责完成，目的是确认各种紧迫的、威胁公司维持良好财务状况的因素，以及用于缓和这些威胁的可能行动和用于抵消某种威胁的行动。精算师在调查保险公司前三年资本充足性的趋势后，根据保险公司的发展计划及合理的假设，测试资本的敏感性，预测公司未来5个会计年度的资本水平和资本要求，包括监管机构偿付能力静态测试的资本要求和保险公司内部制定的目标资本要求，并与公司当前的资本状况进行比较，判断保险公司的资本是否充足。资本充足性动态测试中的假设包括一个基本假设和几个不利假设。每个假设针对的保险业务不仅包括有效保单，还包括在预测期内可能被出售的保单。基本假设通常与保险公司的业务计划一致，不利假设指的是对保险公司的资本充足产生威胁的各种因素。对寿险公司来说，主要有死亡风险、疾病风险、持续风险、费用风险、违约风险、资产负债不匹配风险、新业务风险、再保险风险、政府行为风险和资产负债表外风险10种。有时为了测试准确，精算师还必须根据保险公司的实际情况，选择对公司资本状况影响最大的风险因素进行测试。加拿大资本充足性动态测试规定，对于基本假设，资本充足的标准通常为法定最低资本要求，如寿险公司的标准是最低持续资本和盈余要求。对于可能的各种不利假设，资本充足的最低标准是在整个预测期内盈余状况为正。当测试完成后，由精算师将测试结果做成报告，提交保险监督机构，作为偿付能力动态监管的依据，也可作为保险公司自身加强偿付能力管理的依据。

三、偿付能力动态监管的优点

偿付能力动态测试可作为预警工具，为管理者提供有关公司财务状况、偿付能力、产品盈利能力等重要信息，提高了管理效率，保证了公司的稳健经营，已逐渐成为公司管理的核心环节。偿付能力动态测试的最大优点表现在两个方面：一是对寿险公司而言，通过测试可以发现威胁公司维持良好财务状况的各种因素，并提出消除和缓和这些因素的对策，便于寿险公司及时调整业务发展计划，加强对公司盈余的管理，确保公司保持持续的偿付能力。二是对保险监管机构来说，寿险公司的精算师从动态角度分析评估各种风险因素对寿险公司未来几年财务实力和偿付能力的影响，揭示每个寿险公司的实际偿付能力。保险监管机构可以根据精算师提交的偿付能力状况报告，清楚地了解各家寿险公司的实际情况从而采取相应的措施，提高了保险监管的精确度和有效性。在防止过低偿付能力额度要求而危及寿险公司的偿付能力和避免过高偿付能力额度要求而妨碍寿险公司的效率之间找到一个更合理的平衡点。

保险公司偿付能力动态测试考虑了各家保险公司具体的风险结构，反映了保险公司是否保持持续的偿付能力。在加拿大，保险监管机构要求寿险公司必须进行偿付能力的动态测试，并要求精算师呈报测试结果。在美国，虽然偿付能力动态测试不作为一种监管要求，但美国各州监管机构要求寿险公司每个季度必须进行现金流量测试，以确保在既定条件下公司的偿付能力达到法定标准。现金流量测试是以利率变动为主要假设来测定寿险公司责任准备金的充足性，分析寿险公司的资产负债是否匹配，但不直接评估资本的充足性。现金流量测试其实是一种动态测试寿险公司偿付能力的方法。日本、英国、澳大利亚等保险监管机构也先后引入了寿险公司偿付能力测试的动态标准。

第五节　我国保险公司偿付能力的监管

随着我国保险业的发展，保险业的监管也从以费率、条款为中心的审慎性监管向以偿付能力为中心的监管发展。2016 年 4 月，我国正式实施第二代偿付能力监管制度体系，其中文名称为“中国风险导向的偿付能力体系”(简称“偿二代”)。采用国际通行的“三支柱”监管框架，即定量风险监管要求、定性监管要求和市场约束机制三大监管支柱。同时，“偿二代”将偿付能力监管指标由“偿一代”下单一的偿付能力充足率，扩展为核心偿付能力充足率、综合偿付能力充足率和风险综合评级三个有机联系的指标体系，引导和促使保险公司持续提升风险管理水平，以满足保险市场持续高速发展背景下风险日益多元与复杂化的监管需要。

一、我国《保险法》对偿付能力管理的规定

2009 年 10 月我国新修订的《保险法》实施，对保险公司的偿付能力管理做了具体规定。

(1)《保险法》第一百零一条规定：保险公司应当具有与其业务规模和风险程度相适应的最低偿付能力。保险公司的认可资产减去认可负债的差额不得低于国务院保险监督管理机构规定的数额；低于规定数额的，应当按照国务院保险监督管理机构的要求采取相应措施达到规定的数额。

(2)《保险法》第一百零二条规定：经营财产保险业务的保险公司当年自留保险费，不得超过其实有资本金加公积金总和的四倍。

(3)《保险法》第一百零三条规定：保险公司对每一危险单位，即对一次保险事故可能造成的最大损失范围所承担的责任，不得超过其实有资本金加公积金总和的百分之十；超过的部分应当办理再保险。

二、我国第二代偿付能力监管制度的整体框架[①]

我国第二代偿付能力监管制度体系由制度特征、监管要素和监管基础三大部分构成(见图8－1)。

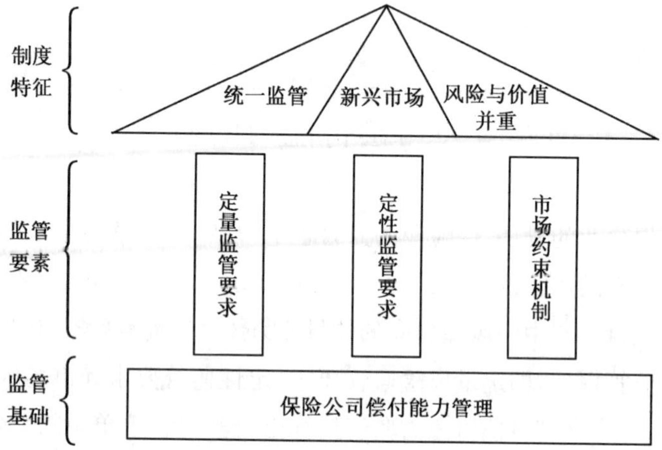

图8－1　我国第二代偿付能力监管制度体系

(一)制度特征

首先是统一市场监管。统一监管不同于欧盟成员国之间和美国各州的分散监管模式,中国保监会根据国务院授权,履行行政管理职能,依照法律、法规统一监督管理全国保险市场,包括对全国所有保险公司的偿付能力实施统一监督和管理,充分体现了我国偿付能力监管的特点。

其次是新兴市场。我国保险市场属于新兴保险市场,在市场规模、发展速度、产品特征、风险管理能力、人才储备、国际活跃度等方面与成熟保险市场存在一定差异。偿二代充分考虑新兴市场的这些特征,以新兴市场数据为基础,制定合理且操作性强的量化资本要求标准。在定量监管的基础上,更加强化定性监管,充分发挥定性监管对定量监管的协同作用。

最后是风险与价值并重。防范风险是偿付能力监管的永恒主题,是保险监管的基本职责。注重风险防范就是要更加全面、科学、准确地反映风险,识别和守住行业的风险底线,对不同风险和不同业务规定不同的资本要求,同时强化风险管理能力的定性监管要求和量化资本要求,激励保险公司提高风险管理水平和风险防范能力。注重价值增长,就是资本监管标准应当促进公司和行业科学发展,具体体现在:一是科学公允

① 资料来源:中国保监会网站。

地计量风险和资本要求，提高资本使用效率，在守住风险底线的前提下，避免给公司带来过度的资本负担，增强我国保险业的行业竞争力和国际竞争力；二是强化资本约束，转变保险公司粗放式的经营发展模式，促进保险公司根据资本实力发展业务；三是根据宏观经济环境和行业发展的需要，科学、谨慎地调控资本要求，支持相关业务发展，引导行业发展方向；四是创新资本工具，丰富资本补充渠道，提高行业资本实力。

（二）监管要素

监管要素是偿付能力监管的三支柱，是偿付能力监管的重要组成部分。三支柱分别从定量资本要求、定性监管要求和市场约束机制三个方面对保险公司的偿付能力进行监督和管理。三支柱的监管要素不仅适合单一的保险公司，也同样适用于保险集团的监管。

1. 第一支柱定量资本要求

第一支柱定量资本要求主要防范能够量化的风险——保险风险、市场风险和信用风险，通过科学识别和量化各类风险，要求保险公司具备与其风险相适应的资本。

在第一支柱中，能够量化的风险具备三个特征：(1)这些风险应当是保险公司经营中长期稳定存在的；(2)通过现有的技术手段，可以定量识别这些风险的大小；(3)这些风险的计量方法和结果是可靠的。

第一支柱定量资本要求包括五部分内容：一是第一支柱量化资本要求，具体包括：(1)保险风险资本要求；(2)市场风险资本要求；(3)信用风险资本要求；(4)宏观审慎监管资本要求，即对顺周期风险、系统重要性机构风险等提出的资本要求；(5)调控性资本要求，即根据行业发展、市场调控和特定保险公司风险管理水平的需要，对部分业务、部分公司提出一定期限的资本调整要求。二是实际资本评估标准，即保险公司资产和负债的评估标准和认可标准。三是资本分级，即对保险公司的实际资本进行分级，明确各类资本的标准和特点。四是动态偿付能力测试，即保险公司在基本情景和各种不利情景下，对未来一段时间内的偿付能力状况进行预测和评价。五是监管措施，即监管机构对不满足定量资本要求的保险公司，区分不同情形，采取监管干预措施。

2. 第二支柱定性监管要求

第二支柱定性监管要求是在第一支柱的基础上，进一步防范难以量化的风险，如操作风险、战略风险、声誉风险、流动性风险等。由于我国保险市场是一个新兴市场，采用定量监管手段来计量这些风险存在较大困难，因此需要更多地使用第二支柱的定性监管手段来评估和防范。

第二支柱共包括四部分内容：一是风险综合评级，即监管部门综合第一支柱对能够量化的风险的定量评价，和第二支柱对难以量化风险（包括操作风险、战略风险、声誉风险和流动性风险）的定性评价，对保险公司总体的偿付能力风险水平进行全面评价。二是保险公司风险管理要求与评估，即监管部门对保险公司的风险管理如治理结构、内部控制、管理架构和流程等提出具体监管要求，并对保险公司风险管理能力和风险状况进行评估。三是监管检查和分析，即对保险公司偿付能力状况进行现场检查和非现场分析。四是监管措施，即监管机构对不满足定性监管要求的保险公司，区分不同情形，采取监管干预措施。

3. 第三支柱市场约束机制

第三支柱市场约束机制是引导、促进和发挥市场相关利益人的力量，通过对外信息披露等手段，借助市场的约束力，加强对保险公司偿付能力的监管，进一步防范风险。其中，市场力量主要包括社会公众、消费者、评级机构和证券市场的行业分析师等。第三支柱市场约束机制是新兴保险市场发展的客观要求，是我国偿付能力监管体系的重要组成部分。

第三支柱主要包括两项内容：一是通过对外信息披露手段，充分利用除监管部门之外的市场力量对保险公司进行约束；二是监管部门通过多种手段，完善市场约束机制，优化市场环境，促进市场力量更好地发挥对保险公司风险管理和价值评估的约束作用。

4. 三个支柱的关系

三个支柱都是保险公司外部的偿付能力监管，三个支柱在防范风险方面各有侧重，发挥的作用也各不相同。第一支柱是通过定量监管手段，防范能够量化的偿付能力相关风险；第二支柱是通过定性监管手段，防范难以量化的偿付能力风险；第三支柱是通过信息披露等手段，发挥市场约束力量，强化第一支柱和第二支柱的效果，并且更加全面地防范保险公司的各类偿付能力风险。三个支柱相互配合、相互补充，成为完整的风险识别、分类和防范的体系。

（三）监管基础

保险公司内部偿付能力管理是企业内部的管理行为，是偿付能力监管的基础，在偿付能力监管中具有十分重要的作用。

第一，内部偿付能力管理是保险公司的“免疫系统”和“反应系统”。世界各国和我国的监管实践证明，绝大多数偿付能力出现问题的公司，都是内部风险管理有严重缺陷的公司。科学有效的内部偿付能力管理制度和机制，不仅可以主动识别和防范各类风险，而且对各类风险的变化能够做出及时反应。

第二，内部偿付能力管理是外部偿付能力监管的前提、基础和落脚点。特定阶段外部偿付能力监管必须与当时的行业内部偿付能力管理水平相适应，两者既相互依存，又相互制约、相互促进。偿二代将着力推动和激励保险公司建立健全内部偿付能力管理体系，并将其有效地整合在组织架构、决策过程和经营管理各环节中。

三、我国第二代偿付能力监管制度中有关偿付能力充足的指标

我国第二代偿付能力监管制度中评价保险公司偿付能力状况的指标有三个：核心偿付能力充足率、综合偿付能力充足率和风险综合评级。

核心偿付能力充足率，是指核心资本与最低资本的比率，反映保险公司核心资本的充足状况。

综合偿付能力充足率，是指核心资本和附属资本之和与最低资本的比率，反映保险公司总体资本的充足状况。

风险综合评级，是指综合第一支柱对能够量化风险的定量评价以及第二支柱对难以量化风险的定性评价，对保险公司总体的偿付能力风险水平进行全面评价所得到的评级，评级结果反映了保险公司综合的偿付能力风险。

核心偿付能力充足率和综合偿付能力充足率反映公司量化风险的资本充足状况，而风险综合评级反映保险公司与偿付能力相关的全部风险的状况。

四、我国第二代偿付能力监管制度的具体内容

我国第二代偿付能力监管制度共有 17 项监管规则。

第一支柱定量监管要求共 9 项监管规则，具体内容包括：

第 1 号：实际资本规则规范保险公司认可资产、认可负债和实际资本的评估原则，明确资本分级的标准；

第 2 号：最低资本规则规范保险公司最低资本的构成和计量原则；

第 3 号：寿险合同负债评估规则规范人身保险公司和再保险公司基于偿付能力监管目的的寿险合同准备金的评估标准；

第 4 号：保险风险最低资本（非寿险业务）；

第 5 号：保险风险最低资本（寿险业务）；

第 6 号：保险风险最低资本（再保险公司）规则分别规范保险公司寿险业务、非寿险业务和再保险公司的最低资本的计量；

第 7 号：市场风险最低资本规则规范保险公司市场风险最低资本的计量；

第 8 号：信用风险最低资本规则规范保险公司信用风险最低资本的计量；

第 9 号：压力测试规则建立了保险公司偿付能力压力测试制度，明确了压力测试的方法和要求。

第二支柱定性监管要求共 3 项监管规则，具体内容包括：

第 10 号：风险综合评级（分类监管）规则通过对保险公司总体的偿付能力风险进

行全面评价，建立定量监管与定性监管相结合的监管机制，提高监管的有效性；

第 11 号：偿付能力风险管理要求与评估规则建立了保险公司偿付能力风险管理能力的监管评估制度，并将风险管理水平与资本要求相挂钩，风险管理能力强的公司，可降低资本要求，反之，则提高资本要求，促使保险公司持续提高风险管理能力；

第 12 号：流动性风险规则建立了财产保险公司和人身保险公司统一的流动性风险监管要求、流动性风险监管指标和现金流压力测试制度，构建了完整的流动性风险防范网。

第三支柱市场约束机制共 3 项监管规则，具体内容包括：

第 13 号：偿付能力信息公开披露规则建立了偿付能力信息公开披露制度，要求保险公司每季度披露有关偿付能力信息，提升偿付能力信息的透明度，增强市场约束力；

第 14 号：偿付能力信息交流规则建立健全了监管部门与保险消费者、投资者、信用评级机构、媒体等市场相关方之间的交流机制，以充分发挥市场相关方对保险公司的监督约束作用；

第 15 号：保险公司信用评级规则规范了保险公司的信用评级制度，以更好地发挥评级机构在风险防范中的作用。

第 16 号偿付能力报告和第 17 号保险集团两项监管规则，涉及三个支柱的所有内容：

第 16 号偿付能力报告规则将现行以年报为核心的报告体系，改为以季报为核心的报告体系，有利于保监会对行业风险早发现、早预警、早处置；

第 17 号保险集团监管规则拓展了集团监管的内涵，将保险（控股）集团以及各种类型的隐性或混合保险集团都纳入监管范围，对保险集团的定量监管要求、定性监管要求和市场约束机制进行了规范，迈出了保险集团偿付能力监管的实质性步伐。

本章小结

对经营风险保险公司来说，偿付能力是反映保险公司经济实力是否雄厚的标准，是保险公司自身经营管理的首要目标，也是保险监管当局关注的焦点。保险公司的偿付能力是指保险公司对所承担的风险在发生超出正常年景的赔偿和给付数额时的经济补偿能力。

保险公司的偿付能力表现了保险公司资产与负债之间的一种关系。保险公司的偿付准备金即保险公司的资本金、总准备金和未分配盈余构成了保险公司偿付能力的经济内涵，偿付准备金的增减，体现保险公司偿付能力的消长。

评估保险公司的偿付能力是否充分，通常用偿付能力额度来考察。偿付能力额度是指在任何一个指定日期，其资产负债表的资产和负债之间的差额，一般以资本金、总准备金和未分配盈余为代表。偿付能力额度越高，表明保险公司偿付能力越强；反之，保险公司偿付能力越弱。

最低偿付能力额度、法定偿付能力额度、实际偿付能力额度是从偿付能力管理的不同角度引发出来的。最低偿付能力额度是指保险公司为了履行其赔偿和给付的义务，在理论上应该保持的偿付能力额度。法定偿付能力额度是保险监管机构为确保保险公司稳健经营，依据《保险法》规定保险公司必须保持的最低偿付能力。实际偿付能力额度是保险公司根据业务规模实际应保持的偿付能力额度。

在保险公司经营的过程中，影响保险公司偿付能力的因素有三个：(1)保险公司的偿付准备金。赔付率的波动、投资收益、费用水平、业务增长率、红利分配等因素都会影响保险公司的偿付准备金；(2)承保能力的控制；(3)建立保险赔偿基金的损失概率计算的准确性和可靠程度。

保险监管机构主要运用立法和行政手段，加强对保险公司偿付能力的监管。监管方法有静态监管和动态监管。偿付能力静态监管的方法主要有规定最低资本金、财务比率分析法、风险资本要求法、现场法定检查法和法定基金双重标准法。动态监管法有现金流量测试和偿付能力动态测试。随着保险产品的多样化、投资方式的多样化以及投保人选择权的多样化，偿付能力的动态监管将成为保险业监管发展的必然趋势。

我国对保险业的监管也从以条款、费率为中心的审慎性监管向以偿付能力为中心的监管发展。《保险法》对偿付能力的管理做出了具体的规定，2016 年 4 月我国正式实施第二代偿付能力监管制度体系，采用国际通行的“三支柱”监管框架，即定量监管要求、定性监管要求和市场约束机制三大监管支柱，以引导和促使保险公司持续提升风险管理水平。

复习思考题

1. 什么是保险公司的偿付能力？它的经济内涵是什么？
2. 如何理解最低偿付能力额度、法定偿付能力额度和实际偿付能力额度的关系？
3. 分析影响保险公司偿付能力的主要因素。
4. 保险偿付能力动态监管的方法有哪两种？动态监管有什么优点？
5. 我国《保险法》对偿付能力管理做了哪些规定？
6. 简述我国第二代偿付能力监管制度体系的制度特征。
7. 分析我国第二代偿付能力监管制度中三支柱监管的含义以及它们之间的相互关系。
8. 我国第二代偿付能力监管制度中评价保险公司偿付能力状况的指标有哪些？

第八章

**复习思考题
答案**

第九章

课 件

第九章　保险公司再保险管理

社会经济和科技的发展、保险市场竞争的加剧、巨灾风险的频繁发生，使保险公司的很多经营对象及经营中出现的问题难以符合大数法则的要求，保险公司的财务稳定受到了威胁。再保险作为一种十分有效的分散风险的方法，赋予大数法则新的意义，让大数法则跨越风险单位的限制，在更广泛的意义上分散风险，从而有力地保障了保险公司的业务经营。几百年的事实证明，再保险对世界保险业的发展起到了巨大的推动作用。任何一个保险公司的经营好坏，在很大程度上取决于再保险渠道是否畅通，即使资产极为雄厚的保险公司，也离不开再保险这个强大的中枢和支柱。因此，加强再保险的管理成了保险公司经营管理的重要一环。

第一节　再保险运用的动因分析

根据财务稳定性系数 $k=\sqrt{p(1-p)}/\sqrt{n}q$ 可知，与 k 指标有关的因素有三个：一是保险费率 q；二是损失概率 p；三是标的数量 n。在损失概率一定的条件下，通过提高保险费率 q 和扩大承保标的数 n 可以降低 k 值。但是根据保险费率厘定的公平、合理、适度的原则，提高保险费率 q 往往是有限度的。此外，对任何一家保险公司来说，在既定空间和时间的条件下，承保具有同质性风险的单位是有限的，而且每一险种都有市场容量的限制。如果在承保数量的扩大中，保险标的的保险金额相差过大，不仅不会使公司财务稳定性指标 k 值降低，有时甚至会使全体保险业务的财务稳定性恶化。随着科学技术的不断发展，保险标的的价值日益增大，有时标的只有一个，责任十分集中，大数却无从说起，使保险经营机制的大数法则丧失了说服力，如此的保险标的，加上风险的累积，对保险公司财务稳定性的影响是致命的。因此，在保险费率、损失概率、标的数量等一定的情形下，要降低保险公司财务稳定性指标，唯一有效的方法就是运用再保险机制来分散风险。

再保险是保险人将其承担的保险责任以分保形式部分地转移给其他保险人的一种保险。再保险反映的是原保险人与再保险人之间的关系，体现了风险的纵向分担。

原保险是再保险的基础和前提，再保险是原保险的后盾和支柱。保险公司运用再保险机制来保证自身财务的稳定，既有技术性的动因，又有非技术性的动因。

一、技术性动因

（一）再保险可以扩大保险人的承保能力

对一家保险公司来说，无论其规模多大，技术力量多雄厚，保险人的承保能力也会受其资本金、准备金等财务状况限制，其自身的财务相对于承保风险是十分有限的，尤其是随着高科技的发展和应用，保险标的的保额都在几亿元、几十亿元以上，保险人因自身资金的限制无法承保巨额的保险标的，而大多数保险人为了扩大市场占有份额，提高竞争力，实现规模经营，不希望受到自身资金的限制，而希望不断扩大自身的承保能力，尽量多承保一些保险标的，以增加业务量。协调保险人承保能力与财务能力之间矛盾的有效途径就是再保险。保险人通过再保险，将超过自身财力部分的业务分保出去，这样可以在不增加资金的前提下，扩大承保能力，使原本无力承保的风险也可以承保，同时又不影响保险人的偿付能力。由此可见，通过再保险，使原来在一个或几个保险公司中不可能实现的大数法则，在保险同业之间或国际大范围内得以实现。

（二）再保险可以控制保险人的责任

当保险人承保了某一标的物的风险后，运用适当的再保险方式，如成数再保险、溢额再保险或者超赔再保险等，通过对每个危险单位责任的控制，或者对一次事故中的累积责任的控制，或者对某保险险种的赔付率的控制，将自身承担的风险责任控制在合理的范围内，从而保证保险经营的持续稳定。

（三）再保险能够均衡保险人的业务结构

根据大数法则的要求，保险标的数量越多，保险金额越均匀，保险经营的稳定性就越好。但事实上，要求保险标的的保险金额均匀在业务经营中是很难做到的。业务结构的不均衡，很容易影响保险公司的经营稳定。通过再保险，保险人可将同类业务中超过平均保险金额水平的业务分给其他保险人，使标的物的保险金额相对均匀，从而让大数法则发挥稳定公司财务的作用。

（四）互惠交换业务更加稳定了保险公司经营

互惠交换业务是指保险公司之间的相互分保，是对风险进行调整的一种方式。通过互惠交换业务，将保险公司某一时点上的风险在空间上得以分散，同时又接受他人的风险分入。虽然保险公司所承担的总的保险责任可能没有改变，但是互惠交换不仅解决了因分出导致保险公司保费减少的问题，而且使财务稳定性大大提高。其实，这种稳定性还是通过大数法则来实现的。因为对保险人来说，将点上的风险实现了纵向分散；对再保险人来说，将点上的风险在空间上进行了平行分散。这种双重分散，相对地在风险承担者不变的情况下使大数得到了很大的扩展，从而更加稳定了保险公司的财务状况。

(五)再保险可以促进保险人加强管理

再保险业务的办理与承保直接保险业务不同，它不仅要求保险人要正确评估承保的风险，合理确定自留额和分保额，既不让承担的责任超出自身的承保能力，又不让保险费过多地流失。同时，保险人还必须了解和把握国际保险市场和再保险市场的动态，寻找合适的再保险人，进行科学的再保险安排和再保险方式的抉择。此外，再保险业务经常是跨越国界的，涉及外汇问题、国际上的法律问题等。因此，再保险不仅要求保险人必须具备丰富的专业知识，而且要不断提高自身的业务管理水平和风险管理水平，否则将会影响再保险分散风险的功效。

再保险机制最主要的功能是帮助保险人转移风险，满足保险人风险管理的需要，但是有些保险人运用再保险既不是为了转移风险，也不是为了财务管理的目的，而是一些非技术性的动因。

二、非技术性动因

(一)国家政策和法律法规的制约

任何一个国家的保险公司在从事保险经营活动过程中必须遵循该国有关保险的政策和法律法规。国家的政策和法律法规制约了保险公司的经营行为。一般来说，国家的保险法都制定了有关保险公司再保险的规定，要求保险公司必须严格遵守。

(二)再保险人经营实力、技术及提供的服务

再保险人一般都是专营再保险公司，它们的资金雄厚、技术力量强、风险管理水平高、专业人才多。与再保险人合作，原保险人可以获得再保险人的技术支持。再保险人可以帮助原保险人安排分保计划，帮助原保险人进行产品开发和核保，为原保险人提供防灾防损的技术咨询和国际保险市场的信息，有些再保险人还可以帮助原保险人进入一个新市场或退出某一市场，利用原保险人多余的承保能力和管理能力，等等。

随着经济的全球化和巨灾风险的频繁发生，保险人对再保险的需求往往会超越国界，需要在国际保险市场和再保险市场上寻求再保险保障，因此，再保险是保险业中最具国际化的保险业务，也是对付全球性巨灾损失的一种风险管理方法。

第二节　再保险业务的安排

再保险业务的安排是指分出公司如何运用各种再保险形式与分入公司建立再保

险关系。它是保险公司管理中经营决策的重要一环。安排得是否合理，直接影响到再保险分散风险、稳定财务的功能。

再保险合同分保安排的方法主要有临时再保险、合约再保险和预约再保险。由于临时再保险、合约再保险和预约再保险各有特点，保险人必须根据自身的业务性质，并考虑到与再保险人长期合作关系，合理地安排再保险。

一、临时再保险的特点和安排

临时再保险是指原保险人根据自身业务需要，与再保险人临时达成再保险协议，将有关风险或责任进行临时分出的分保安排方式。临时再保险是分出公司对个别特殊保单或危险单位采取的临时处理风险的措施。

对于临时分保业务的分出和接受，分出公司和分入公司均无约束，可以灵活、自由地选择。分出公司可以视承保的风险程度和自留能力，决定是否分出、分出多少。同样，分入公司可以根据分出业务的质量和自身的承受能力决定是否接受。分出公司在安排临时分保时，必须将分出业务的具体情况和分保条件如实告知分入公司，以便于分入公司明确分出业务的性质，决定是否接受，但这种做法对分出公司的业务竞争不利。此外，临时再保险是逐笔安排分保的，虽然保费支付较迅速，有利于分入公司的资金使用，但是手续烦琐，增加了费用支出。

对于新开办的业务，由于新业务佣金高，其他费用支出大，业务量少且不稳定，损失状况相对也不稳定，宜采用临时再保险。对于合约再保险中除外的业务或者业务质量较差而由原保险人通融承保，但又不愿放入合约以免影响合同质量的业务，可以通过安排临时再保险来转嫁风险；对于一些超过合约承保限额的超大保额业务，为增强承保能力，原保险人也可以采用临时再保险；对于一些需要超赔保障的业务，原保险人在考虑自身利益或双方利益的基础上，可以安排临时超赔再保险来减少所承担的赔偿责任。

二、合约再保险的特点和安排

合约再保险是指原保险与再保险人之间预先订立分保合同，将业务范围、地区范围、除外责任、分出标准、分保佣金、合约最高限额等分保条件规定清楚，由双方共同遵守。

合约再保险区别于临时再保险的特点：一是合约再保险针对整个风险组合而不是单个风险单位。也就是说，原保险人将业务放入合同，必须将某一险种的全部业务放入合同，不能有所选择，以避免逆选择。二是合约再保险对原保险人和再保险人均有约束力，原保险人和再保险人都必须按照合约中规定的条件分保和接受合约规定的全部风险,双方都没有选择权。三是由于合约再保险采用预先订立合约的方式,凡是合约规定范围内的业务,自动地分保,从而大大简化了再保险的手续,降低了再保险的经营成本,受到了原保险人和再保险人的欢迎。但是随着先进的科学技术的发展和广泛运用,新风险层出不穷,而合约再保险是预先订立的,受合约规定的多种限制,无法适应特殊情况,需要临时再保险作为补充。

在合约再保险下,原保险人和再保险人双方的关系是固定的,通过合约再保险,既可以实现原保险人风险的及时转移,保证业务经营的稳定,又可以使再保险人获得数量较多且较为均衡的稳定的业务来源。因此,合约再保险是一种占主导地位的再保险,对于一般的保险业务,无论是比例再保险方式还是非比例再保险方式,均可采用合约再保险来安排。

三、预约再保险的特点和安排

预约再保险是介于临时再保险和合约再保险之间的一种再保险安排,通常也是合约再保险的补充。预约再保险对原保险人来说具有临时再保险的性质,原保险人可以选择是否分出、分出多少。对再保险人来说,具有合约再保险的性质,再保险人必须按预约再保险的规定无条件地接受分入。显然,预约再保险对于原保险人具有灵活性,原保险人可以视其业务的实际情况,决定是否办理分保;而对于再保险人具有强制性,凡属于预约分保范围内的业务,一旦原保险人分出,再保险人就必须接受,没有选择的余地。由于预约再保险是预先约定合同的业务范围,对于一些特殊的业务,如超过合约再保险合同限额的业务,原保险人不用安排临时再保险,只要将业务放入预约再保险,再保险人就必须接受。因此,对原保险人来说,预约再保险不仅手续简单,而且能获得及时的再保险保障;但对于再保险人来说,预约再保险业务的质量很难掌握。一般情况下,原保险人为稳定自身的经营,把一些稳定性好的业务自留,而将稳定性差的业务进行分保。

对于火灾保险和海上保险中的某些业务,如保额大的业务,如果合约再保险不能得到满足,原保险人可以用预先订立的预约再保险做补充,不用与再保险人临时磋商就可以及时有效地进行风险的分散。

第三节 再保险业务的规划

再保险业务的规划是指分出公司运用各种再保险方式将其所承担的风险和责任在保险同业之间进行转移和分散,以实现财务和业务的稳定。分出公司在制定再保险规划时要从业务经营管理和技术上考虑其可行性和稳定性，使再保险规划在合同条款和条件方面符合再保险的实务手续和市场发展趋势，既能避免支付过高的分保费，又能为分入公司所接受，还有利于分出公司和分入公司之间建立长期稳定的业务合作关系。因此，分出公司在制定再保险规划时应着重考虑以下几点：风险损失的分析评估、再保险方式的选择、自留额的确定、再保险人的选择以及再保险合同的商订等。

一、分析评估风险损失

当保险公司明确再保险目标后，要对承担的风险责任进行综合分析，为选择再保险方式做准备。保险公司的风险分析包括大的风险的识别、中小风险的损失变动、一次事故中的损失累积和一个业务年度的损失累积四个方面。大的风险损失的识别没有一个统一的标准，必须结合保险公司具体承保业务的风险结构和保费收入来确定，必要时还要进行全面细致的数量分析。一般情况下，对于一家保险公司承保的风险责任，如果每一个危险单位的保额均相等，即使有一个或几个危险单位发生全损，也不至于影响保险公司的财务稳定性。但是，如果每一个危险单位的保额差距很大，就很容易影响保险公司的财务稳定，这时就被认为是大的风险损失，要进行恰当的再保险安排。保险公司承保的中小危险单位是大量的，而且各个危险单位的保额差距不大，发生一个或几个危险单位的损失不会影响保险公司整体业务经营的稳定，但有时会出现大量危险单位发生损失而使某一业务年度的赔款超过保费的收入，从而影响保险公司的财务稳定。对于中小风险这种不利的变动，保险公司在制定再保险规划时要予以充分考虑。虽然保险公司对于风险责任的承担通常以危险单位为基础，但有时一次事故发生，会使大量的危险单位同时受损，造成风险责任的累积，尤其在巨灾风险事故中，这种累积的风险责任对保险公司的财务稳定是致命的。因此，在制定再保险规划时，保险公司不仅要考虑每个危险单位，还要从一次事故中大量危险单位的基础上安排再保险。在保险公司一个业务年度中，有时可能发生各种业务综合结果的赔款超过总的保费收入，对这种一个业务年度的损失累积，保险公司在再保险规划中也应予以考虑。

二、科学选择再保险方式

再保险作为原保险人转移风险的方法，其风险转移的方式多种多样，主要有比例再保险和非比例再保险两种。再保险方式的不同，对再保险分散风险和稳定财务作用的发挥也有差别。因此，对原保险人来说，要充分发挥再保险对自身业务经营的特殊功效，必须科学地选择再保险方式。

比例再保险和非比例再保险是在临时再保险、合约再保险、预约再保险三种再保险安排中按责任限制作为尺度划分的。由于比例再保险下的成数再保险、溢额再保险和非比例再保险下的险位超赔再保险、事故超赔再保险以及赔付率超赔再保险方式各有特点，要求原保险人在选择再保险方式时根据保险业务的性质、质量以及自身财务状况等因素，科学地进行选择，并将各种方式有机地结合起来，充分发挥再保险分散风险、扩大承保能力的作用。

（一）比例再保险

比例再保险是由原保险人与再保险人相互订立合同，或临时商定，按保险金额的一定比例确定原保险人自留额、再保险人分保额、原保险人的分保费和再保险人的赔款分摊的再保险方式。比例再保险又可以分为成数再保险和溢额再保险两种形式。

1. 成数再保险

成数再保险是指原保险人按约定的分保比例，将每一风险单位和保险金额向再保险人分保的方式。在成数再保险下，不论原保险人承保的每一风险单位的保额多大，只要是在合同规定的限额内，都必须按照双方约定的比例进行保费的分配和赔款的分摊。

成数再保险的优点：一是手续简化，分保实务和账务处理省时省力，从而减少了费用开支；二是无论业务的大小、质量的好坏、经营结果的盈亏，原保险人与再保险人都必须对每一危险单位的责任按事先约定的固定分保比例来分配，双方共同承担风险，共同分享利益，因而比较公平。

成数再保险的缺点：一是缺乏灵活性，原保险人没有选择机会，合约签订后不仅风险大或保额高的业务要分出去，而且原可自留的小额业务或质量较好的业务同样必须按固定比例分保，从而使原保险人分保费流失较多、利益减少也较多；二是当原保险人遇到保额较高，业务质量差时，原保险人也只能按规定的比例分保，不能减少自留额，风险责任难以均衡，不能达到分散巨额风险的目的，常需要其他再保险形式作补充，才能彻底分散风险。

2. 溢额再保险

溢额再保险是指原保险人将每一危险单位的保险金额超过约定自留额的部分分给再保险人的再保险方式。在溢额再保险下，原保险人事先确定一个自留额，再保险人以自留额的一定倍数（或称线数）确定分保限额。若某一危险单位的保险金额小于自留额，原保险人不必办理再保险；若某一危险单位的保险金额超过约定的自留额，原保险人将超过部分分给再保险人。溢额再保险的自留比例由自留额与保险金额来确定，溢额再保险的分保比例由分保额与保险金额来确定。溢额再保险的比例不是固定的，随每一危险单位的保险金额的不同而变化。在溢额再保险中，原保险人还可以根据业务发展的需要，针对一些偶发性的大额或高额保险业务，在原有溢额的基础上，设置多层次的溢额。多层次溢额的设计，既可以分散原保险人承保的大额或高额风险，又可以使风险责任均衡化。

溢额再保险是比例再保险中应用最广泛的方式，相对于成数再保险，溢额再保险的优点：一是原保险人可以根据具体业务种类、业务性质和质量以及自身的财务状况自由决定自留额。对于自留额之内的业务可以不分出。这样，既可以避免保费的流失，又可以保留较多的利润。但是再保险公司为了维持自身的经营稳定，不论是合约再保险，还是临时再保险，都会对原保险人的财务状况、信誉程度进行审核，对要接受的风险进行评估，以判断承保风险的大小。二是溢额再保险弹性比较大，对一些大额或高额保险业务，原保险人在安排第一溢额再保险外，还可以安排第二、第三溢额再保险，解除原保险人为遇到超额风险而分保的后顾之忧，比较符合分散风险的再保险原则，比成数再保险更具有分散风险的功效和容量。

溢额再保险的缺点：一是由于对不同的危险单位都要计算不同的分保比例，并以此逐笔计算有关的分保费和摊回赔款，因此，对业务的处理比较烦琐，需要严格的管理制度和较多的人力来进行，这对日趋繁复的保险业务不利。二是原保险人和再保险人的利益不完全一致。如果风险大多发生在自留额以内的保险业务，原保险人的赔付支出可能很大；如果风险大多发生在大额业务，再保险人的赔偿责任就很大，甚至出现亏损而对原保险人并无大的影响。

在再保险实务中还有成数溢额混合再保险形式，即将成数再保险和溢额再保险组合在一个合同里，取两者之长，补相互之短。其中一种是由原保险人先安排一个成数合同，规定合同的最高责任限额，如果保险标的的保额超过此限额，再按另订的溢额再保险合同办理；另一种是由原保险人先安排一个溢额再保险合同，但部分自留额按另外的成数再保险合同来处理。

保险公司在选择再保险方式时，通常要注意以下几点：

(1)对于新开办的保险险种或新开业的保险公司，由于缺乏业务经验和相关的统计资料，对风险的分析和自留额的确定难以把握，宜采用成数再保险，按保险金额的一定比例确定自留额与分保额，便于风险的分散。同时，原保险人在风险分析、核保管理、核赔等方面可以获得再保险人的支持，积累经验为开展业务创造条件。

(2)对于保险金额和业务质量比较平均的保险业务，采用成数再保险方式对合同双方均有利，既不会造成责任的高低不均，又有利于原保险人收取较高的分保手续费和再保险人获得较多的分保费。但是对于风险小且较为分散的业务，采用溢额再保险方式，有利于原保险人更多地自留保费；对于业务质量优劣不齐、保险金额高低不均的保险业务，往往也采用溢额再保险方式来均衡保险责任；对于保险金额大的业务，原保险人可以采用溢额分层再保险来分散风险。

(3)根据成数再保险方式和溢额再保险方式的特点，在实务操作中，保险人可以将成数再保险和溢额再保险组织在一个再保险合同中，以成数再保险的限额作为溢额再保险的起点，再确定溢额再保险的限额，将两种再保险方式混合运用，可以充分发挥成数再保险和溢额再保险的优点，克服两者的缺点，使再保险安排更合理。

(4)对于各类转分保业务，常采用成数再保险。因为转分保业务环节较多，采用其他再保险方式需要重新分配限额，手续烦琐，操作比较困难。保险集团内部的分保，为了简化手续，也常采用成数再保险。对一些互惠交换业务，成数再保险和溢额再保险都是双方乐于采用的方式。

(二)非比例再保险

非比例再保险又称为超额损失再保险，它是以赔款金额为基础来确定原保险人的自负责任和再保险人的分保责任的再保险方式。非比例再保险合同有两个赔偿责任限额：一个是原保险人的自负责任额，也是非比例再保险的起赔点；另一个是再保险人承担的最高责任额。这两个限额通常由原保险人与再保险人在合同中约定，一旦发生保险事故造成损失，双方就按合同规定的限额进行赔付。非比例再保险主要有三种形式：险位超赔再保险、事故超赔再保险和赔付率超赔再保险。

1. 险位超赔再保险

险位超赔再保险是以每一危险单位所发生的赔款为基础来确定原保险人自负责任额与再保险人分保责任额的再保险方式。双方约定，对每一危险单位所发生的赔款，如果在自负责任额之内，由原保险人负责；如果发生的赔款超过自负责任额，对超过部分由再保险人在一定限额内负责赔付。在险位超赔再保险下，对一次事故的赔款计算，一种是按危险单位分别计算，只规定险位限额，对总赔款没有限制；另一种是限制每次事故的总赔款，一般为险位限额的 2～3 倍，也就是说对每次事故，再保险人只赔付 2～3 个危险单位的损失。

2. 事故超赔再保险

事故超赔再保险又称异常灾害再保险，它是以一次事故中所发生的总赔款为基础来确定原保险人的自负责任额和再保险人的分保责任额的再保险方式。在事故超赔再保险下，不论一次事故中涉及多少危险单位，也不管保险金额有多高，只要总赔款在原保险人的自负责任范围之内，由原保险人赔付。总赔款超过自负责任额时，对超过部分在规定额度内由再保险人赔付。在事故超赔再保险中，事故超赔的最高责任限额要根据原保险人自负责任的大小、业务的性质与密集程度以及过去的索赔经验等因素来决定，并经双方当事人协商。如果最高责任额度订得不合理，对合同双方均不利，为此出现了事故超赔分层再保险的做法，即设置若干层次的超赔分保：第一层的起赔点就是原保险人的自负责任额；第二层的起赔点是第一层的自负责任额和再保险责任额的合计；第三层的起赔点是第二层的起赔点与再保险责任额的合计……这样，每一层的再保险额度虽然不高，但各层的累计额度可以达到相当高的金额。这样既达到了分散巨灾风险的目的，又不至于使各层再保险人的责任过重，同时，原保险人的再保险费率也比较低。

3. 赔付率超赔再保险

赔付率超赔再保险又称停止损失再保险，它是以某一业务在一段时期（一般为一年）的赔付率为基础来确定原保险人的自负责任与再保险人的分保责任的再保险方式。在赔付率超赔再保险下，如果原保险人的某一业务在一定时期的赔付率超过一定标准时，由再保险人将超过部分负责到某一赔付率或金额，两者以先达到者为准。由于运用赔付率超赔再保险方式可以将原保险人的某一年度的赔付率控制在一定标准之内，对超过预定赔付率以上的损失，原保险人可以转嫁给再保险人来赔付。为了防止原保险人因松懈核保核赔而损害再保险人的利益，在赔付率超赔再保险合同中做了一项特殊的规定，那就是再保险人对超过赔付率以上部分的赔款只负责 90%，另外 10%由原保险人自负。

运用险位超赔再保险方式，可以控制原保险人对每一风险单位的自负责任，限制每次的赔款，但它只适用于一般性的保险业务，只对一些一般性的损失提供保障。而事故超赔再保险的目的是保障一次事故造成的责任累积，常用于异常灾害或巨额风险的再保险，具有防范巨灾的作用，因此，被广泛运用于火灾保险、海上保险、责任保险、汽车保险和意外伤害保险等业务中，并通常作为比例再保险的补充，以防范巨灾风险造成的巨额损失。对于单位损失金额不大，但损失频率高，或者损失集中，累积责任沉重的保险业务，如农作物的重灾险等，很容易出现亏损，选择赔付率超赔再保险方式最合适。因为赔付率超赔再保险的目的就是将原保险人的业务亏损控制在其自身财力可以承受的范围，超过的赔付率由再保险人负责到一定程度。

保险公司必须以个别风险单位的性质或各类业务的性质为基础，同时兼顾较低的再保险成本和保险经营的财务稳定性，科学地选择再保险方式。随着科学技术的进步和运用，新风险和巨灾风险发生频率的增加，为了达到彻底分散风险的目的，保险公司要综合各种再保险安排，有机选择和使用各种再保险方式，建立纵横交错的再保险体系，共同发挥再保险对原保险的独特功效。

分出公司在对自身的承保能力、自留责任、分保额作出规划后，还须对其拟选用的分保方式进行经营收益的匡算，选出较好的分保方式，同时还要考虑再保险费率、再保险保费收入、费用开支率、分保佣金率等因素和考虑回头业务问题、再保险关系的长期稳定问题，最终选择最合理的分保方式。

三、准确确定自留额

自留额是保险公司根据自身的承受能力而确定的对每一危险单位自己所能承担的风险和责任的最大限额。自留额的确定是再保险业务的核心。自留额的确定是否适当，对保险公司的经营是极其重要的。自留额订得过低虽然能使保险人在短期内的经营达到稳定，但保险人将大量的仍可自行承担的责任转移给了再保险人，既不利于自身资金的积累，也限制了公司的正常发展。自留额订得过高，虽然可使自身的保费收入增加，迅速地积累资金，但是高于公司承保能力的责任一旦发生索赔，势必严重影响公司的财务稳定性。

从理论上讲，自留额是由保险精算师根据数学模型精算出来的，但有时数理模型的设计和取证所需要的变量、参数巨大，常常无法取得。因此，在实际中各公司根据自身的实际情况综合考虑，一般凭经验确定自留额。虽然不同险种自留额的大小不同，但是保险公司在确定自留额时必须考虑技术性因素和一些非技术性因素。

(一)技术性因素

对保险公司来说，除了要遵守有关再保险的法律规定外，还要根据公司自身的偿付能力测定每一危险单位的自留额，即最大自留保险金额，这一点尤为重要。保险公司通常根据财务稳定性指标 k 和纯费率 q（或损失率 p）测算出最大的自留额。其公式为：

$$\text{自留额} \approx 2k^2p$$

超过自留额部分，需要办理再保险。也就是说，自留额可大到 $2k^2p$，而不至于影响公司财务稳定性。财务稳定性考核中的 k 指标为再保险操作中自留额的确定提供了科学的数理依据。但是利用财务稳定性系数 k 来决定自留额时还要注意以下几点：

(1)自留额 $\approx 2k^2p$ 适用于保险公司当前财务稳定性良好，为发展业务需要承保新的保险标的，要维持原有的财务稳定性，那么对新接受的业务，如保险金额在自留额以下，则可全部自留。

(2)再保险虽然能使自留额上的 k 小于原有全部业务的 k，但是自留额上的 k 因为与承保数量及损失率有关，故不可能无限制地降低；否则，徒然耗费再保险费，仍不能进一步提高财务稳定性。

(3)自留额的确定，运用上述公式进行数学分析无疑比较科学合理，但在实际业务中，保险公司不仅需要从数理方面考虑，还需要顾及各方面的客观条件。

①经济周期。经济周期对保险业的影响，在第一章第二节已做了详尽分析。其实，经济周期的不同阶段，对再保险安排中自留额的确定也会产生一定的影响，而且不

同险种受经济周期的影响程度也有所不同。因此，对于不同险种应该根据险种的特点做出相应的调整。一般情况下，在经济周期的高涨阶段，费率处于较高水平，业务量较大，发生道德风险的可能性小，自留额可以保持在较高水平；在经济周期的衰退阶段，由于业务量萎缩，道德风险的可能性加大，自留额应适当调低；在经济周期的萧条阶段，保险业务量大幅下降，又处于道德风险的高发期，自留额应尽可能地保持低水平；而到经济周期的复苏阶段，保险业务量开始回升，道德风险的可能性减小，自留额可以适当调高。由此可见，在确定自留额时必须考虑经济周期因素，并且要尽可能准确判断经济周期内每一阶段的时间，以免影响自留额的准确确定。

②保险公司的财务状况。保险公司的财务状况实际上是指保险公司偿付能力的大小，包括资本金、公积金和未分配盈余等项目。偿付能力强的保险公司，自留额可以订得高一些，而偿付能力差的保险公司，自留额应该订得低一些。

③业务量。保险公司的经营是以大数法则为基础的，承保的业务数量越大，越符合大数法则的要求，风险的同质性越容易得到统一，损失率的波动就越小，保险公司的财务就越稳定。因此，保险公司的业务量与自留额之间呈正比例关系。业务量越大，自留额越高。对于具体险种，虽然要根据该险种的实际经营情况来确定它的自留额，但其业务量大小仍是确定自留额大小的重要因素之一。

④业务质量。确定自留额时，对于不同种类的业务需要根据其特征分别加以考虑。对那些以往传统经验良好、质量较高的业务，可以确定较高的自留额。而对一些质量较次的业务，自留额应相对较低。例如，在人身保险中，对于标准体和次健体保单分别确定自留额时，标准体保单的自留额要高于次健体保单的自留额。

⑤保险标的本身风险的大小。保险标的本身风险的大小是决定自留额的最主要的因素。风险越大，自留额越低。保险标的的风险包括两方面内容：损失赔付金额和损失概率，这两个因素都与保险标的的风险成正比，与自留额成反比。值得注意的是，损失赔付金额不同于保险金额，如果有两个保险金额和损失概率都相同的保险标的，显然每次损失赔付金额高的保险标的风险大，相应的自留额也低。在实务中，损失赔付金额通常用最大可能损失（Maximum Possible Loss，MPL）来衡量，损失概率用赔付率来衡量。对于最大可能损失小、赔付率低、效益好的险种，可以将自留额保持在较高水平。当保险标的最大可能损失和赔付率发生较大变化时，保险人需要对自留额进行调整。因此，在制定某险种的自留额时，保险公司必须考虑上一年以及以前几年该险种的赔付率情况，从而制定出一个合理的自留额。

⑥风险结构。保险公司在确定自留额时，还需要考虑风险结构。风险结构从宏观上讲是指保险公司整体业务中各个险种的比例，从微观上讲是指具体各险种的业务量。保险公司一般每年都会编制一份各险种的风险结构表，主要内容包括险种、保额

区间划分、每一区间的保单数量、每一区间的累计保额、每一区间的保费和平均费率、每一区间的赔款金额和赔付率。通过阅读分析险种风险结构表，保险公司可以清楚地了解各险种的具体经营情况，并根据每一区间的情况来确定自留额。因此，风险结构表有助于保险公司合理地确定自留额，尤其是超赔再保险安排时，风险结构表是一个必不可少的参考依据。

⑦风险累积。虽然保险人在计算费率及建立自留额模型时都假设各险种、各保险标的相互独立，但事实上独立性假设不一定能够完全满足。有些巨灾风险，虽然发生的频率很低，但是一旦发生，往往造成大面积的损失，使无数个独立的风险单位受损，出现风险的累积。风险积累与保险标的个数及保险标的的密集程度有关。保险标的越多，保险标的之间相关程度越大，风险累积程度越高；保险标的越密集，风险积累程度也就越高。因此，保险公司在确定自留额时，不仅要考虑对某一单独风险的承受能力，还要考虑风险积累。对风险累积程度高的保险组合，应适当降低自留额水平。在超赔再保险中，对洪水、地震、暴风雨等巨灾的自留额一般都规定在每一个单独风险单位自留额的3倍以上。例如一个保险人规定某一种业绩良好的风险的自留额为100万元，在采用事故超赔再保险安排时，每次事故的自留额至少规定为300万元，而且损失累积程度越大，每一风险单位或每一保单的自留额与超赔再保险的自留额之间的差额也越大。因此，保险公司必须运用灾害统计调查资料，对标的物所在地的巨灾风险发生的频率和损失程度有清楚的了解，同时考虑保险公司自身的偿付能力，以准确确定自留额。

⑧再保险安排。保险公司在对承保业务进行再保险规划时，应注重对各种不同的再保险方式结合使用。如果再保险的安排方式比较单一，则该方式的边际效用也较小，应确定较低的自留额。如果能将各种再保险方式有机地结合起来，优势互补，则自留额确定时就有较大的选择空间。例如在比例再保险方式下的自留业务再安排赔付率超赔再保险，就可以提高比例再保险的自留额。

⑨再保险费。再保险费是再保险人提供再保险服务的“价格”，对于保险人来说则是分出风险的成本和代价。再保险费和自留额成正比，即再保险费越高，说明保险人为了分出业务所付出的代价越大，那么保险人倾向于自留较多的业务；否则，保险人将愿意分出较多的业务。

（二）非技术性因素

1. 国家相关保险法律法规

由于自留额与保险公司的财务稳定性密切相关，因此，各国保险监管机关对保险公司具体业务自留额和总自留额均有限制。有的国家对保险公司每个风险单位自留额的最高限额在法律上做出规定。例如，我国《保险法》第一百零三条规定：保险公司对每一笔危险单位，即对一次保险事故造成的最大损失范围所承担的责任，不得超过其实有资本加公积金总和的百分之十，超过部分，应当办理再保险。《保险法》第一百零二条规定：经营财务保险业务的保险公司，当年自留保费，不得超过其实有资本金加公积金总和的四倍。有的国家对保险公司承担的总的保险赔付与其资本金相比的倍数做出数量上的规定。还有一些国家采用法定再保险制度，强制要求保险公司将业务按一定比例进行分保。如韩国、泰国等一些国家曾经实行过或正在实行法定分保制度，法国、日本等发达国家也曾实行过与法定分保类似的分保政策。

2. 保险市场开放程度和监管特点

从世界各国监管制度发展历程来看，在一些保险市场较发达、开放程度较高的国家和地区，监管机关对保险公司的监管比较宽松，着重于对保险公司偿付能力的监管，而对产品费率、条款及保险公司的经营并没有严格的规定。而在一些保险市场比较封闭、发展相对落后的国家和地区，对保险公司的监管主要依靠一些严格的法律条款来进行。所以，对于在比较宽松的市场环境中的保险公司，在确定自留额时就可以根据自身的资本实力和保险组合的特点，制定比较适宜的自留额。而对处于监管比较严格市场环境中的保险公司，在确定自留额时，不论保险险种效益是好是坏、风险是低是高，首先必须满足有关法规的要求。

总之，自留额的确定是一项复杂的工作，没有固定的计算公式，因此，保险公司在制定自留额时必须综合考虑以上这些因素，并结合自身保险业务的实际情况，才有可能确定较为准确的自留额。

四、合理选择再保险人

在原保险人转移风险求得补偿和再保险人接受风险求得经济效益的过程中，原保险人和再保险人之间存在着相互联系、相互制约的关系。虽然原保险人合理地安排了再保险，科学地选择了再保险方式，准确地确定了自留额，但是再保险人选择不当，在保险事故发生时再保险人不能履行其赔偿责任，同样也会影响原保险人分散风险和保证财务稳定的目的。因此，原保险人在安排再保险时必须认真评估和选择再保险人。

(1)保险公司必须进行市场调查，对再保险人的经营历史、经营现状、财务稳健程度、在再保险市场的地位、再保险人的组织形态、再保险人的险种类型和险种优势等方面进行深入细致的调查研究，选择信誉良好、技术能力强、资金实力雄厚的再保险人作为合作伙伴。

(2)如果通过再保险经纪人去安排再保险业务，还要对经纪人的信誉可靠程度进行考察，以避免再保险人选择不当给保险公司带来的分保风险。

五、商订再保险合同

再保险合同的商订是再保险规划的归宿和目的，再保险规划的目标实现与否，有赖于再保险合同的签订。

在分出公司与分入公司签订再保险合同之前，以下六个方面是双方商订再保险合同的要点：一是再保险佣金；二是再保险费；三是再保险分出业务的数量；四是再保险的经营方式，包括再保险公司的业务政策、管理水平、社会信誉以及分出公司对再保险公司累积准备金的大小；五是再保险的方式；六是再保险的自留额。当双方对上述重要事实经洽谈彼此同意后，可进一步考虑再保险合同的内容。

第四节　再保险业务的经营管理

再保险业务的经营管理分为再保险业务的风险管理和行政管理。对分出公司来说，风险管理的主要任务就是合理地确定自留额，科学地选择再保险方式，选择合适的再保险接受人作为分散风险的合作伙伴。对分入公司来说，就是合理地确定承保额，控制责任累积和安排转分保。行政管理的主要任务是建立财务、账务、核算、会计、统计、资金运用等公司内部集约化运作机制，以实现公司的最佳经济效益。

一、风险管理

（一）分出公司的风险管理

对分出公司而言，当承保了某一保险标的的风险后，要根据国家和公司的再保险政策和规定，为确保自身的偿付能力，及时安排再保险。在再保险规划中，自留额和再保险方式的确定以及合适的再保险人的选择是关键。

自留额的确定既要考虑经济周期、保险公司的财务状况、业务数量、业务质量、保险标的本身风险的大小、风险结构、风险累积、再保险安排和再保险费等技术性因素，还要考虑国家有关保险的法律和法规、保险市场开放程度和监管特点等非技术性因素。下面是不同再保险方式下的自留额确定的数学模型：如果用 S 表示原保险人承保风险损失额或赔款额，S_O 表示原保险人的自留责任，S_R 表示再保险承担的赔款，那么在成数再保险、溢额再保险、超额赔款再保险下，原保险人与再保险人对每次赔款各自承担的责任，应满足下面的数学式：

$$S_R = S - S_O$$

1. 成数再保险

在成数再保险下，原保险人将每一危险单位的保险金额按照约定的分保比例分给再保险人，每一危险单位的保险费和发生的赔款，也按双方约定的固定比例进行分配和分摊。因此原保险人的自留责任为 $S_O = r \cdot S$，再保险人的分保责任为 $S_R = (1-r) \cdot S_O$。其中，r 为自留比例。

2. 溢额再保险

溢额再保险也是以每个危险单位(可以是一张保单，也可以是数张保单)的保险金额为基础，由原保险人确定一个自留额，以自留额的一定倍数作为再保险额，由原保险人将超过预定自留额的部分责任转嫁给再保险人。假定不存在再保险人的赔偿限额，则有：

$$\text{原保险人的自留责任 } S_O = \begin{cases} S, & Z \leqslant M \\ \dfrac{M}{Z} \cdot S, & Z > M \end{cases}$$

$$\text{再保险人的分保责任 } S_R = \begin{cases} 0, & Z \leqslant M \\ \left(1-\dfrac{M}{Z}\right)S, & Z > M \end{cases}$$

式中：Z 为保险组合中任一风险单位的保险金额；M 为自留额。

3. 险位超赔再保险

险位超赔再保险是以每一危险单位所发生的赔款为基础来确定自留额与分保额，发生的赔款在自留额之内由原保险人自负，赔款超过自留额以外在限额内由再保险人负责。因此，有下列自留额数学模型：

$$\text{原保险人的自留责任 } S_O = \begin{cases} S, & 0 < S \leqslant M \\ M, & M < S \leqslant M+Q \\ S-Q, & S > M+Q \end{cases}$$

$$\text{再保险人的分保责任 } S_R = \begin{cases} 0, & 0 < S \leqslant M \\ S-M, & M < S \leqslant M+Q \\ Q, & S > M+Q \end{cases}$$

其中，Q 为再保险人承担的最大责任限额。

4. 事故超赔再保险

事故超赔再保险是以一次事故中所发生的总赔款为基础来确定自负责任和分保责任的。因此，在事故超额再保险中，只有明确一次事故的范围，才能确定原保险人与再保险人的责任。在事故超赔再保险合同中通常订有“时间条款”，作为划分“一次事故”的标准，例如，规定洪水、地震连续 72 小时内为一次事故；台风、飓风等连续 48 小时为一次事故。事故超赔再保险中的自留额的数学模型为：

$$原保险人承担的自留责任\ S_O=\begin{cases}X, & X\leqslant r\\ r, & X>r\end{cases}$$

$$再保险人承担的分保责任\ S_R=\begin{cases}0, & X\leqslant r\\ X-r, & X>r\end{cases}$$

其中，X 为一次事故造成的总赔款；r 为自留额。

5. 赔付率超赔再保险

赔付率超赔再保险是以某一业务在一定时期内(通常为一年)的赔付率为基础来确定自负责任和分保责任的。其再保险安排的数学模型为：

原保险人承担的自留责任 $S_O=\alpha P \qquad \alpha<\beta$

再保险人承担的责任 $S_R=(\alpha-\beta)P \qquad \alpha>\beta$

其中，α 为赔付率，赔付率＝(赔款净额/净保费收入)×100%；β 为自留赔付率标准；P 为净保费收入。

赔付率超赔再保险合同的赔付率虽然是每年计算的，但习惯上要到第三年底才进行计算调整，因此，赔付率超赔再保险合同通常为 3～5 年的合同期限，并约定 5 年为最终决算的年限。

由于比例再保险方式下的成数再保险与溢额再保险，非比例再保险方式下的险位超赔再保险、事故超赔再保险、赔付率超赔再保险等各有特点，所以保险公司要根据自身承保的业务性质选择合适的再保险方式或再保险方式的组合，以达到分散风险、保证财务稳定的目的。

再保险接受人的选择对分出公司来说也是至关重要的。分出公司不仅要掌握和了解分保接受人在国际和国内保险市场的资信，还要掌握其经营状况、承保技术力量、偿付能力等信息，避免一旦损失发生时，分保接受人无力支付应摊赔款而给分出公司造成重大的经济损失。一般大公司都设立专职部门，调查分析分保接受人的资信和偿付能力，也可以从国际上一些专业的咨询机构了解分保接受人的资信和偿付能力，因为这些专业的咨询机构会给分出公司提供详细的分保接受人的市场信息、资信和偿付能力，并对其偿付能力评级。分出公司只有密切关注国际保险市场动态并掌握大量的信息，才能选择安全可靠的分保接受人。

(二)分入公司的风险管理

对分入公司而言，分入业务的经营管理比直接保险业务的经营管理更复杂，因为分入业务的要约方是分出人，分保接受人有一定程度的被动性，只有加强管理，才能取得好的经济效益。分入业务的经营管理包括承保前对分保建议的审查和承保后的核算与考核，以及对已经接受的业务进行管理。从风险管理的角度看，分入业务管理的关键在于分入业务承保前的审查、承保额的确定、累积责任的控制和转分保办理。

分入业务承保前的审查主要包括以下三个方面：

(1)审查业务来源国家和地区的政治经济形势、外汇管理情况及以往业务成绩，如国际上和所在国或所在地区有关这种业务的费率和佣金等。

(2)充分了解保险市场的动态、分出公司的经营作风、技术水平、偿付能力及资信情况，并且要加强与分出公司人员之间的交往和接触，目的是掌握更多的信息。

(3)详细审查再保险经纪人的信誉、业务技术水平、经营作用，尤其是在付费方面是否迅速。

审查完毕，分入公司就要决定是否承保。一般来说，对分入业务的接受应采取谨慎的态度，确定适当的承保额。承保额是分保接受人对于分出公司转移的风险或责任所能承担的限额。承保额的确定与自留额确定时所考虑的因素大体相同，只是因为分保业务是间接承保，分保接受人对承保风险并不直接掌握，再加上分保业务来源于国际市场，各个市场都有一些特殊的做法，这就要求负责分入业务的承保人必须了解国际市场上的各种做法，具备较高的业务水平和丰富的经验，根据本公司规定的接受分入业务的一些方针和原则，逐笔审查分入业务的质量，确定每笔分入业务的承保额。承保额的确定要考虑的因素很多，不同的分保方式和业务种类，所考虑的因素也有所不同，但是基本的因素是资本金和保费收入，承保额一般在资本金的1%左右，超过资本金1%限额，则必须由转分保安排后才能接受。

对于比例合同的承保额的确定，以财产险为例，一般要考虑两个因素：一个是合同分保限额；另一个是业务量，即保费与所估计的赔款之间的比例关系。如果合同对于每个危险单位的分保限额较小，而业务量较大，应按业务量与所估计的赔款额考虑实际承保额；反之，就按分保限额考虑接受的实际承保额。对于货运险、航空人身意外伤害险考虑可能的责任累积，承保额应规定得低一些。

对于非比例合同的承保额的确定，如财产险、水险、航空险及各种意外险的险位超赔，虽然合同的分保责任额是按每个危险单位或每次损失规定的，但所接受的承保额的确定要考虑分保责任额和所估计的年度最高损失额减去分保费后的可能亏损额两个因素，同时还要考虑责任累积，将所承担的责任控制在责任累积的限度内。对于事故超赔再保险方式，承保额确定时可将事故超赔分为几个层次，分别考虑确定每个层次所接受的承保额。在确定总的承保额度时，也必须考虑责任累积因素。对于农作物冰雹险和医疗事故险等赔付率超赔合同，由于其在整个国际保险市场赔付率呈上升趋势，对这些业务承保额的确定更要从严掌握。在分入业务承保额确定时，有时为了防止每个合同和每笔临时分保业务所承担的责任过大，规定以分保责任额的10%作为最高的接受百分率。

再保险接受人从多渠道接受再保险业务，即使严格审查业务风险，谨慎确定接受承保的限额，有时仍会造成无法预计的责任累积，既有空间的责任累积、不同险种各种业务的责任累积，也有可能是相同地区的责任累积，当损失发生后才发现的责任总数远远超过自留额规划。为了避免责任累积，谨慎的再保险人在对分入业务承保前全面检测容易累积的风险，严格控制最大可能损失，仔细估计总责任，合理确定承保额，对可能超过自身财务负担的风险责任，及时安排转分保，尤其是对洪水、地震等巨灾风险。

二、行政管理

再保险的行政管理包括国家对再保险业的宏观管理和保险公司自身的管理两部分。国家对再保险公司的宏观管理主要是依据法律手段、行政手段、经济手段对保险公司的再保险业务进行宏观监管。

法律手段是通过制定各种法律法规，实施对再保险公司的监督管理，如对再保险公司设立程序和条件的限制，再保险公司的创业资本、准备金提存的规定，再保险业务经营范围、违章处理和停业、清算等。

行政手段就是对再保险公司偿付能力、保险资金运用、费率条款、再保险和转分保等业务经常性的监督和检查。

经济手段主要是规定保险税率和再保险外汇资金的管理。国家对再保险业监管的目的是确保保险公司的业务和财务的稳定。

保险公司自身的管理主要是对财务、账务、核算、会计、统计、准备金等方面的管理。对分出再保险业务，保险公司的再保险部门和会计财务部门要加强联系，严密内部管理制度，进行费用控制、账务结算、会计收付、汇率管理和赔款收集，分出公司有理由向再保险接受人扣存准备金，包括未到期责任准备金、未决赔款准备金、已发生但尚未报告的赔款准备金。在对再保险合同业绩考核时，保险公司对会计和统计数字都要仔细地分析，尽可能准确地掌握赔款准备金情况，为决算表编制和业务年度经营成果的核算提供比较可靠的数据。

分入再保险的财务管理和账务管理主要是及时催收账单和办理结算，严格审核保费和赔款报表，综合分析和考核业务经营的效益，加强对保费给付、赔款处理、未决赔款和未了责任，以及对分出公司准备金的扣存和返还、准备金投资的记录、统计和信用证的管理。为了便于累积责任的管理，适当安排转分保以及了解赔款的有关事宜，分入接受人有权要求分出公司提供保费报表和赔款报表。

本章小结

再保险作为一种十分有效的分散风险的方法，对保险公司的业务经营起到了巨大的推动作用。因此，加强再保险的管理成了保险公司经营管理的重要一环。再保险管理包括再保险的安排、再保险的规划以及对再保险业务的风险管理和行政管理。

再保险的安排是指分出公司如何运用各种再保险形式与分入公司建立再保险关系。它是保险公司经营管理决策的重要一环，安排得是否合理，直接影响到再保险的分散风险、稳定财务的功能。再保险合同分保安排的方法主要有临时再保险、合约再保险和预约再保险。保险人必须根据自身的业务性质，并考虑与再保险人长期合作的关系，合理地安排再保险。

再保险规划是指分出公司运用各种再保险方式将其所承担的风险和责任在保险同业之间进行转移和分散，以实现财务和业务的稳定。分出公司在制定再保险规划时要从业务经营管理和技术上考虑其可行性和稳定性，着重考虑风险损失的分析评估、再保险方式的选择、自留额的确定和再保险人的选择、再保险合同的商订等因素。

再保险的经营管理分为再保险业务的风险管理和行政管理。分出公司的风险管理就是合理地确定自留额，科学地选择再保险方式，选择合适的再保险接受人作为分散风险的合作伙伴。自留额的确定既要考虑经济周期、保险公司的财务状况、业务数量、业务质量、保险标的本身风险的大小、风险结构、风险累积、再保险安排和再保险费等技术性因素，还要考虑国家有关保险的法律和法规、保险市场开放程度和监管特点等非技术性因素。再保险接受人的选择不仅要掌握和了解分保接受人在国际和国内保险市场的资信，还要掌握其经营状况、承保技术力量、偿付能力等信息，才能选择安全可靠的分保接受人。

分入公司的风险管理的关键在于分入业务承保前的审查、承保额的确定、累积责任的控制和转分保办理。再保险业务的行政管理包括国家对再保险业的宏观管理和保险公司自身的管理两部分。国家对再保险公司的宏观管理主要是国家依据法律手段、行政手段、经济手段对保险公司的再保险业务进行宏观监管。保险公司对再保险业务的行政管理就是建立财务、账务、核算、会计、统计、资金运用等公司内部集约化运作机制，以实现公司的最佳经济效益。

复习思考题

1. 名词解释：

临时再保险　　合约再保险　　成数再保险　　溢额再保险

险位超赔再保险　　事故超赔再保险　　赔付率超赔再保险

2. 分析再保险运用的技术性动因。

3. 简述成数再保险的优缺点。

4. 简述溢额再保险的优缺点。

5. 保险公司在再保险方式选择时应注意哪些问题？

6. 分析影响保险公司自留额确定的各种因素。

7. 分出公司和分入公司对再保险业务风险管理的关键是什么？

第九章

复习思考题答案

第十章

课 件

第十章　保险公司计划与统计管理

虽然保险公司是经营风险的特殊企业，但是它与一般企业一样，需要对保险经营的各项活动实行计划管理，按预定目标组织实施，以保证保险企业的高效运转和良性循环。此外，为了全面了解保险企业的经营状况，准确厘定保险费率，为保险理论和实务研究提供可靠的数据资料，保险公司还应该加强保险统计管理。保险计划管理和统计管理既相互区别，又相互联系。相互区别表现在保险计划管理是在统计工作的基础上，侧重于未来保险业发展趋势和规律的预测、筹划和实施，具有超前性。保险统计管理是通过统计指标体系的科学设计，侧重于运用大量的过去数据反映和研究保险经营管理的规律，具有滞后性。相互联系表现在：保险统计管理是保险计划制定和分析的基础，是检查和监督计划完成情况的重要工具。

第一节　保险计划管理概述

一、保险计划管理的含义

保险计划管理就是运用计划的形式来组织、领导、监督和调节保险公司经营活动的一种制度和方法，是保险公司各项管理工作的基础，也是保险公司管理中最基本的方法之一。

保险公司的各项经营活动，无论是承保业务、投资业务，还是财务收支安排、劳资工作管理等都要求实行计划管理，按预定目标组织实施。保险公司计划管理的主要任务是保险公司根据保险市场的需求、公司内外部环境状况和公司经营目标，编制保险经营计划，组织计划实施，监督调控计划的执行，协调公司的各项业务活动，以高效益和高效率实现公司的经营目标。

保险计划工作的具体内容包括编制计划、组织执行计划和监督控制计划三个阶段。编制计划是在广泛收集保险市场信息和深入调查研究的基础上，确立保险经营目标、制定保险经营方案，并通过科学的抉择来确定保险计划；组织执行计划就是确立完成保险经营计划的途径、编制实施计划的各种方案，并向各职能部门和公司的员工落实计划任务；监督控制计划是对计划实施过程中计划执行情况进行监督和控制，保证保险计划的顺利完成。其实，保险计划管理的内容不仅包括计划的编制、计划的组织执行和计划的监督控制三个阶段，还包括计划工作的组织、计划指标的确定、计划人员的培训等管理内容。在实践中，加强计划工作的自身管理也很重要，它有利于提高计划管理工作的科学性、可行性及工作效率。

二、实行保险计划管理的意义

（一）实行保险计划管理有利于提高保险公司的经营管理水平

现代保险公司是一个分工明确、紧密合作的组织系统。保险公司在经营活动中，从投保单的填制、保险单的签发、保险费的收取、损失的理赔，到保险资金的投资和风险的管理，是一个既相互联系又彼此制约的过程，只有各部门、各项业务之间明确分工、协调一致、加强协作和配合，才能保证保险公司的正常运行。而保险计划管理是统一指挥和协调保险公司各部门、各项业务活动和众多保险员工的有效手段，因此，实行科学的计划管理有助于提高保险公司的经营管理水平。

（二）实行保险计划管理是提高保险经济效益的重要途径

根据保险的经济核算原则，只有降低保险经营成本，增加保险利润，才能提高保险公司的经济效益。科学的计划管理强调经营效率和各经营环节的协调一致，以降低公司的成本、提高经济效益。从保险公司的外部来看，实行科学的计划管理，可以使保险公司的经营活动与国民经济的发展相协调，以便保险公司根据外部经济环境因素的变化调整保险经营策略，尽量减少外部环境风险造成的保险公司的经济损失。从保险公司的内部来看，通过科学的计划管理，合理地利用各种保险资源，实现资源的最佳配置，减少保险公司在组织经营活动中所投入的活劳动和物化劳动，降低保险经营成本，提高保险公司经济效益和社会效益。

（三）保险计划为保险公司确定了发展方向和目标

保险公司根据保险市场运行规律、国家对保险业的政策以及保险公司的有关规定，再结合保险公司的内外部环境制定保险公司未来的发展计划。保险计划是由保险业务计划、保险财务收支计划、保险劳动工资计划、保险基金运用计划以及固定资产投资计划等组成的有机整体，保险计划规定了保险公司在计划期内发展的总体战略目标，使公司有了明确的总体发展方向。同时保险计划根据国家对保险业的政策以及下达的有关经济指标，制定出业务发展、保险资金运用、财务收支、劳动工资、保险分支机构设置、员工人数及员工培训等具体目标和行动规划，为保险公司及内部广大员工指出了明确而具体的奋斗目标。

三、保险计划管理的原则

为了使保险计划管理工作更好地发挥作用，保险计划管理应该遵循下列原则：

（一）科学性、法律性、政策性相结合的原则

保险计划的科学性就是从实际出发，根据保险市场的经济规律，科学地制定保险计划，执行保险计划，使保险计划能正确反映保险经营的特殊要求，切忌主观臆断。具体表现为：

（1）保险公司在制定保险计划时必须充分考虑主客观条件和公司的内外部环境因素，使各项计划建立在科学的基础上。

（2）采用先进的计算方法和手段，经过科学的预测、系统的分析和充分的论证，确定各项计划指标的范围，以确保计划的正确性和不断提高计划管理工作的水平。但是，保险计划的科学性必须与法律性、政策性相结合。因为保险公司必须在国家既定的宏观政策和法律法规下运行，政策法制环境因素直接影响保险计划的科学性和准确性。此外，作为专业的风险转移机构，为保证保险公司的稳健经营，保障被保险人的利益，各国政府都要通过立法形式对保险公司的组织形式、业务、财务、偿付能力进行严格监管，这就要求保险计划管理必须以贯彻执行国家政策和法律为基本准则。

（二）严肃性与灵活性相结合的原则

保险计划是保险公司的奋斗目标和行动规划，计划目标一经确定，就必须严格执行，不能因主观原因或计划的随意改动而影响计划的顺利完成。只有强调保险计划的严肃性，才能充分发挥计划管理对提高保险公司经营管理水平和提高保险公司经营效益的作用，才能使保险公司和各职能部门有效地实现计划目标。但是保险计划本身毕竟是一种超前的预测和决策，难免与客观实际不一致，更何况保险公司作为一种特殊公司，所承保的是风险的不确定性，其经营活动受各种内外因素的影响呈现出不稳定性，因此，应该坚持严肃性和灵活性相结合，根据变化了的情况，及时对计划进行修正和调整，以适应新的经营环境，保证计划管理的科学性。此外，保险公司还应充分发挥各职能部门在计划执行过程中的主动性和创造性，赋予各部门根据实际情况修改和调整保险计划的权力，以最大限度地发挥保险计划管理的作用。

（三）统一计划与分级管理相结合的原则

从保证公司效率、发挥整体组合优势的要求出发，保险公司必须有一个统一的计划和总体的目标，使公司内部各部门以及各项经营活动符合公司发展规划和计划总目标，保证各部门及广大员工的协调一致。但是由于保险公司各部门、各分支机构客观环境的差异，保险公司内部的各级部门应具有一定的计划管理自主权，在统一计划的基础上，根据各部门的实际情况制定出更加适合本部门的计划，使计划管理工作更符

合实际，更具科学性和可行性。只有这样，才能更好地执行和完成保险公司的总体计划。因此，实行统一计划与分级管理相结合，充分发挥公司各部门及各分支机构的积极性，才能真正提高保险计划管理的效率。

（四）专业性和群众性相结合原则

保险计划管理是通过一定的组织系统和一系列的制度实现的，建立保险计划管理机构，明确它们的职责，配备专业人员，实行专业管理，才能从组织上保证计划管理的进行。其实保险公司的最终计划，还应由公司领导者和专业人员来完成，但绝不能脱离群众，依靠群众是实施计划管理的基础。因为保险公司的员工处在保险经营活动的第一线，最了解保险公司经营活动中的具体情况，对保险计划的制定、执行、控制和评价最有发言权，这就要求保险公司在编制保险计划时要依靠群众，计划执行过程中也要依靠群众。只有坚持专业性和群众性相结合，才能保证保险计划的科学性、合理性。

第二节　保险计划的种类和指标

一、保险计划的种类

（一）按计划期和作用的不同分类

1. 长中期计划

长中期计划一般指期限在5年及5年以上的计划，是一种为公司发展方向、发展规模等确定一个较长时期的战略性目标计划。长期计划主要解决保险公司发展的一些重大问题，如战略目标、战略重点、区域布局、发展策略等，具有预见性和纲领性的特点。保险公司长期计划的内容包括：

（1）保险公司发展的战略目标，如保险发展方向、发展速度，公司承保能力、主要保险风险、发展规模等。

（2）险种选择。保险公司根据社会宏观经济发展、各种风险的发生概率和损失率的预测以及社会上潜在的保险需求，确定开发既适销对路又有发展前途的新险种，拓展保险市场，提高市场占有率。

（3）主要经济效益指标。保险公司预测这一时期公司经营效益水平，设置经营状况指标（如流动比率、资本风险比率、固定资本比率）和经营成果指标（如利润率、资本金利润率、成本率、综合费用率、赔付率等）。

（4）公司组织的发展和员工队伍建设，包括保险公司管理体制的改革、分支机构的增设和营业网点设置与布局、劳动组织的优化以及规章制度的改革、员工规模的设定和员工教育培训的加强等。

保险公司通常依据国民经济和社会发展长期规划对保险的需求以及保险公司自身的发展状况编制长期计划。由于长期计划期限长且不确定因素多，因此，它只能对保险公司发展远景做一个纲领性、轮廓性的规划，必须通过中期计划和年度计划加以具体化并组织实施。中期计划比长期计划期限短且不确定因素较少，计划对任务安排比较具体，指标数字比较明确，并按年度分列各项指导数字，是编制年度计划的依据。

2. 年度计划

年度计划是依据保险公司在中期计划中分年度的指标而编制的实施性计划。通常，年度计划是在上年计划完成的基础上，根据中期计划规定的各项指标，综合平衡计划年度内国民经济发展的新情况、新要求以及计划所处的内外部环境而制定的。年度计划的特点是把公司经营计划的各个组成部分具体化。保险公司的年度计划包括公司各个经营环节和各个方面的计划。保险公司在向分支机构下达年度计划时，还规定了考核指标内容，为检查计划执行情况提供依据。

3. 进度计划

进度计划是根据各项年度计划指标分解制定的季度或月度的短期计划。进度计划是保险公司内部为组织日常经营活动、保证各个经营环节相互衔接和平衡的计划，具有实践性的特点。

进度计划作为保险公司年度计划的执行手段，通过将年度计划层层分解，按季、按月落实到公司的各个职能部门和每个员工，保证了年度计划的有效实施和计划任务的顺利完成。进度计划作为保险公司年度计划的控制手段，通过将年度计划按季、按月地规定公司日常工作以及每个员工的行动目标和具体任务，不仅有利于建立和维护正常的业务经营秩序，而且在进度计划执行过程中可以及时发现年度计划中存在的问题，寻找原因，及时解决，从而有效地控制年度计划的执行，避免因年终考核才发现问题，但又不能及时纠正而影响年度计划的执行和控制。

（二）按性质分类

1. 保险业务收入计划

保险业务收入计划是保险年度计划中的核心计划，也是编制其他计划的依据。保险业务收入计划主要是根据国民经济发展、保险需求以及保险公司的长期计划编制的。保险业务收入计划的主要内容有保费收入、新险种的开发、保险深度、保险密度、承保面、赔付率等。保险业务收入计划还可以细分为直接业务计划和再保险业务计划。直接业务计划包括财产保险计划、人身保险计划和涉外业务计划。再保险业务计划分为分出分保业务计划和分入分保业务计划。

2. 财务收支计划

财务收支计划是反映保险公司一切货币收支的综合性计划，它是依据保险公司的业务计划、费用预算、劳动工资及缴纳额等编制的货币收支计划。财务收支计划的基本内容为营业收支项目和非营业收支项目。财务收支计划的目的是促进保险公司加强经济核算，增收节支。

3. 投资计划

保险投资计划是保险计划的重要组成部分。保险公司利润来源于承保利润和投资收益。投资收益不仅可以弥补承保业务的亏损，维持保险业的生存，而且可以降低保险费率、增强保险公司的偿付能力和市场竞争力。因此，正确编制和执行投资计划对保险公司发展关系重大。保险公司通常依据国家的政策和规定，根据公司可供投资的资金来源、规模和结构以及保险公司外部的投资环境等因素编制投资计划。投资计划的编制需要保险公司的投资部门、财务部门和精算部门通力合作、相互制约，既要处理好投资业务与承保业务的关系，又要遵循保险投资的原则，加强投资风险的控制，保证投资的安全和收益。

4. 固定资产投资计划

保险公司的固定资产具有价值高、使用年限长的特点。固定资产投资计划包括基本建设计划和设备计划两部分。基本建设计划是根据国家规划以及保险公司自身财力和需要而制定的有关营业用房、员工宿舍等固定资产的新建、扩建、改造和恢复等项工程的计划。设备计划是编制运输工具、计算机和大型办公设备等的购置计划。固定资产投资计划必须经过上级部门和国家有关部门的审批。

5. 机构人员编制计划

机构人员编制计划是根据保险长期计划和年度业务计划编制的保险机构和部门以及人员发展规模的计划，它是保险业务计划实施的辅助计划。但是机构人员编制计划要注意机构人员结构、员工规模与劳动生产率的关系。

6. 劳动工资计划

劳动工资计划是根据国家工资政策和按劳分配原则，确定所需劳动力和劳动报酬数额的计划。它是在业务计划和机构人员编制计划的基础上编制的，是保险年度计划中的一项重要计划。劳动工资计划主要内容有员工人数、工资总额、劳动生产率等。

7. 员工教育计划

员工教育计划是根据保险业务发展需要和员工实际情况，合理安排员工进行各种形式的理论学习和业务学习的计划。对于现代保险公司来说，员工教育计划是一项重要的长期计划，它直接关系到员工综合素质的提高、保险公司竞争能力的增强和经营管理水平的提高。员工教育计划通常分为保险代理人的培训计划和在职员工的再教育计划。

8. 技术设施计划

技术设施计划是为实现保险公司的业务操作、经济核算和信息管理的现代化而制定的改进和提高公司技术设备和器材的规划。技术设施计划的内容包括技术设施的机械化和电子化。保险公司在编制技术设施计划时要注意人员的培训和在岗人员业务水平的提高。

9. 经济核算指标计划

经济核算指标计划是反映保险公司经济效益和经营管理水平的计划，它的主要内容为保险深度、保险密度、承保率、利润率、费用率、赔付率、保费增长率、投资收益率等。

二、保险计划指标

保险计划指标是指保险公司在计划期内的具体目标和发展水平。保险公司的各项计划都通过一系列的指标来规定和表现，因此，编制计划的主要内容就是编制计划指标。

保险计划指标按性质可分为质量指标和数量指标。质量指标是用相对数表示的保险公司在计划期内业务经营活动在质量上应达到的目标，它反映的是保险经营质量水平。保险计划的质量指标有利润率、综合费用率、赔付率、投资利润率、人均保费收入、人均利润等。数量指标是用绝对数来表示保险公司在计划期内业务经营活动在数量上应达到的目标。保险计划的数量指标有保费收入、营业费用、利润总额、投资收入、员工人数、工资总额等。下面介绍主要的保险计划指标。

（一）保费收入指标

保费收入指标属于保险公司的承保业务指标，主要用以综合反映保险公司业务状况、承保金额、承保责任以及某一地区保险业发展水平的业务指标。

（二）人均保费收入指标

人均保费收入指标是反映保险公司劳动组织情况和经营管理水平的综合性指标，属于劳动生产率指标。人均保费收入指标的设置，可以促进保险公司合理安排劳动力，降低劳动耗费，增加保费收入。

（三）营业费用指标

营业费用指标是反映保险公司的经营性费用支出的指标，它属于保险公司的财务成本指标。加强保险公司的经营管理、提高经营管理水平，可以降低营业费用支出、增加保险公司的利润。

（四）利润总额指标

利润总额指标是反映保险公司经营成果和对国家财政贡献的指标，它属于保险公司的综合性指标。

保险公司的利润总额＝营业利润＋营业外收入－营业外支出

（五）人均利润指标

人均利润指标是综合反映保险公司劳动组织情况和员工对公司和国家的贡献水平的指标，它属于劳动效益指标。人均利润指标的设立，有利于促进保险公司优化劳动组合、提高经营管理水平、降低费用支出，同时也便于保险公司考核各分支机构和各职能部门的经济效益。

（六）投资收入指标

投资收入指标是反映保险公司投资业务状况的指标，它属于保险公司的资产业务指标。投资业务和承保业务并驾齐驱是现代保险业发展的一种潮流，投资是现代保险业发展的一大支柱。在承保能力日趋过剩、保险竞争日益加剧的今天，投资收入对保险公司的利润总额产生了重要的影响。

（七）成本利润率指标

成本利润率指标是反映保险公司经营成本（包括赔款支出和营业费用支出）与保险公司利润的比率关系的指标，它属于保险公司的财务成本指标。成本利润率指标的设置，可以促进保险公司加强成本管理，有计划地控制成本支出，增加保险利润，提高经济效益。

（八）赔付率指标

赔付率是反映保险公司赔款与保费收入的比率的指标，它属于保险公司的业务成果指标。与保费收入指标一样，是保险业务计划中的重要指标。赔付率指标的设置，可以促使保险公司严格核保选择和控制，加强风险管理，降低保险风险发生的频率和损失程度，从而提高保险公司的经济效益。

第三节　保险计划的编制、执行和控制

一、保险计划的编制

编制保险计划是保险计划管理的第一步，它一般分为三个阶段：准备阶段、编制计划草案阶段和计划确定阶段。

（一）准备阶段

准备阶段的主要任务是根据各种计划的具体内容，收集各种与保险计划有关的信息资料，并确定计划的目标。

随着保险业的发展，保险市场的变化越来越复杂，收集保险市场上的各种信息，及时掌握保险市场的变化动态，是编制一个正确、合理的保险计划的前提和基础。如果没有一个完整的、来自各方面的大量信息、情报和资料，计划工作就无从下手。因此，编制保险计划前对保险市场信息的收集是至关重要的。编制保险计划时需要收集的主要信息有：

（1）国民经济发展计划。国家有关方针、政策，尤其是对保险业的方针、政策，是保险业发展的重要制约因素。

（2）社会对保险的需求情况。包括保源信息、保险市场承保数额、险种种类、市场的潜在需求以及市场对现行费率的反应等。

（3）保险市场供求信息。了解保险市场上的供求状态以及保险市场供求波动的规律，便于保险公司开发新险种以及调整险种结构和比例。

（4）保险市场上的竞争信息。充分了解竞争对手的经营状况（如市场占有率、费率变动、经营效益等）、经营策略和业务发展趋势，以及已开办业务的优缺点和未来业务发展计划，有利于保险公司调整自身的对策。

（5）财务收支信息。了解保险的保费收入规模、结构及财务支出的情况，有利于把握整个保险经营过程中资金运动状况等一系列信息。

（6）劳动工资变动信息。了解保险系统员工规模、年龄结构、知识结构的变动，以及工资总水平、人均工资额度的增长情况等。

（7）上年或本年计划执行和完成情况，这对新计划的编制更具直接的指导作用。

（8）了解公司本身的经营优势和不足，了解公司在保险市场的地位及市场份额等。

通过对资料和信息的收集、分析和预测，为科学、准确地编制保险计划奠定可靠的基础。

（二）编制计划草案阶段

该阶段的任务是在公司经理领导下，以计划部门为主，与各有关部门和广大员工相互配合，经过试算平衡，制定出保险计划草案。为保证计划的可行性，试算平衡应包括公司的计划任务与公司的财务、人力、物力之间的平衡，公司的外部环境与公司内部条件的平衡以及公司各部门之间的协调平衡等。

（三）计划确定阶段

计划确定阶段的任务是在对各种计划草案比较的基础上，筛选出最佳或最满意的计划草案，经上级公司或有关部门批准下达后，成为公司的正式计划。

在保险计划的编制过程中，编制程序非常重要，如果没有科学的编制程序，计划工作就很难健康、有效地开展。保险计划的编制程序大致有三种："一上一下"程序、"两上两下"程序、"两下一上"程序。我国保险公司计划编制的程序主要采用"两下一上"的程序，即由保险总公司根据国家和社会对保险业发展的要求以及本公司的具体情况，首先下达计划建议书，然后由各分支机构根据计划建议书编制计划草案上报上级公司，最后由总公司调整和平衡后正式下达计划，形成各分支公司的计划任务。这种"两下一上"的编制程序由主管部门与基层单位反复酝酿、民主协商形成，较好地体现了保险计划管理的专业性和群众性相结合的原则，同时又能较好地使计划符合客观实际，使计划更具科学性和可行性，为计划的顺利执行创造了条件。

二、保险计划的组织执行

保险计划是保险公司未来的发展方向和奋斗目标，保险计划管理的目的不是如何制定计划和制定何种计划，而是将保险计划如何付诸实施，使之变为现实的行动。任何一项保险计划，如果没有各职能部门和广大员工的全面认真的贯彻执行，计划将变为一纸空文。因此，保险计划的组织执行是计划管理过程中的一项细致而复杂的管理活动，是计划管理的主体。保险公司经营管理必须有计划，但计划缺乏有效的组织执行，同样会影响计划管理的效果，况且保险计划的组织执行又是检验保险计划是否正确、是否可行的唯一办法。因此，只有有效地组织执行计划，才能达到计划的目标。具体在保险计划组织执行过程中，要充分发挥组织、指挥与协调职能，抓好计划的落实和执行，完成计划的目标。

保险计划组织执行的具体工作主要有：

（一）实行指标分解

实行指标分解是保险计划组织执行的第一步。指标分解包括两方面的内容：一是将年度计划分解成季度计划或月度计划，明确规定各阶段的目标；二是向各部门、各科室和全体员工分解计划目标，使计划执行者心中有数、任务明确。

（二）建立内部经济责任制

在保险计划指标分解的基础上，按照经济责任、经济权力和经济利益相统一的原则，建立和完善公司内部经济责任制，明确规定计划执行者应承担的责任，只有这样，才能保证保险计划的有效实施。

（三）加强日常管理

在保险公司计划的组织执行过程中，公司领导作为计划的制定者，应加强日常管理和技术指导，强化公司的指挥系统，关心了解公司各部门和员工的计划完成情况，及时解决计划执行中发现的问题，同时运用各种统计方法和工具，及时反映计划的完成进度。此外,公司领导者还要运用各种经济管理手段,根据各部门和每个员工的工作业绩,奖惩分明,以充分调动员工完成计划的积极性,保证保险计划的按时按质完成。

三、保险计划的控制与调整

在保险计划执行过程中,要注意计划环境的变化。对于保险公司来说,计划环境有保险公司的内部环境和外部环境。保险公司的内部环境包括组织结构、劳动力、奖金、保险技术、保险信息等。保险公司的外部环境包括自然环境、国民经济环境、政治法律环境、人口环境、文化环境、社会环境以及保险市场环境等。由于计划的预期性,预期环境与实际环境发生偏差,使计划制定中的各种假设条件发生变化,从而影响计划的科学性和计划管理的效率。在计划执行过程中,由于计划执行者的主观原因和计划管理工作上的缺陷,也会导致计划在执行中发生偏差。因此,为确保保险计划的顺利实现,保险公司必须实行有效的计划控制和管理。

保险公司的外部环境对保险公司来说是不可控因素,保险计划控制与调整只能对保险公司内部各部门和员工的经营活动进行控制和对计划指标进行调整。通过内部控制,把计划执行中出现的偏差降到最低限度。在实践中,为了实现有效的控制,保险公司必须做到以下几点:

(1)建立公司信息系统。公司领导通过信息系统及时了解保险公司的经营情况及经营环境的变化,以便采取新的措施,消除可能出现的偏差。

(2)实行标准化计划管理。把展业承保、理赔、投资、再保险以及行政等各项工作标准化,使各部门和员工严格按照标准行事。

(3)公司领导要定期检查计划执行进度、计划完成情况以及计划执行中出现的偏差,并分析偏差的原因,采取措施及时纠正。

当保险计划的环境发生很大变化时,保险公司必须对计划指标及行动方案进行调整,只有及时调整保险计划,才能真正发挥计划管理的作用。计划调整的方法有两种,对于年度计划的调整,常采用指标修正法。例如,保险公司在上半年业务经营好,赔款支出少,在下半年时就应适当调整经营成果指标,降低赔付率、成本费用率,提高利润率指标,以适应经营环境的变化。对于中长期计划,采用滚动式计划调整法,即根据半年计划实施情况,调整原中长期计划,并将计划期顺延一年制定新的执行计划,实行边执行边调整的方法。采用滚动式计划调整方法,可以增加保险计划的适应性和可行性。

第四节　保险统计管理

大数法则是保险公司经营的数理基础。保险事故发生的概率不是靠主观臆断的，而是根据过去大量的保险统计资料中保险金额的损失率及有关因素计算的。费率厘定的准确与否直接影响到保险公司业务经营的稳定。因此，保险统计对保险业的经营和发展具有重要的意义。

一、保险统计的概念

保险统计是指用统计理论和方法，对保险公司的全部经营活动及其反映出来的数字资料进行全面、准确的分析、整理、记载、归类和计算。保险统计是研究和分析保险公司经营管理活动及其运动规律的工具，也是保险公司计划管理的重要手段。

二、保险统计的意义

(一)全面了解保险公司经营状况，为编制保险经营计划和经营决策提供依据

保险统计报表根据保险经营的需要，设置各种不同的统计指标，每个统计指标都从不同的侧面反映了保险经营活动的数量和质量要求。通过各种准确的统计报表资料，可以全面了解保险公司的经营状况。从保险的展业、承保、理赔到投资、风险管理以及保险公司的外部环境等，经过统计分析，可以揭示保险经营活动的一般规律，为保险公司经营管理者制定保险经营计划和经营决策提供可靠的依据。

(二)为开展保险理论和实务研究提供可靠的数据资料

以概率论和数量统计作为保险经营数量工具的保险理论研究离不开保险实践。为保证保险理论研究的科学性，必须具备大量的实践数据和资料，而保险统计是提供这些数据和资料的重要途径。同样，保险业务的研究和开展，也离不开保险统计。因为保险业务的经营与发展离不开信息，如果没有大量准确的信息资料和统计数据，不可能作出开展保险业务的正确决策。而保险统计不仅能迅速、准确、全面地搜集各种有关的信息、资料和统计数据，而且能及时地对这些信息进行筛选、加工、存储和分析，为开展保险业务研究和业务决策提供可靠的数据资料。

(三)为保险公司各部门和员工参与公司管理、实行经济核算提供资料

保险统计作为保险公司信息系统中的职能部门之一，它的工作不是单靠部门的专业人员就能完成的，它需要战斗在保险公司经营活动第一线的广大员工的密切配合和支持，需要他们将经营中的情况、信息如实告知统计部门，协助统计部门收集各种信

息、资料和数据。同样，保险统计部门通过编制和公布统计报表，为各部门和员工了解保险公司的经营情况提供丰富和翔实的资料，这些都体现了保险公司各部门和员工参与公司管理的行为。

保险公司作为自主经营、自负盈亏的市场竞争主体，必须实行经济核算，而保险统计作为一种经济核算方法，通过衡量与保险经营活动有关的数量指标和质量指标，为保险公司经济核算提供各种资料和数据。

三、保险统计的内容

保险统计工作的基本任务是依法对保险业情况进行统计调查、统计分析，为实施保险监管、促进保险业发展提供统计资料和统计咨询意见，实行统计监督。因此，保险统计的内容主要包括以下六项：

（一）保险业务成果统计

保险业务成果统计是全面反映保险公司业务经营状况的统计，它主要包括承保成果统计和经营效益统计。承保成果统计的指标主要有承保数量、保险金额、保费、分保保费、退保人数、保户储金等。经营效益统计的指标主要有平均保额、平均保费、平均利润、人均保费、人均利润、赔付率、费用率等。

（二）财务收支统计

财务收支统计是对保险经营的各种货币收支进行的统计和分析，主要包括收入统计项目和支出统计项目。收入统计项目有保费收入、利息收入、保险投资收入、转回上年未到期责任准备金等；支出统计项目有赔款支出、手续费支出、工资及附加费、税款、提存的责任准备金等。

（三）业务费用统计

业务费用统计是反映保险公司各项费用支出的统计，主要包括业务项目费用、公司管理费用、固定资产折旧费用、劳动报酬以及其他附加费用等。

（四）保险赔付统计

保险赔付统计是反映和评价保险公司经营质量的统计，主要包括出险案件数、估计损失额、已决赔款额、死亡给付、残废给付、生存给付、医疗给付、养老给付以及对各种出险原因如火灾、爆炸、洪水、共同海损案的分析。保险赔付统计是保险公司加强防灾、防损，合理降低赔付率的依据。

（五）人事统计

人事统计是反映保险公司劳动人事管理状况的统计，它主要包括员工人数、领导干部人数、年龄结构、教育程度、专业构成比例、职称晋升、人员流动、工资福利、劳动保护、人事管理计划的执行情况和结果。

（六）统计信息化建设

建立和健全统计信息管理系统，建立保险统计信息数据库，以更好地管理保险统计信息。统计信息可以采用调查表、调查问卷、统计指标等形式，通过邮件、传真、网络等方式进行采集和报送。

四、保险统计的步骤

保险统计工作分为统计设计、统计调查、统计整理和统计分析研究四个基本步骤。统计设计是根据统计研究对象的性质和对其研究的目的，对整个统计工作进行全面考虑和安排。在统计设计阶段，要确定调查对象的范围，规定分析该对象的统计指标、指标体系和分组方法，以确保统计工作的顺利进行和统计工作的质量。统计调查是根据统计研究的目标和任务，按照统计设计的要求，有组织、有计划地搜集与保险公司经营活动有关的统计资料。统计调查是统计工作的基础，因为统计调查资料是否完整和准确，直接影响保险统计工作的质量。

保险统计调查的内容很多，有与保险业有关的国家宏观经济状况和地区经济状况、风险事故发生的频率以及风险发生造成的损失范围和损失程度、国内保险市场上的供求关系，尤其是社会对各类保险业务的需求、国际保险市场的动态等等。保险统计调查的方法很多，一般是通过保险监管机构制定的保险公司统计制度中规定的统计报表这种调查方式来搜集掌握大量的统计资料。

统计整理是通过统计调查，将收集到大量、分散、零碎的原始资料，运用科学的方法进行整理、分类和汇总，使之系统化、条理化、科学化，成为具有代表性、概括性、统计性的资料。统计整理是统计调查的继续，也是统计分析研究的前提和基础。

统计分析研究是根据国家对保险业的政策法规的要求，对收集和整理的大量资料进行综合计算、分析和研究，从中发现问题，找出规律，提出解决办法。

保险统计工作是一个整体，各个步骤的工作都是相互关联的，无论哪一个步骤的工作发生差错，都将影响保险统计工作的质量。因此，保险统计工作不仅要遵循客观、科学、统一、及时的原则，而且为了确保保险统计信息的真实性、准确性、完整性和及时性，加强保险统计管理显得十分重要。

五、保险统计管理的要求

根据统计管理的“统一领导、分工负责、综合归口”的原则，保险统计工作实行“统一管理、分级负责”的管理体制，保险统计管理的基本要求如下：

1. 保险公司应当建立健全统计分析部门，负责保险数据的收集、整理、分析和报送工作。按照国家统计制度，及时准确地报送统计数据，确保数据的真实、完整、一致和可比性。

2. 保险公司的统计机构和各统计部门要严格贯彻保险统计的方针、政策和规定，遵守统计纪律，认真负责地进行综合业务统计报表的设计、编制和汇总，并积极配合财务、人事等部门做好专业统计工作。

3. 对保险统计报表的设计、组织填报及指标含义解释等都要实行统一管理，确保统计口径一致，从而准确反映保险公司的业务经营活动的全貌并发现问题和差距，及时采取措施解决。

4. 加强统计基础工作建设，建立统计人员的岗位责任制，规定其相应的责任和权力，明确操作程序和各项规章制度，确保统计工作的顺利进行。

5. 在统计调查和统计报表编制过程中，要根据原始单位认真审核统计报表上的数字，以免漏报和错报。统计报表要严格按规定日期报出，并经统计负责人和制表人签字盖章后生效。对外公布和计算使用的数字，以统计报表为准。

6. 对各种统计资料、原始单证和统计报表要由专人负责管理，装订成册，列出清单妥善保存。

本章小结

保险计划管理就是运用计划的形式来组织、领导、监督和调节保险公司经营活动的一种制度和方法。实行保险计划管理有利于提高保险公司的经营管理水平，提高保险经济效益，为保险公司的发展确定方向和目标。

为了更好地发挥保险计划管理工作的职能，保险计划管理应遵循科学性、法律性、政策性相结合的原则、严肃性与灵活性相结合的原则、统一计划与分级管理相结合的原则以及专业性和群众性相结合的原则。

保险计划按计划期和作用的不同，可分为长中期计划、年度计划和进度计划。保险计划按性质又可分为保险业务收入计划、财务收支计划、投资计划、固定资产投资计划、机构人员编制计划、劳动工资计划、员工教育计划、技术设施计划和经济核算指标计划。

编制保险计划的主要内容就是编制计划指标。计划指标按性质可分为质量指标和数量指标。保险计划的质量指标有利润率、综合费用率、赔付率、投资利润率、人均保费收入、人均利润等。保险计划的数量指标有保费收入、营业费用、利润总额、投资收入、员工人数、工资总额等。

保险计划工作包括保险计划的编制、实施、控制和调整等内容。保险计划的编制一般分为准备阶段、编制计划草案阶段和计划确定阶段。保险计划组织执行主要包括实行指标分解、建立内部经济责任制、加强日常管理等工作。保险计划控制与调整是对保险公司内部各部门和员工的经营活动进行控制和对计划指标进行调整，通过内部控制把计划执行中出现的偏差降到最低限度。

保险统计是指用统计理论和方法，对保险公司的全部经营活动及其反映出来的数字资料进行全面、准确的分析、整理、记载、归类和计算。保险统计是研究和分析保险公司经营管理活动及其运动规律的工具，也是保险公司计划管理的重要手段。

加强保险统计可以全面了解保险公司经营状况，为编制保险经营计划和经营决策提供依据，为开展保险理论和实务研究提供可靠的数据资料，为保险公司各部门和员工参与公司管理、实行经济核算提供资料。

保险统计的主要内容有保险业务成果统计、财务收支统计、业务费用统计、保险赔付统计、人事统计以及统计信息化建设。保险统计工作分为统计设计、统计调查、统计整理和统计分析研究四个基本步骤。为提高保险统计的质量，在保险统计中应遵循“统一领导、分工负责、综合归口”的基本原则。

复习思考题

1. 简述保险计划管理的意义。
2. 简述保险计划管理应遵循的基本原则。
3. 列举保险公司计划指标中的质量指标和数量指标。
4. 保险公司在计划编制时应收集哪些主要信息？
5. 保险统计工作的主要内容有哪些？
6. 简述保险统计工作的步骤。

第十章

复习思考题
答案

第十一章

课件

第十一章　保险公司人力资源管理

人力资源作为一种特殊的经济资源，它是保险公司运营中能动的生产要素，对保险业的发展起着决定性的作用，尤其是在科学技术突飞猛进的今天，作为科学技术、知识文化载体的人力资源，日益显示出其在保险业发展中的特殊地位和作用。对于保险公司来说，人力资源要素的数量和质量，人力资源所具有的忠诚、凝聚力和创造力，是保险公司兴旺发达的活力和强大的推动力。如今，发达国家已经进入了以人力资源管理为核心的现代公司管理新时期。如何充分调动保险公司人力资源的积极性、主动性和创造性，发掘人力资源的潜能，已经成为现代保险公司管理的中心任务。

第一节　保险公司人力资源管理概述

一、保险公司人力资源管理的概念与任务

人力资源是保险公司最重要的资产，是保险公司发展的必要条件，直接关系到公司的命运和前途。人力资源管理又称现代人事管理，是研究组织中人与人关系的调整、人与事的配合，以充分开发人力资源，挖掘人的潜力、调动人的积极性，最大限度地提高劳动效率，从而取得最大经济效益的管理活动。保险公司人力资源管理是指对保险公司人力资源的取得、开发、保持和利用等方面所进行的计划、组织、指挥和控制的活动。

保险公司人力资源管理的基本任务是根据保险公司发展战略的要求，通过有计划地对人力资源进行合理配置，加强公司员工的教育培训和人力资源的开发，建立各种激励机制，激发员工的积极性，充分发挥他们的潜能，做到人尽其才、才尽其用，从而推动整个保险公司各项工作的开展，确保保险公司战略目标的实现。具体来讲，保险公司人力资源管理的任务主要有以下几个方面：

（1）通过规划、组织、调配、招聘等方式，保证以一定质量和数量规模的劳动力和各种专业技术人才，以满足保险公司业务发展的需要。

(2)运用各种方式有计划地加强对公司员工和代理人的教育培训,不断提高他们的职业道德水平和业务技术水平。

(3)根据每个员工的具体职业生涯、发展目标,搞好对员工的选拔、使用、考核和奖惩工作,真正做到发现人才、合理使用人才、充分发挥人才潜能的作用。

(4)采取各种激励机制,激发员工的工作积极性、创造性以及对公司的向心性。

(5)根据现代公司制度的要求,做好工资、福利等工作,协调劳资关系。

二、保险公司人力资源管理的内容

保险公司人力资源管理的内容表现在以下七个方面:

(一)人力资源战略规划

人力资源战略规划是保险公司整体规划的一个有机组成部分,是联系公司整体规划和具体人力资源活动的桥梁。保险公司人力资源部门通过与各职能部门的深入沟通和合作,准确把握公司核心业务,制定相应的人力资源战略规划,并推动战略规划的落地执行,确保各项战略目标得到有效实施。

具体而言,保险公司人力资源部门根据保险公司的发展战略、发展目标以及保险公司内外环境的变化,提供具体的人力资源的行动计划,如人员招聘计划、人员使用计划、提升计划、教育培训计划、工资计划、保险福利计划、退休计划等。通过人力资源战略规划的制定,确保保险公司在适当的时间和不同的岗位获得适当的人选(包括数量、质量、层次、结构),一方面满足将来保险公司对人力资源的需求,保证人力资源管理活动与保险公司的战略方向及目标相一致;另一方面保证人力资源管理活动的各个环节相互协调,最大限度地开发利用保险公司现有员工的潜力,使保险公司和员工的需要得到充分满足。

在制定保险公司人力资源战略规划时,要遵循安定原则、成长原则和持续原则。安定原则就是以公司的稳定发展作为人力资源管理的前提和基础。成长原则就是以公司的壮大和发展作为公司人力资源的基本内容和目标,在公司规模和市场扩大情况下,及时增加人员。持续原则就是从公司的长远发展大局出发,致力于劳资协调、人才培养与后继者的培植。在实施人力资源规划时,保险公司还必须在法律和道德观念方面创造一个公平的就业机会。①

(二)员工的招聘、选择和人事安排

保险公司人力资源部门针对人力资源所需要增加的人才,制订人才招聘计划,具体包括预测各年度所需人才,并计算考察可由内部晋升调配的人数,确定年度必须向

---

① 周生伟:《如何制定企业人力资源规划》,中国保险营销网,2001 年 8 月。

外招聘的人才数量，根据所需招聘人员的数量和质量制定招聘计划，确定招聘方式，并对所聘人才合理安排工作职位，以防止人才流失。当然，如果公司现有员工大于所需数，也可以制定裁员计划。人员的招聘是保证公司人力得到充足的供应，对新成立的保险公司来说，如果不能招募到符合公司发展目标的人员，完不成公司最初的人员配备，公司就无法正常运营；对于已经运作的保险公司来说，人力资源的使用配置也会由于公司计划、任务和组织结构的变动以及某些自然原因而处于经常的变动中，需要定期招聘补充公司员工。

因此，保险公司的人力资源部要重视员工的招聘工作，积极参与校园招聘活动，并借助各种渠道吸引高素质人才加入公司，并安排在合适的岗位上，这是保险公司人力资源管理的一项重要内容。

（三）员工结构的合理配置

保险公司员工结构的合理配置是指保险公司根据自身的经营目标和工作任务需求，按照分工协作的原则，将不同类型和不同层次的员工进行合理的配置和有机的结合，以充分调动员工的工作积极性，使员工以满腔的热情投入工作。

员工结构的合理配置包括以下三个方面：

(1)保险公司的正常运营需要各部门的协调与配合。保险公司可以根据自身的实际情况设置市场企划、营销部、承保部、精算部、理赔部、客户服务部、法律部、信息管理部、投资部、人力资源部、财务核算部、审计部等，针对各部门的员工结构进行合理的配置。员工结构可分为年龄结构、知识结构、能力结构和性别结构。年龄结构是指老、中、青不同年龄层次的员工结构；知识结构是指按员工受教育程度和受教育的专业分类；能力结构是指根据不同员工的能力和适用性将员工分为管理型、实干型和公关型三类；性别结构是指男女员工的比例配置。保险公司的人力资源管理部门根据各部门的职能和特性，将员工按员工结构合理配置。例如，营销部门应配备一些年轻力壮、富有开拓和闯劲的员工，并且男女员工应保持适当的比例；精算部应配备理工类，对整个宏观经济、保险经营内部环境以及风险有比较敏锐洞察力的员工等。

(2)员工结构的合理配置还要求各部门所拥有的员工之间保持一个合理的数量比例。一般来说，业务部门的员工应多于行政后勤工作的员工，营销部门的员工应多于承保部门的员工，投资部门的员工应多于财务核算部门的员工。各险种业务的员工也应按险种业务量的大小合理分配。

(3)员工结构的配置要有利于调动员工的积极性和创造性，使员工真正做到人尽其才、才尽其用。保险公司的人力资源管理部门一是根据保险公司既定的经营目标和公司存在的员工结构问题，做好员工招聘、晋升、培训工作；二是根据保险公司经营战略目标的变化和内外环境的变化来调整员工结构；三是了解每个员工的兴趣、特长、能力和价值观等，将员工配置到最能发挥作用的部门和岗位上。

保险公司员工结构的配置是否合理，不仅关系到保险公司各项工作能否很好地配合和衔接，而且还关系到员工的主观能动性和工作积极性的发挥，最终影响到保险公司经营活动的正常进行。因此，对保险公司的各项工作配备不同类型的员工，使各类员工之间保持一个合理的数量关系，是保险公司人力资源管理部门的重要任务。

（四）员工的教育、培训和开发

保险行业的业务性和技术性较强，新险种的开发、保险条款的制定、保险费率和责任准备金的精算、风险管理的加强、信息技术的广泛运用等都必须有专门的人才才能开展工作。不仅如此，还由于保险业务涉及面广、公共性和社会性强，尤其是在科学技术突飞猛进的今天，更要求保险公司一般的业务工作人员必须具备较高的业务素质。因此，加强对员工的持续教育和培训，使员工能够了解和接受最新的科技知识，提高员工的职业道德素质和服务精神，就直接关系到保险公司的经营管理水平和劳动效率的高低。

（五）员工工作评价和考核

考评是对公司员工的业绩进行评价并确定其优劣程度，它是保险公司人力资源使用和配置的重要环节，也是加薪、奖励、调配、晋升的基础。通过对员工的评价与考核，不仅可以帮助公司公平地决定员工的地位和待遇，提高和维持公司的经营效率，而且可以促进公司人力资源的开发和合理使用，协调公司与员工的关系。

（六）员工事业生涯开发

保险公司人力资源部根据员工个人性格、气质、能力、兴趣、价值观等特点，同时结合保险公司的发展需要，为员工制定一个事业发展计划，并为之不断开发员工的潜能和创造性。

（七）工资福利

根据员工工作绩效的大小和优劣，给予不同的报酬和奖励，以激发员工的工作积极性。

三、保险公司人力资源管理的原则

保险公司的人力资源管理是一项政策性和科学性很强的工作，要真正发挥人力资源部门的作用，人力资源管理时必须遵循以下几项原则：

（一）协调原则

保险公司人力资源管理中的协调原则，一方面要求保险公司的人力资源管理体制与国家的政治、经济、文教等体制的发展相协调，以保证保险公司人力资源管理的统一性、政策性和适应性。另一方面，在保险公司经营管理过程中，保险公司经营的各个环节、各个部门以及每个员工之间的关系要协调和衔接,使全体员工分工协作、紧密配合,各尽所能,充分发挥他们的积极性和能动性。

(二)任人唯贤原则

任人唯贤原则是保险公司人力资源管理的根本指导原则,尤其是竞争焦点集中在人才竞争的今天,任人唯贤原则对保险公司人力资源管理显得尤为重要。只有把真正有才能的人提拔到能充分发挥他们能力的岗位上,做到人尽其才,才能充分发挥他们的主观能动性,创造良好的经济效益。否则,如果任人唯亲,不仅会严重挫伤员工的工作积极性,而且会影响保险公司的劳动效率和经济效益。

在贯彻任人唯贤原则时,对员工的信任和尊重也是非常重要的。信任是最高的奖赏,信任会使人产生荣誉感、激发责任心。保险公司的人力资源部门要充分信任担负着繁重业务和管理工作的全体保险员工,相信他们有能力完成各自所承担的任务。尊重是人类的基本需要之一,对员工的尊重即对其品格、能力、工作态度和劳动业绩的正确评价,并要体现在员工工资、奖励、晋升等方面,根据个人的专长,分配相应的工作,评聘相应的职称,委任相应的职务,并对职员的业绩和失误进行奖惩。

(三)能位相宜原则

能位相宜原则的"能"指才能、能力;"位"指职位、岗位。它要求保险公司的人力资源管理部门根据每个员工的才能,把他(她)放在相应的工作岗位和职位上,或者根据不同工作岗位和职位对能力的要求,配备具有相应能力的人,保证工作岗位的要求与人的实际能力相一致。能位适宜度越高,说明能位匹配越适当,位得其人,人适其位,不仅可以提高工作效率,还能促进员工能力的提高和发展。因此,知人善任,按照岗位、职业的要求来量才使用,才能取得最佳的能位适应度。

(四)群体合力和互补原则

群体合力和互补原则是指充分发挥每个员工的特长,采用协调与优化的方法,扬长避短,聚集团体的优势。根据群体合力和互补原则,保险公司的人力资源管理部门一方面要在保险公司经营目标的指引下,恰当地将不同的个人协调地组合成一体,处理好员工之间的人际关系,努力消除他们之间的矛盾,把群体内的内耗力减到最低限度,把群体内的内聚力最大限度地增强,使全体员工团结一致、齐心协力,充分发挥团队的强大合作力。另一方面,每一个员工不可能十全十美,但作为群体,可以相互结合、取长补短,通过个性的互补、年龄体力的互补、知识技能的互补、组织才干的互补等,组合成最佳的结构,最大限度地发挥群体作用,实现个体不能达到的目标。

因此,保险公司的人力资源管理部门在组建人力资源结构时,必须充分意识到这种互补效应。只有具有互补效应的人力资源结构,才能充分发挥个体优势和集体力量,进而产生最佳效应。

（五）激励原则

保险公司人力资源管理的中心任务就是如何激励每个员工的工作积极性和创造性，使他们切实感觉到才有所用、劳有所得、功有所奖，自觉努力地为公司服务。在人力资源管理中，实行激励原则，目的是满足员工的各种需要和顺利实现公司的经营目标，它是挖掘人力潜力和提高人力利用效率的主要条件。根据激励原则，保险公司人力资源管理部门要根据员工的心理需要，制定激励政策，运用精神激励和物质激励相结合的工作方法，使激励措施与员工的行为规范相一致，通过工资、奖金等经济杠杆来调节员工的行为，使员工的劳动报酬与公司的经营效益挂钩，发挥员工的积极性和创造性，达到充分利用人力资源、提高保险公司经济效益的目的。

（六）动态适应原则

一切事物和现象都处在变动之中，人与事相适应是相对的，是在动态过程中实现的。根据动态适应原则，要求保险公司人力资源管理部门在动态中用好人、管好人，充分利用和开发人的潜能和聪明才智。随着公司经营状况的变化，公司的员工也处在变动中，员工要有上有下、有进有出、有升有降，根据变化了的情况不断调整、合理流动。只有对人力资源实行动态化的管理，才能充分发挥每个员工的潜力和优势，使公司和个人受益。

四、加强保险公司人力资源管理的意义

（一）提高保险公司的劳动效率和经济效益

保险公司经营管理的目的是提高保险公司的劳动效率和经济效益。为达到这一目的，保险公司会想方设法改善经营管理，改进保险经营技术，努力降低保险经营成本。要做好这一切，关键在于人，在于保险公司员工的文化技术素质和精神思想素质。保险公司对人力资源的运用和开发、配置和管理，直接关系到保险公司经营效益的好坏。因此，科学的人力资源开发管理是提高保险公司经济效益的途径；同时，不断提高的经济效益，又是保险公司人力资源开发管理的目的。

（二）促进保险公司员工的全面发展

人力资源现代化素质的提高和积极性的充分调动与发挥，是实现保险公司经济效益的决定性因素。科学的人力资源管理不是为管理而管理，而是挖掘员工的潜能，运用适当的激励机制，充分调动员工的积极性和创造性，提高员工的生活水平，促进员工全面发展，使各类员工适得其所、人尽其才，真正实现自身的价值。

人力资源管理是保险公司管理的一项重要任务，只有做好人力资源管理工作，公司的发展才有可靠的保证。反过来说，公司发展的结果和效益的提高又成为充分调动劳动者潜能和积极性、使之全面发展的物质保障。因此，获取最大经济效益、促进劳动

者全面发展应作为保险公司的双重任务,两者相互促进、相互推动,使保险业的发展步入良性循环的轨道。

(三)有利于建立现代保险公司制度

科学的公司管理制度是现代公司制度的重要内容,而人力资源管理是现代公司管理中最为重要的组成部分。因为人力资源是现代科技的发明创造者和载体,人力资源所表现的凝聚力、创造力是公司的动力和活力所在。作为保险公司来说,只有拥有了一流的人才,才会有一流的计划、一流的组织、一流的领导,才能充分有效地应用一流的现代管理技术,才能开发一流的保险产品。要提高保险公司的经营管理水平,关键在于提高保险公司员工的素质。因此,加强对保险公司人力资源的管理,是实现保险公司管理由传统管理向现代管理和科学管理转变的不可缺少的一环。随着现代保险公司制度的建立,保险公司人力资源管理的重要性将越来越明显。

为适应现代保险公司制度的需要,充分发挥人力资源管理的作用,保险公司人力资源管理部门的领导,首先必须是优秀的管理专家或心理学家,出色的组织者,同时又是公司的决策人物之一;其次,人力资源部门必须拥有专家组成的智囊团,为公司人力资源的开发献计献策;最后,人力资源部门的管理方式应由单纯管人方式向发现人的潜力、开发人的潜力、追踪人的发展、促进人的发展的方式转变,对各类人员的配置使用、劳动报酬、绩效考核、业务培训、工作条件和环境等方面实行预见性的管理,明确保险公司人力资源管理的核心实质是挖掘人的潜能,充分调动人的积极性、创造性,把员工的心凝聚到公司的事业中。

第二节 保险公司员工绩效考核

保险公司的员工绩效考核是由保险公司的人力资源管理部门从保险公司的经营目标出发,通过一定的组织形式,运用一套制度性的规范、程序和方法,对公司员工的工作能力、工作态度和工作实绩进行定期的、客观的评价,以便保险公司进行人事决策、制定培训计划、帮助员工改进工作、提高工作效率。人力绩效考核在保险公司的人力资源管理中占有十分重要的地位,它是保险公司人力资源使用和配置的重要环节。因为保险公司人力资源管理的目的是充分调动和挖掘员工的工作积极性和潜能,最大限度地创造良好的工作业绩,以期达成保险公司的经营目标。通过员工绩效考核,根据考核结果对员工作出合理评价,确定每个员工的工资、奖惩、晋升、降职、调动、聘任、教育培训、福利保障等人事待遇,并且通过考核结果的兑现,建立一种真正有效的激励竞争机制,真正起到奖优罚劣、鼓励先进、鞭策后进的作用,提高和维持保险公司经营的高效率。

一、保险公司员工绩效考核的功能

保险公司员工绩效考核的目的是帮助公司员工认识自己的潜能，并帮助他们发挥自己的潜力，通过考核结果改进员工的工作状况，确定每个员工的努力方向和培训内容，为员工的全面发展提供信息和依据，为公司人力资源合理配置和调整提供有效的参考。因此，保险公司员工绩效考核的功能主要表现在以下四个方面：

（一）基础功能

保险公司人力资源管理包括招聘、考核、奖惩、培训、晋升、调动、工资福利等多项内容。这些工作的开展都必须由考核来为其提供客观、有效的依据。如果保险公司考核制度不健全、缺乏科学性，则这些工作将难以开展。例如，公司员工的晋升，就必须从德、能、绩等方面作出全面、客观的评价。因此，员工绩效考核是保险公司人力资源管理的基础性工作，是影响其他人力资源管理环节的重要因素。

（二）导向功能

保险公司员工绩效考核的内容和标准对员工的工作在量和质上作出了规定，考核的内容使员工的工作有了明确的任务和方向；考核的标准使员工有了奋斗目标和行为准则。因此，科学、合理、客观地考核内容和标准，可以最大限度地挖掘公司员工的潜能，调动员工的工作积极性，使每个员工为公司尽心服务。

（三）促进功能

保险公司员工绩效考核通过对一个员工全面综合的评价，判断他们是否称职，并切实保证员工的工资、奖金、晋升、调动、聘任、教育培训、福利保障等待遇的科学性，从而充分调动员工的工作积极性、创造性，提高保险公司的工作效率，确保公司经营目标的实现。

（四）监督功能

保险公司员工绩效考核按时间分类可分为平时考核和年度考核，平时考核就是对公司员工的日常工作业绩和工作表现进行记录和评价。通过平时考核，既可以反映员工的工作态度和工作业绩，又可以及时发现员工在工作中的问题，起到检查、监督和促进公司员工工作的作用。况且为了提高绩效考核的有效性，各公司都要将考核工作落实到具体的各个职能部门，实现考核的经常化，这样更能起到考核的监督功能。

为了让员工绩效考核真正发挥作用，保险公司人力资源部需要优化员工绩效考核管理体系，建立科学、公平、公正的绩效评价机制，并通过引入 KPI 考核和目标管理，激发员工的主动性和创造力，提升员工整体的绩效水平。同时，加强对员工绩效的跟踪与评估，及时发现存在的问题并解决问题。

二、保险公司员工绩效考核的内容

保险公司员工绩效考核通常有岗位职责型考核、任务目标型考核和综合评定型考核三种类型。[①] 岗位职责型考核就是定期检查、评价每个岗位上员工履行岗位职责的情况，使员工做到“在其位，谋其政”，并将考核结果与奖惩挂钩。任务目标型考核是检查、评价每个岗位上员工完成目标任务的情况，并根据完成目标任务的情况实施奖惩。综合评定型考核强调在岗位分类基础上，根据不同岗位职责、任务、工作标准和所需资格条件的不同，确定不同的考核重点，并进行全面考核，考核结果与奖惩密切挂钩。在这三种考核类型中，现代保险公司管理制度比较偏重于运用岗位职责考核与综合评定型考核这两种方式。岗位职责型考核由保险公司根据现有员工人数，以人定岗、以岗定人，给予员工相应的责、权、利，做到岗位职责分明、责任落实到人，以提高工作效率。综合评定型考核是基于调动员工工作积极性、创造性，提高保险公司经济效益的目的，它是现代公司人事管理中常用的考核类型。

不论是哪种考核类型，保险公司员工绩效考核的主要内容有德、能、勤、绩四个方面，以绩为重点。

1. 德

德主要是指公司员工的政治思想品质、个人品行、工作作风和职业道德水平等。在我国保险公司的员工绩效考核中，德的考核始终是首要的因素，尤其对保险公司的高级管理人员，更应重视对“德”的考核，看其是否拥护党的基本路线、贯彻执行党的方针政策、遵纪守法。其实在保险公司中，一般员工的“德”也非常重要。在展业、承保、理赔、投资各个环节，保险员工都必须体现出高度的服务精神。在展业时，将保单条款的内容向客户解释清楚，切忌为了个人经济利益诱导、误导客户投保，甚至采用欺骗手段；在承保时，严格承保选择和承保控制，将不符合要求的标的拒保；在理赔时要及时、准确、迅速、合理地进行赔付，不能为了私利“惜赔、滥赔、乱赔”。因此，员工的工作作风、职业道德水平都体现了保险公司的声誉。

2. 能

能主要是指对员工的潜在能力进行评价和考核。能力考评是绩效考核的重点和难点。能力考评一般包括基础能力、业务能力、素质能力三个方面，基础能力主要包括文化水平、专业技术知识和技能、工作经验等项目，通过书面测验、参加公司培训的成绩、技术职称或专业资格职称来考评。业务能力的考核只能通过评价员工的工作业绩间接进行，不一定非常客观，因为如果工作分配合理，员工本人的职务与能力水平相适

---

① 赵文广主编：《现代企业集团人事管理》，经济管理出版社 1996 年版，第 128 页。

应，业绩考核基本上能反映出一个人的能力水平，但是如果工作分配不合理，职位与能力水平不当，员工的业务能力得不到充分的发挥，业务能力考核也就不一定准确。素质能力考评主要是通过员工对工作和工作环境的适应性考评来评价。

对保险公司的高级管理人员进行能力考核，主要考核他们的知识水平、组织能力、决策能力、创新开拓能力、语言表达能力、识别人才能力等。

3. 勤

勤是指员工的积极性和在工作中的表现，包括工作态度、纪律性、责任心、服务水平、出勤率、工作效率等。积极性决定着员工的能力发挥程度，只有将积极性与能力结合起来考核，才能发掘员工的潜力。因此，勤是德和能的体现，同时也是绩的条件，如果员工缺乏工作热情和责任感，则不可能有出色的成绩。

4. 绩

绩是指员工的业务成绩和工作效率，它包括员工完成工作的数量、质量、效率以及对保险公司做出的其他贡献。绩效是公司对员工的最终期望，理应成为考核的重点内容。一般来说，工作绩效可以看出一个人思想品质的高低、能力的强弱和工作态度的好坏。因此，从某种意义上讲，绩是公司员工和高级管理人员的德、能、勤三个方面的综合反映。

对于保险公司员工绩效考核，要保证考核结果的客观、公正，发挥考核工作的激励作用，在考核的内容上尽量做到具体、明确，既要有质方面的规定，又要有量方面的要求。在员工绩效考核时应把握两个关键：一是考核重点应是员工的实绩，即工作成果和业绩，包括质量、效率和贡献等因素；二是对不同专业类型和同一类型不同职务层次的员工，在考核内容即德、能、勤、绩四个方面要有侧重点。

三、保险公司员工绩效考核的方法

员工绩效考核是保险公司人力资源管理的基础，它为人力资源的配置和调整提供了科学的依据。鉴于人力资源考核工作的复杂性，保险公司在员工绩效考核时必须制定科学的考核管理制度，明确考核的原则、程序、方法、指标和标准，采用定量和定性相结合的方法，对每一个员工在德、勤、能、绩方面作出合理、公正的评价。同时，将考核结果与员工的奖惩、晋升、工资福利、培训等紧密结合，帮助员工改进绩效，而不是单纯为了考核而考核。为了保证考核结果客观、公正，考核方法的选择也很重要。考核的方法很多，但是各家保险公司应根据自己公司的具体情况加以选择使用。

（一）人物比较法

人物比较法先要确定考核的要素及每一个要素在整个考核中的比重，然后就每一个评定要素从被考核人员中选出作为标准的代表人物，分别代表各个要素的一定等级，以选出的代表人物作为评定尺度，按考核要素的顺序，把每一个被考核者与这些代表人物比较，评定其等级。最后将各个要素的评分加权合计，求出每个被考核者的总分，并以此作为评定其优劣的依据。人物比较法以具体人物为标准，比较直观，但合适的代表人物的选定比较困难。

（二）因素分析法

因素分析法是对不同专业类型和同一类型不同职务层次的员工制定出各种考核因素和标准，并分配一定的分数，使每项因素都有一个评价尺度，然后根据被考核者的工作业绩和表现，在各项因素上评分，得出总分即为被考核者的考核结果。因素分析法较科学、合理，借助于现代的计算机技术，可使考核的效率和质量大大提高。

（三）定量考核法

定量考核法首先要设置各项考核指标，并根据考核内容的重要程度给予相应的数值，以此对量化指标进行统计、计算和分析，从而评定员工的工作能力和工作实绩。定量考核法要求较高，既要求考核的内容能全面反映员工的工作业绩和表现，又要使考核计算简便、考核标准明确。

（四）综合考评法

综合考评法通常适用于一般管理人员的考核。在考核时先自己总结在报告期内的工作业绩、工作态度、能力发挥程度以及今后对自己的要求等，然后由大家进行评议，部门负责人归纳被考核者本人和大家的意见进行评分。综合考评法的最大特点是发扬了民主，沟通了上下级和员工之间的思想联系。

（五）考试评议法

考试评议法是将考试和评议结合在一起进行绩效考核的方法。通过考试检查被考核者的文化水平、专业技术水平和技能，通过评议征求有关人员对被考核者的看法，经过考核人员的分析、讨论，作出客观、公正的评价。

各种考核方法均有优缺点和适用范围，保险公司在绩效考核时要根据实际情况灵活采用。

第三节　保险公司人力资源培训

保险公司人力资源培训是根据保险公司发展的具体需要，通过各种形式，对在职员工有目的、有计划、有组织地进行文化、专业、技术和管理知识等方面的教育、训练和培养，目的是提高员工的工作能力、知识水平和发挥员工的潜能，最大限度地使员工的个人素质与工作需求相匹配，提高员工现在和将来的工作绩效。保险公司员工的培训是公司人力资源开发管理的重要组成部分和关键职能，是公司人力资源增值和组织效益提高的重要途径。因为现代人力资源理论认为，公司员工的智力、技能、经验与品质是公司人力资源质量的重要组成部分，提高员工的智力水平、专业技能、道德品质，已成为现代公司生存与发展的关键。

加强对员工的培训，不仅可以增强员工的适应和应变能力，应对日益激烈的市场竞争，而且还有助于形成统一、团结、和谐的团体，提高和增强员工对公司的认同和归属，激发员工的工作热情，创建自己的公司文化。总之，员工的培训作为公司人力资本投资的一部分，是最合算、最经济的投资。

随着保险公司市场竞争的不断加剧、承保责任和范围的不断扩大、保险技术水平要求的不断提高，人才培训已经成为保险公司最紧迫的战略任务。保险业发达国家都非常重视对保险公司员工的培训和教育。在美国，许多大的保险公司设有职业发展部，并为员工设计一揽子培训计划，将公司的培训与员工的个人发展相结合。美国有许多专门为保险代理人和保险从业人员提供再教育培训服务的机构，这些机构绝大多数是由许多家保险公司联合开办的。美国人寿保险人大学就是人寿保险领域的主要教育机构，它负责注册人寿保险师（简称 CLU）的培训和考核。美国人寿保险人大学还提供一些其他的教育培训。另外，美国财产和责任保险人协会也是相当于培养财产和责任保险人才的大学，尽管它冠以“协会”的名称。该协会提供的注册财产和意外伤害保险师（简称 CPCU）资格证书与人寿险的 CLU 一样具有权威性。除了这两家机构外，美国还有许多其他的教育培训组织，如成员主要来自一些大保险公司的在职经理、以相互交换意见为活动内容的保险培训理事会；以“服务、友谊、教育”为宗旨，只接纳从事保险业的妇女参加的全国保险妇女联合会；还有美国保险研究所和人寿保险人培训委员会等。1962 年成立的纽约保险学院就是专为保险行业员工提供各种学位教育和短期专业培训的学校。

我国的保险公司也充分意识到保险人才培养的重要性，通过广泛的培训计划和职业发展规划，提升员工的专业能力和综合素质。一方面，随着科学技术的进步，社会经济生活发生了很大的变化，这对为社会经济生活提供风险保障的保险业提出了更多更高的要求。另一方面，虽然近 40 年来我国保险业尤其是寿险业业务增长很快，保险的经济补偿和保险金给付的职能得到了较为充分的发挥，但是还有许多客户有保险需求的新险种和服务形式有待于开拓。因此，只有搞好员工的教育培训，不断提高员工的知识技能和业务水平，才能适应知识不断更新的需要，才能适应技术不断进步的要求，才能不断拓宽保险服务领域和提高保险服务质量，才能提高员工工作效率和保险公司的经济效益。

一、员工培训的原则

人员培训与员工成长、公司发展紧密相关。在选拔使用人才时，要把员工学习和运用知识的能力作为重要的考核内容，实行先培训后上岗（转岗、晋升）及上岗后的继续教育，建立人才培养与使用相结合的员工终身教育体制。保险公司人力资源培训必须确保员工培训依据规范流程进行，确保新员工能按照规范的岗前培训教育获得基本技能，确保员工胜任岗位职责。

（一）战略性原则

员工的教育培训有的能立竿见影，很快反映在员工的工作绩效上，有的如管理人员的教育培训可能要等若干年后才能收到明显效果。因此，保险公司的领导及各级管理人员在抓员工教育培训方面首先要高瞻远瞩，在制定和修正公司发展战略时应敏锐地洞察到公司长远发展对员工素质的要求，从而制定人力资源的培训计划。只有这样，才能提高培训工作的有效性，使公司的人力资源培训计划与公司的经营目标相一致。

（二）学以致用原则

公司员工教育培训有别于高等教育和学位教育，它特别强调针对性、实践性，并讲求实效。例如，公司发展需要什么，员工发展需要什么，员工缺少什么理论与技术。对此，公司员工教育培训必须及时、准确地体现和实施。因此，员工教育培训的总体方向、主攻目标、实施纲要等都要与公司的目前发展和未来发展相适应。

（三）因人施教原则

作为一家公司来说，岗位很多，不同岗位差别也很大，岗位上员工个人的文化水平、技术与技能、工作经验等也参差不齐。因此，要搞好员工教育培训，必须因人施教，针对每个员工的实际情况和所处岗位的具体要求实施教育培训。

（四）内容结构合理化原则

在公司员工培训时，为了保证每个员工的全面发展，在培训内容结构安排上要合理化，既要做到文化教育与政治思想品德教育相结合，又要做到技术技能培训与文化水平培训相结合。

其实，保险公司员工教育培训的原则不仅仅限于以上四条，还有全员培训与重点提高相结合原则、数量与质量并重原则、主动参与原则等。

二、员工培训的内容

保险公司的所有员工都需要有计划、有组织地进行培训，培训的内容涉及政治思想、文化水平、技术技能、业务水平、管理知识等方面。但是为了保证员工培训的有效性和针对性，培训内容应根据培训对象的不同而有所区别，应着重体现现实性需求和战略性需求的结合，既要注重人员目前岗位的需要，又要结合公司对战略性人才的需求进行逐步培养。

（一）基层人员培训

基层人员培训是以岗位技能培训为中心，是保险公司员工培训的主要内容，它是根据员工履行岗位职责所必需的素质要求，对员工进行的以提高工作能力为中心的教育和培训。

基层人员的培训主要包括以下三个阶段：

一是新员工的岗位培训，目的是使新进员工了解和理解公司的各项规章制度，讲授员工必备的岗位知识和技能，为日后正式上岗做准备。例如，对保险公司新进员工进行保险基础知识、保险实务知识、保险法律知识等方面的教育和训练。

二是在岗员工的达标培训，目的使在岗员工不断提高岗位技能，对在岗履行职责时的新知识、新技术进行教育和培训。例如，对新险种开发、网络营销、费率厘定、理赔时标的损失勘查等出现的新技术进行培训。

三是转岗、晋升培训。主要根据公司发展需要，针对员工的特点，对即将转入新岗位的员工进行必要的培训。例如，保险公司对转岗和晋升员工进行保险原理、保险经营管理、保险法、经济学、金融学以及不同险种的专业知识等方面的培训。

以岗位技能为中心的基层人员的培训，是以提高员工工作能力为目的的一种培训，也是一种简捷、有效的培训方式，再加上培训时注重联系实际、学以致用，因此，其培训效果直观、明显，极大地体现了成人教育的特点，能直接、有效地为保险公司的发展服务。

（二）专业技术人员培训

专业技术人员培训是以创造性技能培训为中心，它直接关系到保险公司技术开发能力的提高，是保险公司保持市场竞争能力的源泉。专业技术人员的培训包括先进专业技术的理论知识实用化培训、专业知识更新培训以及技术创新能力培训。保险公司要在市场竞争中立于不败之地，必须不断地开发新险种，提高保险服务质量，降低经营成本。而新险种的开发、保险费率的厘定、责任准备金的提存、保险投资战略的实施等都需要专业技术人才。因此，保险公司必须加强对市场开发人员、寿险管理师、精算师、投资人才等的专业技术人员的培训，使他们不断更新知识结构、扩大视野，保持不断创新的活力。

（三）基层管理人员培训

基层管理人员的培训以组织技能的培训为中心。基层管理人员作为沟通高层管理者和广大员工的重要桥梁，对他们的培训包括初级组织能力的培训和高级组织能力的培训两个方面。初级组织能力的培训是以提高本工作群体的效率为中心，对自身的文化水平、初级的领导知识和必要的管理技术进行培训。高级组织能力的培训是以培养协调工作群体的能力为中心，可以通过管理原理、管理心理学以及有关领导方法、领导艺术等新技能进行培训。

（四）高级管理人员培训

高级管理人员培训是以决策技能培训为中心。这里指的高级管理人员既包括公司部门以上经理，又包括分公司、支公司的经理。高级管理人员作为公司的各项工作的计划者、组织者，在公司中居于关键地位，尤其是规模庞大、组织结构复杂的大公司，高级管理人员的决策技能是决定其工作绩效的首要因素。高级管理人员作为公司的领导者，应具有广博的知识、活跃的创造能力、敏锐的洞察力、杰出的组织才能和果断的决策能力。因此，对这些高级管理人员的培训既包括政治思想、文化技术水平、业务能力的培训，又包括管理方面的新知识和新方法的研究和学习，目的是让他们全面了解影响公司经营的内外因素，提高决策能力和综合管理水平。

三、员工培训的方法

员工培训方法灵活多样，而且日趋现代化，课堂学习、部门实习、师傅带徒弟等传统的教育培训逐步被现代化的方法所取代，例如，电化教学、研究讨论、职务转换、基层锻炼、挂职锻炼等，使教育培训效果更好。

（一）职务转换法

职务转换法是在职培训中常用的一种方法，它是将担负不同职务的人员进行调换，一般在每个工作岗位上干上1～2个月，其目的是使员工全面了解公司经营活动的各个环节以及每个环节的业务工作内容，获取不同的工作经验，提高自身的综合业务水平。

（二）研究讨论法

研究讨论法包括业务工作和管理工作中的攻关活动、参加学术研讨会以及业务技术的考察研究，目的是通过讨论研究解决工作中存在和出现的新问题，提高和培养员工的工作能力以及对各种环境因素变化后的应变能力。

（三）在职培训法

在职培训法采用不脱产或半脱产方式，根据员工所在的不同岗位对员工的业务需求进行教育培训，目的是使员工全面了解自己的业务运作情况，提高业务能力。

（四）学校培训法

学校培训法是将有多年业务工作经验、业务能力较强的员工，送到国内或国外的高等院校学习，通过学校的系统学习，掌握保险理论、实务知识，改善其知识结构，吸收一些先进的保险技术，以便日后更好地做好保险业务。

保险公司的教育培训方法不仅限于上述四种，随着保险业发展对人才的需求以及对人才综合素质的要求，保险公司的教育培训出现了新的趋势：一是保险公司的教育培训从以岗前培训为主向在职培训、继续教育和终身教育发展，教学手段也不断现代化。二是保险公司员工的教育培训还逐步发展为资格证书培训，因为无论是保险公司的管理人员、专业技术人员还是操作人员，都要求有上岗资格证书。因此，寿险管理师、精算师、证券投资分析师、核保师等资格证书在保险公司风靡一时，这些都充分说明了保险公司对员工素质要求的提高。

第四节　保险公司人员激励机制

员工是保险公司的一切资产中最重要的资产。事实证明，如果保险公司不能充分利用人力资源，即使有最先进的管理工具和管理方法也是收效甚微的。而要充分利用保险公司的人力资源，一个最重要的问题就是激励。因为人力资源的激励是人力资源管理中的重要内容，也是人力资源开发的重要途径。例如，IBM公司通过向员工提供养老金、团体寿险和医疗保险，给优秀员工丰厚的奖励，举办各种学校和训练网，组织员工学习，提高员工的业务水平来增加员工的归属感。IBM公司采取这些激励措施不仅吸引了大批优秀人才，还创造了一个保障充分、奖惩分明的工作环境，使公司几十年来一直业绩骄人。又如日本丰田公司采取激励措施鼓励员工提建议，结果仅1983年一年，员工提出了165万条建议，平均每人31条，它为公司带来900亿日元的利润，相当于当年总利润的18%。①

激励是指挖掘人的潜力，充分调动人的积极性。在现代公司管理制度中，应该重视对员工的激励。因为激励有助于吸引各方面的人才，有利于实现公司的经营目标；激励有利于提高员工的综合素质，有利于提高员工的工作效率和业绩。因此，保险公司的人力资源管理部门应该随着社会经济的发展、人们期望需求的上升，采取多种激励手段。

影响公司员工工作积极性的因素很多，有宏观因素和微观因素。宏观因素有国家的宏观政策、经济形势、法律法规、文化背景等，微观因素有公司领导风格、公司的各种规章制度以及工作本身的性质，而公司的各种激励机制是调动员工积极性的最有效的手段。

---

① 冯虹：《现代企业人力资源管理》，经济管理出版社1996年版，第205页。

公司的激励手段很多，但一般不外乎两种，一种是物质激励，另一种是精神激励。物质激励是一种基本的激励手段，它是针对员工的基本物质生活需要，通过提高工资、奖金、福利等经济手段来达到调动员工工作积极性的目的。精神激励是一种高级的激励手段，它是通过激发和满足员工的荣誉、成就感等精神需要，如表扬、授予称号、晋升等，调动员工的工作积极性。精神激励的内容很丰富，主要有荣誉激励、晋升激励、培训激励、目标激励、环境激励等。荣誉激励满足的是员工的自尊需要和成就感，是一种成本低、效果好的激励手段；晋升激励满足的是员工的自我实现的需要；培训激励满足员工的求知欲望，也使员工感到公司对他们的重视；目标激励是在公司组织目标实现的同时实现个人目标并使个人目标与公司目标紧密结合，从而调动员工的工作积极性；环境激励主要是为员工创造一个温暖、和谐的工作环境，从而调动员工的工作积极性和效率。

从经济学角度看，物质激励的效益远远低于精神激励，因为金钱的边际效用是递减的，对大多数人来说，只有当物质激励被看作个人能力的体现和努力程度的标准时，才会起到应有的作用。

尽管激励能够充分挖掘员工的潜能，调动员工工作积极性，但是保险公司人力资源管理部门在采取激励措施时还必须注意以下几点：

（1）将物质激励和精神激励相结合，采用恰当的“激励组合”。因为物质激励满足的是人们的生理需求，精神激励满足的是人们的心理需求，而每个人不仅有物质需求，更有高层次的精神需求。因此，在激励时，应注意物质激励和精神激励的统一，并随着人们物质生活水平的提高和生理需求的满足，在激励时要以精神激励为主。

（2）在不同时期、不同环境条件下，对不同的员工要区别对待、灵活激励。例如，一个员工经济负担较重，他的最大需求是生理需求，那么采取物质激励手段效果最好。又如一个员工生活富裕，但他对荣誉、尊重看得很重，那么采取表扬、晋升等精神激励最能调动其积极性。因此，随着社会经济生活的发展和人们需求层次的不断上升，激励的措施也应不断更新。

（3）激励措施要公正，要以客观事实为依据，恰如其分地进行激励，对公司的每个员工都要一视同仁，不能视职位高低来激励，更不能凭情感来激励，要全面调动每个员工的工作积极性，最大限度地发挥每个员工的工作潜能。

第五节　保险公司劳动工资管理

一、保险公司的劳动管理

保险公司的劳动管理就是根据保险公司经营的需要，科学地组织劳动，合理地配置人力资源，正确地处理劳动过程中的分工与协作，充分调动员工的工作积极性，提高工作效率。保险公司劳动管理主要内容有劳动分工、劳动协作、定额定编和制定岗位责任制。

（一）劳动分工

保险公司的劳动分工是把保险公司的各项业务按照其性质、特点和工作条件分解成几个部分，如营销部、市场研发部、承保部、理赔部、精算部、客户服务部、行政管理部等，由具备不同条件的员工分别完成，使工作专门化。合理的劳动分工可以使每个员工的工作任务及职责明确，岗位固定，便于员工积累经验，提高工作的娴熟程度和工作效率。因此，劳动分工既是社会化大生产的客观要求，又是科学合理组织劳动的重要内容。

对于保险公司来说，劳动分工的程度和程序要取决于保险公司的性质、保险公司的业务规模、经营范围、业务技术要求和物质技术设备的复杂程度等因素。因此，保险公司必须结合自身的实际情况，合理地组织劳动分工，使劳动分工既符合保险经营的可分性，又有利于公司总体目标的实现。如果劳动分工不当，必然造成劳动力的浪费，影响劳动效率。

保险公司的劳动分工一般可分为两个层次。一个层次是与保险标的直接有关的业务工作。按其业务经营过程可分为保险营销、保险承保、保险理赔、风险管理、保险投资、保险精算等工作。不同工作对保险公司员工在学历、智力、工作能力、工作经验等方面有不同的要求，要真正提高员工的工作效率和工作积极性，应将员工业务能力和技术水平与其岗位要求相适应。另一个层次是与保险标的不直接相关的管理性质工作。管理性质工作虽然与保险标的不直接发生关系，但是它保证了保险公司的正常运行。管理性质工作又可分为基层、中层和高层管理工作。基层管理工作主要是指人事秘书、行政后勤、计划、会计、保卫、监察等各项具体的管理协助工作；中层管理工作主要是各个职能部门的各项管理工作；高层管理工作是指公司的计划和决策工作。当然这两层分工也不是绝对的，不同情况的保险公司可以根据实际情况加以选择。

（二）劳动协作

劳动协作是指分工不同的员工相互协作配合，注重发挥组合效应，实现公司的经营目标。保险公司的整个经营过程中，从展业、承保、理赔到投资、防灾防损是一个既相互联系又彼此制约的环节，它客观上要求分工不同的员工相互协作、相互配合，使环环相接，提高工作的效率。保险公司的劳动协作，不仅便于一些新技术设备的运用、资源的共享和专业人才的培训，提高劳动生产率，而且通过全体员工的步调一致、相互配合和激励，有利于提高保险公司整体的劳动效率。

（三）定额定编

劳动定额和编制定员是合理组织劳动的重要内容，是编制劳动工资计划和调配劳动者的重要依据，是提高劳动效率的重要措施。

劳动定额又称劳动效率定额，它是指在保证工作质量的前提下，员工在一定时间内应达到的平均的工作量指标。劳动定额产生的基础是因为客观上存在着劳动差别，需要通过定额协调劳动分工和劳动协作的关系。保险公司应该根据不同业务的需求，考虑所有员工和所有影响劳动定额的因素，制定出合理、准确的工作量指标，并付诸实施，同时保险公司还要根据保险公司的经营目标、劳动组织形式、业务技术水平的变化来调整工作量指标，使劳动定额真正发挥确定定员编制、合理调配劳动力、考核工作效率的作用。

保险公司的劳动定额分为行政管理服务人员定额和业务人员定额两大类。行政管理人员按职责范围和工作内容核定工作量，服务人员按工作性质核定工作量。业务人员定额按外勤人员和内勤人员来核定工作量。业务外勤人员可根据不同业务和险种核定工作量，内勤人员按出单、会计、统计等专业内容的不同核定工作量。由于保险公司劳动分工之间差别较大，对工作量很难准确定量计算。因此，保险公司在核定劳动定额时常采用经验统计法。经验统计法是根据以往已经达到的指标，综合分析进一步提高劳动效率的各种因素，然后确定一个适当的工作量。但是经验统计法测定劳动定额比较粗糙。为了使劳动定额制定更加精确，对内勤人员的定额，常常需要用现场技术测定法修正。现场技术测定法主要是通过工作现场观察和工作日志，分析劳动过程和劳动利用情况，确定每一劳动过程的时间和工作量，然后制定劳动定额，这样可以校正经验统计法在确定劳动定额时产生的误差。

编制定员是由保险公司的人力资源管理部门根据有关劳动政策和法令，在保险公司劳动定额的基础上，确定应配备的劳动力数量。编制定员有利于合理聘用专业人员、改善劳动组织、实施劳动定额管理。编制定员通常采用劳动效率定员法、岗位定员法和比例定员法。劳动效率定员法是根据保险公司的业务计划任务劳动定额、员工的出勤率来计算定员人数，适合于公司业务人员的定员。岗位定员法根据公司内部的机构设置、岗位职责、岗位的工作量以及员工的劳动效率、出勤率等因素确定定员人数，适合于公司管理人员的定员。比例定员法是按员工总数或某一类人员总数的一定比例确定定员人数，适合于行政管理人员和服务性业务人员的定员。

保险公司的定员编制不是固定不变的，随着保险业务的发展以及管理水平和管理效率的提高，人员编制也要及时做出调整，以适应新的经营目标和经营环境对保险公司劳动力资源配置的要求。

二、保险公司的工资福利管理

保险公司员工的劳动报酬为分两部分：一部分是直接的金钱报酬，包括工资、奖金、津贴；另一部分是间接的报酬，也就是员工的福利。

工资是员工劳动报酬的主要内容。工资的确定不仅要确保员工的安定，保证劳动力的再生产，而且要有助于提高员工的能力。因此，在工资分配时要体现按劳分配的原则，并且在评价劳动技能、劳动强度、劳动责任和劳动条件四个劳动要素和劳动绩效的基础上确定员工的工资分配情况。

保险公司员工的工资支付形式多采取浮动工资制和结构工资制。浮动工资制更好地体现了按劳分配原则，它是根据公司经营效益的好坏和员工劳动绩效的高低，把全部或部分奖励基金和基本工资实行全面浮动和部分浮动。结构工资制是按照工资的不同职能，将工资分成基础工资、职务工资、职能工资、能力工资、效益工资几个部分的分配形式。结构工资制是将员工的工资收入与公司的经济效益挂钩，鼓励员工多为公司作出贡献。

奖金是员工劳动报酬的一种补充形式，也是公司物质激励时最常采用的一种手段。员工获得奖金的数量能够比较及时、准确地反映公司员工的劳动量和劳动效果的变化情况。保险公司的奖金形式通常分为综合奖、单项奖和合理化建议奖等形式。

津贴是为调整工资制度中的某些不平衡，对特殊条件下工作的员工的奖励。它是按劳分配的特殊补充形式。保险公司的津贴形式有全勤津贴、生活补助津贴、职务津贴、加班加点津贴等形式。

福利是保险公司为实现自己的目的，在改善直接的劳动条件以外，从生活方面确保和提高员工及其家属生活而开展的各种活动和措施。保险公司每年都要从税后利润中计提法定公益金，用于改善员工的福利设施。福利是保险公司人力资源管理中的重要一环，也是保险公司分配工作的重要方面。搞好保险公司的福利，有利于改善员工的劳动条件及生活条件，提高员工对公司的归属感和工作积极性，融洽保险公司的人际关系和劳资关系。

保险公司的福利设施内容通常有住宅方面，休养娱乐方面，体检、伙食和生活设施方面，以及死亡抚恤、工伤病痛慰问和困难补助等方面。为了解除员工的后顾之忧、改善员工福利条件，很多保险公司还会为员工购买除社会保险以外的商业性保险，如团体养老保险、团体人身意外伤害保险、团体医疗保险等。保险公司希望通过这些举措提高员工福利保障水平和幸福指数，提升员工的满意度和归属感，同时增强公司的凝聚力。

本章小结

保险公司人力资源管理是对保险公司人力资源的取得、开发、保持和利用等方面所进行的计划、组织、指挥和控制的活动。加强保险公司人力资源管理有利于提高保险公司的劳动效率和经济效益，促进保险公司员工的全面发展和建立现代保险公司制度。

保险公司人力资源管理的内容主要包括：(1)人力资源规划；(2)员工的招聘、选择和人事安排；(3)员工结构的合理配置；(4)员工的教育、培训和开发；(5)员工工作评价和考核；(6)员工事业生涯开发；(7)工资福利。

保险公司的人力资源管理是一项政策性和科学性很强的工作，要想真正发挥人力资源部门的作用，人力资源管理时就必须遵循：(1)协调原则；(2)任人唯贤原则；(3)能位相宜原则；(4)群体合力和互补原则；(5)激励原则；(6)动态适应原则。

员工绩效考核是保险公司人力资源使用和配置的重要环节，其功能主要表现为基础功能、导向功能、促进功能和监督功能。员工绩效考核类型有岗位职责型考核、任务目标型考核和综合评定型考核三种。不论是哪种考核类型，考核的主要内容有德、能、勤、绩四个方面，以绩为重点。为了保证考核结果的客观、公正，发挥考核工作的激励作用，在考核的内容上尽量做到具体、明确，考核重点应是员工的实绩，并且对不同专业类型和同一类型不同职务层次的员工，在考核内容上要有侧重点。根据保险公司的实际情况灵活地采用人物比较法、因素分析法、定量考核法、综合考评法和考试评议法等考核方法。

保险公司员工培训着重体现现实性需求和战略性需求的结合，既要注重人员目前岗位的需要，又要结合公司对战略性人才的需求进行逐步培养。培训的主要内容包括以岗位技能培训为中心的基层人员培训，以创造性技能培训为中心的专业技术人员培训，以组织技能培训为中心的基层管理人员培训和以决策技能培训为中心的高级管理人员培训。为提高培训的效果，保险公司在员工培训时必须遵循战略性原则、学以致用原则和因人施教原则。培训方法也应随保险业的发展而不断更新和日趋现代化。

激励是保险公司人力资源管理的重要内容，也是人力资源开发的重要途径。激励有物质激励和精神激励两种。物质激励是通过提高工资、奖金、福利等经济手段来调动员工的工作积极性。精神激励是通过激发和满足员工的荣誉、成就感等精神需要，如表扬、授予称号、晋升等来调动员工的工作积极性。保险公司在激励时应将物质激励和精神激励相结合，并对不同需求的员工采用不同的激励措施。

保险公司劳动管理主要内容有劳动分工、劳动协作、定额定编和制定岗位责任制，是根据保险公司经营的需要，科学地组织劳动，合理地配置人力资源，正确地处理劳动过程中的分工与协作，充分调动员工的工作积极性,提高工作效率。保险公司工资福利管理的目的是提高员工对公司的归属感和工作积极性,融洽保险公司的人际关系和劳资关系,为保险公司的持续发展提供充足的人力资源。

复习思考题

1. 简述保险公司人力资源管理的主要内容。
2. 保险公司人力资源管理时应遵循哪些原则?
3. 简述保险公司员工绩效考核的主要内容。
4. 保险公司员工培训的基本原则是什么?
5. 激励有哪几种类型?保险公司在采取激励机制时应注意哪些问题?

第十一章

复习思考题
答案

第十二章

课 件

第十二章　保险公司经营效益评价

保险公司的经营效益是指保险经营的劳动耗费和劳动占用与所取得的经营成果之间的对比关系，具体表现在三个方面：一是以尽可能少的劳动占用和劳动消耗向社会提供保险保障，最大限度地减轻被保险人的保费负担，以保证社会再生产的顺利进行和人民生活的安定；二是保险公司尽最大可能利用保险资金进行投资运用，在控制投资风险的前提下取得最大的投资收益；三是保险公司以尽可能少的资金占用、费用开支以及劳动力占用，获得尽可能多的经营收益。由此可见，保险公司的经营效益既包括公司的经济效益，又包括社会效益。为了衡量保险公司的经营业绩，反映保险公司在运营过程中存在的问题以及将来的发展趋势，有必要对保险公司的经济效益进行评价和分析。保险公司经济效益的评价通常是运用一整套指标体系，对保险公司的经营状况和经营成果进行评价，反映保险公司经营的全貌。

第一节　寿险公司利源分析

保险公司的利润是指保险公司在一定时期（通常为一年）的经营活动过程中，以各项收入抵补各项支出后取得的最终成果。利润总额由营业利润及营业外收入减营业外支出的差额两部分构成，利润总额的计算公式为：

利润总额＝营业利润＋（营业外收入－营业外支出）

营业利润是保险公司整个经营过程中获得的利润，它主要由承保利润、投资利润、汇兑收益和其他业务利润构成，其中承保利润和投资利润是营业利润的主要来源，也是保险公司利润的主要来源。

寿险公司的承保利润来源于死差益、费差益、退保益，投资利润来源于利差益。其中死差益是由实际死亡率低于预定死亡率，按预定死亡率收取的纯保费支付实际死亡成本后有盈余而产生的利益。

死差益＝（预定死亡率－实际死亡率）×风险保额

在我国保险实务中，死差益的计算如下：

死差益＝(责任准备金评估的死亡率－实际死亡率)×风险保额

风险保额是保险金额扣除责任准备金的余额。在储蓄性寿险保单中，如终身寿险、两全保险等，保单的责任准备金随保险事故的增加而递增，因此，风险保额随保险年期的增加而减少，期满时为零，死差益也随保险年期的增加而减少，期满时为零。由于人的生、老、病、死是一条自然规律，风险小而且分散，寿险公司在寿险定价时又使用"经验生命表"，无论是国家颁布的经验生命表还是寿险公司依据本公司情况编制的生命表都采取保守原则，使寿险公司实际发生的赔付金额比假定时少，从而产生死差益。因此，在一般情况下，寿险公司可以获得较稳定的死差益。

费差益是实际的营业费用率低于预期的营业费用率而产生的利益。

费差益＝(预定费用率－实际费用率)×保险费

在我国保险实务中，费差益的计算如下：

费差益＝(保险费附加费用率－实际的费用率)×保险费

在保单承保初期，保险公司要垫付大量费用，如代理人佣金、体检费用、宣传费用、印制保单凭证的费用等，会产生费差损，但是一般寿险公司会通过优化管理扩大业务量、精简流程、提高经济效率等方式来控制费用，使实际费用支出比预计要少，从而产生费差益。

利差益是实际的投资收益率高于预定利率时产生的利益。

利差益＝(实际收益率－预定利率)×责任准备金总额

在我国保险实务中，利差益的计算如下：

利差益＝(实际投资收益率－责任准备金评估的利率)×责任准备金总额

为了保证寿险保单的长期有效，在寿险费率厘定时由精算师根据法规、公司政策和经验等设定一个预定利率，这个预定利率往往采用保守的假设，如果寿险公司的实际投资收益率大于保单预定利率，就产生了利差益。

退保益是指退保或失效保单的责任准备金与退保金之间的差额而产生的利益。在寿险业务中，退保益的产生是必然的。原因如下：一是人寿保险的投资大多是中长期投资，一旦经济情况恶化时，不少被保险人退保，从而影响人寿保险公司的投资计划和投资收益，并且损害其他被保险人的利益，对退保者应收取投资收益损失费；二是健康的被保险人感到缴费有困难时，往往毫不犹豫地退保，而健康状况差的被保险人会充分认识保险的价值，不肯轻易退保，因此，退保或失效的保险单大多是死亡率较低的被保险人，为应付这种逆选择风险，退保金应小于保单的现金价值；三是签发保单的初年度因为各项费用较高，需要在续年度交付的保费中逐渐摊回，如果投保人中途退保而停止交付保费，使一部分附加保费无法摊回，这些未摊回的费用在退保时作一次性的摊回；四是保险公司在处理退保时会发生一些费用，这些费用也需要从现金价值中扣除。

在寿险公司的利润来源中，死差益是比较稳定的，费差益是寿险公司可以控制的，退保益是必然产生的，只有利差益受外部因素的影响较大，它取决于宏观经济形势、金融市场尤其是资本市场的波动、寿险公司专业投资团队的投资管理水平高低等。随着寿险市场承保业务竞争的不断加剧，死差益、费差益基本上趋于零，而寿险公司的利润主要来源于利差益，通过投资的高收益弥补承保业务的亏损成为寿险公司保持盈利能力和偿付能力的重要途径。因此，承保业务和投资业务并驾齐趋是寿险业发展的必然趋势，保险投资已经成为现代寿险业生存和发展的重要支柱。

第二节　保险公司经营状况评价

我国《保险公司财务制度》第七十九条规定：保险公司应对经营状况和经营成果进行总结、评价和考核。经营状况的评价指标包括经营稳健性指标、运营能力指标、偿付能力指标、偿债能力指标以及财务稳定性指标等。当然，保险公司也可以根据实际情况采用这些指标以外的指标进行评价和分析。

一、经营稳健性指标

保险公司经营稳健性指标包括反映承保业务发展能力和承保业务质量的各项指标。

(一)承保业务发展指标

承保业务发展指标包括各项保费收入增长率和市场占有率等指标，集中反映了保险业务的规模、结构、质量等信息，并且在很大程度上反映各公司的经营策略和管理风格。

1. 保费收入增长率

保费收入增长率是指保险公司本期保费收入与上年度同期保费收入的变化额与上年度保费收入的比率，它是衡量保险公司保费收入变动情况的相对量指数，也反映了保险公司的业务发展水平和深度，可以弥补保费收入这一绝对量指标的不足。其公式为：

$$\text{保费收入增长率}=\frac{\text{本期累计保费收入}-\text{上年同期保费收入}}{\text{上年同期保费收入}}\times 100\%$$

上式反映了公司本期全部保险业务的增长速度。保费收入增长率应该适度，它是促进保险公司稳健发展的基础。美国 NAIC 规定保费收入变化率的正常范围：人寿保险公司为－10％～10％、财产责任保险公司为－33％～33％。

2. 市场占有率

市场占有率的公式为：

$$\text{市场占有率}=\frac{\text{本期公司保费收入总额}}{\text{本期市场保费收入总额}}\times 100\%$$

上式反映了公司在整个保险市场中所占份额大小。

3. 全员人均保费收入

全员人均保费收入是将保险公司年保费收入总额按公司职工年平均人数计算的保费收入数。该指标反映了保险公司的经营管理水平和劳动生产率水平的高低。其计算公式为：

$$\text{全员人均保费收入}=\frac{\text{全年保费收入总额}}{\text{年职工平均人数}}$$

对于人寿保险公司来说，还有以下几个反映承保业务发展的特殊指标，即标准保费增长率、长期险保费增长率、短期险自留保费增长率等：

$$\text{标准保费增长率}=\frac{\text{本期累计标准保费收入}-\text{上年同期标准保费收入}}{\text{上年同期标准保费收入}}\times 100\%$$

标准保费是指将报告期内不同类别的新业务按对寿险公司利润或价值的贡献度大小设置一定系数进行折算后加总形成的保费收入。

$$\begin{matrix}\text{标准}\\\text{保费}\end{matrix}=\begin{matrix}\text{一年期以上新单}\\\text{期交保费收入}\end{matrix}\times\begin{matrix}\text{折算}\\\text{系数}\end{matrix}+\begin{matrix}\text{一年期以上新单}\\\text{趸交保费收入}\end{matrix}\times 0.1+\begin{matrix}\text{一年期及以内}\\\text{短期险保费收入}\end{matrix}\times 1.0$$

对于一年期以上十年期以下期交保费的折算系数为“缴费年限/10”，十年期以上期交保费收入折算系数为1.0。对于月缴、季缴的保费收入将其折算为年缴保费后再根据缴费年期依上述系数折算。

$$\text{长期险保费增长率}=\frac{\text{本年长期险保费收入}-\text{上年长期险保费收入}}{\text{上年长期险保费收入}}\times 100\%$$

$$\text{短期险自留保费增长率}=\frac{\text{本年短期险自留保费}-\text{上年短期险自留保费}}{\text{上年短期险自留保费}}\times 100\%$$

（二）承保业务质量指标

保险公司承保业务质量指标包括综合费用率、综合赔付率、综合成本率、应收保费率等指标。

1. 综合费用率

$$\text{综合费用率}=\frac{\text{本期综合费用}}{\begin{matrix}\text{本期自}\\\text{留保费}\end{matrix}-\begin{matrix}\text{本期未到期责任}\\\text{准备金提转差}\end{matrix}-\begin{matrix}\text{本期长期责任}\\\text{准备金提转差}\end{matrix}}\times 100\%$$

2. 综合赔付率

$$\text{综合赔付率}=\frac{\text{本期综合赔款支出}}{\begin{matrix}\text{本期自}\\\text{留保费}\end{matrix}-\begin{matrix}\text{本期未到期责任}\\\text{准备金提转差}\end{matrix}-\begin{matrix}\text{本期长期责任}\\\text{准备金提转差}\end{matrix}}\times 100\%$$

3. 综合成本率

$$综合成本率=综合费用率+综合赔付率$$

上述公式中：综合费用=营业费用+手续费及佣金支出+分保费用支出+营业税金及附加+保险保障基金-摊回分保费用；综合赔款支出=赔款支出+未决赔款准备金提转差+分保赔款支出-摊回分保赔款-追偿款收入；自留保费=保费收入+分保费收入-分保费支出的净额。

4. 应收保费率

$$应收保费率=\frac{本期应收保费}{本期保费收入}\times 100\%$$

应收保费是保险公司按照合同约定应向投保人收取但尚未收到的保费收入。对于财产保险公司而言，应收保费率正常为不大于 8%，应收保费率过高会导致现金流紧张、坏账损失以及保费资金被挪用的风险，应收保费还成为虚列保费、支付手续费的一大手段。人身保险合同是实践性合同，交付保费是合同生效的前提条件，所以人身保险公司应收保费风险很低。

在评价承保业务质量时，人寿保险中会特别关注包括退保率、保单继续率（又称续保率）或保费继续率（又称续保率）、个人业务新单折标率、短期险赔付率、承保费用率等指标：

$$退保率=\frac{本期退保金}{\begin{matrix}期初寿险和长期\\健康险责任准备金\end{matrix}+\begin{matrix}本期寿险和长期\\健康险保费收入\end{matrix}}\times 100\%$$

$$n\ 个月保单持续率=\frac{评估月前\ n\ 个月生效的保单在评估月仍有效的件数}{n\ 个月前生效的保单件数}\times 100\%$$

或

$$n\ 个月保费继续率=\frac{签单后\ n\ 个月继续有效的寿险保单保费收入}{当期生效的寿险保单保费收入}\times 100\%$$

保险公司在评价年度绩效时，应该将保单续保率和保费续保率综合加以分析评价。如果只用保单续保率来考察保险公司的绩效，会使保险公司的核保人员只注重保单的续保，忽视潜在保险客户的挖掘，从而影响公司的业务拓展。如果用保费续保率作为考察保险公司绩效的指标，将会导致保险公司的核保人员只注重大客户的服务而忽略小客户的服务，同样会影响保险公司的业务开展和市场的占有率。国际上通常按缴费次数将续保率分为第 13 个月保费续保率和第 25 个月保费续保率。据国外寿险统计资料表明，如果第 13 个月保费的续保率在 61.6%～74.8%，则能反映业务人员的承保质量，续保率过低，会影响寿险公司的稳定经营；第 25 个月保费续保率若在 89.4%～94.8%，则能反映寿险公司售后服务质量，以后续保率趋于稳定，将在 92%～98.5%。

$$\text{个人业务新单折标率}=\frac{\text{个人业务新单标准保费}}{\text{个人业务新单保费收入}}\times 100\%$$

$$\text{短期险赔付率}=\frac{\text{赔款支出}+\text{未决赔款准备金提转差}+\text{分保赔款支出}-\text{摊回分保赔款}-\text{追偿款收入}}{\text{本期短期险自留保费}-\text{本期未到期责任准备金提转差}}\times 100\%$$

$$\text{承保费用率}=\frac{\text{业务及管理费}+\text{手续费及佣金支出}+\text{分保费用支出}-\text{摊回分保费用}}{\text{本期自留保费}}\times 100\%$$

二、营运能力指标

通过保险公司经营资金周转的速度来反映资金利用的效率，运营能力指标反映了保险公司管理人员经营、管理、配置企业资源并充分发挥企业资源效率的能力和运用资金的能力。营运能力的大小对于提高企业盈利能力和偿债能力有着重要的影响。

（一）资产经营现金流量回报率

$$\text{资产经营现金流量回报率}=\frac{\text{经营活动净现金流量}}{\text{资产总额}}\times 100\%$$

该指标表明每一元资产通过经营流动所能形成的现金净流入，反映保险公司资产的经营收现水平。一般来说，该指标值越高，表明公司资产的利用效率越高，它也是衡量公司资产综合管理水平的重要指标。

（二）经营现金净流量与净利润的比率

$$\text{经营现金净流量与净利润的比率}=\frac{\text{经营活动产生的现金流量净额}}{\text{净利润}}\times 100\%$$

该指标表明每一元净利润中经营活动所产生的现金净流入，反映保险公司净利润的收现水平。该指标越高，可供公司自由支配的货币资金增加量越大，有助于提高公司的偿债能力和付现能力。

（三）经营现金净流量与保费收入的比率

$$\text{经营现金净流量与保费收入的比率}=\frac{\text{经营活动产生的现金流量净额}}{\text{保费收入}}\times 100\%$$

该指标表明每一元保费在经营活动中所产生的现金净流入，反映保险公司保费收入的收现水平。该指标越高，可供公司自由支配的货币资金增加量越大，有助于提高公司的偿债能力和付现能力。

三、偿债能力评价指标

偿债能力指标包括保险监管机构关注的偿付能力指标和保险公司的投资者及一般债权人所关心的偿债能力指标。

(一)偿付能力指标

偿付能力是指保险公司对其所承担的风险,在发生超出正常年景的赔偿数额时应当具有的经济补偿能力。由于保险公司经营风险的不确定性,保险公司的偿付能力与一般公司的偿付能力不同。我国《保险法》第一百零一条规定:"保险公司应当具有与其业务规模和风险程度相适应的最低偿付能力。"保险公司偿付能力的大小取决于保险公司偿付准备金(包括资本金和总准备金)的多少、保险公司对承保能力的控制以及据以建立保险赔偿基金的损失概率计算的准确性和可靠程度,这三个因素都反映了保险公司的业务经营状况。

我国第二代偿付能力监管制度中评价保险公司偿付能力的指标有三个:核心偿付能力充足率、综合偿付能力充足率和风险综合评级。

$$核心偿付能力充足率=\frac{核心资本}{最低资本}\times 100\%$$

$$综合偿付能力充足率=\frac{核心资本+附属资本}{最低资本}\times 100\%$$

风险综合评级是对保险公司总体的偿付能力风险水平进行全面评价所得到的评级,评级结果反映了保险公司综合的偿付能力风险。

核心偿付能力充足率和综合偿付能力充足率反映公司量化风险的资本充足状况。而风险综合评级反映保险公司与偿付能力相关的全部风险的状况。

(二)一般偿债能力指标

保险经营是负债经营,保证保险投资资金的保值增值和安全返还是保险投资的首要问题,否则必将增加保险经营风险,危及保险公司经营的稳健和偿付能力。反映保险公司短期和长期偿债能力的常见指标有流动比率、速动比率、融资回购比例、资产负债率、负债与所有者权益比率、经营现金净流量对负债比率和资本固定化比率等。

1. 流动比率

$$流动比率=\frac{流动资产}{流动负债}\times 100\%$$

流动比率是短期偿债能力的指标,衡量保险公司在某一时点偿还即将到期债务的能力。保险公司流动比率越高,表明保险公司支付赔款、给付和退保的短期偿债能力越强,但是过高的流动比率会影响保险资产的投资收益率。因此,在评价流动比率时,既要关注某一时点的流动比率的数值,还要关注较长时段的流动比率数值,同时还要结合流动资产的质量进行分析。

2. 速动比率

速动比率作为流动比率的辅助指标,它是保险公司的速动资产与流动负债的比率。速动资产是将保险公司流动资产扣除流动性较差的或不能直接用来偿还流动负债的部分资产，如存出保证金、存出分保准备金、待摊费用、待处理的流动资产净损失以及难以回收的应收保费等的差额。

$$流动比率=\frac{速动资产}{流动负债}\times 100\%$$

保险公司速动比率也反映了保险公司的短期清偿能力，但它比流动比率更准确地反映了保险公司的资产流动性和即时的偿付能力，因此，财产保险公司比寿险公司更需要运用速动比率来分析其资产的流动性。

3. 融资回购比例

$$融资回购比例=\frac{融资回购市值}{上季末总资产-上季度末投连资产市值-上季末融资回购市值}$$

“融资回购”为资产负债表中的“卖出回购金融资产”。

4. 资产负债率

$$资产负债率=\frac{负债总额+少数股东权益}{资产总额}\times 100\%$$

该指标反映保险公司的长期偿债能力，衡量保险公司在清算时对债权人利益的保护程度。

5. 负债与所有者权益的比率

$$负债与所有者权益比率=\frac{负债总额}{所有者权益总额}\times 100\%$$

该指标反映保险公司的财务结构以及债权人的资本受到所有者权益的保障程度。

6. 经营现金净流量对负债的比率

$$经营现金净流量对负债比率=\frac{经营现金净流量}{负债总额}\times 100\%$$

其中的负债总额可以是年末负债总额，也可以是全年平均负债总额。该项比率反映了公司用年度经营活动产生的现金净流量偿还公司全部债务的能力，体现了公司偿债风险的高低。一般而言，该比率值越大，说明公司偿债能力越大，相应的风险越小；该比值越小，说明偿债能力越小，相应的风险越大。

7. 资本固定化比率

$$资本固定化比率=\frac{资产总计-流动资产合计}{所有者权益平均余额}\times 100\%$$

该指标反映保险公司自有资本的固定化程度，该指标值越低，表明公司自有资本用于长期资产的数额相对较少；反之，则表明公司自有资本用于长期资产的数额相对较多，公司日常经营所需资金需靠借款筹集。

四、财务稳定性评价指标

保险公司的财务稳定性是指保险公司所积累的保险基金是否能够足以履行可能发生的赔偿责任。通常用财务稳定性系数 K 来衡量保险公司的财务稳定性：

$$财务稳定性系数K=\frac{赔付金额的均方差}{赔付基金}$$

假定某保险公司承保几个保险标的且相互独立，每个标的的保险金额均为 a 元，损失概率为 p，纯费率为 q，则标的损失服从二项分布，损失期望值 $u=n\cdot p$，均方差为 $\delta=a\sqrt{np(1-p)}$，用 K 表示财务稳定性指标，则其数学公式为：

$$K=\frac{a\sqrt{np(1-p)}}{a\cdot n\cdot q}=\frac{\sqrt{np(-p)}}{nq}$$

K 的取值范围在 $0\sim+\infty$ 之间，K 值越小，说明保险公司经营的财务稳定性越好；K 值越大，说明保险经营的财务稳定性越差。K 指标达到什么程度才能保证保险公司的财务稳定性，目前尚无确切标准，但一般认为，小于 0.1 的 K 值所表示的财务稳定性是比较理想的。财务稳定性系数 K 一般受三个因素影响：承保风险单位的独立性、承保风险的同质性和承保风险的大量性。

第三节 保险公司经营成果评价

我国《保险公司财务制度》第七十九条规定："保险公司应对经营状况和经营成果进行总结、评价和考核。"保险公司的经营成果评价和考核指标包括保险公司盈利能力的指标和社会贡献能力的指标。当然，保险公司也可以根据实际情况采用这些指标以外的指标进行评价和分析。

一、盈利能力评价指标

保险公司经营的目的是盈利，虽然还有财务稳定性目标和持续发展目标，但是增加盈利是保险公司最具综合能力的目标，它不仅体现了保险公司的出发点和归宿，而且还可以概括其他目标的实现程度，并有助于其他目标的实现。盈利能力指标的评价包括利润率指标和投资收益率指标。

(一)利润率指标

在评价保险公司利润指标时，通常以营业利润率为核心指标，以承保利润率、成本费用利润率、资产收益率、净资产收益率、资本金利润率和全员人均利润为辅助指标来全面评价保险公司的盈利能力。

1. 营业利润率

营业利润率是指保险公司的年利润总额占年营业收入总额的比例。营业利润率指标可以综合地反映保险公司的经营管理水平和盈利能力。

$$营业利润率=\frac{营业利润}{营业收入}\times 100\%$$

若计算结果为负数,或分子和分母同为负数时,说明保险公司无盈利能力。

2. 承保利润率

$$承保利润率=\frac{本期承保利润}{本期自留保费-本期未到期责任准备金提转差-本期长期责任准备金提转差}\times 100\%$$

3. 收入净利率

收入净利率是保险公司的净利润与营业收入的比率,它反映了保险公司营业收入的收益水平。

$$收入净利率=\frac{净利润}{营业收入}\times 100\%$$

从收入净利率指标可知,如果保险公司要提高收入净利率,必须在增加营业收入的同时,加强和改善经营管理,降低成本费用支出,增加净利润。

4. 资产收益率

资产收益率是指保险公司的净利润与平均资产总额的比例,它是衡量保险公司运用全部资产盈利的能力。

$$资产收益率=\frac{净利润}{平均资产总额}\times 100\%$$

5. 净资产收益率

净资产收益率是指保险公司净利润与平均净资产总额的比例。它既反映了保险公司的投资收益能力,又反映了保险公司负债资金成本的高低。

$$净资产收益率=\frac{净利润}{净资产}\times 100\%$$

6. 成本费用利润率

成本费用利润率是指保险公司利润总额与成本费用总额的比例,该指标反映了保险公司每支出一元成本费用能带来的利润的多少。

$$成本费用利润率=\frac{利润总额}{成本费用总额}\times 100\%$$

7. 资本金利润率

资本金利润率指标是保险公司的利润总额与资本金的比率。

$$资本金利润率=\frac{利润总额}{资本金}\times 100\%$$

8. 全员人均利润

全员人均利润指标是指保险公司年利润总额按公司年平均人数计算的利润额，它反映了每个职工的劳动效率和对公司的贡献。

$$全员人均利润=\frac{利润总额}{职工平均人数}$$

（二）投资收益率指标

现代保险业的重要特征就是承保业务和投资业务并重。保险投资不仅可以弥补保险公司的主营业务的亏损，而且还可以增加保险公司的利润、扩大保险积累、增强保险公司的偿付能力。保险公司资金运用的指标主要有保险资金运用率、投资收益率、投资收入充足率、内含价值等。

1. 保险资金运用率

保险资金运用率是指保险公司在一定时期内投资资产占可运用资金的比例。

$$保险资金运用率=\frac{投资资产}{可运用资金}\times 100\%$$

保险资金运用率反映了保险公司在金融市场上的融资能力以及在国民经济中的地位和作用。

2. 投资收益率

投资收益率是指保险公司在一定时期内投资所得的净收益占当年平均投资资产价值的比例，它是反映保险公司资金管理水平和资金运用效益的重要经济指标。

$$投资收益率=\frac{净投资收入}{当年平均投资资产价值}\times 100\%$$

净投资收入包括利息、红利和不动产投资收入，但不包括资本投资收益。年平均投资资产价值等于上年末投资资产价值加上当年投资资产价值扣除当年投资收益后的差额除以2。

3. 总投资收益率

$$总投资收益率=\frac{投资收益-投资业务营业税金及附加+已实现金融资产损益净额及减值+通过净利润反映的公允价值损益净额}{\frac{期初投资资产+期末投资资产}{2}}\times 100\%$$

4. 综合投资收益率

$$综合投资收益率=\frac{投资收益-投资业务营业税金及附加+已实现金融资产损益净额及减值+通过净利润反映的公允价值损益净额+当期计入其他综合收益的可供出售证券公允价值变动净额}{\frac{期初投资资产+期末投资资产}{2}}\times 100\%$$

5. 投资收入充足率

投资收入充足率是保险公司的投资收入的净值与预定利息收入的比率，该指标是衡量保险公司投资收入是否满足责任准备金的法定利率要求。

$$投资收入充足率=\frac{净投资收入}{预定利息收入}\times 100\%$$

6. 内含价值和一年新业务价值

内含价值是基于一组关于未来经验的假设，以精算方法估算的一家保险公司的经济价值。一年新业务价值代表了基于一组关于未来经验的假设，在评估日前一年里售出的新业务所产生的经济价值。内含价值不包含评估日后未来新业务所贡献的价值。

人寿保险公司的内含价值和一年新业务价值能够从两个方面为投资者提供有用的信息。一是公司的有效业务价值代表了按照所采用假设，预期未来产生的可分配利润总额的贴现价值；二是一年新业务价值提供了基于所采用假设，对于由新业务活动为投资者所创造的价值的一个指标，从而也提供了公司业务潜力的一个指标。

内含价值还提供对人寿保险公司价值和盈利性的另一种衡量。根据中国保险监督管理委员会颁布的《人身保险内含价值报告编制指引》的规定，我国人寿保险公司的内含价值的计算公式如下：

$$内含价值=\begin{matrix}经调整的净\\资产价值\end{matrix}+\begin{matrix}扣除偿付能力额度\\成本之前的有效业务价值\end{matrix}-\begin{matrix}偿付能力\\额度成本\end{matrix}$$

$$一年新业务价值=\begin{matrix}扣除偿付能力额度成本\\之前的一年新业务价值\end{matrix}-\begin{matrix}偿付能力\\额度成本\end{matrix}$$

有效业务价值和一年新业务价值是采用传统确定性的现金流贴现的方法计算的。这种方法通过使用风险调整后的贴现率来对投资保证和保单持有人选择权的成本、资产负债不匹配的风险、信用风险、运营经验波动的风险和资本的经济成本作隐含的反映。

在使用内含价值作为人寿保险公司的业绩度量时，保险公司还要关注内含价值的变化。实际上，保险公司认为这一价值的变化要比这一价值本身更为重要。保险公司希望自身的内含价值能以一个必要的比率来增长，同时也希望能够确定内含价值增减的原因。保险公司还会通过改变内含价值计算中的一系列假设，比如风险贴现率、投资回报率、费用率、死亡率、退保率、疾病发生率、短期险赔付率和偿付能力额度等，来对内含价值进行敏感性测试，以了解各项因素对公司内含价值的影响程度。

二、社会贡献能力评价指标

保险业具有极强的社会性和公共性，保险业的经济效益既包括保险公司直接的经济效益，又包括社会经济效益。社会经济效益表现为保险经营为生产服务的经济效益、保险经营为人民生活服务的经济效益、保险经营为国家经济建设服务的经济效益，以及保险经营对国家的政治、文化、社会秩序稳定和发展方面的经济效益。因此，对保险社会效益的评价常用社会贡献率和上缴积累率两项指标。

（一）社会贡献率

社会贡献率是保险公司对社会贡献总额与平均资产总额的比例，它是衡量保险公司运用全部资产对国家和社会所作出的贡献能力。

社会贡献总额是指保险公司对社会或国家创造或支付的价值总额，包括工资、劳保退休统筹及其他社会福利支出、应缴所得税、营业税及其他税收、净利润、利息支出净额等。

$$社会贡献率=\frac{社会贡献总额}{平均资产总额}\times 100\%$$

（二）上缴积累率

上缴积累率是保险公司上缴国家财政总额与社会贡献总额的比率。上缴国家财政总额包括上缴营业税、所得税、其他税收及利润等。该指标反映了保险公司的社会贡献总额中有多少用于国家财政。

$$上缴积累率=\frac{上交国家财政总额}{社会贡献总额}\times 100\%$$

本章小结

保险公司的经营效益是保险经营的劳动耗费和劳动占用与所取得的经营成果之间的对比关系，它既包括公司的经济效益，又包括社会经济效益。

保险公司的利润主要来源于承保利润和投资利润。寿险公司的利润来源于死差益、利差益、费差益、退保益等。死差益是由实际死亡率低于预定死亡率，按预定死亡率收取的纯保费支付实际死亡成本后有盈余而产生的利益；费差益是实际的营业费用率低于预期的营业费用率而产生的利益；利差益是实际的投资收益率高于预定的利率时产生的利益；退保益是指退保或失效保单的责任准备金与退保金之间的差额而产生的利益。在寿险公司的利润来源中，死差益是比较稳定的，费差益是保险公司可以控制的，退保益是必然产生的，唯有利差益受外部因素的影响较大。随着寿险市场竞争的不断加剧，死差益、费差益基本上趋于零，保险公司的利润来源主要就是利差益。

保险公司应该对经营状况和经营成果进行总结、评价和考核。经营状况的评价指标包括经营稳健性指标、运营能力指标、偿付能力指标、偿债能力指标以及财务稳定性指标等。其中，经营稳健性评价指标有保费增长率、市场占有率、综合费用率、综合成本率、综合赔付率、应收保费率和退保率等；运营能力评价指标有资产经营现金流量回报率、资产经营现金流与净利润的比率、资产经营现金流与保费收入的比率；偿付能力指标有核心偿付能力充足率、综合偿付能力充足率和风险综合评级；偿债能力指标有流动比率、速动比率、资产负债率、经营现金净流量对负债的比率等；财务稳定性指标通常用财务稳定性系数 K 来评价，K 值受承保风险单位的独立性、承保风险的同质性和承保风险的大量性三个因素的影响。

保险公司的经营成果是指保险公司的盈利能力。经营成果的评价指标有盈利能力评价指标和社会贡献能力评价指标。盈利能力评价指标包括利润率指标和投资收益率指标。其中，利润率指标通常以营业利润率为核心指标，以收入净利率、成本费用利润率、资产收益率、净资产收益率、资本金利润率和全员人均利润为辅助指标来全面评价保险公司的盈利能力；投资收益率指标主要有保险资金运用率、投资收益率、投资收入充足率等指标。寿险公司在盈利能力评价时非常关注内含价值和一年新业务价值两个指标。社会贡献能力指标常用社会贡献率和上缴积累率两项指标评价保险公司的社会效益。

复习思考题

1. 什么是寿险公司的“三差收益”？有什么特点？
2. 评价保险公司的经营稳健性有哪些指标？
3. 用哪些指标可以评价保险公司的偿债能力？
4. 如何评价保险公司的盈利能力？
5. 如何评价保险公司的社会贡献能力？

第十二章

复习思考题
答案

参考文献

1. Risk-Based Capital, *Is Your Company Ready*? A. M. Best Company, 1992.

2. National Association of Insurance Commissioners, "Using The NAIC Insurance Regulatory Information System", *Life and Health Edtion*, 1995.

3. Dwight M. Jaffee, Thomas Russell, "Catastrophe Insurance, Capital Markets and Uninsurable Risks", *The Journal of Risk and Insurance*, 1997(2).

4. Hartwell, K. W., Buck, F. J. and Claire, D. R., "Cash-Flow Testing as a Management Tool", *Record of the Society of Actuaries*, 1993, 19(1):1091—1109.

5. Allan Brender and Donnar Claire, "Research Report on Selected Dynamic Solvency Testing Topics", *Transactions of Society of Actuaries*, 1993—94.

6. Timothy M. Peterson, *Partner*, *Loss Reserving Property/Casualty Insurance*, Ernst & Whinney, 1981.

7. Robert L. Brown, *Introduction to Rate Making and Loss Reserving for Property and Casualty Insurance*, Actex Publication, Inc., 1993.

8. 钟明主编:《保险学》(第 3 版),上海财经大学出版社 2015 年版。

9. 魏巧琴主编:《新编人身保险学》(第 5 版),同济大学出版社 2021 年版。

10. 魏巧琴主编:《保险投资学》,上海财经大学出版社 2010 年版。

11. 魏巧琴著:《保险企业风险管理》,上海财经大学出版社 2002 年版。

12. 朱进元、刘勇、魏丽著:《保险科技》,中信出版集团 2018 年版。

13. 庹国柱著:《保险学》(第 9 版),首都经济贸易大学出版社 2020 年版。

14. 清华大学五道口金融学院中国保险与养老金研究中心编著:《2018 全球保险科技报告(专题篇)》,清华大学出版社 2018 年版。

15. 易行健著:《保险的起源与繁盛》,复旦大学出版社 2021 年版。

16. 王海柱、何孝允主编:《保险管理学》,西南财经大学出版社 1992 年版。

17. 唐运祥主编:《保险经济理论与实务》,中国社会科学出版社 2000 年版。

18. 赵文广主编:《现代企业集团人事管理》,经济管理出版社 1996 年版。

19. 吴国存、谢晋宇主编:《公司人力资源开发与管理》,南开大学出版社 1995 年版。

20. 冯虹主编:《现代企业人力资源管理》,经济管理出版社 1997 年版。

21.《保险经营管理学》编写组编:《保险经营管理学》,西南财经大学出版社 1993 年版。

22.《保险公司会计制度》。

23.《保险公司财务制度》。

24. 滕斌:“大数据”对我国保险营销影响探析,《中国管理信息化》,2019年第10期。

25. 张烨平:人身保险大数据精准营销的前景展望,《中国保险》,2018年第7期。

26. 高春燕:美国寿险业的发展特征及启示——基于保险监管的视角,《西南金融》,2020年第10期。

27. 周延礼:保险定价与大数据管理,《清华金融评论》,2019年第10期。

28. 郭际:大数据环境下保险行业UBI车险定价模型构建探索,《价格月刊》,2022年第10期。

29. 郭建:基于大数据与AI技术实现保险精准定价的探究,《内蒙古科技与经济》,2020年第24期。

30. 美国保险监督官协会2020年修订“Regulations on Investment in the Insurance Industry”(《保险业投资规范法》)。

31. 日本2012年修订《保险业法》。

32. 欧盟欧洲保险和职业养老金管理局(EIOPA)2020年修订“Technical Specifications for the Solvency Ⅱ Prudential Framework”(《偿付能力Ⅱ审慎框架技术规范》)。

33. 瑞典金融监管局2018年修订“Regulations on Insurance Business”(《保险业务规定》)。

34. Swiss Re:《Sigma》。